揭開民國史的眞相 卷二

孫中山與民初政

◎辛亥革命與共和知識分子
◎孫中山與中國革命的前途
◎一九一一年的拒英、拒法、拒俄運動
◎康有爲的聯滿倒袁計畫
◎在華經濟利益與辛亥革命時期英國的對華政策
◎陳其美的「三次革命」設想

楊天石◎著

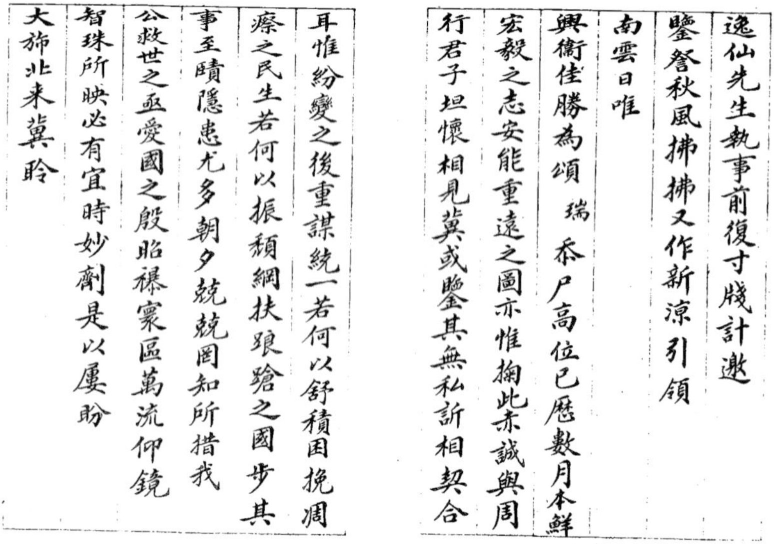
逸仙先生執事前復寸牋計邀
鑒詧秋風拂拂又作新涼引領
南雲日唯
興衛佳勝為頌　瑞　忝尸高位已歷數月本鮮
宏毅之志安能重遠之圖亦惟掬此赤誠與周
行君子坦懷相見冀或鑒其無私訢相契合
耳惟紛變之後重謀統一若何以舒積困挽凋
瘵之民生若何以振頹綱扶踉蹌之國步其
事至賾隱患尤多朝夕兢兢罔知所措我
公救世之亟愛國之殷貽祿寰區萬流仰鏡
智珠所映必有宜時妙劑是以屢盼
大旆北來冀聆

段祺瑞致孫中山函（本書圖片均由作者楊天石先生提供）

各位注意

現各國決議決瓜分中國各省人民知政府無能抵禦萬不可靠故紛紛練習民兵如上海總商會之辦商團各捐資財購置軍火使練民兵為自衛計我汕頭人急宜照此辦法免為亡國之民作外國人之奴隸牛馬為此注告

革命黨人的鼓動傳單

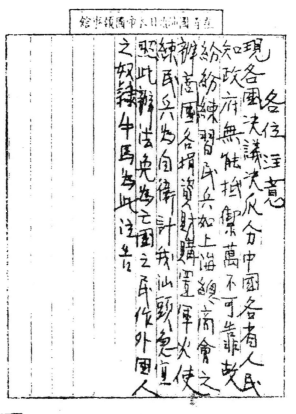

4702

大正三年七月一日陸公使來文

節畧

邇來孫文黃興第三次革命計畫東京各報皆有登載又六月三十日東京每日新聞日日新聞讀賣新聞及其他數種之報皆載有中國亂黨於神田印刷所容印中華民國軍用手票六七百萬圓署名者為黃克強陳英士云云查黃克強即黃興之別字陳英士即陳其美之別字皆屬我國亂黨之首領今該二人出名私造軍用手票六七百萬圓之多與偽造紙幣固同為刑事上之重犯者也

又千葉縣千葉町松葉館爆彈破裂事件三十日各報皆有記載內載李明欽或名趙宇臣者均係大森浩然廬學舍之生徒與野口忠雄中尉私製爆彈且有現役池田大尉為之證明購料其行使之目的雖未十分判明其為企圖暗殺固無疑義查大森浩然廬學舍秘密結集專習暗殺之術本公使曾奉本國政府訓令兩月前曾委劉崇傑秘書面告小池局長請求

貴政府查明解散以杜後患日久未蒙

賜覆今果在千葉發現炸彈是該亂黨等竟以

貴國地方為謀亂本國之策源地犯證昭著必非

貴政府容留該黨人之本意且大違犯

貴國之法律及治安深望

中華民國公使館

袁世凱政府致日本政府照會

附致孫先生斷絕關係書

中山先生鑒啓者藏賊竊政禍竄奸謀大局凡我同種孰不痛心溯自二次革命失敗鼎隨諸同志之後亡命海外深恐名不符實內絕同胞之渴望外貽列邦之譏笑戰戰兢兢如履薄冰及聞○○先生組起宣言包辦三次革命鼎本軍人應爲○○先生執鞭效力繼揭乃慨然矯立誓約塗蓋指印抹掌拭拳恭候命令不料將近兩載寂若無聞包辦期間業已到來究其原因即在○○先生日不謹人團信開創伊始引井陳其美居正田桐載天仇謝持等一般無賴盤踞要津排斥同志（如黃興李烈鈞柏文蔚林虎陳炯明鈕永建諸君均在排斥之列）經凌鉞君迭次密告陳等罪惡○○先生不惟不察且被陳等主使大出傳票迫凌君與○○先生斷絕關係試問凌君非同志等共認爲○○先生之死黨乎死黨忠告尚加排斥○○先生可謂無情矣而今革命健將陸續引揚所餘宵小數人以○○先生爲木偶藉此聯絡華僑之金錢斷送同志之性命而今森三月間中外各報載稱○○先生語大阪新聞記者黃興李烈鈞柏文蔚林虎譚人鳳鈕永建凌鉞白逾桓諸君投降袁賊傳聞中外顛倒是非之數君者既爲同志所共悉何待鼎爲之辯護不過○○先生年逾半百身居黨首何以信口雌黃陷人三字之獄清夜自思良心安在鼎賦性梗直代抱不平亦曾迭進忠告從吞兩闋國事如彼黨事如此若不急起直追前途何堪設想夫天下興亡匹夫有責鼎雖下愚豈忍坐視茲因事業與名譽兩端有不能不宣告與○○先生脫離關係者也

(一) 因事業之經營

革命事業爲吾人天賦之職務○○先生包辦革命不許他人染指（去夏先生親對鼎及先生言云二年內滅袁包辦不成願再來革命云云）而軍人政客凡爲革命人物者均受○○先生之排斥將來大革命起以○○先生之心胸與手腕果能與袁賊抗衛乎必不能也況屆包辦期滿正吾人棄暇投明之日否則自甘暴棄有負革命之初心此鼎爲經營事業計與先生脫離關係者一也

(二) 因名譽之保障

邇來○○先生之主義惟我獨尊無論何人順我則生逆我則死宗旨間而手續稍別者經之爲降敵（如黃李柏林鈕諸君）甚死黨而非忠言者報之以死刑（如汪精衛若陳炯明等）誤高之殺韓信也未聞在破項之前北魏之殺鄧艾也史稱在蜀亡之後今日○○先生之方略爲革命緣功勛乎爲袁賊滅敵人乎鼎恐革命之大業未就而○○先生已爲袁家之功臣矣夫名譽爲人第二之生命以若撥之敵與素著猶招○○先生之誣況鼎區區黨員邇來屢非忠言他日名譽之毀壞更不知陷于何等之程度此鼎爲保全名譽計與○○先生脫離關係者二也

以上所具兩端爲鼎與○○先生脫離關係之主因至鼎之革命宗旨雖海枯石爛不得稍有變更鼎知先生得函之後不曰爲敵所收買即曰受人所指使他日大權在我根據誓約必死鍾鼎於刀斧之下要知包辦革命者○○先生也背叛誓約者亦○○先生也去年七月十九日假徐發軒開成立會○○先生當衆立誓屬行革命始後補行設施無一不與黨章相背縱有人質問答以黨章由余定之由余廢之出爾反爾爲所欲爲總理之誓約已破於背誓約有何繼續之效力○○先生日以三次革命總統爲自居即以誓約爲專制黨員之利器威信革命之要素○○先生歷年之威信已斷喪於陳黨之手今日猶不自覺日發總統之夢迷不晉燕沙聊貢藥石作餞也最後語別三復斯言

鍾鼎印

中華民國四年七月十九日

鍾鼎致孫中山絕交書

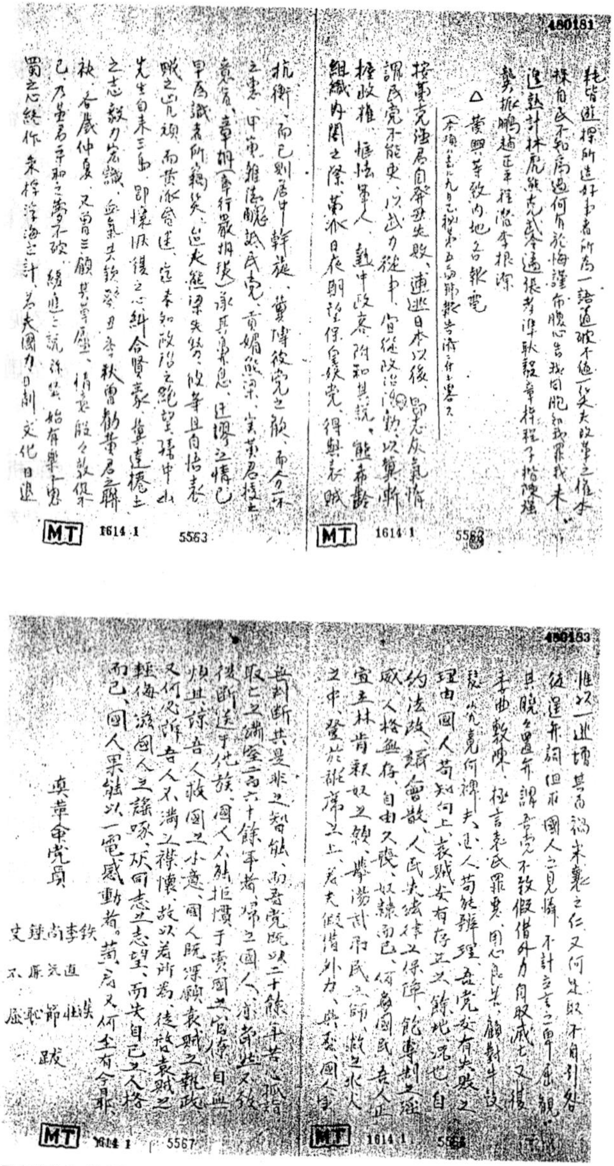

480181

耗皆遊探所造好事者所為一語道破不值一笑夫改革之作本
株自民不知為過何有於悔謹布腹心告我同胞知我罪我 未
進熱計林虎熊克武李通張孝準耿毅章梓程子楷陳強
龔振鵬趙正平程潛李根源

△黃興等致內地各報電

（本項[illegible]九月[illegible]報告[illegible]）

按黃克強居同癸丑失敗，遠遁日本以後，即志灰氣惰，謂民黨不能更以武力從事，宜從政治運動，以冀斬撥政權，恒結軍人，熱中政客，附和其說，態希齡組織內閣之際，黃派日夜期望保皇民黨，得與袁賊

MT 1614.1 5563

抗衡，而已則居中斡旋，黃博役黨之飯，而今亦之素，中策雖陰醜詆民黨，貢媚熊梁，實黃君授之意旨，章[illegible]（本行[illegible]）承其鼻息，迂謬之情已早為識者所竊笑，迨夫熊梁失勢，段等且向結袁賊之黨，頃而黃派尚迷，寔本知政治之絕望，孫中山先生自東三島，即懷恢復之心，糾合賢豪，冀達[illegible]之志，殺力宏識，無氣共欽，癸丑季秋，曾勸黃君之聯袂，今歲仲夏，又曾三顧其草廬，情意殷殷，敦促已，乃黃君平和之夢不破，緩進之說詐然，始有[illegible]蜀之心，然作來梓浮海之計，為大國力日削，文化日退

MT 1614.1 5563

480183

惟以一逃增其罪禍，未襄之仁，又何足取，不自引咎，徒逞弁詞，但亦國人之見解，不計言之卑劣，觀其晚近置弁，謂吾黨不致假借外力，自取滅亡，又復季曲歎陳，極言袁氏罪惡，用心良苦，顧對牛鼓簧，於吾黨何裨，夫他人苟能辨理，吾黨安有失敗之理由，國人苟知向上，袁賊安有存立之餘地，況也自約法毀，議會散，人民失法律之保障，能專制之淫威，人格無存，自由久喪，奴隸而已，何為國民，吾人亦宜立林肯釋奴之雄，舉湯武弔民之師，救之水火之中，登於衽席之上，為夫假借外力，與否國人自

MT 1614.1 5563

為判斷其是非之智能，而吾黨既以二十餘年苦心孤詣，取亡之滿室二百六十餘年者，歸之國人，[illegible]又致復斷送于他族，國人不能拒擴于賣國之官僚，自無煩其諒吾人救國之不適，國人既深願袁賊之執政，又何必許吾人不滿之襟懷，故以為所為，徒啟袁賊之輕侮，滋國人之議啄，灰同志之志望，而失自己之人格而已，國人果能以一電感動者，萬一啟又何至有今耶

真革命黨員

史錄尚李鉄
不、原氏直
屈恥節壯漢
跋

MT 1614 1 5567

「真革命黨員」討伐黃興

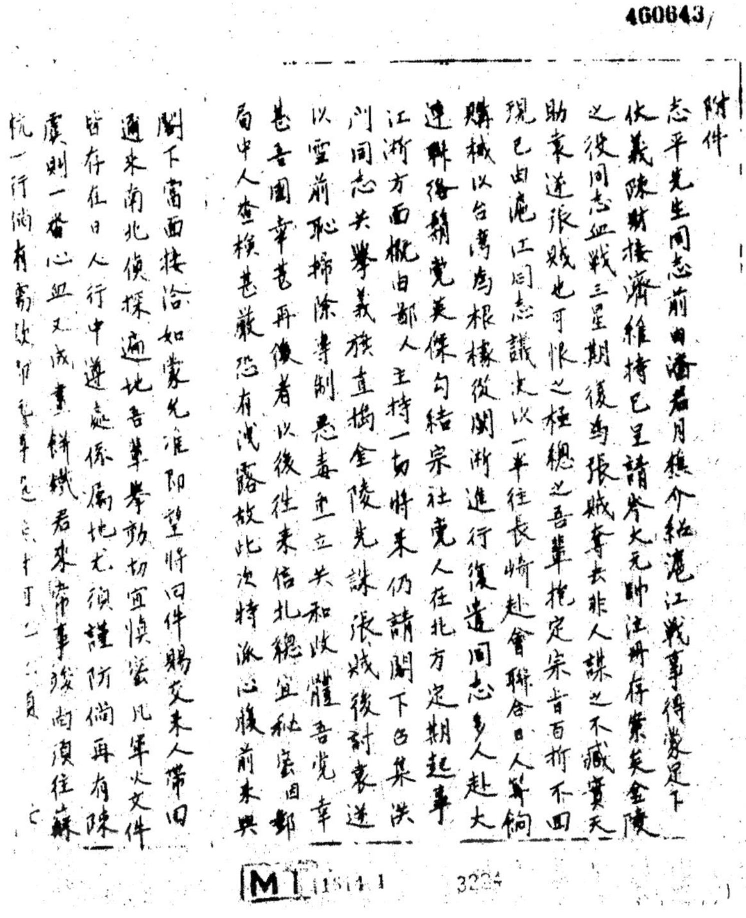

460643

附件

志平先生同志前由潘君月樵介紹滬江戰事得蒙足下
仗義疎財接濟維持已呈請孫大元帥注册存案矣金陵
之役同志血戰三星期後為張賊奪去非人謀之不臧實天
助袁逆張賊也可恨之極總之吾輩抱定宗旨百折不回
現已由滬江同志議決以一半往長崎赴會聯合日人籌餉
購械以台灣為根據從閩浙進行復遣同志多人赴大
連聯絡韓黨英傑勾結宗社黨人在北方定期起事
江浙方面概由鄙人主持一切將來仍請閣下召集洪
門同志共舉義旗直搗金陵先誅張賊後討袁逆
以雪前恥掃除專制惡毒再立共和政體吾黨幸
甚吾國幸甚再啟者以後往來信札總宜秘密因鄙
局中人查核甚嚴恐有洩露故此次特派心腹前來與
閣下當面接洽如蒙允准即望將回件賜交來人帶回
邇來南北偵探遍地吾輩舉動切宜慎密凡軍火文件
皆存在日人行中避處係屬地尤須謹防倘再有陳
震則一番心血又成畫餅俟君來滬事竣尚須往蘇
杭一行倘有需款[illegible]

M 1 1511.1 3224

日本檔案中的陳其美函

收國務院來電 五月六日

前據來電於外界接洽後參酌意見擬訂提出辦法四端當承周妥即望照此切實提議並望多方設法竭力堅持此次山東問題國人極為注意近日山東各界及在京國會議員等奔走呼籲羣情激切設詞於此項問題本主由德直接交還最後讓步亦只能以五國暫收限期交還中國為止迭閱來電事變

北京政府致巴黎和會中國代表團電

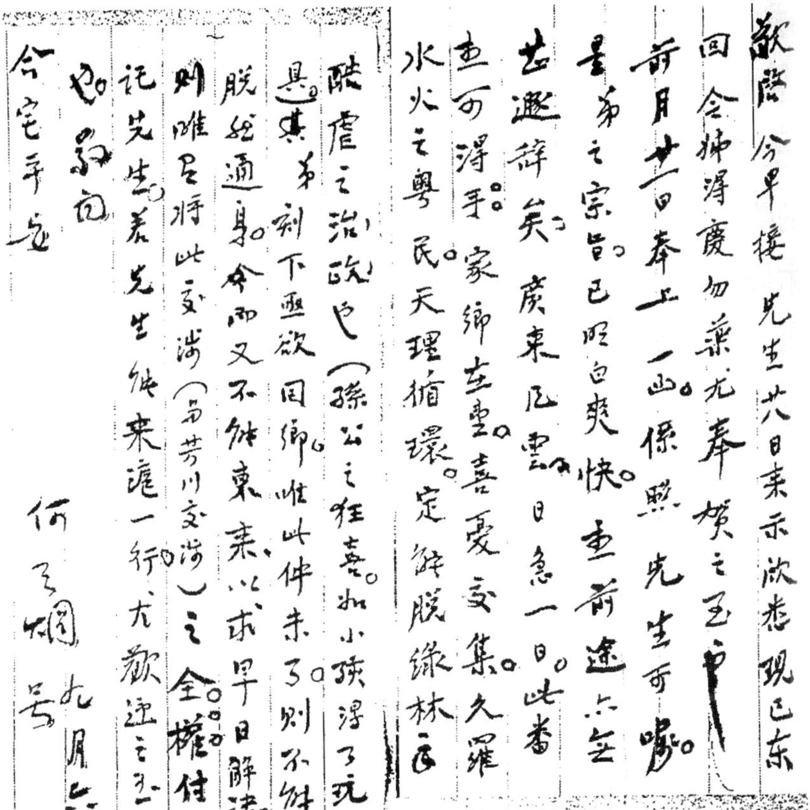
敬啟 今早接 先生廿六日來示，欣悉現已東
回，令姊得慶勿藥，尤奉賀之至。
前月廿四奉上一函，係照 先生所囑，
呈弟之宗旨，已明白爽快。至前途亦無
去邀辭矣。廣東已亂，日急一日，此番
無可得手。家鄉無望，喜憂交集。久羅
水火之粵民，天理循環，定能脫離林[illegible]
酷虐之治說也（孫公之狂喜，如小孩得了玩
具。）其弟刻下亟欲回鄉，唯此件未了，則不能
脫離通身。今兩又不能東來，以求早日解決。
則唯是將此交涉（與芳川交涉）之全權付
託 先生，若 先生能來滬一行，尤歡迎之至
也。祝 [illegible]
令宅平安
何天炯 上 九月六

何天炯致宮崎寅藏函手跡

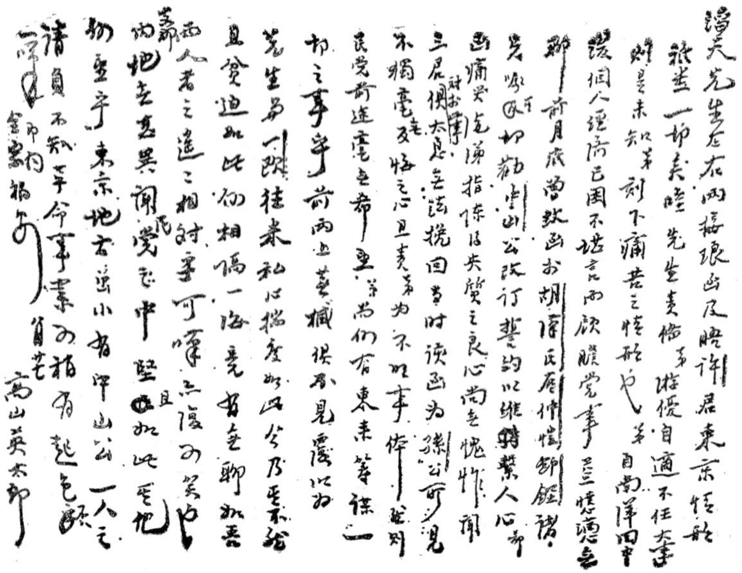
滔天先生左右：兩接瑯函及晤許君，東京情形
就悉一切矣。嗟！先生責備弟游優自適，不任大事，
蓋是未知弟刻下痛苦之情形也。弟自南洋回里
後，個人經濟已困，不諱言而缺[illegible]黨事，豈[illegible]無
聊。前月底曾致函於胡漢民、汪精衛、鄧鏗諸
君，[illegible]切勸中山公改訂黨約，以維繫人心，弟
函痛哭先烈，指陳其失，覺之良心尚無愧怍，詎
三君俱[illegible]太息無語，挽回當時談函為孫公所見，
不獨毫無受悟之心，且責弟為不明事件，並斥
良黨前途毫無希望，弟尚何為東來等語。一
切之事，無奈。前兩函[illegible]張君見震以為
先生弟[illegible]徒衆，私心擬發如此，今乃更不能
且貧迫如此，何相偶一論，竟無聊如吾
兩人者之遙遙相對，豈可嘆，不復可笑也。
物地無甚異聞，黨中堅且如此，更[illegible]也。
物至今，東京地方甚小，看中山公一人之
請負，不知革命事業可指有起色否。
[illegible]叩
[illegible]福
首
高山英太郎

何天炯致宮崎寅藏函手跡之二

△執政府對外之政綱

一保持國家人格、尊重國信、

二維持國際平等國交、

三聯合日本、以確立東亞永久之安寧、預防
世界未來之戰亂、

四泯除國民對日之誤解及偏見、

△執政府對內之政綱

一仍採單一制以組織中央強固之政府、謀

段祺瑞致田中義一函

中國革命宣言書

滿洲政府者。馬賊之遺孽。而素無文教之頑民也。自明祚淪亡。乘間竊伺。盜竊神器。
將三百年。華冑夷爲臺隸。饕餮肆其奸回。一二黃耇隨時先逝。後生不見屠夷之慘。相與因
循。遂得使滿洲殫其凶虐。恣行無忌。近又假託立憲之名。塗民耳目。官以族
貴。政以賄成。殺人惟恐不多。加賦惟恐不足。乃者以鐵道國有之目。掠奪民資。因戮議士。焚
焚赤子。悉膏刀砧。蜀人不勝其虐。始舉義旗。龕定三府。兩湖志士。實踵其後。
縉士大夫之力。軍士知方。雲合響應。曾未二日。恢復兩都。江
漢廓清。日月再現。猶懼邦人諸友。觀聽未周。尙多猶豫。特陳大義。以告我四萬
萬神明之胄。蓋秦東文化之邦。中夏爲祖。衣冠禮樂。垂則四方。視歐羅巴洲之有希
臘。名實已過之矣。惟彼建虜。人面獸心。縱無殘虐於我庶。奉此驕寇。以臨大邦。凡有人心。
孰能容忍。況復殘賊公行。法紀紊亂。以烝報爲仁義。以貪冒爲駿雄。雖俚人洞苗。猶不能與
此終古。況素知禮義者哉。曩日之茹荼含痛者。非獨楚蜀三省之民。奇材巨鷙。所在皆有。亦
不限於一地。然則農商抗稅。行伍倒戈。學士馳驟以求同德。議員傳檄而曉四方。此生
民之大義。而人道之至文也。今者皇帝神聖之稱。委贄獻身之訓。固已視如
醫膏。撥棄無餘。婦人猶且從事。可以厲丈夫。儒童猶且戮力。可以興壯士。書生猶且効命。可
以愧顯人。智勇輻湊。其會如林。所以致天之屆而拯黎元於水火者。惟力是視。然聞北
部陸師。猶懷觀望。習流海旅。尙受盜言。甚非所望於諸父兄
也。國之有兵。本以禦外侮。不以鎮制人民。若云公侯爪牙。宜
力王室。此則奴虜闒茸之言。豈軍人之素分耶。北方軍士。實
繁有徒。霜露所均。誰非昆弟。而欲承虜廷之僞命。推白刃於同胞。何其自外於人
羣哉。蔭昌逋寇。天性傲狠。視將校如家奴。凡諸軍士。蓋所素省。加以猜忌成心。嫌疑已構。
寧受賊帥鞭笞之酷。而違簡書恤難之言。北軍雖愚。宜未至
是。故僞署外務部尙書袁世凱。宣統初政。黜在田間。自謂無
復出山之志。欻遭多事。招之即來。何異吏欲殺人而延屠儈。
不能堅執。遂被羈縻。俛仰今昔。能無愧乎。海軍弁卒。多產東南。

鄭成功之遺迹。黃道周之義聲。故老流傳。猶在耳目。聞其士師。亦嘗留學遠西。豈未聞法
蘭西大革命時。拏破侖優游軍中。終以智勇登爲總統乎。今乃制命僞朝。受其
驅策。揚靈江上。以與義師爭命。以職則非其分。以義則失其
倫。以爵賞權位。則必不能比于滿洲世族。以勳伐聞譽。則復
下於向日曾李二凶。幸而獲勝。一家指爲良臣。萬姓目以亂
賊。若天奪其魄。應時崩潰。堅利之器。掃地無餘。海疆失衛。誰
之責也。當知人心所歸。依乎信順。今之發憤爲雄者。非若昔
日洪楊假合之徒。今之赴義倒戈者。亦非有昔日徐熊孤起
之危也。若能雲蒸虎變。司指北征。遂殄元凶。勢如振槁。功成事竟。大事不夭。勳名登於

革命黨人宣言

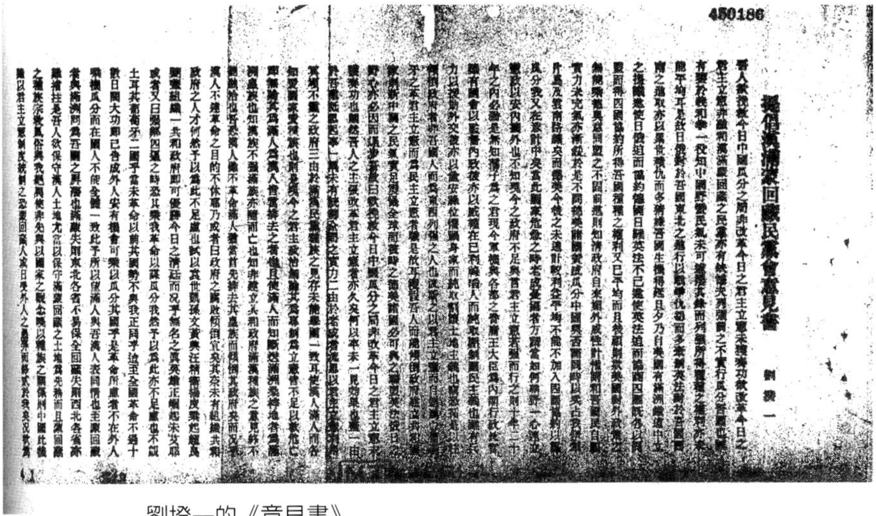

劉揆一的《意見書》

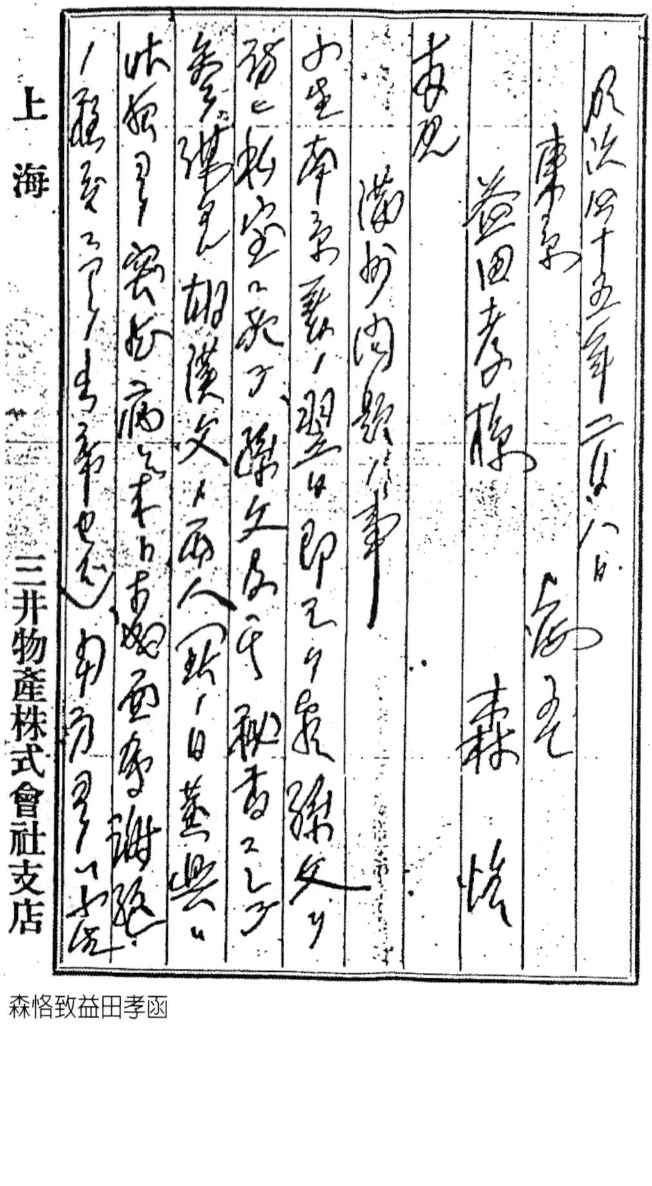

森恪致益田孝函

南京森恪ヨリ益田へ　九

二月十二日午前一時五十五分発

孫黄ノ見ル所ニヨレバ招商局借款ハ借着上
ニ尤モ難関アリテ多クノ時日ヲ要スベク以テ
頼ミトスル能ハズ軍隊解散ノ恐レ大ナリ漢
陽鉄廠借款五百万円ノ外ニ支那新年前
一千万円ヲ手ニ入ルルコト絶対的必要ナリ故ニ
此費ハ金手ニ入ニテ文問ハ南京ヲ離ルル能
ハズ此費ハ満洲租借ヲ承諾セルカ故ニ
十日以内ニ一千万円ヲ供給セラレンコトヲ請
フ若シ之ヲ承認セラルレバ黄興直チニ日本
ニ赴キ秘密契約ヲ訂結スベシ直チニ確答
アリタシ結果大事ニ至ルベケレバ全力ヲ尽サレ
ンコトヲ乞フ

森恪致益田孝電

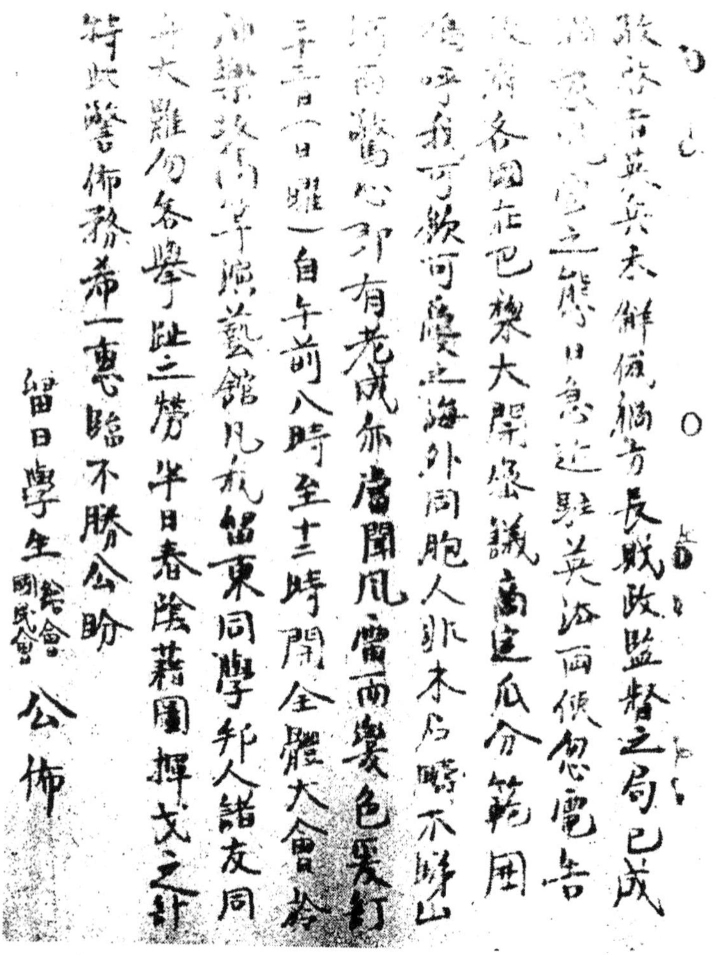

東京留日學生的鼓動傳單

Dear Professor Yang :

Below is the response I got from Elizabeth Chiang, stating that she gives permission for you to use the quotations from the Chiang Kai-shek diaries as listed in the attachment to your e-mail of August 2, 2009.

Sincerely yours,

Carol A. Leadenham

Assistant Archivist for Reference

Hoover Institution Archives

Stanford, CA 94305

本書所引述之蔣介石日記，均已由作者取得美國史丹福大學胡佛檔案館及蔣氏家族代表蔣方智怡女士之書面授權

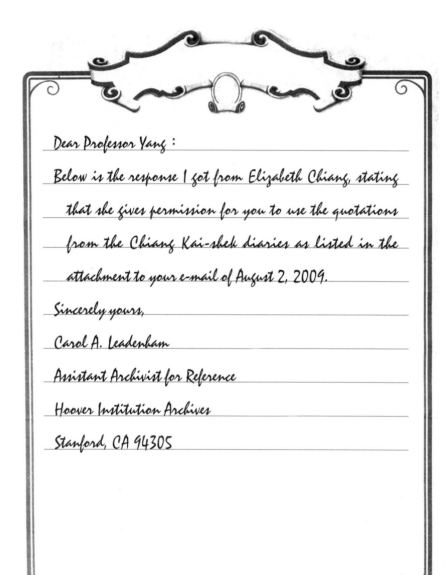

目錄

021 辛亥革命與共和知識分子——對一種傳統觀點的質疑
039 孫中山是平民知識分子革命家
045 孫中山與中國革命的前途——兼論清末民初對孫中山民生主義的批評
074 「取那善果，避那惡果」——略論孫中山對資本主義的態度
081 「天下為公」，孫中山的偉大思想遺產
086 國家統一，孫中山奮鬥的偉大目標
092 孫中山思想的現代價值
105 一九一一年的拒英、拒法、拒俄運動
133 從「排滿革命」到「聯滿革命」——讀劉揆一《提倡漢滿蒙回藏民黨會意見書》
136 何天炯談「三．二九」起義——讀宮崎滔天家藏書札
140 為有炮聲動地來——清末報紙對武昌起義的反應

155 湯化龍密電辨訛
178 康有為的聯滿倒袁計劃——讀台灣所藏梁啓超未刊函稿
190 黃興致井上馨函回譯及解讀——讀日本井上馨文書
199 孫中山與「租讓滿洲」問題
219 孫中山與民國初年的輪船招商局借款——兼論革命黨人的財政困難與辛亥革命失敗的原因
243 華俄道勝銀行借款案與南京臨時政府危機
252 在華經濟利益與辛亥革命時期英國的對華政策
275 陳其美的「三次革命」設想——讀日本外務省所藏陳其美致楊以均密函
288 黃興與日本駐舊金山總領事的通訊——讀日本外務省檔案
292 「真革命黨員」抨擊黃興等人的一份傳單——讀日本外務省檔案
302 跋鍾鼎與孫中山斷絕關係書——宮崎滔天家藏書札研究
314 何天炯與孫中山——宮崎滔天家藏書札研究
338 鄧恢宇與宮崎滔天夫婦——宮崎滔天家藏書札研究

366 袁世凱偽造的孫中山「賣國協約」
369 李大釗致佚名氏密札試解——近世名人未刊函電過眼錄
374 宋嘉樹與孫中山、宋慶齡的婚姻——讀宋嘉樹覆孫中山英文函
388 孫中山與田中義一——讀日本山口縣文書館檔案
393 孫中山的一次北京未遂之行——讀台灣黨史會藏段祺瑞函
397 徐致靖大罵梁啟超——讀台灣所藏徐致靖未刊函札
403 北京政府致巴黎和會中國代表團電——讀顧維鈞檔案
417 段祺瑞對日《秘密意見書》——讀日本山口縣文書館檔案
422 潘佩珠與中國
440 中韓愛國志士的早期聯繫

辛亥革命與共和知識分子

——對一種傳統觀點的質疑

辛亥革命是誰領導的？多年來的回答是中國民族資產階級。與此密切相連的問題是：辛亥革命的階級基礎是什麼？以孫中山爲代表的革命黨人代表哪一個階級的利益？通常的回答是：民族資產階級，或曰民族資產階級中下層。我以爲，這些回答都不準確。

那麼到底誰是這一革命的領導力量呢？答曰：倘不從某些既定的概念或原則出發，而從客觀存在的歷史事實出發，答案其實是十分清楚而明白的。這就是，那個時期出現並形成的共和知識分子是辛亥革命的領導力量。這個問題搞清楚了，辛亥革命的階級基礎、革命黨人代表哪一個階級利益等問題也就迎刃而解了。

試說其理由。

一、辛亥革命時期的中國民族資產階級狀況

中國的民族資本主義工業在洋務運動期間開始出現，戊戌維新前後略有發展，但是，到了辛亥革命前夜，仍然十分微弱。早些年有學者統計，夠得上稱爲近代企業的不過五百家左右。

近年來有學者重新作了統計，數字有所擴大，但也不過一千家左右①。這一千家左右的近代企業能夠產生多少資產階級分子呢，充其量不會超過一萬人吧？如果加上具有近代特徵的新式航運業、金融業和商業，資產階級分子的數量會大一些。有人根據一九一一年各地商務總會的會員數和商務分會會董數，約略估計當時民族資本家的數字爲五萬兩千六百三十人②。但是，商務總會的成員和分會會董的情況很複雜，難以一概視爲近代意義上的資本家。即使上述數字大體準確，對於幅員廣大的中國說來也仍然是十分微弱的。當時，這一階級不僅人數不多，經濟力量薄弱，而且，對政治的影響力極爲有限。這樣一支隊伍怎麼可能會領導像辛亥革命這樣具有廣闊規模的全國性革命呢？我們不能任意地擴大資產階級的隊伍，不能把當時出現的新型知識分子，包括學生、教員、企業雇員以及記者、醫生等自由職業者一概視爲資產階級，更不能把舊式商人以至小業主視爲資產階級，我贊成丁日初教授的觀點，不籠統地說資產階級，而說資本家階級，這樣可以有一個嚴格的界定，不至於把資產階級擴大化，易於進行科學的討論。

辛亥革命時期的中國民族資本家階級是否可以分爲上層和中下層呢？從理論上當然可以分，但是，實際上卻很難分得清楚，似乎迄今也還沒有人作過仔細的區分和精確的定性與定量研究。上層資本家階級通常以張謇爲代表，那麼，下層呢？通常以禹之謨爲代表（其實，禹之謨辦的只是手工作坊，目的在於掩護革命）。除了禹之謨還有誰，似乎不大好找了。如果辛亥革命的階級基礎是民族資產階級中下層的話，那麼，代表就不能是一個、兩個，一個、兩個怎麼能構成階級基礎呢？其實，如果我們實事求是地進行研究的話，就會發現，辛亥革命前夜的中國民族資本家階級內部在政治態度和政治主張上並無鮮明的分歧，相反，卻是頗爲一致的。這就是，參加某些具有反帝愛國性質的運動，如抵制美貨運動、收回利權運動等，在政治上，他們一般反對革命，主張君主立憲，求穩怕亂，是立憲運動和國會請願運動的積極參加者。只是到了清政府鎮壓國會請願運動，建立皇族內閣之後，他們才對清政府感到絕望，個別人如沈縵雲才轉向革命。武昌起義之後，這個階級才附合革命。但是，他們仍然怕亂求穩，畏懼革命黨人的激烈言論和行動。其結果，在孫中山和袁世凱之間，他們選擇了袁世凱。二次革命期間，除沈縵雲等少數人外，他們更拋棄了孫中山，贊成袁世凱對革命黨人的鎮壓。在以後的年代裏，我們也未見有多少資本家階級分子試圖影響孫中山等人的政策並予以大量財力支持（**華僑資產階級有支持孫中山的，也有支持康有為、梁啟超的，應作別論**）。

多年來，我們習慣於簡單地以經濟地位來劃分政治派別，或者簡單地以經濟地位來說明政治態度。似乎「大」、「上層」就一定反動，而「中」、「小」、「下層」就一定進步點。例如研究中國封建社會的學者有所謂「中小地主階級」說，似乎王安石等改革派、岳飛等主戰派，杜甫、白居易、陸游等同情人民疾苦的詩人都是「中小地主階級」或「地主階級中下層」的代表，其實，歷史的真相何嘗如此！鄉村裏的中小地主剝削起農民來一點也不比大地主輕，抗日戰爭中，給日本人當漢奸、狗腿子的恐怕中小地主不少吧！這種地主階級中下層進步說和民族資產階級中下層進步說都不是從歷史事實中抽象出來的科學理論，而是根據某些概念、原則，主觀演繹的結果。

二、關於共和知識分子

辛亥革命前夜，中國社會逐漸出現幾種熱潮，這就是留學熱、辦新式學堂熱、出版新式書刊報紙熱，由於這些原因，中國社會就出現了一個新的階層（有些學者稱為群體），這就是新型知識分子。這個階層發展很快，數量很大，試看下列數字：留學生：一九〇三年爲一千三百人，一九〇四年爲兩千四百人，一九〇五年爲八千五百人，一九〇六年一萬三千人。國內新式學堂學生：一九〇七年爲一百零一萬三千餘人，一九〇八年爲一百二十八萬四千人，一九〇九年爲一百六十二萬六千餘人。較之民族資本家階級說來，這是一支數量較大、政治上更爲活躍的社會力量。

和傳統的封建知識分子比起來，他們有若干特點：

一．具有近代科學知識。從知識結構的主體看，不再是子曰詩云，而是聲、光、化、電和達爾文、赫胥黎的進化、天演之學。

二．具有近代民主主義思想。從思想的主流看，不再是「普天之下，莫非王土；率土之濱，莫非王臣」和「臣當盡忠，子當盡孝」的舊觀念，而是以盧梭爲代表的「主權在民」說。

三．他們出賣腦力，或即將出賣腦力，以知識爲謀生手段，主要服務於新興的科學、文化、教育事業，不必依靠地產，也不必依靠科舉，在一定程度上擺脫了對地主階級和清政府的依附。

能把他們看作是資產階級分子嗎？不能。因爲他們中的大多數是學堂學生、留學生，還沒有進入社會生產關係的網路，尚不存在對資本家的依附關係，和資本家階級的經濟利益可謂風馬牛不相及。即使他們中的少數人已經受雇於新型企業，他們也是雇傭腦力勞動者，而不是資產階級。把知識分子統統歸入資產階級的範疇，這是「左」傾思潮影響下的觀念，我們不應繼續沿襲。

能把他們看成是資本家階級的代表或資本家階級中下層的代表嗎？也不完全合適。這是因爲，他們和西方資產階級革命時期的新型知識分子的情況也有不同：

一．推動他們投入社會政治運動的主要原因是救亡，從帝國主義的侵略下挽救祖國，振興中華，並不是資本家階級的經濟利益。當他們離鄉去國，尋求真理的時候，當他們拋妻別子，準備武裝起義的時候，他們所想到的是如何使災難深重的祖國免於瓜分，如何使可愛的民族免於淪爲馬牛。至於發展資本主義，他們中的許多人連想都沒有想過。

他們不少人的思想中程度不同地存在著批判資本主義或反資本主義的內容，並表現出對社會主義的同情和嚮往。例如鄒容，一九〇三年出了本《革命軍》，這是長期被人們認爲是提出了資產階級共和國方案的一本書，然而，沒過幾天，他就宣佈，他本人對《革命軍》一書已經不那麼有興趣，現在要寫《均平賦》了。所謂「均平」，正是社會主義思想在近代中國早期傳播時的同義語。又如章太炎，一九〇三年以前嚮往的確實是西方資本主義，但是，走出上海西牢，到了日本之後，一看，不對了，原來資本主義社會也有很多問題，那貧富懸殊不論，單就議會選舉過程來說，真是千奇百怪，醜惡骯髒得很，於是，他懷疑了、憤怒了，表示要扒開拿破侖、華盛頓的墳墓，用金錘去砸他們的頭。金者，鐵也，分量是很重的。他設想了一個「無政府、無聚落、無人類、無眾生、無世界」的五無境界，以之作爲最高理想。當然，章太炎明白，這是幻想。於是，他又大講善惡並進，俱分進化，提倡社會倒退，認爲人類愈文明也就愈惡，倒是野蠻人善良，主張學習野蠻人，甚至學猴子，「吾輩擬猿可也」。這一時期的章太炎顯然不能視爲資本家階級的代表。當然，章太炎的上述思想比較極端，但是，當時像章太炎一樣大罵資本主義的人卻大有人在。一九〇七年東京中國革命黨人中有一個社會主義講習會，每會必講中國不能走資本主義道路。當然，他們所謂的「社會主義」，其實是無政府主義，那時，在中國革命黨人中，不同程度地受到無政府主義影響的人不在少數！這裏，附帶說一句，毛澤東到五四時期還崇信無政府主義呢！文革時期，紅衛兵找到了毛澤東發表於《湘江評論》上的《民眾的大聯合》一文，如獲至寶，譽爲馬克思主義的文獻，其實，那裏面雖然提到馬克思，但歌頌的卻是「意思更廣、更深遠」的克魯泡特金！辛亥革命前後，有那麼一個階段，拿破侖、華盛頓不那麼吃香了，盧梭也不那麼吃香了，吃香的是巴枯寧、蒲魯東，特別是克魯泡特金的共產無政府主義，受到許多人的信仰。這不是偶然的。辛亥革命發生於西方資本主義社會矛盾相對尖銳、工人運動相對發展的時期。既然資本主義有那麼多問題，而共產無政府主義又顯得那麼美好，徹底地平等，徹底地公正，徹底地消滅了剝削和壓迫，那麼，一步跨進這個天堂豈不是很好嗎？所以，中國革命中超越資本主義、避免資本主義的思想是由來已久的。

這裏，要著重談談孫中山思想。還在一九〇三年，他就表示，西方社會貧富懸殊，不是理想世界。他也像鄒容一樣談「平均」，聲稱社會主義乃是一刻也不能忘記的東西。一九〇五年五月，他在比利時訪問社會黨國際局（第二國際），要求接納他的黨，同時表示：將吸收歐洲文明的精華，使「中世紀的生產方式直接過渡到社會主義的階段，而工人不必經受被資本家剝削的痛苦」③。同年，他在《民報》發刊詞中創立了民生主義概念，明確表示，中國不能走歐美老路。一九一二年，他覺得民族、民主革命已經成功，該是他搞社會革命的時候了，於是到處罵資本家，罵資本主義，大講社會主義，推崇馬克思。一九一四年五月，又致函社會黨國際局，希望得到該組織成員的幫助，「讓中國成爲世界上第一個社會主義國家」④。對此，人們應該充分肯定它在中國革命史上的破天荒的意義和孫中山的偉大追求，不應該根據某些凝固的社會主義模式加以挑剔。同時，應該指出的是，孫中山懂得，在生產力十分落後的中國，資本主義並不是只有壞作用，相反，倒是不可或缺的東西。因此，他於一九一八年在《實業計劃》中提出，要獎勵和保護私人資本主義，但是，孫中山本人的興趣和感情都傾注在國有和公有經濟上。他要最大可能地發展國有和公有經濟，同時，限制和節制私人資本主義。在政權問題上，孫中山在一九一二年就批判西方資本主義民主，認爲那只是富人的民主。十月革命後，他提出要建立俄國式的「最新式的共和國」，後來又提出要建設一個非少數人所得而私的真正民主的國家，還曾表示要當「工人總統」⑤。顯然，孫中山的思想和西方資產階級革命家的思想是有所不同的。馬克思說過：「同樣，也不應該認爲，所有的民主派代表人物都是小店主或小店主的崇拜人。按照他們所受的教育和個人的地位來說，他們可能和小店主相隔天壤。使他們成爲小資產階級代表人物的是下面這樣一種情況：他們的思想不能越出小資產階級的生活所越不出的界限。他們在理論上得出的任務和決定，就是小生產者出於自己的物質利益和自己的社會地位在實踐中所得出的那些任務和決定。一般說來，一個階級的政治代表和著作方面的代表人物和他們所代表的階級間的關係，都是這樣。」⑥但是，孫中山的某些思想恰恰超出了資產階級的「物質利益」和「社會地位」，將它們全部、完全說成是代表了資本家階級的利益是說不通的。相反，如果從知識分子尋求救國救民的真理的角度去理解，那就一切都在情理之中了。有些事，按照事物的本來面貌去解釋，本來是清楚的；按照某些教條主義的原則去解釋，可能愈說愈糊塗。

孫中山並不只是一個人。廖仲愷、朱執信，以至胡漢民、早期的馮自由等都有類似的思想。這是一個派別，有一群人。當然，就這一時期投身革命的知識分子的主體來說，無政府主義或社會主義都還不占支配地位。他們投身革命的目的也還不是在中國實現社會主義，而是爲了救國，振興中華，建設一個強大的、實行共和制的「主權在民」的民主主義國家。因此，我覺得，稱他們爲共和知識分子比較合適。當然，也可以稱他們爲平民知識分子、民主知識分子，或革命民主知識分子，意思都一樣。但是，如果考慮辛亥革命前後的時代特徵，並和近代中國其他時期其他類型的知識分子相區別的話，我覺得稱他們爲共和知識分子比較恰當。

反對帝國主義，振興中華，推翻以清朝貴族爲代表的封建專制制度，建設共和國，這是有利於中國資本主義發展的，從這個意義上說，共和知識分子代表了中國民族資本家階級的利益未嘗不可，但是，在當時的歷史條件下，他們難道不代表民族的利益、人民的利益？如果僅僅把他們看成是資本家階級利益的代表者，是不是縮小了辛亥革命的意義和內涵？是不是不符合、至少不完全符合那個時代大批仁人志士的精神面貌？對於那些斷頭瀝血，慷慨捐軀的烈士們是不是有點不敬？

辛亥革命時期共和知識分子是中國前所未有的社會力量，也是中國知識分子中前所未有的類型。他們既部分地代表中國民族資本家階級，又不完全代表中國民族資本家階級的利益。這一社會力量的出現立即使中國歷史出現了新特色。

三、辛亥革命舞台上的活動角色與領導力量

活躍在辛亥革命舞台上的主要是四種社會力量：共和知識分子、新軍、會黨和立憲派士紳（立憲知識分子、民族資本家、資產階級化的地主）。如前所述，立憲派士紳是武昌起義前夜或起義高潮中參加進來的，具有附和革命甚至投機革命的特點，雖然，他們的參加對於加速清政府的崩潰，促進各省光復具有重要的意義，但是，他們不是辛亥革命的領導力量是不言而喻的。新軍是武昌起義的發動者，也是若干省份光復的主要力量，但是新軍的作用主要在後期，

而且，參加起義的新軍實際上是穿上軍裝的共和知識分子。他們進過新式學堂。其軍官中的不少人還留過洋。這是新軍和「舊軍」巡防營不同的地方。至於會黨，他們沒有自己的政治綱領，並不是一支獨立的政治力量，更不能起領導作用。因此，在辛亥革命時期，起領導作用的力量只能是共和知識分子。辛亥革命之所以不同於舊式的農民起義，也不同於中國歷史上多次反覆出現的改朝換代，其原因，就在於出現了具有新思想、新觀念的共和知識分子，就在於共和知識分子發揮了領導作用。

共和知識分子對辛亥革命的領導作用主要體現在以下幾個方面：

一．他們是革命綱領的制訂者和革命思想的孕育者、傳播者。

二．他們是各革命團體的組織者和領導者。

三．他們是多次反帝愛國運動的發起者。

四．他們是歷次武裝起義的組織者和領導者。

五．他們是南京臨時政府的領導主體。

有了這幾條，夠不夠呢？我看夠了。因此，我們可以理直氣壯地說：辛亥革命是共和知識分子（或曰革命民主知識分子）領導的。

共和知識分子本身不是資產階級（也不是所謂「廣義的資產階級」），其產生的主要社會基礎和社會條件是近代中國的民族危機和西方民主主義文化的傳播（附帶說一句，西方民主主義文化並不全是資產階級文化，提倡「主權在民」的盧梭通常被認為是小資產階級的思想家），和近代中國民族資本主義經濟的發展與民族資本家階級的產生沒有必然的直接的聯繫。設想一下，如果辛亥革命前夜，中國的近代企業只有一、二百家，幾十家、一兩家，甚至一家都沒有，那麼，辛亥革命還會不會發生呢，我以爲，只要中國的半封建、半殖民地的社會性質不變，只要中國產生了一批共和知識分子，那麼，類似辛亥革命的革命總要發生。相反，如果中國不出現一大批共和知識分子，那麼，即使民族資本主義更發達，資本家階級的陣容更強大，類似辛亥革命的革命也不會發生。倒是爲資本家階級所支持的立憲運動會成功。我們不能把政治和經濟的關係理解得過於機械，過於簡單和直接。不客氣地說，那樣一種理解，是庸俗社會學，好像是在運用馬克思主義，其實不是馬克思主義，是馬克思和恩格斯都反對過的。

有些現象，按照庸俗社會學的觀點是無法解釋的。例如，洪仁玕的《資政新篇》無疑是在中國發展資本主義的方案，但是，當時中國的資本主義和資本家階級在哪裏呢？很顯然，《資政新篇》是「舶來品」，是洪仁玕根據他對西方資本主義國家的瞭解構想的。思想具有相對的獨立性；同樣，知識分子也具有相對的獨立性。

當然，知識分子的作用是有限的，知識分子的弱點也是明顯的。思想必須和一定的物質力量相結合，才能發揮作用；知識分子也必須和其他社會力量相結合，才能對社會變革發生強大的作用。辛亥革命時期的共和知識分子得不到中國民族資本家階級的有力支持，找不到和中國社會人數最多、革命潛力最爲深厚的農民相結合的道路，又沒有像後來的共產知識分子一樣有一個較好的國際靠山（**共產國際和蘇聯**），其失敗有其歷史的必然性。我們的史學家們好從中國民族資產階級的局限性來論證辛亥革命的局限性，至於民族資產階級的這種局限性是如何制約、傳遞到那一時期的革命家身上，如何制約、影響著革命綱領、革命政策的制訂與革命的實際進程，卻很少有人作過具體而認真的分析。這種以政治分析代替歷史論證的學風是不可取的。我覺得，如果不僅從中國民族資產階級的特點、局限，而且也從那個時期共和知識分子的特點、局限來說明辛亥革命的特點、局限，包括其失敗的原因，也許更接近於真理。

在特定時期，由特定類型的知識分子領導革命的情況並不局限於中國。這裏，我們不妨看看列寧是如何分析俄國革命的。在《紀念赫爾岑》一文中，列寧說過：「我們紀念赫爾岑時，清楚地看到先後在俄國革命中活動的三代人物，三個階級。起初是貴族和地主，十二月黨人和赫爾岑。」「響應、擴大和加強了這種革命鼓動的，是平民知識分子革命家，從車爾尼雪夫斯基到『民意黨』的英雄。」然後才是無產階級⑦。可見，中間有一段是由「平民知識分子革命家」領導的。當時，俄國資產階級和資產階級化的地主積極鼓吹改良，反對革命，希望在保存地主土地所有制和沙皇政權的前提下進行改革。其代表卡維林稱：「從上而下地廢除農奴制度，就可以使俄國在五百年內保持平靜。」相反，平民知識分子是主張推翻沙皇制度的，因此，儘管有時列寧把平民知識分子稱爲「自由民主資產階級的受過教育的代表」⑧，但是，他仍然將他們和俄國資產階級區分開來。毛澤東在分析五四運動時也說：「五四運動，在其開始，是共產主義的知識分子、革命的小資產階級知識分子和資產階級知識分子（他們是當時運動中的右翼）三部分人的統一戰線的革命運動。」⑨毛澤東這裏並沒有講五四運動是資產階級領導的，也沒有講是無產階級領導的，而是從參加運動的三種類型的知識分子的角度作了分析。那麼，對於辛亥革命爲什麼不可以從知識分子的角度作分析呢？毛澤東還說過：「知識分子和青年學生並不是一個階級或階層。但是，從他們的家庭出身看，從他們的生活條件看，從他們的政治立場看，現代中國知識分子和青年學生的多數是可以歸入小資產階級的範疇。」⑩這裏，先不論毛澤東的階級劃分標準是否和列寧相一致。列寧說過：「區別各階級的基本標誌，是他們在社會生產中所處的地位，也就是他們對生產資料的關係。」⑪也先不論小資產階級是一個被用得過於寬泛，失去了科學性的概念，我只想說的是，如果毛澤東所說現代中國知識分子和青年學生多數「可以歸入小資產階級的範疇」可以成立的話，那麼，也應該得出，是小資產階級，而不是資產階級領導了辛亥革命。

我們還可以從日本史的角度進行一點分析。如所周知，明治維新是一次資產階級的改革運動，從那以後，日本迅速走上了資本主義的發展道路。然而，明治維新是誰領導的呢？下級武士。下級武士是貴族，而不是資本家階級。可見，資產階級改革、資產階級革命的領導不一定是資產階級。俄國歷史也有類似的情況。一八六一年，沙皇亞歷山大二世批准廢除農奴制的法令，即所謂一八六一年改革，它是由農奴主實行的。

四、近代中國知識分子的嬗變與近代中國歷史的演進

鴉片戰爭前，中國社會只有封建知識分子，沒有近代意義的新型知識分子。當然，封建知識分子也不是只有一種類型，鐵板一塊，有朱熹那樣代表地主階級總體利益和長遠利益，熱心爲封建制度衛道的知識分子，也有李卓吾、戴震、曹雪芹那樣不滿封建束縛，夢想未來社會和新生活的異端知識分子。但是我想，那個時期沒有近代意義上的新型知識分子，大家都會同意的。

近代中國的新型知識分子盟生於洋務運動中。在那個時期內，向國外派遣了第一批留學生，辦起了一批新式學堂，於是，有一批知識分子掌握了西方近代自然科學，他們的知識結構和封建知識分子發生了很大不同。這批人，可以稱爲洋務知識分子。此後，隨著西方社會科學的傳入和日益爲人們所接受，中國知識分子的知識結構和思想主流，也就是世界觀、人生觀發生了愈來愈大的變化，新型知識分子階層遂勃然興起，並給予中國社會以越來越大的影響。

我以爲，活躍於近代中國政治舞台上的主要是三種類型的知識分子：維新知識分子、共和知識分子、共產知識分子（或稱共產主義知識分子）。洋務知識分子因爲人數少，對近代中國的政治影響不大，而且大體上可以納入維新知識分子的範疇，故本文略而不論。維新知識分子以康有爲、梁啓超、嚴復爲代表。他們剛剛從封建知識分子中分化出來，舊思想、舊影響還比較多，新思想還不充分、不成熟。他們的主要思想特徵是：只搞維新（改良），不搞革命；主張君主立憲，不搞民主共和；要求發展資本主義，反對社會主義。在《民報》和《新民叢報》論戰期間，梁啓超曾大講中國不能搞社會主義，大講中國必須獎勵資本家，中國的壟斷資本家不是多了，而是少了。爲了發展中國的資本主義，和外國資本競爭，即使讓勞動者吃點虧也是應該的。在政治上，他們求穩怕亂，力圖通過君主立憲爲中國資本主義的發展創造一個穩定的環境。我以爲這才是代表中國資本家階級利益和發展要求的言論。後來的立憲知識分子也可以歸入這一類。

在維新知識分子中間，康有爲提出過大同理想，當然不代表資產階級的利益。但是，這是一種烏托邦，不是康有爲的現實政治綱領，不影響他作爲維新知識分子的性質。同時還應該指出的是，知識分子的思想常常可以超出於特定階級的局限之外，融彙、接受其他階級的思想，以爲一個人頭腦裏，只能有一個階級的思想。無產階級只有無產階級思想，資產階級只有資產階級思想，那是不符合事實的。孫中山、黃興是共和知識分子的代表。他們和封建地主階級的聯繫較少，接受的封建文化影響也較少，相反，接受的西方民主主義文化則較多。和維新知識分子比起來，他們是更完全意義上的新型知識分子。這一部分知識分子有強烈的民主主義思想，具有徹底地、不妥協地反對封建專制制度的精神，同時，又不同程度上接受社會主義的影響，希望盡可能避免資本主義的惡果，將民主革命和社會革命「畢其功於一役」。當然，這批知識分子中也有一些人只接受民主革命，反對社會革命，千方百計地要將「社會革命」改爲「社會政策」。這部分人，後來成爲共和知識分子中的右翼，五四運動以後成爲自由知識分子。

共產知識分子以李大釗、陳獨秀、毛澤東爲其代表。他們繼承了共和知識分子中嚮往社會主義的那一部分人的特點，在辛亥革命失敗以後開始了新探求，在俄國十月革命勝利的影響下找到了產生於西方的馬克思主義。這樣，他們就不止滿足於在中國進行民主革命，而要在中建設社會主義和共產主義，以便消滅人世間的一切不合理的現象，達到盡善盡美的理想境界。他們把自己的希望寄託於中國無產階級身上，明確地以無產階級的階級代表自任。中國共產黨的發起者和領導人主要就是這樣一批共產知識分子。

三種知識分子之間沒有不可逾越的界限，可以互相轉化，也大量存在著這種轉化的事實。維新知識分子轉化爲共和知識分子，共和知識分子轉化爲共產知識分子的情況不是很多嗎？這種轉化，並非由於階級利益的變化，而是思想的變遷。許多政治上的分歧常常是思想、認識的分歧，有些政治派別（注意，不是全部）的分歧也只是政策、策略的分歧，一切都從經濟利益或階級關係來分析是說不通的。例如，辛亥革命以後，孫中山、黃興之間發生多方面的分歧。孫中山主張立即發動反袁的三次革命，黃興則主張暫停革命；孫中山主張建立黨的領袖的絕對權威，黃興則堅決反對，甚至因此而拒絕加入中華革命黨；孫中山主張聯日，爭取日本政府的援助，爲此，不惜向日方提出了中日盟約十一條，黃興則對此持嚴厲批判態度。這裏，你能說反映著階級關係的不同嗎？又如，一九五九年的廬山會議，當時彭德懷被定爲資產階級野心家，彭德懷與毛澤東的分歧被視爲無產階級與資產階級兩大階級的生死鬥爭。歷史已經證明，真理是在彭德懷一邊。按照我們多年來的思維定勢，無產階級總是正確的，當然，彭德懷代表了無產階級的利益，那麼，毛澤東代表什麼？多年來，我們在現實生活中經常喜歡給人劃階級，定成份，特別喜歡給人扣資產階級的帽子，影響所及，學術研究，特別是近代史研究、中共黨史研究中，更是帽子滿天飛，似乎非此不是馬克思主義的學術！其實，現實生活中的帽子常常戴得不準，不合適，我們學術研究中戴的那些帽子就都準，都合適嗎？我是主張多做分析，帽子少戴、慎戴（不是完全不戴）的。

話說遠了，還是收回來。當我們縱觀戊戌以來的中國近代史時，可以清楚地看出，近代中國政治的風雲雷雨主要是這三代知識分子活動的結果。隨著近代中國新型知識分子思想的嬗變發展，中國近代史也就表現爲三個不同的階段，呈現出不同的特點和色彩。

【附記】

本文是作者一九九二年十二月廿九日在上海中山學社所作的學術報告。其中所引孫中山一九一四年五月致社會黨國際局函，根據一九九四年上海人民出版社版《孫中山集外集補編》，應為一九一五年十一月十日之作。

①杜恂誠《民族資本主義與舊中國政府》，上海社會科學出版社一九九一年六月版，第三一頁。
②黃逸峰、姜鐸等《舊中國民族資產階級》，江蘇古籍出版社一九九〇年十月版，第八八頁。
③《孫中山全集》第一卷，第二七三至二七四頁。
④《孫中山集外集》上海人民出版社一九九〇年版，第三六五頁。

⑤《孫文力助工人之宣言》，《香港華字日報》，一九一二年六月九日。

⑥《路易·波拿巴的霧月十八日》，此段譯文，參考了《列寧全集》第二卷第一八五頁的譯文。

⑦《列寧全集》第十八卷，人民出版社版第十五頁。

⑧《我國工人報刊的歷史》，《列寧全集》第二十卷第二四〇頁。

⑨《新民主主義論》，《毛澤東選集》合訂本一九六七年版，第六六〇頁。

⑩《中國革命和中國共產黨》，同上書第六〇四頁。

⑪《社會革命黨人所復活的庸俗社會主義和民粹主義》，《列寧全集》中文第二版第七卷第三十頁。

孫中山是平民知識分子革命家

長期以來，孫中山被定性爲資產階級革命家，我覺得，此說與事實不合，於情理有悖，試作質疑如次。

孫中山出身農民家庭。父親孫達成當過鞋匠，後租種田地六畝餘，兼充更夫。孫中山本人早年求學，後來長期以革命爲職業，拮据一生，不是資產階級分子；背後也沒有什麼財團支持他。

孫中山投身革命的時候，西方資本主義社會矛盾尖銳，共產主義的「怪影」已在歐洲大地迴盪了近五十年。對資本主義持批判、否定態度的不僅有馬克思、恩格斯的社會主義、共產主義思想，而且還有態度更爲激烈，否定更爲徹底的無政府主義。孫中山長期生活在西方，對此，自然是瞭解的。

根據可靠資料，孫中山曾於一九〇五年到比利時布魯塞爾走訪社會黨（第二國際）執行局，要求接納他的黨。孫中山闡述的該黨綱領有兩條値得注意：一．土地全部或大部爲公共所有，由公社按一定章程租給農民；二．採用機器生產，但防止歐洲已經發生的「一個階級剝奪另一個階級」的情況，使「工人階級不必經受被資本家剝削的痛苦」。顯然，這是地地道道的社會主義綱領。稍後，孫中山又特別將英文中的「社會主義」（socialism）一詞翻譯爲「民生主義」，和「民族主義」、「民權主義」並列，作爲中國革命的三大任務。孫中山特別提出：「歐美強矣，其民實困」，中國革命決不能「追逐於人已然之末軌」。這就說明，當時，孫中山就在追求一種有別於歐美資本主義的新的社會形態。

辛亥革命後，孫中山繼續宣傳、闡述他的社會主義思想。他一面尖銳地指斥「資本家以機器爲資本，壟斷利源，工人勞動所生之產，皆爲資本家所坐享」，一面勇敢地預言：「政府有推翻之一日，資本家亦有推翻之一日。」他設想，在他的「民生主義」推行之後，實業將建設於「合作的基礎之上」，勞工將在優良的條件下工作，不僅獲得「其勞力所獲之全部」，而且將「知識日進，獲得充分之娛樂與幸福」。一九一五年十一月，他再次致函國際社會黨執行局，聲稱「中國的工業尚未發展，資本主義尚未擡頭」，「可以輕易的塑造成任何形狀」。他呼籲執行局，提供人才，協助自己「把中國建立成全世界第一個社會主義國家」。

在政治制度上，孫中山也力圖超越西方模式。辛亥革命前，他就提出「我們這回革命，不但要做國民的國家，而且要做社會的國家」，希望能在中國創建一種「破天荒的政體」。辛亥革命後不久，他又尖銳地指責歐美等國的政治，「操之大資本家之手」，「富人享之，貧者無與焉」。此後，他曾設想過一種瑞士式的「直接民權」模式，企圖使人民擁有全部政治權力，真正成爲國家的主人，也曾對後起的與法、美不同的蘇俄模式感到興趣。一九二四年，他多年來對於人民民主的追求終於凝聚爲國民黨「一大」宣言中的一段著名文字：「近世各國所謂民權制度，往往爲資產階級所專有，適成爲壓迫平民之工具。若國民黨之民權主義，非少數者所得而私也。」

資產階級革命家，顧名思義，他應該從資產階級的利益出發，處處爲資產階級著想。孫中山的上述理想有一絲一毫的爲資產階級著想的成分嗎？

正因爲如此，孫中山一生中得到的來自資產階級方面的支持並不多。辛亥革命前，國內的資產階級大部分投身立憲運動和國會請願運動，不贊成他的武裝起義方案。武昌起義後，資產階級一度附和革命，但他們對孫中山的「激烈」主張不放心，很快選擇了袁世凱。其後，孫中山到處旅行、演講，宣傳「社會革命」，但是也到處受到反對。他的舊日戰友公開聲明：「近日吾國實業衰落，急當獎勵資本家以開發富源，不當以社會主義過爲遏抑」，明確地要和孫中山分道揚鑣。一九一三年，他發動反袁的「二次革命」時，資本家們普遍反對。一九二四年，廣東的商人們更發動「商團叛亂」，反對孫中山及其政府。固然，這次叛亂的領導者是買辦資產階級分子，但其參加者大部分還是一般工商業者。假如孫中山是所謂代表資產階級利益的革命家，能一而再、再而三地發生上述情況嗎？

近代中國，特別是戊戌維新以後，隨著大批年輕人出洋留學，也隨著廢科舉，興學堂，中國社會出現了一大批新型知識分子。這是前此中國不曾有過的一種社會力量。他們具備現代科學文化知識，是以出賣腦力和知識爲生的雇傭勞動者。他們不是資產階級，也不是當權派，在社會身分上屬於「平民階層」或接近「平民階層」。其中有些人附庸於清朝政府，或附庸於資產階級，成爲他們的代言人，但是其中也有不少人始終以「平民」的代言人和利益的代表者自居。驅使他們投身革命的動機是救亡，是民主，是將中國從列強瓜分和封建壓迫中解救出來，而不是發展資本主義的要求和資產階級一個階級的利益。自然，他們在設計未來社會的模式時，易於接受社會主義、共產主義以至無政府主義的影響。這一部分知識分子可以稱爲「平民知識分子」。孫中山正是這一部分知識分子的傑出代表。因此，我覺得，與其將孫中山定性爲「資產階級革命家」，不如定性爲「平民知識分子革命家」，或簡稱「平民革命家」爲妥。

說到這裏，需要著重分析孫中山提出的兩條具體綱領：「平均地權」與「節制資本」。

「平均地權」，按照孫中山的解釋是：地主自報地價，政府照價徵稅；一旦交通發達，工商業發展，該片地價增值，則原價歸地主，增價爲全社會所有。例如，上海黃浦灘的某片土地，地主報價一百元，後來增值爲一萬元時，地主所得僅爲一百元，而其餘的九千九百元則按照「漲價歸公」的原則，「爲國民所共享」。同時，國家還可以按一百元的原價收買這塊土地。這一政策，剝奪土地所有者壟斷土地，成爲暴富的機會，既使國家掌握大量財富，又使國家可以廉價取得爲發展國有經濟所必須的土地。因此，孫中山認爲，這是實行社會主義的簡便辦法。

「節制資本」，按照孫中山的解釋是：能操縱國計民生的大企業歸國家所有，能夠「委諸個人」，「或其較國家經營爲適宜者」，「應任個人爲之」。這不是發展資本主義是什麼？

問題是，孫中山雖然表示過，要保護並獎勵民營企業，但是，他爲之留下的活動餘地很小。他曾在《實業計劃》中宣佈，「既廢手工採機器，又統一而國有之」，「擬將一概工業組成一極大公司，歸諸中國人民公有」。請注意這裏的「一概工業」四字，由此不難想見，他所準備組建的「極大公司」的規模。

「國有」、「公有」、「私有」之間的長短優劣，近百年來一直爭論不休，有待歷史檢驗。值得注意的是，孫中山卻始終祖護「公有制」。一九二二年十二月，美國一位記者訪問孫中山，談到國有企業的種種弊病，孫中山卻不以爲然。他一方面表示，積累經驗，數十年後，問題不難解決；一方面則明確聲明：「余以爲爲公共利益作工，不爲私利作工，縱有上述之敝，亦爲利重敝輕」，「利害相權，吾終以爲國有企業較勝於現時之私有制。」請看，這像一個資產階級革命家的口吻嗎？

金要足赤，人要完人。人們總以爲事物越純越好，其實不一定。在《民生主義》演講中，孫中山曾經談到，像馬克思所設想的那種社會主義，連俄國都沒有資格實行，何況比俄國更落後的中國？可見，孫中山不是不想一步就跨進盡善盡美的境界，而是認真考慮過中國國情，同時也考慮到資本主義還存在著的強大活力。非不願也，勢不能也。改革開放前的中國，毛澤東匆匆忙忙，改造農業、改造手工業，改造資本主義工商業，急於「大躍進」，建設沒有任何雜質的「純而又純」的社會主義，而其結果呢？

允許資本主義適當發展的不一定是資產階級革命家。俄國的列寧，最初搞軍事共產主義，行不通，於是改行新經濟政策；毛澤東，主張在新民主主義革命時期，要允許資本主義有一個比較大的發展；鄧小平，搞改革開放，將私營經濟作爲社會主義多種所有制成分中的一種。難道因此能稱他們爲資產階級革命家嗎？

很長時期內，我們流行著一種「非無即資」的思維方式。據說，「百家爭鳴」其實只是無產階級和資產階級「兩家」之爭，於是，凡與「我」不合者或與某些「經典」不合者均成了資產階級。一段時期內，資產階級帽子滿天飛，資產階級右派、資產階級右傾機會主義分子、走資本主義道路的當權派、資產階級反動權威、資產階級知識分子……如此等等，不一而足；在學術領域內也同樣如此，許多歷史人物常常被扣上資產階級的帽子，而無須作任何嚴格的論證與分析。

現在，資產階級右派、資產階級知識分子一類的帽子已經摘掉了，難道戴在歷史人物頭上的那些帽子就都很合適嗎？

（原載香港《明報月刊》，二〇〇一年第六期。）

孫中山與中國革命的前途

——兼論清末民初對孫中山民生主義的批評

中國應該建設一個什麼樣的社會？資本主義還是社會主義？從二十世紀初年開始，中國人便思考並辯論這一關係國家、民族命運的重大問題。孫中山很早就表示了對社會主義的嚮往，因而也很早就受到了資本主義前途論者的批評。在辯論中，孫中山不斷思考，不斷探索，也不斷前進。儘管他一生都沒有超出主觀社會主義的水平，但他的有關思想中包含著應該爲無產階級政黨所珍視的積極的、合理的內核。中國共產黨不僅是孫中山民主革命事業的繼承者，而且正確解決了他提出而未能解決的社會主義前途問題。今天，當我們回顧近百年來中國人民探索救國救民真理的歷程時，應該承認，孫中山是近代中國社會主義的前驅宣傳家和思想家。

一

孫中山明確地表示對社會主義的嚮往是在一九〇三年。他在覆友人函中說：「社會主義，乃弟所極思不能須臾忘者。」①當時，中國的先進分子處於不同的思想層次中。一種人，熱衷「排滿革命」，渴望「光復舊物」，「重見漢官威儀」；另一種人，以亞洲盧梭自命，沈醉於華盛頓、拿破侖的功業。孫中山超越上述兩種人，宣佈以社會主義為理想，顯示出他在中國革命前途這一重大問題上，具有遠大的目光，進行了深入的思考。一九〇五年，孫中山在比利時向國際社會黨（第二國際）執行局申請，接納他的黨，同時宣佈，將派代表出席下一屆國際大會。這一舉動，在當時中國的先進分子中，堪稱並世無二。它表明，孫中山企圖將中國革命和國際社會主義運動聯繫起來。此後，孫中山在《〈民報〉發刊詞》、《中國同盟會革命方略》和《民報》創刊週年慶祝大會的演說中，公開闡明了自己的主張，民生主義這一概念開始震動中國的政治界和思想界。一九一二年，民國建立，孫中山錯誤地認為民族革命、政治革命兩項任務已經完成，因此，以無比的熱情進行「社會革命」的宣傳。他以「極端社會黨」自居，在南京、上海、武漢、廣州、北京、太原、杭州等地多次發表演說。不僅對社會各界和同盟會講，也對社會黨、統一黨、共和黨講，甚至還對黎元洪、袁世凱講。②據報導，他還曾準備經營東沙島，「試行社會主義」。③這是他一生中宣傳社會主義的高潮時期。國民黨「一大」前後，孫中山的熱情再次爆發，社會主義又一次成為他演講中的鮮明主題。由於十月革命的勝利以及和中國共產黨的合作，他的有關宣傳也就出現了前所未有的新內容和新特色。

孫中山開始革命活動的年代，自由資本主義已經發展為壟斷資本主義，它的各種固有矛盾尖銳地表現出來。孫中山長期居留於歐美、日本等地，對資本主義社會的病症有相當透徹的瞭解。他多次指出，歐美社會貧富懸殊，兩極分化，是一個極不平等的世界。一九〇三年，他在覆友人函中就指出：「歐美之富者富可敵國，貧者貧無立錐。」④後來又說：「歐美各國善果被富人享盡，貧民反食惡果，總由少數人把持文明幸福，故成此不平等世界。」⑤孫中山看出了這種貧富懸殊的現象必定會引發激烈的階級鬥爭，社會革命必不可免。他說：「他日必有大衝突，以圖實劑於平。」⑥因此，他堅決主張，中國不應該走歐美老路。在《〈民報〉發刊詞》中，他說：「近時志士舌敝唇焦，惟企強中國以比歐美。然而歐美強矣，其民實困。觀大同盟罷工與無政府黨、社會黨之日熾，社會革命其將不遠。吾國縱能媲跡於歐美，猶不能免於第二次之革命，而況追逐於人已然之末軌者之終無成耶！」⑦鴉片戰爭以來，中國人受列強欺負，媲跡歐美，曾經是許多愛國志士夢寐以求的理想，然而，孫中山卻從歐美強大的外表下看出了「其民實困」的內相，毅然宣佈不能追逐別人「已然之末軌」，這在當時，是具有石破天驚意義的宣言。

孫中山看不起歐美事後所實行的改良政策，並由此上溯，批評歐美資產階級民主革命的「疏陋」。他說：「倘歐美早百年注意社會問題，而今日補苴罅陋之政策可不發生。甚矣！其疏陋也。」⑧孫中山要求走自己獨特的道路。他認爲，中國的資本家還未出生。但是，隨著近代工業的發展，必將加強勞工階級與資本所有者之間的分野。他甚至估計，十年以後，中國的大資本家總數將超過十萬人，其中有些人的財產，將超過美國的煤油和鋼鐵大王。孫中山不希望出現這種狀況，主張在堅決發展近代工業的同時，預爲防範。他說：「吾國治民生主義者，發達最先，睹其禍害於未萌，誠可舉政治革命、社會革命畢其功於一役。還視歐美，彼且瞠乎後也。」⑨對於這段名言，人們通常批評其爲空想，這當然是正確的。但是，孫中山深刻地感到舊的一般民主主義革命（政治革命）的不足，要求在這一過程中解決社會革命的問題，防止資本主義「禍害」，使中國不僅成爲「國民的國家」，而且成爲「社會的國家」，創造出一種使歐美瞠乎其後，真正造福人民的社會制度，顯然，這一思想不僅對近代中國人民富於啓發性，而且包含著積極的、合理的內核。列寧所說，孫中山的政治思想傾向，「比民主主義的含義更廣泛」⑩，指的就是他思想中這種超出「民主主義」的成分。

對於資產階級，孫中山多次進行批判，指責他們不勞而獲，壟斷財富，壓制平民，流毒世界。他說：「資本家以機器爲資本，壟斷利源。工人勞動所生之產，皆爲資本家所坐享。」⑪「彼恃其財力，不惟足以壓制本國，其魔力並且及於外國。」⑫在孫中山看來，資本家的專制與專制政府並無二致，他說：「世界財力悉歸少數資本家之掌握，一般平民全被其壓制，是與專制政府何異？」⑬有時，他甚至認爲資本家的壓制比封建君主還要厲害。他說：「若專制皇帝，且口不離愛民，雖專橫無藝，然猶不敢公然以壓抑平民爲職志。若資本家者，以壓抑平民爲本分者也，對於人民之痛苦，全然不負責任者也。一言以蔽之，資本家者，無良心者也。」⑭基於此，孫中山曾將自己的民生主義稱爲「排斥少數資本家」的主義。⑮一九一二年，他並作過一個勇敢的預言：「政府有推翻之一日，資本家亦有推翻之一日。」⑯

孫中山不懂得剩餘價值理論，因而，他對資產階級的批判只能借助兩種方式：一、在資本家和封建君主之間進行歷史類比；二、像早期空想社會主義者一樣，訴諸於抽象的「理性」和道德觀念。這種批判顯示了孫中山對資本家的憎惡之情，它是震憾人心的，卻遠不是科學的、深刻的，無從揭露資本主義剝削的本質及其發生、發展、滅亡的規律。

對資產階級的政治經濟學，孫中山也持批判態度。他指責亞當・斯密的分配理論不合理，是爲資產階級利益辯護的「舊經濟學」。他說：「按斯密亞丹經濟學，生產之分配，地主占一部分，資本家占一部分，工人占一部分，遂謂其深合經濟學之原理，殊不知此全額之生產，皆爲工人血汗所成，地主與資本家坐享其三分之二之利，而工人所享三分之一之利，又析與多數之工人，則每一工人所得，較資本家所得，其相去不亦遠乎？宜乎富者愈富，貧者愈貧，平民生計，遂盡爲資本家所奪矣。」⑰長期以來，亞當・斯密的理論一直是西方資產階級的「聖經明訓」，孫中山的批判雖然缺乏理論深度，但它畢竟刺去銳利的一槍，表示了對資本主義分配原則的抗議，也表示了對一種「新經濟學」的期待。

早期空想社會主義者大都把工人階級看作受苦受難、無所作爲的階級。孫中山與之不同，他熱情讚譽工人階級對人類發展的巨大貢獻。他說：「當知世界一切之產物，莫不爲工人血汗所構成。故工人者，不特爲發達資本之功臣，亦即人類世界之功臣也。」⑱在資本主義社會兩大階級對立中，他真摯地同情工人階級，表示願爲改善其處境而鬥爭。他說：「今坐視資本家壓制平民而不爲之所，豈得謂之平等乎？」⑲不僅如此，他還充分肯定工人階級爭取自身權利的鬥爭，認爲「資本家所獲甚豐，皆由工人之勞動而來，工人爭其所應得之權利，亦理所當然。」⑳由此，他進一步肯定「社會革命」，認爲「不平則鳴，大多數人不能長爲極少數人之犧牲者，公理之自然也」。㉑但是，孫中山也還不能認識工人階級的偉大歷史革命，不懂得只有它才能創造未來社會。在這一根本點上，孫中山並未能超出空想社會主義者的水平。

對馬克思主義，孫中山也熱情讚譽。早在一九一二年，他就充分肯定馬克思「苦心孤詣，研究資本問題，垂三十年之久，而無條理之學說，遂成爲有統系之學理」。㉒一九二四年，他發表《民生主義》演講時更進一步指出，馬克思的研究：「全憑事實，不尙理想」，使社會主義從烏托邦的空想發展爲科學，具有劃時代的意義。他說：「現在研究社會問題的人也沒有那一個人不是崇拜馬克思做社會主義中的聖人。」㉓但是，這一時期，世界資本主義經濟有較大的發展，有識之士正在採用所謂「資本主義合理化」措施，實行局部調整和改革。例如，美國汽車大王福特發明的「福特制」得到了廣泛的運用，一些人因此提出：「不是馬克思，而是福特」給工人指出了幸福之路；「新資本主義」將消滅貧窮和危機。孫中山敏銳地注意到了這些馬克思身後才出現的新情況，要求加以研究。他說：「馬克思所說的是資本家要延長工人作工的時間，福特車廠所實行的是縮短工人作工的時間；馬克思所說的是資本家要減少工人的工錢；福特車廠所實行的是增加工人的工錢；馬克思所說的是資本家要擡高出品的價格，福特車廠所實行的是減低出品的價格。像這些相反的道理，從前馬克思都不明白，所以他從前的主張便大錯特錯。」㉔甚至說：「在馬克思的眼光，以爲資本家發達了之後便要互相呑併，自行消滅。但是到今日，各式各樣的資本家不但不消滅，並且更加發達，沒有止境，便可以證明馬克思的學理了。」㉕儘管如此，孫中山仍然主張共產主義和民生主義是好朋友，在中國，雖不可用「馬克思之法」，卻可以「師馬克思之意」㉖，態度是友好的。

思想家的理論原則和實踐綱領之間常常存在著較大的差距。當思想家馳騁於想像的領域時，他可以無所顧忌，恣情任意，但是，當他腳踏實地時，就不能不考慮到各種現實的條件和因素，據此而制訂的實踐綱領就不能不受到制約，和理論原則之間的差距也就拉開了。在理論原則上，孫中山讚賞土地公有和資本公有，認爲二者「得社會主義之真髓」㉗，但是，在實踐綱領上，孫中山卻只主張以實行地價稅爲中心的平均地權和大資本國有。孫中山認爲，實行了這兩項也就是實行了社會主義。

孫中山期望在實行了他的社會主義後，中國不僅富強，而且家給人足，無一夫不獲其所，成爲「至完美」的國家。他天真地設想，那時將不是「患貧」，而是「患富」的問題。他說：「數年後民生主義大行，地價、鐵路、礦產各種實業俱能發達，彼時將憂財無用處，又何患窮哉！所謂教育費、養老費皆可由政府代爲人民謀之，夫然後吾黨革命主義始爲圓滿達成，中華民國在世界上將成爲一安樂國，豈非大快事哉！」㉘孫中山設想，在這個「安樂國」裏，政治民主，實業建設於「合作的基礎之上」，勞工將在優良的條件下工作，不僅獲得「其勞力所獲之全部」，而且將「知識日進，獲得充分之娛樂與幸福」。㉙

爲了補償生產中消費掉的生產資料，擴大再生產，發展文化、教育、衛生等公益事業，支付管理費用，因此，即使在共產主義社會中，勞動者也不可能獲得「其勞力所獲之全部」，但是，在孫中山的這一提法中，顯然彌足珍貴地包含了反對人剝削人的思想。

孫中山不理解工人階級的歷史使命及其在國家政權中掌握領導地位的必要，讚賞公有制而又不明確提出以之爲主體，也不懂得科學社會主義的分配原則，這樣，他所構思的「安樂國」當然遠不是科學社會主義，但是，也顯然越出了資產階級一己私利的狹隘樊籬。列寧說過：「『靠犧牲別人來經營』這一事實的存在，永遠會在被剝削者本身和個別『知識分子』代表中間產生與這一制度相反的理想。」㉚孫中山一類懷著救亡熱誠投身革命的知識分子，自身不佔有生產資料，經常以「平民」的代言人自居，在西方資本主義社會固有矛盾充分暴露，工人運動已經相當強大的情況下，產生對社會主義的嚮往是很自然的。

孫中山的社會主義思想有其獨特的個性。就其批判資產階級，抗議資本主義的分配制度，同情工人階級，讚賞公有制等理論原則看，它接近於空想社會主義，但是，就其實踐綱領看，則是一種「混合經濟」：以發展國有制爲主，允許私人資本主義在不損害國計民生的條件下適當發展（下文詳論）。

當孫中山構思他的「安樂國」時，世界上還沒有社會主義國家。十月革命勝利後，孫中山以極大的興趣注視並研究俄國的情況。一九二〇年十一月，他在廣東省署演說：「此次俄國革命後，實行社會主義，俄國遂釀成一種好風氣。」㉛此後，他對俄國社會制度的讚美日益增多。一九二四年二月，他對駐廣州湘軍演說，聲稱「現在的俄國，什麼階級都沒有。他們把全國變成了大公司，在那個大公司之內，人人都可以分紅利，像這樣好的國家，就是我要造成的新世界」。㉜這樣，孫中山長期追求的理想境界就有了一個具體形象，從而具備了突破主觀社會主義的可能。遺憾的是，孫中山逝世得太早，未能踏入這個飛躍過程。

二

在歐洲，共產主義的「怪影」曾使資產階級長期驚悸騷動；在中國，孫中山對社會主義的嚮往也使許多人不安。清末民初，資本主義前途論者對他的民生主義進行過兩次批評。第一次在一九〇六－一九〇七年，代表人物爲梁啓超，範圍限於《新民叢報》。第二次在一九一二－一九一三年，代表人物爲章太炎、孫武、張振武、金天羽、藍公武，涉及的報刊有上海《大共和日報》、《民聲日報》、《神州日報》、《獨立周報》、武昌《大漢報》、北京《亞細亞報》、《國民公報》、《燕京時報》、天津《大公報》等。兩次批評提出的問題都較多，而其核心則在於中國的前途。由於梁啓超的第一次批評已爲人們所熟悉，本文將著重闡述第二次批評的情況。

一．認爲社會主義是一種遙遠的、不能實行的理想。梁啓超稱：對於「社會改良主義」，他絕對表示同情；對於「麥喀、比比爾輩」所倡導的「社會革命主義」，他認爲「必不可行，即行，亦在千數百年之後」。㉝辛亥革命後，孫中山的批評者們持論大體與此相同。一九一二年一月，章太炎在中華民國聯合會第一次大會上說：「近年對於民生問題，頗有主張純粹社會主義者，在歐洲程度已高之國尚不適用，何況中國？」㉞稍後，金天羽也在《大共和日報》上撰文稱：「此華嚴之世界，能否湧現於短期之世紀中，雖起瞿曇、基督而揲蓍以求，猶不能以預測，則謂之哲人之理想而已。」㉟孫中山所倡導的，並不是馬克思的「純粹社會主義」，批評家們可謂庸人自擾，不過，這倒暴露了他們對社會主義的真實態度。

二・認爲社會主義不適合於人類心理。梁啓超稱：「經濟之最大動機，實起於人類之利己心」。㊱金天羽繼稱：「人類之生，固扶利己之心以俱來。」章士釗等創辦的《獨立周報》也稱：「所謂興公產地，所謂廢私人之資本也，其果合乎人類之心理乎？」㊲地主階級是諱言利己的，他們習慣於把本階級的狹隘利益包裹在光華四射的禮義外衣中，赤裸裸地宣佈利己主義爲人類與生俱來的心理，是典型的資產階級方式和資產階級語言。

三・認爲社會主義將產生新的專制。梁啓超提出，社會主義必以全國爲「獨一無二之公司」，「取全國人民之衣食住，乃至所執職業，一切干涉之而負其責任」，結果必然濫用職權，「專制以爲民病」。㊳金天羽發揮了這一思想，他稱資本主義爲「黃金專制之局」，認爲社會主義取代資本主義只是「破一專制而復產一專制，且其所專者又更甚焉」。其理由是，在社會主義制度下，國家掌握生產機關，因而也掌握利益的分配，必將導致國家權力的膨脹和特權者的產生。他說：「然而所謂分配之者，顧誰爲分配乎？非小己之享特權者乎？國家之權干涉將無限域而至於筐篋，試問專制君主曾有是乎？」㊴社會主義民主本質上是工人階級和人民大眾當家作主，但是，這是一種史無前例的民主形式，在它的實踐過程中，確實可能出現權力過分集中、管得過死、包得過多、一言堂以至個人專斷等違反民主的現象，這是必須認真對待，努力加以解決的。但以爲社會主義必然會產生新的專制局面，不過反映出資產階級自由主義者的恐懼心理而已。

四．認爲中國貧富懸殊不大，不必實行社會主義。《大共和日報》稱：「中山先生之提倡社會主義者，乃見美國貧富至不平均，鐵道大王、石油大王之權力較專制君主爲尤甚，唯恐中國人民遭此荼毒。此仁人之用心，記者敢不敬佩，但此乃美國之社會現象，中國今日無有也。」文章要求孫中山「詳察中國之人情時勢而後規畫中國前途，幸毋拘泥習見，無理效顰。」⑩原屬同盟會的武昌起義元勳張振武也激昂地提出：「諸君試思，今日我國程度若何，有美國之托拿斯等弊否？」⑪這一批評貌似有理，然而孫中山有自己的解釋：與其臨渴掘井，何如未雨綢繆？等到鐵道大王、石油大王出現再革命，就晚了。

五．認爲從中國當時政治形勢看，不適合進行社會革命。孫武稱：「中國政治革命尚未完成，社會秩序尚未恢復」，只能「興教育，礪知識」，才能挽救國家危亡。⑫又稱：「武昌起義系政治革命，現在各黨互生意見，萬不可再說社會革命，貧富亦萬難均等。現在外人尚未承認，各省紛爭日甚，吾輩實社會之罪人也。」⑬清朝統治的推翻不等於民主革命的勝利，在這一意義上，孫武的「政治革命尚未完成」的觀點是正確的，但是，把革命黨人的任務限於「興教育，礪知識」等方面，同樣也不能使「政治革命」趨於完成。

六．認爲中國的急務是發展資本主義，而不是實行社會主義。藍公武稱：「今欲救濟現社會之苦痛，須改良現社會之組織，使人各得以知識能力，自由競爭，而享其勞力之結果。」⑭顯然，這種在私有制基礎上的「自由競爭」乃是自由發展資本主義的同義語。辛亥革命前，梁啓超曾提出，當以「獎勵資本家爲第一義」；辛亥革命後，孫中山的批評家們也都異口同聲。《大共和日報》和《大公報》斷言：「救貧療饑之上藥，道在獎富民殖產之野心，使人人胥有猗頓、陶朱之希望，取前朝束縛商工之苛例，掃蕩而廓清之。」他們批評孫中山的「社會革命」思想是「無病呻吟」，「徒以灰國民進取之雄心，而擁有厚資者，人人胥懷自危之念。」㊺武昌《大漢報》論證世界各國的富強之道在於「以拓殖爲經」，以農、工、商、工藝爲主體。它說：「我中國現今之最要政策，不惟懼貧民之多，且甚懼富民之少；不惟懼貧民不能富，且甚懼富民之日即於貧；不懼因獎勵企業而令托拉斯之發生，而懼因社會主義而令專制之復活。」㊻《民聲日報》也稱：「今日吾國實業衰落，急當獎勵資本家以開發富源，不當以社會主義過爲遏抑。」㊼他們步武梁啓超的故轍，力圖從和外資競爭的角度論證中國大資本家出現的必要。金天羽說：「吾國素無煤油、鋼鐵、電器、鐵道諸大王，奮焦僥之臂以搏巨靈，其勝敗雖愚者知之。然則吾國之於資本家焉，方存乎見少，又安可張均一分配之學說，乘豪富之未萌而預摧其蘖哉！」㊽當時中國資本主義的發展還很微弱，孫中山的批評者們主張發展資本主義，是符合歷史要求的；他們以民族資本主義抵禦帝國主義經濟侵略的思想也不無道理。但是，他們輕視勞動人民的利益，不考慮資本主義在中國發展的長遠後果，既是狹隘的，又是短視淺見的。

七．反對土地國有和單一稅政策，認爲只著眼於土地並不能解決資本主義社會的問題。梁啓超稱：「夫歐美現社會所以杌隉不可終日者，曰惟資本家專橫故。使徒解決土地問題而不解決資本問題，則其有以愈於今日幾何也！」㊾在辛亥革命前，孫中山一直忽視資本問題，應該承認，梁啓超的批評頗中肯綮。但是，梁啓超卻既反對解決資本問題，也反對解決土地問題，他認爲私有制度是「現社會一切文明之源泉」，土地國有是一種「掠奪政策」。㊿章太炎在辛亥革命前曾主張「均配土田，使耕者不爲佃奴」(51)，辛亥革命後卻和張謇等沆瀣一氣，認爲「土地國有，奪富民之田以與貧民，則大悖乎理，照田價而悉由國家收買，則又無此款，故絕對難行」。(52)又說：「其專主地稅者，尤失稱物平施之意。此土本無大地主，工商之利，厚於農夫，掊多益寡，自有權度，何用專求之耕稼人乎？」(53)章太炎這裏所說的「耕稼人」，實際上是地主。關於這一點，金天羽表述得更清楚，他說：「以全國之政費而累累於地主之肩，天下專制不平等，寧有過於此者哉！」(54)儘管土地國有一類主張是資產階級激進思想家提出來的，但是，由於資本家們害怕因此牽動資本的所有權，因此，從來沒有哪一個資產階級政權全面實行過。中國民族資產階級由於和封建主義關係密切，既要發展資本主義，又要保護封建的土地制度，因此，在他們的言論中出現爲地主階級呼籲的聲音，並不奇怪。

八．認爲社會革命會導致秩序混亂，甚至國亡民死。孫武稱：「社會主義須從學理上研究，武漢人民恐尚無此程度，倘人民誤解，視奪人財產，擾亂社會秩序爲社會革命，則極爲危險。」(55)《民聲日報》稱：「若必以貧富均等爲言，則富者無企業之心，貧者有依賴之勢。極其流弊，則社會相陵，衆暴寡，小加大，是率天下於劫奪之途，社會秩序必將破裂而不可收拾。」(56)幾乎所有的孫中山的批評者都認爲，中國此後的「暴動風潮」將日盛一日，其結果不堪收拾。57張振武稱：「如提倡社會主義，將使遊手好閒之輩，人人胸中有均財思想，誠恐中國不亡於專制政治，而將亡於社會主義也。」58北京的《燕京時報》更危言聳聽地說：「今中山先生乃欲舉天下人民，悉均其貧富焉，揆諸天演公例，既與優勝劣敗之旨相違；征諸人道公平，復與安分循理之情不合。演成第二革命之慘劇，同室操戈，燃萁煮豆，元氣已經剝喪，毒劑又復進行，舉四萬萬同胞，無富無貧，同歸於盡，則中山先生所謂均貧富一言，非以利民生實以促民死也。」59孫中山主張消除資本主義社會中貧富懸殊的現象，但並不提倡平均主義。上述言論，既有對孫中山思想的誤解，也有對下層人民的恐懼，但更多反映的則是中國民族資產階級對於一個安定局面的要求。

可以看出，兩次批評在理論上是一貫的。批評者們強烈地反對孫中山的「社會革命」思想，反對社會主義前途，以典型的資產階級心理和語言要求在中國發展資本主義。不同之處在於：第一次批評聲勢較小，僅限於一人一刊；第二次則涉及四、五個主要城市的十餘種出版物，孫中山在武漢和廣州演說時，都有人當面反對。60其次，第一次批評的主角是作爲資產階級改良派的梁啓超，而第二次批評的主角除原屬於改良派的藍公武外，幾乎都是孫中山當年的戰友。這是一個發人深思的現象。

辛亥時期的知識分子是一個複雜的群體。就對清政府的態度而言，有革命與改良之分；就對資本主義的態度而言，則有肯定與批判之分。辛亥革命勝利了，原來革命、改良的界限不再存在，因此，在對資本主義的態度上重新分化組合就不是奇怪的事了。

民國建元之初，資產階級喁喁望治。他們嚮往著自此可以擺脫各種拘牽，大展鴻圖，真正出現「生意興隆」，「財源茂盛」的局面。在這一情況下，孫中山的「社會革命」思想自然不會受到歡迎。儘管孫中山小心翼翼地在上海資本家面前聲明：「資本家當維持，如何反對？特資本家之流弊，則不能不防備。」⑥①但是，這種低調的「維持」論抵銷不了高調批判的影響，所謂「防弊」之說也不合資本家的胃口。孫中山及其追隨者成了新時期「暴烈」派的象徵。不僅眾多的輿論反對他，當年的反滿戰友也紛紛和舊日的改良派、立憲分子合作，樹幟立黨，與同盟會抗衡。章太炎參加的中華民國聯合會力辯「社會主義」和「社會政策」之間的區別，以「採用穩健社會政策」，「維持現行私有制財產制」相號召。⑥②孫武等人組成的民社則挑戰式地向孫中山提出：「現時中華民國適用國家主義乎？抑適用社會主義乎？」他們的結論是適用「國家主義」。⑥③一九一二年五月，民社、國民協進會、民國公會等組成共和黨，也繼續以此為「黨義」。這種新的抗衡反映到輿論上就是前述《大共和日報》、《民聲日報》、《大漢報》等對孫中山民生主義的批評。

一種理論，必須反映現實的需要，而又和一定的階級力量相聯繫，才會具有強大的生命力。孫中山的民族主義、民權主義在近代中國的政治生活中都發揮了巨大的作用，而民生主義，由於既脫離中國民族資產階級，又脫離農民，因此，支持者始終寥寥。這種狀況，直到發展為新民生主義之後，才有所改變。

三

儘管孫中山一生都沒有超出主觀社會主義的水平，但是，他的不倦的追求，卻使他在晚年提出了新三民主義，並與中國共產黨人合作，這就為中國革命最終通向社會主義提供了可能。

如所周知，孫中山的土地思想主要淵源於亨利．喬治。亨利．喬治激烈地攻擊土地私有制，提倡土地國有，但是，在具體措施上，他卻認為沒有必要實行土地國有。這就從原來的理論原則上後退了。同樣，孫中山也主張土地國有或公有。早在一九〇二年，他就提出，私人對土地只有使用權，而無所有權，主張摧毀封建土地關係，「不稼者不得有尺寸耕土」。⑭同盟會時期，他又進一步提出：「土地就等於空氣一樣，應該為大家公共享受，所以土地不能歸諸私人，而應歸之國家所有才對。」⑮他的戰友們並設想，在此基礎上，消滅「地主強權」，使「勞動者有田可耕」，「國內人人皆為租地者」。⑯但是，基於減少阻力的現實考慮，孫中山也從這一原則上後退了。綜合孫中山的全部言論，他的平均地權的主要內容是：由地主自報地價，國家按值百抽一的比例課取地稅；原價歸地主所有，因社會進步而產生的增價則歸國家所有，為國民共享，作為社會公益之用；國家並可根據需要隨時按原價收買之。孫中山認為此法既可使國家掌握大量財富，又可使國家廉價獲得土地，是一項有利於實行社會主義的政策。他說：「地為生產之要素，平均地權後，社會主義即易行，如國家欲修一鐵路，人民不能擡價，則收買土地自易。」⑰

孫中山的「平均地權」理論防止地主利用土地增值成爲暴富，有剝奪地主所有權的部分，但是也有保留地主所有權的部分。在土地未被收買之前，地主只要按規定向國家交納地價稅，便仍然可以佔有原來的土地並收取地租。因而，它是一個折衷的、溫和的改良主義方案。至於按價收買，孫中山於一九一二年明確表示：「土地國有之法，不必盡收歸國家也。若修道路，若闢市場，其所必經之田園廬墓，或所必需之地畝，即按照業戶稅契時之價格，國家給價而收用之。」[68]由於孫中山所要買取的土地主要是爲了解決工商業的建築、經營和交通用地，因此，必然集中在城市繁盛之地及交通線上，對廣大農村的地主階級並不構成嚴重威脅，也不反映農民迫切的土地要求。晚年，孫中山公開提出蘊蓄多年的「耕者有其田」的口號，這才使「平均地權」這一主張具有了徹底摧毀封建土地制度的內容。

在資本問題上，孫中山同樣也有一個漫長的探索過程。

最初，孫中山主張聽任資本主義自由發展，認爲「工商廢居有巧拙，而欲均貧富者，此天下之大愚也。」[69]《民報》時期，馮自由、朱執信、胡漢民等人的文章中已經有了鮮明的大資本國有思想，孫中山對此卻無所表述。直到一九一一年之後，孫中山的有關言論才突然增多。當年七月十五日，他在美國舊金山演說，聲稱革命之後，要將「礦務、鐵路歸爲國有」。[70]一九一二年四月一日，他在南京同盟會員餞別會上提出：「國家一切大實業，如鐵道、電氣、水道等事務皆歸國有，不使一私人獨享其利。」[71]四月四日，他向上海《文匯報》記者表示：「民國政府擬將國內所有鐵路、航業、運河及其他重要事業，一律改爲國有」。[72]其後，孫中山陸續宣佈應歸國有的範圍還有森林、礦產、制鐵、煉鋼、海港、郵政、自來水、瓦斯及「一切公共事業」等。孫中山設想，國有企業的利潤將完全歸社會公有，由大家共享，這樣，「全國人民便得享資本的利，不致受資本的害」。⑬孫中山將這一政策稱之爲「國家社會主義」或「集產社會主義」。《民報》時期，梁啓超曾譏笑孫中山只解決土地問題，而不解決資本問題，如同一個人朝衣朝冠卻不鞋不襪。現在，孫中山的視野進入了資本領域，捕捉到資本主義社會的根本問題，這是一個重大的進步。它表明，孫中山和企圖掩蓋資本主義社會主要矛盾的亨利・喬治不同，是在真誠地探索救國救民的道路。

必須指出的是，孫中山雖然主張大資本國有，但並不反對私人興辦有關事業。他曾提出，在最初階段，鐵路可以允許民辦，以利競爭速成，而在四十年之後，則以法律無償收歸國有。⑭關於礦業，他也有類似設想。⑮孫中山把這種辦法稱之爲「民辦國有主義」。同樣，他也不反對外資輸入，相反，卻積極主張改變閉關自守狀態，實行開放主義，在不損害國家主權的條件下允許外人開辦礦山、鐵路等事業，但是，都必須立定期限，屆期收贖，甚至提前收贖。孫中山把這種辦法稱之爲「使外國之資本主義以造成中國之社會主義」。⑯

很長時期內，孫中山的言論重點在於批判資本主義禍害，未能提出對私人資本主義經濟的明確方針。直至一九一八年，在《實業計劃》中，他才表示：「凡夫事物之可以委諸個人，或其較國家經營爲適宜者，應任個人爲之，由國家獎勵，而以法律保護之。」⑰孫中山的言論中，終於也出現了「獎勵」、「保護」私營經濟一類字眼，表明孫中山又一次考慮了他的批評者的意見，對中國經濟發展採取了現實主義的態度。在中國當時生產力十分落後的情況下，禁止一切私人資本主義經濟是錯誤的。

也還必須指出，儘管孫中山承認了他應該承認的東西，但是，他仍然力圖限制私人資本主義經濟的發展程度。一九二一年十二月，他在桂林說：「須研究對於將來之資本家加以如何之限制，而不必遽學俄國將資本家悉數掃除。」⑱這一段話，和毛澤東一九四九年所講的一段話很類似。在《論人民民主專政》中，毛澤東說：「我們現在的方針是節制資本主義，而不是消滅資本主義。」⑲在對待資本主義的政策上，兩位被視爲不同階級的革命家得出了基本相同的結論，這是一個很有意思的現象。

孫中山的理想和熱情貫注之處始終在國有經濟。他說：「蓋國家之設施，利益所及，仍爲國民福利，非如少數人之壟斷，徒增長私人之經濟，而貧民之苦日甚也」。⑳因此，他給私人經濟留下的活動餘地很小，而且時時有戒心，害怕由此生出「大富」階級來。所以，就在《實業計劃》中，他又同時宣佈，他的工業革命計劃是：「既廢手工采機器，又統一而國有之」，「擬將一槪工業組成一極大公司，歸諸中國人民公有」。㉑由此不難想見，他的國有化的巨大規模。

在孫中山的思想中，國有制是遏制、防止私人資本主義禍害的力量，它的利潤是屬於人民的，因而是充滿民主主義色彩的。一九二二年十二月，一個名叫約翰·白萊斯福特的記者和孫中山談話，認爲國有企業「耗費而乏效能」，有許多弊病，孫中山則表示，「國家社會主義」

確有缺點，但主要原因在於「經驗尚淺」，數十年後，問題自可解決。他說：「余以爲爲公共利益作工，不爲私利作工，縱有上述之弊，亦爲利重弊輕。」又說：「利害相權，吾終以爲國有企業較勝於現時之私有制。」⑫可見，他左袒國有經濟的立場很堅定。

社會主義所有制的重要形式之一是國有化，但國有化並不等於社會主義，關鍵在於國家的性質。在資本主義社會或半封建半殖民地社會，國有化的實質是國家資本主義；只有在國家獨立，人民真正當家作主的社會，國有化才是社會主義。對此，孫中山是有所理解的。他在批判清朝政府的鐵道國有政策時曾說：「滿清政府者，君主專制之政府，非國民公意之政府也。故滿清政府之所謂國有，其害實較少數資本家爲尤甚。」⑬因此，他主張政治鬥爭優先於經濟鬥爭，「必民權主義實施，而後民生主義可以進行」。⑭這是一個相當深刻的思想。在孫中山看來，只有國家爲人民之公產，政府符合「國民公意」，在這樣的情況下，國有即民有，才是社會主義。

對資本主義，孫中山最先發現的是經濟制度的巨大禍害，後來，才逐漸認識到政治制度的缺陷，並且不斷深化，由政體而觸及國體。一九一二年五月，他在廣州演說時指出，美、法兩國的政治，「操之大資本家之手」。⑮六月，又指出：「英美立憲，富人享之，貧者無與焉。」⑯因此，即使在辛亥革命時期，從主觀願望上說，孫中山也不希望建立資產階級專制的國家政權。正像他在經濟上企圖突破舊的民主革命的局限一樣，孫中山在政治上也企圖有所突破，這是他的偉大之處。十月革命後，一九二二年一月，他在桂林說：「法美共和國皆舊式的，今日惟俄國爲新式的。吾人今日當造成一最新式的共和國」。⑧⑦這是他在國家問題上向舊世界告別的一個重要宣言。講話中，他甚至對工人管理國家持肯定態度。他說：「洪秀全建設太平天國，所行制度，當時所謂工人爲國家管理，貨物爲國家所有，即完全經濟革命主義，亦即俄國今日之均產主義。」⑧⑧對太平天國的分析是不倫不類的，但一種新思想顯然在孕育中。

孫中山多年的探求和新思想的影響在「一大」宣言中得到總結。「一大」宣言稱：「近世各國所謂民權制度，往往爲資產階級所專有，適成爲壓迫平民之工具。若國民黨之民權主義，則爲一般平民所共有，非少數人所得而私也。」⑧⑨這一宣言明確無誤地顯示，孫中山所要建立的乃是與歐美不同的人民共和國。與此同時，「一大」宣言又將孫中山「大資本國有」及其有關思想概括爲「節制資本」，與平均地權並列爲民生主義的兩大原則。它聲稱：「凡本國人及外國人之企業，或有獨佔的性質，或規模過大爲私人之力所不能辦者，如銀行、鐵道、航路之屬，由國家經營管理之，使私有資本制度不能操縱國民之生計，此則節制資本之要旨也。」⑨⓪前浪後浪，波波相連。從舊三民主義到新三民主義是質的飛躍，同時也是一種合乎邏輯的發展。「一大」以後，孫中山在廣州市工人代表大會演說時，又以贊許的口氣說：「俄國工人在幾年以前結成大團體，推倒專制的沙皇，弄成工人的獨裁政治，無論什麼資本家都不許執政權，只有工人才可以管國事。」⑨①雖然這時候，孫中山還弄不清楚蘇維埃政權和英國工黨內閣之間的實質區別，但顯然又在向新的思想高度邁進了。

毛澤東說過：「在無產階級領導下，新民主主義共和國的國營經濟是社會主義的性質，是整個國民經濟的領導力量。」⑫除了沒有提出無產階級領導權之外，孫中山晚年所設想的「爲一般平民所共有」的共和國與共產黨人主張的新民主主義共和國基本相同，因而這一共和國所實施的國有化也就不同於舊式的國家資本主義，它存在著發展爲社會主義的趨勢和可能。正因爲如此，中國共產黨人高度評價「節制資本」這一思想，稱之爲「新民主主義共和國的經濟構成的正確方針」⑬。因爲它既可以發揮資本主義有利於社會的一面，又使之不能操縱國計民生，便於防止其禍害，並轉入社會主義。

四

孫中山的民生主義是中國革命特殊矛盾的產物。

中國革命發生在西方資本主義社會矛盾比較尖銳的時代，它的各項弊病和痼疾得到充分暴露，馬克思主義和各種反資本主義思潮迅速流布，工人運動日益發展。當孫中山面對這一現實時，不可能不產生對社會主義的嚮往。但是，中國革命又發生在半封建、半殖民地社會裏，經濟落後，資本主義還是新生事物，因而，這一革命的性質必然也只能是反帝、反封建的民族、民主革命。當孫中山面對這一現實時，他不可能也不應該提出一個徹底的反對資本主義的綱領，不可能也不應該幻想迅速建立一個純粹而又純粹的「社會主義」社會。「節制資本」，既允許資本主義在一定程度、一定規模上的發展，又對它的危害國計民生的方面有所限制，這是當時中國所能採取的唯一正確的方針。

人們可以指出，孫中山的理想並非科學社會主義，也可以說明他的「畢其功於一役」只是一種不切實際的幻想。但是，在二十世紀初年，當中國革命正在起步的時候，孫中山就勇敢地揭露西方資本主義社會的病症，認為中國不能再走歐美老路，革命應有新的特點，必須避免資本主義禍害，它的前途應該是社會主義。這是一個對中國革命有重大歷史意義的觀點。提出這一觀點是孫中山的歷史功績之一。

【附記】

本文是作者提交一九八六年十一月十二日在翠亨村召開的「孫中山和他的時代」國際學術討論會的論文，原載《孫中山和他的時代》，中華書局一九八九年版，略有修訂。

①《孫中山全集》第一卷，中華書局版（下同，不一一注明），第三二八頁。

②對統一黨演講見於《大共和日報》一九一二年四月十七日，各本孫中山集均失收；對黎元洪談話見於《申報》一九一二年四月十四日報導；對袁世凱談話見於《三水梁燕孫先生年譜》上冊，第一一三頁。

③《神州日報》，一九一二年六月十九日。

④《孫中山全集》第一卷，第三二八頁。

⑤《孫中山全集》第一卷，第三一七至三一八頁。
⑥《孫中山全集》第一卷，第三一八頁。
⑦《孫中山全集》第一卷，第二八八至二八九頁。
⑧《孫中山全集》第二卷，第三三三頁。
⑨《孫中山全集》第一卷，第二八九頁。
⑩《中國的民主主義和民粹主義》，《列寧選集》第二卷，第三六〇頁。
⑪《孫中山全集》第二卷，第五一六頁。
⑫、⑬《孫中山全集》第二卷，第四七二頁。
⑭《孫中山全集》第二卷，第三三三頁。
⑮《孫中山全集》第二卷，第三三九頁。
⑯《孫中山全集》第二卷，第五二〇頁。
⑰《孫中山全集》第二卷，第五一二頁。
⑱《孫中山全集》第二卷，第五一九頁。
⑲《孫中山全集》第二卷，第四七三頁。
⑳《孫中山全集》第二卷，第四九一頁。
㉑《孫中山選集》，人民出版社一九八一年十月版（下同），第一三八頁。
㉒《孫中山全集》第二卷，第五〇六頁。

㉓《孫中山選集》，第八〇七頁。

㉔《孫中山選集》，第八二三頁。

㉕《孫中山選集》，第八二〇頁。

㉖《孫中山選集》，第八四二頁。

㉗《孫中山全集》第二卷，第五一八頁。

㉘《孫中山全集》第二卷，第四七四頁。

㉙《孫中山全集》第二卷，第四九二頁。

㉚《民粹主義的經濟內容》，《列寧全集》第一卷，第三九三至三九四頁。

㉛《孫中山全集》，第五卷，第四三〇頁。

㉜《孫中山選集》，第八八七頁。

㉝《雜答某報》，《新民叢報》第八六號，第四八頁。

㉞《大共和日報》，一九一二年一月五日。

㉟《社會主義之商榷》，同上，一九一二年四月十三日。

㊱《駁某報之土地國有論》，《新民叢報》第九一號，第五頁。

㊲夢漁：《論社會主義》，《獨立周報》第廿七號。

㊳《雜答某報》，《新民叢報》第八六號，第二三至二四號。

㊴《社會主義之商榷》，《大共和日報》，一九一二年一月五日。

㊵相如：《敬告孫中山先生》，《大共和日報》，一九一二年四月十五日。
㊶《共和黨成立會記事》，《大公報》，一九一二年六月三日。
㊷《漢口專電》，《神州日報》，一九一二年四月十四日。
㊸《武漢與孫中山》，《民聲日報》，一九一二年四月十六日。
㊹《論均貧富之社會主義》，《國民公報》，一九一二年四月廿八日。
㊺《社會主義平議》，《大共和日報》，一九一二年四月十八日；《大公報》，一九一二年四月十五日。
㊻觀棠：《論天與聖皆主張均產而猶有憾》，《大漢報》，一九一二年四月廿九日。
㊼一羽：《與〈民立報〉商榷》，《民聲日報》，一九一二年四月十七日。
㊽《社會主義之商榷》，《大共和日報》，一九一二年四月十三日。「方存乎見少」，此處當有誤植。
㊾《雜答某報》，《新民叢報》第八六號，第三四頁。
㊿《再駁某報之土地國有論》，《新民叢報》第九十號，第二三頁；九一號，第五頁。
51《五無論》，《民報》第十六號。
52《大共和日報》，一九一二年一月五日。
53《覆張季直先生書》，《大共和日報》，一九一二年一月六日。
54《社會主義之商榷》，《大共和日報》，一九一二年四月十三日。「方存乎見少」，此處當有誤植。
55《專電》，《中華民報》，一九一二年四月十四日。

56 一羽：《與〈民立報〉商榷》，《民聲日報》，一九一二年四月十七日。

57 《社會主義之商榷》，《大共和日報》，一九一二年四月十三日；參見《論兵變與生計學之關係》，《大公報》，一九一二年六月廿六日。

58 《共和黨成立紀事》，《大公報》，一九一二年六月三日。

59 焚筆：《論孫中山民生主義》、《燕京時報》，一九一二年四月廿七日。

60 在武漢，孫武當面反對，見《神州日報》及《民聲日報》一九一二年四月十四日《漢口專電》；在廣州，一個叫區敦夢的記者當面反對，見《神州日報》一九一二年五月十一日報導：《民生主義大討論》。

61 《孫中山全集》第二卷，第三四〇頁。

62 《特別啓事》，《大共和日報》，一九一二年一月三日：《聯合會政黨紀事》，《大共和日報》，一九一二年三月四日。

63 《民聲日報》，一九一二年四月十九、二十日。

64 《孫中山全集》第一卷，第二一三頁。

65 馬君武：《孫總理》，《逸史》第一卷，第三期，一九三九年六月。

66 民意：《告非難民生主義者》，《民報》第十二號，第一〇一頁。

67 《在南京同盟會員餞別會的演說》，《孫中山全集》第二卷，第三二一頁。

68 《孫中山全集》第二卷，第三五五頁。

⑲《孫中山全集》第一卷，第二一三頁。

⑳《少年中國晨報》，一九一一年七月十五日。

㉑《孫中山全集》，第二卷，第三三頁。

㉒《孫中山全集》，第二卷，第三三一頁。

㉓《孫中山選集》，第八四三頁。

㉔《孫中山全集》第二卷，第四一五頁。

㉕《孫中山選集》，第三六四頁。

㉖《孫中山選集》，第三六九頁。

㉗《孫中山選集》，第二一七頁。

㉘《孫中山全集》第六卷，二八頁。「俄國」，原作「各國」，誤。

㉙《毛澤東選集》第四卷，一四八三頁。

㉚《孫中山全集》第二卷，三三八頁。

㉛《孫中山選集》，第二一四、三六八頁。

㉜《孫中山全集》第六卷，第六三四至六三七頁。

㉝《孫中山全集》第二卷，第三三八頁。

㉞《孫中山全集》第二卷，第三三八頁。

㉟《孫中山全集》第二卷，第三五四頁。

⑧⑥《孫中山全集》第二卷，第三七一頁。

⑧⑦《孫中山全集》第六卷，第五六頁。

⑧⑧《孫中山全集》第六卷，第五六頁。

⑧⑨《孫中山選集》，第五九二頁。

⑨⓪《孫中山選集》，第五九三頁。

⑨①《孫中山選集》，第九一〇頁。

⑨②《新民主主義論》，《毛澤東選集》第二卷，一九五二年八月版，第六四九頁。

⑨③《新民主主義論》，《毛澤東選集》第二卷，第六四九頁。

「取那善果，避那惡果」

——略論孫中山對資本主義的態度

在人類文明史上，資本主義取代封建主義是一個偉大的進步。它創造了巨大的生產力，使人類社會從中世紀的黑暗走到了近代化的黎明。自此，人類社會即以一天等於幾十年的速度向前邁進。但是，正像章炳麟所指出的，「善亦進化，惡亦進化」①，資本主義在開出燦爛的近代文明之花的同時，也結出了令人憎厭的醜惡之果，例如，貧富兩極分化、拜金主義、道德淪喪等。因此，一切有遠見的人不得不嚴肅地思考，如何對待這善惡並進、美醜共存的資本主義文明。本世紀初年，當中國國門洞開，先進的知識分子走向世界，四方求索，殫精竭慮地爲國家、民族設計未來的藍圖時，自然面臨著同樣的問題。

一部分人，例如梁啓超，政治上取法英、日，經濟上主張照搬西方模式。他強烈地要求在中國發展資本主義，聲稱爲了和外資競爭，中國的壟斷資本家愈多愈好。爲此，即使犧牲一部分勞動者的利益也在所不惜。這就是說，資本主義的善果、惡果一概接受下來。

另一部分人，例如章炳麟、劉師培，他們受了日本社會黨左派幸德秋水等人的影響，比較多地看到了西方資本主義的惡果，反對在中國發展資本主義。章炳麟一度陷入退化論，認爲愈文明之人愈惡，愈野蠻之人，其惡也就愈減。爲了減少惡，人類不如退到原始社會。但是，章炳麟又覺得，原始社會生番的道德品質也還不十分理想，「猶具淫殺性」，因此，人類不如學猴子，「吾輩擬猿可也」②。他甚至設想了一個無政府、無聚落、無人類、無眾生、無世界的五無境界，以爲在那裏就不會有惡與醜了。章炳麟的思想貌似荒誕，實際上深刻地反映了對資本主義的絕望心理。基於和章炳麟同樣的立場，劉師培提出：「抵抗資本階級，固當今之急務。」③他接受克魯泡特金的影響，主張建立無政府共產主義社會。這個社會以「完全平等」爲原則，每個成員必須輪流爲工、爲農、爲士，按年齡流轉於不同種類的工作之間，以實現「均力」。劉師培所要建立的社會，實際上是以絕對平均主義爲原則，以小生產爲基礎的空想烏托邦，依然脫不了封建主義的窠臼。爲了避免資本主義的惡果，章炳麟、劉師培等寧可不要資本主義的善果，走倒退、復古的路。

孫中山和梁啓超、章炳麟、劉師培等不同，他既要繼承資本主義的善果，又要避免資本主義的惡果。一九〇六年十二月，他在東京《民報》創刊周年慶祝大會上演說稱：「社會黨常言，文明不利於貧民，不如復古。這也是矯枉過正的話。況且文明進步是自然所致，不能逃避的。文明有善果，也有惡果，須要取那善果，避那惡果。歐美各國，善果被富人享盡，貧民反食惡果，總由少數人把持文明幸福，故成此不平等的世界。我們這回革命，不但要做國民的國家，而且要做社會的國家，這是歐美所不能及的。」④孫中山的這段話，爲前資本主義或非資本主義國家的現代化提出了一個正確的原則。對於資本主義，人們既不應該全盤否定，也不應該全盤肯定，而要「取那善果，避那惡果」，創造出更高級、更燦爛的現代文明來。

孫中山感情上並不喜歡資本主義，一九一二年左右，他曾經發表過許多激烈的批判資本主義和資本家的言論。例如，他在武昌演說時就痛罵資本家「無良心」，「以壓抑平民爲本分」，「對於人民之痛苦，全然不負責任」。⑤他甚至預言，世界上有一天會沒有資本家：「政府有推翻之一日，資本家亦有推翻之一日。」⑥在一段時間內，孫中山甚至被部分革命黨人目爲過激分子。爲了防止資本家操縱國計民生，孫中山主張大力發達國家資本，由國家經營主要的工業部門。但是，孫中山認識到，中國生產力十分落後，禁止、消滅私人資本主義是錯誤的、有害的，因此，他在《實業計劃》中明確提出：「凡夫事物之可以委諸個人，或其較國家經營爲適宜者，應任個人爲之，由國家獎勵，而以法律保護之。」⑦這就充分保證了個人積極性的調動，可以加快經濟發展速度，避免了由國家控制一切、壟斷一切所可能出現的僵死、板滯局面。同時孫中山又提出，對私人資本主義必須加以限制，他說：「須研究對於將來之資本家加以如何之限制。」⑧這種對私人資本主義既獎勵又限制的政策，就形成了孫中山的「節制資本」思想。它是孫中山「取那善果，避那惡果」思想的具體體現。

近代中國遭受帝國主義的侵略，被迫打開國門，因此，中國人對外國資本主義有一種天然的抵抗、拒絕心理，但是，孫中山卻以超乎尋常的氣魄宣佈：「以前事事不能進步，均由排外自大之故。今欲急求發達，則不得不持開放主義。」⑨他仔細研究了日本明治維新的經驗，認爲日本能在幾十年間，躋身於世界強國之列，其重要原因就在於實行開放主義。孫中山相信，中國比日本大，人口比日本多，只要順應潮流，改變閉關自守狀態，在開放條件下建設，一定可以比日本富強十倍。他歡迎外資輸入，認爲中國財力不足，要建設龐大的現代工業，必須募集外資。他以鐵路爲例說：「鄙人擬於十年之內，修築全國鐵路二十萬里，惟現當民窮財竭之時，國家及人民皆無力籌此鉅款。無已，惟有募集外資之一法。」⑩他多次以美國爲例，說明美國未造鐵路以前，其貧窮和中國相同，後來向外國借債築路，才收到富強之效。在近代中國，外債和鴆毒常常是同義語，借外債辦工業被認爲是引鴆止渴。孫中山力排眾議，認爲外債可借，表現了極大的勇氣和膽識。

對於借外債，中國人民有著痛苦的記憶。鴉片戰爭以後，清政府多次借外債，結果是對帝國主義的依附愈來愈深，經濟殖民地化的程度也愈來愈深。孫中山認爲，那是由於清政府所訂條約不善，喪失主權的結果。孫中山主張，既要大膽地引進外資，又要堅決地抵制各種形式的侵略，維護國家主權和民族利益。因此，他提出，外國資本家不能過問借款的用途，更不能藉端要求監督中國的財政。一九一二年，他在上海對《大陸報》記者說：「外國不允借債中國則已，苟信任中國，而借之以債，則不應過問中國作何用途。假係中國將款投棄於海，亦係自由權。」⑪同年十二月，他在《鐵路總公司條例草案》中更明確規定：「不論華洋股款，均應遵照中國現行法律辦理。」⑫孫中山相信，只要中國保有主權，則不論何國之債，都可以借，即使外人直接投資，也不應該禁止。他說：「何以名爲開放政策，就是讓外國人到中國辦理工商等事。」⑬他曾經設想過，以四十年後歸還中國政府爲條件，將鐵路批給外國人修築；又曾主張中外合資，共同經營實業。當然，孫中山認識到，凡事有利必有弊，引進外資不可能完全無弊，但他權衡輕重，認爲利多弊少。他說：「用外資非完全無害也，兩害相權，當取其輕。」⑭他並特別提出，只要措施得當，還可以「避去其害」。

除了提倡引進外資，孫中山還提倡借助「外才」、「外技」、「外法」。他既主張派遣十萬人去國外留學，學習先進的科學、技術，又主張聘請外國的專門家、發明家和有學問、有經驗的經營管理人才。他說：「我們無人才，即用外國人才。」⑮孫中山特別指出，這種聘用是有條件的，「必以教授訓練中國之佐役，俾能將來繼承其乏，爲受雇於中國之外人必盡義務之一。」⑯這樣，才能保證民族人才的培養，不致永遠受制於外人。孫中山還曾設想過一項中德合作計劃：中國以物資、人力，德國以機器、科學，共同開發中國富源，改良中國行政。孫中山完全懂得，現代化的生產需要現代化的管理，絕不能沿襲小生產的一套老方法。對此，孫中山表示：「我們方法不好，即用外國方法。」⑰有時，他並將「方法」提到了和資金同樣重要的程度。他說：「日本以外資外法，數十年一躍而爲強國。」⑱爲了引進「外法」，孫中山提出，必須杜絕官場腐敗現象和衙門作風，否則，中國決無法借西方物質文明的引進而獲得改變。

以上孫中山關於引進和利用外資、外才、外技、外法的論述，同樣是他「取那善果，避那惡果」思想的具體體現。

在《實業計劃》中，孫中山說：「吾之意見，蓋欲使外國之資本主義以造成中國之社會主義，而調和此人類進化之兩種經濟能力，使之互相爲用，以促進將來世界之文明。」⑲一九二四年，他又說：「拿外國已成的資本，來造成將來的共產世界，能夠這樣做去，才是事半功倍。」⑳孫中山的這一思想，不僅表現出偉大的氣魄，而且閃耀著辯證智慧的光輝。歷史必將證明，它對中國以至世界的偉大作用。

【附記】

本文為一九九二年六月十日在大陸、台灣、海外華人學者「孫逸仙思想和中國現代化學術座談會」上的發言，原載《團結報》，一九九二年十一月十一日。

①《倶分進化論》，《民報》第七號。
②《朱希祖日記》（稿本），一九〇八年三月二十日。
③《衡報》第五號。
④《孫中山全集》第一卷，北京中華書局版，三二七至三二八頁。
⑤同上，第二卷，三三三頁。
⑥同上，五二〇頁。
⑦同上，第六卷，二五三頁。
⑧同上，二二八頁

⑨同上，第二卷，四八一頁。
⑩同上，四三一頁。
⑪同上，三八五頁。
⑫同上，五五七頁。
⑬同上，五三二頁。
⑭同上，四九九頁。
⑮同上，五三三頁。
⑯同上，第六卷，二五四頁。
⑰同⑮。
⑱同上，第五卷，一二一頁。
⑲同上，第六卷，三九八頁。
⑳同上，第九卷，三九三頁。

「天下為公」，孫中山的偉大思想遺產

孫中山一生留下了許多偉大的思想遺產，「振興中華」是其中之一，「天下爲公」也是其中之一。

孫中山一生曾多次題寫過「天下爲公」。根據現有資料，第一次是在一九一二年七月，爲上海《天鐸報》題詞。以後，題寫的次數逐漸增多。其中比較重要的有：一九二一年五月一日爲《新青年》勞動號，一九二三年一月，爲蔣介石。一九九三年十一月，筆者訪問韓國，發現了孫中山還曾爲朝鮮人創辦的《東亞日報》題寫過這幾個字。

孫中山在其著作和演講中，也曾多次引用過「天下爲公」。他認爲人類進化的最高目標就是實現「天下爲公」，變現在的「痛苦世界」爲「極樂的天堂」。他相信，近代文明進步的速度一天比一天加快，「以此遞推，太平世當在不遠」（《建國方略》）如所周知，「天下爲公」是《禮記．禮運》篇中的一句話，它表達了秦漢之際人們的一種社會理想。這個理想社會的主要特徵爲：一．賢能政治（選賢與能）；二．誠實與和睦的人際關係（講信修睦）。三．博愛（人不獨親其親，不獨子其子）；四．安樂（使老有所終，壯有所用，幼有所長，矜寡孤獨廢疾者皆有所養。男有分，女有歸）。五．財富公有（貨惡其棄於地也，不必藏於己）。

六・奉獻精神（力惡其不出於身也，不必為己）七・和平與穩定（是故謀閉而不興，盜竊亂賊而不作，故外戶而不閉）。《禮運》篇把這一理想社會定名爲「大同」。

孫中山在設計他的理想社會時顯然受過《禮運》篇的影響，但是，他在利用「天下爲公」這一思想資料時，又注進了嶄新的內容。

一、它表達了孫中山的民主主義思想。一九二四年，在《民權主義》演講中，孫中山說「兩千多年前的孔子、孟子便主張民權。孔子說：『大道之行也，天下爲公。』便是主張民權的大同世界。」同年，在廣州農民聯歡會上又說：「帝國時代只有一個人做皇帝，到民國時代這四萬萬人都是皇帝，這就叫做以民爲主，這就是實行民權。這些事實，中國幾千年來雖然沒有見過，但是老早就有了這種理想。譬如孔子說『天下爲公。』又有人說：『天下者，是天下人之天下也。』就是這種道理。」孫中山早期接受過儒家的「民本」思想。早在上李鴻章書中，孫中山就提出：「國以民爲本」。一九一二年一月，在《臨時大總統宣言書》中，孫中山又聲稱：「國家之本，在於人民。」但是。孫中山的民本思想又和儒家思想有著根本的不同。在儒家思想裏，國家的主人是皇帝，民只是國家的基礎；而在孫中山思想裏，民既是國家的基礎，更是國家的主人。孫中山反對大權獨攬於一人或少數人，多次說明：中華民國是人民之國，主權屬於國民全體，四萬萬人民就是當今的皇帝，國中的百官，上而總統，下而巡差，都是人民的「公僕」；「總統」、「總長」一類人和「趕汽車的車夫」、「看門的巡捕」、「弄飯的廚子」、「診病的醫生」等人的身分並無不同。（《民權主義》）他說：「民國如公司，國民如股東，官吏如公司之辦事者，故總統、官吏皆國民之公僕也。」（《在廣東旅桂同鄉會歡迎會的演說》）這樣，歷史就真正顛倒了過來，原來最尊貴、最威嚴的統治者成了低下的僕人，頭上的神聖光環一下子被剝奪精光。《禮運》篇曾經把建築在家族血緣關係上的「正君臣」、「篤父子」的「天下爲家」的社會看作是「小康」。孫中山對此斷然持否定態度。他說：「民國是和帝國不同的：帝國是由皇帝一個人專制，民國是由全國的人民作主；帝國是家天下，民國是公天下。」（《在廣州商團和警察聯歡會的演說》）孫中山尖銳地批判封建主義政治制度，認爲其弊病是「君主總攬大權，把國家和人民做他一個人的私產，供他一個人的快樂，人民受苦他總不理會。」（《民權主義》）同時，孫中山也激烈地批判歐美資本主義政治制度，認爲其弊病是大資本家掌握實權，老百姓並無真正的參政機會。因此，他反對學步歐美的後塵，主張建立駕乎歐美之上的「全民政治」（《民權主義》）。所謂「全民政治」，據孫中山解釋，就是「用四萬萬人來做皇帝」（同上）。孫中山一生的偉大努力之一是想建立一個真正由人民當家作主的政治制度。

二、它表達了孫中山對社會主義的嚮往。孫中山追求一種以「養民」爲目的，「人人發財」，人人富裕，家給人足的公平社會。（《黨義戰勝與黨員奮鬥》）一九二三年，在與犬養毅書中，孫中山說：「夫蘇維埃主義者，即孔子之所謂大同也。」接著，孫中山全文引用了《禮運》篇中「大道之行也，天下爲公」以下一整段話，說明俄國的「蘇維埃主義」不過如此，用不著害怕。孫中山對俄國的「蘇維埃主義」並不十分瞭解，把「蘇維埃主義」等同於

《禮運》篇中的「大同」社會並不正確。這段話的價值在於它表達了孫中山對社會主義的嚮往。孫中山在歐美作過長期考察，不贊成在中國照歐美模式建立資本主義制度，而主張在中國建立民生主義社會。他說：「民生主義和資本主義根本上不同的地方，就是資本主義以賺錢爲目的，民生主義以養民爲目的。」按照孫中山的解釋，「民生主義」和「社會主義」是同義語。孫中山一生的偉大努力之一是使中國成爲世界上的「安樂國」（《在山西同盟會歡迎會的演說》）。

三、它表達了孫中山的國際關係理想。孫中山擁護國際和平，反對國與國之間的戰爭。早在一九一三年，孫中山就表示：「（現在）國與國之間，不能無爭。道德家必願世界大同，永無戰爭之一日。我輩亦須存此心理，感受此學說。將來世界上總有和平之望，總有大同之一日。此吾人無窮之希望，最偉大之思想。」（《在東京留學生歡迎會的演說》）孫中山主張人類互助，國際互助。在《建國方略》中，他說：「夫今日立國於世界之上，猶乎人處於社會之中，相資爲用，互助以成者也。」自人類進入階級社會以來，人與人，國與國之間就充滿著矛盾和爭鬥，其尖銳化的結果就是戰爭。消滅戰爭，實現人類互助，這是一個美好而偉大的理想。

四、它表達了孫中山的崇高道德理想。孫中山反對損人利己、自私自利，提倡利人，提倡「公共心」。據孫中山分析：「重於利己」的人，常常不惜害人，專用自己的聰明才力去奪取別人的利益，從而產生「專制階級」和「政治上之不平等」；而「重於利人」的人，則專用自己的聰明才力去「謀他人的幸福」，雖犧牲自己亦「樂而爲之」。孫中山讚美後一種人，他說：「夫物質文明之標的，非私人之利益，乃公共之利益。」（《實業計劃》）又說：「吾人今日由舊國家變爲新國家，當剷除舊思想，發達新思想。新思想者何？即公共心。」因此，他主張「爲人民謀幸福」、「爲大多數人謀幸福」（《在廣州農民聯歡會的演說》），認爲「人人當以服務爲目的，而不以奪取爲目的。」（《民權主義》）

五、它表達了孫中山一種用人標準。他說：「人各有短長，但當繩之以大公，感之以至誠。」（《就陳炯明叛變事件致海外同志書》）可見，孫中山的「天下爲公」思想既和《禮運》篇有關係，但又並不相同。孫中山利用了《禮運》篇的傳統思想資料，而又根據時代特點和時代需要賦予了它以新內容。經過孫中山的闡釋和宣傳，「天下爲公」這一思想已經大爲豐富並且已廣爲世界人民所知，成爲世界思想寶庫的重要內容之一。近年來，學者們提倡繼承文化遺產時有所謂「批判繼承」或「創造性地加以轉換」的提法，我以爲孫中山對「天下爲公」這一思想資料的利用就是繼承文化遺產的一個光輝範例。

【附記】

一九九四年一月廿一日至廿三日，海峽兩岸的學者聚會杭州西子湖畔，舉行「孫逸仙思想與儒家人文精神」學術研討會，本文是作者在會上的發言。此據拙著《橫生斜長集》收錄，天津百花文藝出版社，一九九八。

國家統一，孫中山奮鬥的偉大目標

統一是國家獨立和富強的基礎。孫中山一生爲中國的獨立、富強而奮鬥，因此，實現國家統一是他一生奮鬥的偉大目標之一。

孫中山年輕時，帝國主義列強正紛紛在中國劃分勢力範圍，攫取權益。爲了維護祖國統一，避免「瓜分豆剖」局面的出現，孫中山毅然創立興中會，號召國人奮起救國，振興中華。他大聲疾呼道：「不思中國一旦爲人分裂，則子子孫孫世爲奴隸，身家性命且不保乎？」孫中山的吶喊迅速得到廣泛的回應。一九一二年一月，南京臨時政府成立。它標誌著辛亥革命的勝利，爲中國歷史的發展昭示出一幅誘人的前景。孫中山於就任臨時大總統之際，熱情地發表宣言，提出「民族之統一」、「領土之統一」、「軍政之統一」、「內治之統一」、「財政之統一」等五大目標。爲了早日結束南北對峙的局面，孫中山敝屣尊榮，毅然讓位於袁世凱。他天真地設想，從此可以進入「民國統一，永無僭亂」的太平世界，然而，現實很快碾碎了他的美好理想，辛亥革命後不久即出現軍閥割據，相互混戰的局面。孫中山不得不重整旗鼓，再次踏上爲中國統一而奮戰的征途。

孫中山認爲：中國歷史雖然有分有合，但分是暫時的，總趨勢則是日漸走向統一。他說：

「且支那國土統一已數千年，中間雖有離析分崩之勢，然爲時不久，合而爲一。」孫中山看出了中國歷史的興衰治亂和國家分合之間的密切關係，認爲統一使中國歷史出現盛世，而分裂則必然造成社會動亂。因此，他把恢復國家統一視爲「頭等大事」和「根本要圖」，是關係「中國存亡」和「長治久安」的大問題。他說：「統一成而後一切興革乃可言，財政、實業、教育諸端始獲次第爲理，國民意志方可以自由發舒。」孫中山充分認識到，以中國的土地、人民、物產等條件，一旦統一，將會形成對國家建設和發展的巨大推動力量。他說：「若能合爲一氣，一致進行，排除障礙，統一中國，將來定可爲世界一等強國。」

孫中山堅決反對分裂國家或有可能導致分裂國家的的種種主張。民國時期，有些人鼓吹在中國實行「聯省」制或「聯邦」制，對此，孫中山持強烈批判態度。他在《民權主義》演講中說：「中國原來既是統一的，便不該把各省再來分開。中國眼前一時不能統一，是暫時的亂象，是由於武人的割據，這種割據，我們要剷除他，萬不能再有聯省的謬主張，爲武人割據作護符。」又在《孫逸仙宣言》中稱：「聯邦制將起離心力的作用，它最終只能導致我國分裂成爲許多小的國家，讓無原則的猜忌和敵視來決定他們之間的相互關係。中國是一個統一國家，這一點已牢牢地印在我國的歷史意識之中，正是這種意識才使我們能作爲一個國家而被保存下來，儘管它過去遇到了許多破壞的力量，而聯邦制則必將破壞這種意識。」他憤怒地斥責說：「提倡分裂中國的人一定是野心家。」

中國是一個大國，幅員遼闊，人口衆多，各地情況存在很大差異。孫中山認爲，在這樣一個國家裏，要實現國家統一，既不能一切集權於中央，又不能完全分權於地方，必須斟酌於兩者之間，採取適當的制度。他認爲，有些權力，必須掌握在中央手裏，例如外交；有些權力，則不妨分之於地方。一九一二年制訂的中國同盟會總章提出：「完成行政統一，促進地方自治。」一九二一年五月，孫中山在廣州就任非常大總統，又發佈宣言稱：「集權專制爲自滿清以來之秕政。今欲解中央與地方永久之糾紛，惟有使各省人民完成自治，自定省憲法，自選省長。中央分權於各省，各省分權於各縣，庶幾既分離之民國，復以自治主義相結合，以歸於統一。」一九二四年，國民黨第一次全國代表大會接受孫中山的思想，決定在中央與各省之間採取均權制，「凡事務有全國一致之性質者，劃歸中央；有因地制宜之性質者，劃歸地方。」孫中山企圖通過這種「均權」制發揮中央與地方兩個方面的積極性，「使國家統一與省自治，各遂其發達而不相妨礙」。

孫中山認識到，民國時期的分裂狀態和列強侵華政策有關。一九二四年九月十八日，他在《北伐宣言》中指出：「十三年來之戰禍，直接受自軍閥，間接受自帝國主義。」十一月，他又明確指出：「革命以來迭次發生亂事，均因各國援助一派武人，逞其野心所致。故非排除擾亂中國之外國勢力，中國之統一和平乃不可能。」隨後，他在日本門司發表談話，明確提出，要廢除十三國對華不平等條約。

要實現國家統一，有和平和武力兩種辦法。在一部分時間內，孫中山主張用武力削平軍閥割據，實現國家統一。孫中山於一九二二、一九二四年兩次派兵北伐，都是爲著這一目的，但是，孫中山認識到，武力的辦法會給國家與人民帶來巨大的破壞，因此，在很長的時期內，又力主用和平的辦法統一中國。一九二三年一月，孫中山向全國發佈《和平統一宣言》，中云：「謀國之道，苟非變出非常，萬不獲已，不宜輕假兵戎，重爲民困。」一九二四年十一月，他在上海記者招待會上發表談話，劈頭第一句就是：「兄弟向來是主張和平統一的人。」

孫中山所考慮的「和平統一辦法」大致有三種。一是宣傳，一是「文治感化」，一是談判。

孫中山非常重視宣傳的作用。一九二二年八月，他在上海宴請報界人士，要求他們以輿論推動統一事業。他說：「欲得真正統一，尚須大家奮鬥。今後奮鬥之器，不以槍而以筆。」「諸君能提倡公理，分別是非，同赴一的，則統一必可成功。」

所謂「文治感化」就是建設好廣東，以之作爲榜樣，號召全國。一九一七年夏，孫中山爲捍衛辛亥革命的成果，在廣州成立護法軍政府。自此，孫中山即有意將廣東建設爲模範省。一九二〇年十一月，他發表演說稱：「我們現在是要把廣東一省，切切實實的建設起來，拿來做一個模範，使各省有志改革的人有一個見習的地方；守舊固執的人，也因此生出改革的興味。這個實際建設就是極大的文化宣傳。中國的統一，只有靠這一個宣傳。」

第一次世界大戰結束後，世界出現和平潮流。自一九一九年二月起，南方軍政府曾和北洋政府舉行多次和平談判，均未成功。一九二〇年六月，孫中山在上海發表宣言，建議繼續召開和平會議。此後，他多次發表宣言及談話，表示願與北方停戰言和，並願與段祺瑞、曹錕、吳佩孚、張作霖等實力派代表人物「會商」。一九二二年八月，他在致蘇俄代表越飛函中又稱：「我當時準備，現在也準備同接受我的條件的任何領袖合作。」一九二三年九月，香港人何東倡議召開南北各方領袖平等聯席會議，討論和平統一問題。孫中山立即覆電表示贊同。

孫中山是一個充分尊重人民意志的政治家。他深刻地瞭解人民渴望國家統一的願望。一九二一年四月，他發表談話稱：「中國人民對連續不斷的紛爭和內戰早已厭倦，並深惡痛絕。他們要求停止這些紛爭，使中國成為一個統一、完整的國家。因而，我們正在盡力完成賦予我們的這一艱巨的歷史使命。」他要求中國的各派政治力量及其代表人物，都能尊重人民意志，實現和平統一。一九二四年十月，馮玉祥等發動「首都革命」，推翻直系軍閥曹錕等人的統治，孫中山認為，這是中國邁上統一之途的重大時機，也是中國前途的一線生機，立即扶病應邀北上，準備與馮玉祥、段祺瑞、張作霖等人會談。他並接受中共在一九二三年六月提出的建議，主張召開國民會議，以討論中國的統一與建設問題。《北上宣言》稱：「國民之命運，在於國民之自決。本黨若能得國民之援助，則中國之獨立、自由、統一諸目的，必能依於奮鬥而完全達到。」因此，他呼籲全國各團體都派出代表來參加國民會議，萬眾一心，爭取國家的和平統一。不幸的是，由於北洋軍閥的阻撓和反對，孫中山設想的國民會議並沒有開成，他自己也因為積勞成疾，病逝於北京。

孫中山不僅為中國的統一鞠躬盡瘁，奮鬥了一生，而且留下了豐富的關於國家統一的思想。這一份遺產，一切炎黃子孫都應該很好地加以總結和繼承，努力維護和促進國家的統一，早日結束海峽兩岸的分裂狀態。

（原載《統一論壇》，一九九六年第五期。）

孫中山思想的現代價值

一切思想家都立足於他所處的時代，回答那個時代所提出的問題，這些回答具有現實針對性，但是，其中的若干觀念、範疇、命題又常常超越他的時代，具有長遠的甚至是永恒的意義。孫中山活動於十九世紀末葉至二十世紀二十年代的中國，一生爲中國的振興奮鬥。他的思想的許多部分都具有這種超時代的意義，可以長期成爲中國人民的珍貴思想營養。例如他愛國主義思想、民主主義思想等，這些，人們早已熟知。本文擬就既往多有爭論或談論較少的孫中山社會經濟思想闡述其現代價值。

一、民生史觀

人類社會面臨著千千萬萬、各種各樣的問題。人類歷史，可以說就是不斷解決各種問題，又發生新的問題的歷史。在所有各種問題裏邊，最大的、最核心的問題是什麼？孫中山答曰：民生。他說：「民生就是政治的中心，就是經濟的中心和種種歷史活動的中心，好像天空以內的重心一樣。」「歷史上的政治和社會經濟種種中心都歸之於民生問題。」什麼是民生？孫中山有過許多解釋，但其核心實際上就是一句話，就是人類的生存和發展。孫中山認為，民生問題不僅是社會發展的核心問題，歷史發展的核心問題，而且是社會、歷史發展的原動力。他說：「社會進化的定律，是人類求生存。人類求生存，才是社會進化的原因。」「人類求生存是什麼問題呢？就是民生問題。民生問題才可說是社會發展的原動力。我們能夠明白社會進化的原動力，再來解決社會問題那才很容易。」孫中山進一步解釋道：「人類生活的程度，在文明進化之中可以分作三級。第一級是需要。人生不得需要，固然不能生活，就是所得的需要不滿足，也是不能充分生活，可說是半死不活。所以第一級的需要，是人類的生活不可少的。人類得了第一級需要生活之外，更進一步便是第二級，這一級叫做安適。人類在這一級的生活，不是為求生活的需要，是於需要之外更求安樂，更求舒服……得了充分安適之後，再更進一步，便想奢侈。」孫中山將人的生活分為「需要」、「安適」、「奢侈」三個等級，未必科學，但是，他實際上是在說，人的需要是不斷增長、不斷發展、不斷提高的，正是人的這種不斷增長的物質和精神需要推動社會和歷史的發展。所以他說：「民生就是社會一切活動中的原動力。」

既往和現實的人類社會千姿百態，萬象紛呈。孫中山認為：「社會中的各種變態都是果，民生問題才是因。」這就是說，社會現象之所以有各種變化，各種形態，其根源在於「民生問題」。

孫中山上述言論反映出他對人類社會和歷史發展的基本看法，通稱為「民生史觀」。孫中山的看法有其直觀、膚淺的方面，有表述不清或不準確的方面，但是，從總的方面看，它和馬克思主義的唯物史觀有其一致之處。

馬克思恩格斯在《德意志意識形態》中指出：「我們首先應該確立一切人類生存的第一個前提也就是一切歷史的第一個前提，這個前提就是：人們爲了能『創造歷史，必須能夠生活，但是爲了生活，首先就需要衣、食、住以及其他東西。』（《馬克思恩格斯全集》第三卷第三一頁）馬克思、恩格斯講得很清楚，人要生存、生活，首先就「需要衣、食、住以及其他東西」，這是人類生存的第一個前提，也是社會發展和歷史發展的第一個前提。怎樣解決人類的這一「需要」呢？這就要從事生產，而要生產，就要有生產工具，人與人就會發生這樣與那樣的關係。人的「需要」不斷增長，人就要不斷改進生產工具，發展生產力，科學因而發展；同時，人也就要改進人與人之間的關係，於是，就有改革，有革命。其結果，社會因而不斷發展，歷史也因而不斷發展。

孫中山曾經批評馬克思的唯物主義，認爲「歷史的重心是民生，不是物質」。其實，馬克思主義只認爲物質是第一性的，精神是第二性的，在社會領域內，則認爲社會存在決定社會意識，並不會有過「物質是歷史的重心」一類論斷。孫中山的批評屬於對馬克思主義的誤解。

孫中山的「民生史觀」出世之後，人們對它有過各種各樣的解釋，也有過各種各樣的批評，但是，人們大都承認，這一學說有其合理內核。瞭解這一合理內核，有助於我們瞭解歷史上發生過的各種各樣的鬥爭、改革、革命，都是基於「民生」問題上的鬥爭，也有助於我們確立「以人爲本」的思想，在社會主義階段，專心致志搞建設，最大限度地滿足人民不斷增長的物質和文化需要。

二、調和互助

在推翻清朝統治和反對北洋軍閥的鬥爭中，孫中山是一個堅決的革命者，但是，在社會經濟領域，孫中山則不贊成革命，也不贊成「階級鬥爭」。他說：「純用革命手段不能完全解決經濟問題。」又說：「階級戰爭不是社會進化的原因，階級戰爭是當社會進化的時候所發生的一種病症。」與「鬥爭」說相反，他主張調和，認爲「社會之所以有進化，是由於社會上大多數的經濟利益相調和，不是由於社會上大多數的經濟利益相衝突。」他並且舉例說：「歐美各國從這種經濟利益相調和的事業發達以後，社會便極有進化，大多數便享福。」

階級鬥爭是社會發展的動力，這一理論有其正確性。當舊的社會力量頑固地維護舊的生產關係，阻礙社會生產的發展時，就需要用階級鬥爭的辦法反對以至打倒舊的社會力量，形成新的適宜於生產力發展的新的生產關係，社會便由此進步、發展。但是，這一理論又是不完整的，有片面性的。這就是，它不能完全解釋人類社會發展的全過程。人們都知道，原始社會，當時還沒有出現階級；未來的共產主義社會，階級已經消滅。自然，階級鬥爭不會是那兩個時期的社會發展的推動力量。而且，階級鬥爭在打破舊的生產關係、社會關係，推動社會發展的同時，也會破壞社會生產力，影響和阻撓社會發展。在將階級鬥爭過度誇大，達到「日日講、月月講、年年講」的程度時，這種破壞作用也可能更大。

其實，鬥爭與和諧是矛盾的統一體。鬥爭固然可以解決矛盾，推動事物發展；和諧也可以解決矛盾，推動事物發展。在矛盾尚未發展到對抗狀態，或在非對抗性社會與階級中間，採取措施，使矛盾的雙方或多方處於和諧狀態，從而創造出有利於事物發展的環境，同樣，會推動社會和歷史的前進。這種緩和矛盾、化解矛盾，使事物處於「和諧」狀態的努力，人們習慣性地稱之爲「調和」。孫中山強調的就是這種「調和」。

中國古代高度重視「調和」的作用。儒家著作《中庸》有所謂「致中和，天地位，萬物育」之說，指的就是一種世界和諧，萬物並生的理想境界。後來又有所謂「調和鼎鼐」之說，初指廚師能利用甜、酸、苦、辣、鹹等對立的五味調製出美食來，後來更指最高的治國藝術。矛盾無時不在，無處不在，並不都需要用鬥爭的方法，一個吃掉一個，一個打倒一個的方法。更多的時候、更多的地方需要「調和」。

與提倡「調和」的同時，孫中山提倡「互助」。他說：「物種以競爭爲原則，人類則以互助爲原則。社會國家者，互助之體也；道德仁義者，互助之用也。」「人類進化之主動力在於互助，而不在於競爭，如其他之動物者焉。故鬥爭之性，乃動物性根之遺傳於人類者，此種獸性當以早除之爲妙也。」又說：「夫今日立國於世界之上，猶乎人處於社會之中，相資爲用，互助以成者也。」

發現「物種競爭」是達爾文對進化論的重大貢獻。但是，將「物種競爭」之說引入社會，發展爲「弱肉強食」的社會達爾文主義，便成了爲強權者、壓迫者辯護的理論。與之相反，克魯泡特金提出「互助論」，認爲自然界、人類社會都存在著大量「互助」共存的實例，用以論證人類應該「互助」，而不應「鬥爭」。克魯泡特金的這一理論在二十世紀初年傳入中國，孫中山的「互助」說顯然接受了克魯泡特金的影響。

正如「和諧」理論適用於非對抗社會和非對抗性矛盾一樣，「互助」理論也只適用於非對抗性社會和非對抗性的階級、階層之間。孫中山的時代，中國還處在帝國主義、封建主義壓迫中，自然，他的「調和」「互助」理論都不會發生作用，但是，在中國已經進入社會主義初級階段時，「調和」、「互助」之說就大有研究和提倡的必要了。

三、利用資本主義

資本主義和工業革命相伴而生，它摧毀了中世紀的小農經濟和手工生產方式，創造了前所未有的巨大生產力和輝煌燦爛的物質文明，改變了人類的生活方式，加速了人類歷史的步伐。但是，它同時又充滿血污和醜惡。例如，對美好、純淨的大自然的破壞，對本國工人階級的剝削和外國殖民地的掠奪，對財富和物欲享受的瘋狂追求，對道德和人類各種美好情操的踐踏和蹂躪，把一切關係都轉變爲利潤關係等等。因此，從資本主義降生人世以後，就同時出現了對它的歌頌、讚美與對它的批判和抗議。十九世紀四〇年代，西方資本主義列強入侵中國，中國大地緩慢地出現新的資本主義生產方式，中國思想界也就出現了或迎或拒兩種意見。梁啓超等人認爲，中國如果沒有大資本家，沒有托洛斯集團，就無法抵禦外國資本主義，因此，他們主張，在中國要積極充分地發展資本主義。當然，他們也清楚地看到，中國民族資本主義的發展會在中國人民身上加上一種新的剝削方式，損害勞動者的利益。但是，他們認爲這是一種必須付出的代價和犧牲。因此主張以發展資本爲第一義，以保障勞動者爲第二義，有時，即使犧牲勞動者的部分利益也在所不計。以章太炎和劉師培爲代表的一部分人則嚴厲批判資本主義。章太炎提出「俱分進化論」，認爲「善亦進化，惡亦進化」，人類愈進化，惡也就愈發展，幻想建立一個「五無」社會。連遠在俄國的托爾斯泰都發表《致中國人的一封信》，力勸中國人不要走西方道路，而要保存中國農業社會的種種優點。中國是小生產者和小農經濟的大國，綜觀中國近代思想史，大張旗鼓地主張發展資本主義的人並不多，而恐資、懼資的人卻很不少。

孫中山和上述兩派都不一樣。一方面，他嚴厲批判資本主義，同時，又積極企圖利用資本主義。早在一九〇五年，他在比利時訪問第二國際時就表示，要「採用歐洲的生產方式，使用機器，但要避免其種種弊端」。「防止往往一個階級剝奪另一個階級，如像歐洲國家都曾發生過的那樣。」①第二年，孫中山在《民報》發刊詞中明確提出，中國不能走歐美資本主義的發展老路。他說：「近世志士舌敝唇枯，惟企強中國以比歐美。然而歐美強矣，其民實困，觀大同盟罷工與無政府黨、社會黨之日熾，猶不能免於第二次之革命，而況追逐於人已然之末軌者之終無成耶！」孫中山期望以西方爲鑒，採取措施，另闢新途，創造出遠比西方更高的新社會：「睹其禍害於未萌，誠可舉政治革命、社會革命畢其功於一役。還視歐美，彼且瞠乎後也。」同年，他又發表聲明，批判社會黨人「復古」思想，聲稱：「文明進步是自然所致，不能逃避的。文明有善果，也有惡果。須要取那善果，避那惡果。」孫中山在這裏表現出了他的辯證智慧和勇敢精神，既要吸收資本主義所創造的一切文明成果，又努力預防、避免資本主義給人類帶來的禍害。一九一七年，孫中山制訂《實業計劃》，這是一份無比龐大的工業計劃。在其結尾部分，孫中山說：「吾之意見，蓋欲使外國之資本主義以造成中國之社會主義，而調和人類進化之兩種經濟能力使之互相爲用，以促進將來世界之文明也。」在這一段話裏，孫中山除了明確提出要積極利用「外國資本主義」的觀點以外，還提出了一個極爲重要的思想，這就是：社會主義和資本主義可以「互相爲用」，共同促進將來的世界文明。

社會主義是作爲資本主義的對立面而產生的。但是，這並不意味著社會主義和資本主義可以割斷一切聯繫，也不意味著資本主義的立即腐朽、滅亡。二十世紀以來，在社會主義思潮和工人運動充分發展之後，世界資本主義廣泛採取社會福利政策，並實行某些改革，因而極大地緩解了社會矛盾，促進了社會生產力的發展。同樣，社會主義也必須吸收資本主義的一切積極方面，用以發展自己，否則，社會主義就有可能僵化、停滯，喪失生命力。「互相爲用」，可能是今後相當長時期內世界歷史發展的趨勢。

四、混合經濟

有一種看法，認爲私有制是萬惡之源，於是，人們設想，徹底消滅私有制，實行完全、單一的公有制。但是，孫中山研究了俄國革命的經驗，認爲在落後的發展中國家，此路不通。

十月革命以後，俄國一度實行軍事共產主義，但是，在國家穩定之後，立即改行新經濟政策。允許私人經濟的存在和一定程度上的發展。俄國革命的這一轉變使孫中山懂得，高度的公有化經濟，只有在歐美那樣高度發展的國家中才有可能，像俄國，還不具備這樣的條件。他說：「照俄國人說，俄國現在的失業和經濟還沒有大發達，實在夠不上行馬克思主義；要像英國、美國之實業經濟的那樣發達，才可以實行馬克思主義。」又說：「俄國實行馬克思的辦法，革命以後行到今日，對於經濟問題還是要改用新經濟政策。俄國之所以要改用新經濟政策，就是由於他們的經濟程度還比不上英國、美國那樣的發達，還是不夠實行馬克思的辦法。俄國的社會經濟程度尚且比不上英國、美國，我們中國的社會經濟程度怎麼能夠比得上呢？又怎麼能夠行馬克思的辦法呢？」

孫中山認爲，中國的經濟發展程度實在太低。他說「中國人通通是貧。並沒有大富，只有大貧、小貧的區別。」孫中山的中國只有「大貧」、「小貧」的思想常常受到人們的批評。這一思想有其錯誤的方面，但是，又包含著合理內核，這就是，中國就整體來說，還是不發達社會，生產水平低，社會財富少，因此中國的急務是發展生產，增加財富。基於此，孫中山主張，中國必須實行混合經濟。他說：「中國實業之開發應分兩路進行，（一）個人企業、（二）國家經營是也。凡夫事物之可以委諸個人，或其較國家經營爲適宜者，應任個人爲之，由國家獎勵而以法律保護之。」「至其不能委諸個人及有獨佔性質者，應由國家經營之。」（二一七至二一八頁）孫中山認為，國家經營的企業之外，有些企業由私人經營較國家經營更為適宜，就應堅決交給私人去經營，國家不僅予以獎勵而且要加以法律保護，並為之排除障礙。清末以來，政府官吏、官辦企業常常阻撓民營企業發展。對此，孫中山堅決表示：「各種官吏的障礙必當排除。」

資本主義的發展有其積極方面，但是也有其消極方面。怎樣既最大限度地發揮資本主義的積極性，又最有效地限制其消極性呢？孫中山提出的辦法是「節制資本」。在國民黨第一次全國代表大會宣言中，孫中山表示：「凡本國人及外國人之企業，或有獨佔的性質，或規模過大為私人之力所不能辦者，如銀行、鐵道、航路之屬，由國家經營管理之，使私有資本不能操縱國民之生計，此則節制資本之要旨也。」這就是說，私人資本主義的發展必須有限度，這個限度的警戒線不在於比例大小，而在於能否「操縱國民生計」。

對孫中山的「節制資本」思想，毛澤東曾給予很高評價，稱之為：「新民主主義共和國的經濟構成的正確方針」。

五、開放政策

怎樣建設一個強大的現代化國家？是對外開放？還是閉關鎖國？孫中山的回答是前者。

中國封建社會的主要經濟形態是自給自足的小農經濟，與之相應，對外長期處於閉關狀態；鴉片戰爭以後，列強侵略更強化了不少中國人的排外心理。孫中山與眾不同，一直主張對外開放。一九一二年九月，他在濟南各團體歡迎會上演說：「中國人向富於排外性質，與今之世界甚不相宜……以前事事不能進步，均由排外自大之故。今欲急求發達，則不得不持開放主義。」孫中山仔細地研究過美國西部開發、日本明治維新和南美阿根廷等國的振興史，認為其成功經驗之一就在於對外開放。他說：「諸君試看日本國，土地不過我中國兩省多，人民亦不過我中國兩省多。四十多年以前，亦是一個最小、最窮、最弱之國，自明治維新以後，儼然稱為列強。全球上能成為列強者，不過六、七國，而日本儼然是六、七國中之一國。他是用何種方法，始能如此?亦只是用開放主義。」

孫中山開放主義的內容之一是募集外資。民國初年，孫中山曾計劃以十年時間在中國修建二十萬公里鐵路。當時，中國民窮財竭，不論國家或人民，都無力籌此鉅款。孫中山認為，最好的辦法就是「募集外資」。孫中山總結清政府向外國借債的失敗經驗，認為其原因在於喪失主權、浪用無度和必須抵押。因此，他以一不失主權，二不用抵押，三利息甚輕作為民國政府借外債的條件。為了既能大量引進外資，為民族興利，又能堅決地抵制各種形式的侵略，維護民族權益。孫中山特別重視主權問題。他說：「中國有主權，則無論何國之債皆可借，即外人之投資亦所不禁。」為此，孫中山提出，外國資本家在向中國貸款時，不能過問中方用途，不能乘機要求監督中國財政。一九一二年，他在上海對《大陸報》記者說：「外國不允借債中國則已，苟信任中國而借之以債，則不應過問中國作何用途。假使中國將款投棄於海，亦係自由權。」一九一三年，孫中山在上海與法國巴黎聯合銀行代表談判創辦合資銀行，孫中山提出的條件是：銀行在中國註冊，悉依中國法律；董事局全爲華人，西人居顧問局；總辦十年內用西人，十年後用華人。孫中山認爲，當時中國國勢不如人，財力不如人，在合資銀行中，華股必須略占優勝地位。

凡事有利必有弊。孫中山清楚地意識到，引進外資不可能完全無弊，但他權衡輕重，認爲利多弊少。他說：「用外資非完全無害也。兩害相權，當取其輕。」孫中山特別指出，只要措施得當，還可以「避去其害」。一九二四年，他在《北上宣言》中特別表示，要改變外債性質，「使列強不能利用此種外債，以致中國坐困於次殖民地的地位。」

在當時，孫中山積極主張華洋合辦，共同經營實業。他說：「我國因排斥外人，不肯由外人辦一工廠，而出重價以購他國之機器，其不合算亦甚矣。」他設想，由外人入股五千萬，我國自出五千萬，共同修築鐵路。立定期限，屆時由我收贖，使利權不致永落外人之手。他以京張鐵路爲例，說明該路係借債修建的，但三年收入即可還本，以後每年收入即爲純利。如果不借債，即無此項進款。孫中山甚至主張，以四十年後歸還中國政府爲條件，將鐵路批給外國資本家修築。孫中山認爲，此法在中國雖爲創見，在世界各國則已司空見慣。有人認爲，這樣錢就被外國人賺走，中國人就吃虧了。孫中山批判了這一思想。他說；「倘使此路不能修成，千萬年我亦無利可得。今讓他賺四十年以後歸我完全所有，合計尚是便宜。」一九一四年，孫中山還設想過，和外人合股開辦百貨公司。初期，完全由外國商家經營，然後，逐漸由國人接替。

除了引進外資，孫中山還主張引進外國人才。他說：「我們既採用西法，即不能不借用外國人才。」既要聘用「專門家」、「發明家」，也要聘用「有學問、有經驗」的經營管理人才。孫中山指出，這種聘用是有條件的，「必以教授訓練中國之佐役，俾能將來繼承其乏，爲受雇於中國之外人必盡義務之一。」

現代化的生產必須有現代化的管理方法，絕不能沿襲小生產的老一套。孫中山說：「我們方法不好，即用外國方法。」有時，他甚至將「方法」提到了和「資金」同樣重要的程度。他說：「日本以外資、外法，數十年一躍而爲強國。」

在近代中國思想史上，孫中山可以稱作是提出完備的開放思想與政策的第一人。但是，孫中山一生都處在推翻舊政權，建立新政權的奮鬥過程中，歷史不曾給他實施其開放思想與政策的機遇。

孫中山思想中具有現代價値的地方還很多，例如，以「振興中華」爲主體的愛國主義思想，以「公僕」論爲主體的徹底的民主主義思想等，都是中華民族的寶貴精神財富，給我們以振奮，以啓發，激勵我們爲中華民族的美好未來奮鬥。

（原載《光明日報》，二〇〇六年十一月十三日。）

①《近代史資料》一九七九年第三期。

一九一一年的拒英、拒法、拒俄運動

一九一一年初，我國邊疆地區警報頻傳：一月三日，英國派兵侵佔我國雲南西北邊境要地片馬；二月，英法合辦的隆興公司強索雲南七府礦產開採權，法國藉口保護鐵路而陳兵滇邊；同月，沙俄借修訂《伊犁條約》及所屬《改訂陸路通商條約》之機，企圖攫取新疆、蒙古、張家口等地的自由貿易權、免稅權、土地所有權和在中國全境的治外法權。這些事件的接連發生，標誌著中國民族危機的進一步加深。於是，由立憲派和革命黨人分頭發動，掀起了一場以拒英、拒法、拒俄為主要內容的反帝愛國運動。它是轟轟烈烈的保路運動的前奏，在輿論、組織、武裝等方面為辛亥革命作了準備。

關於這一運動，日本學者小島淑男以留日學生與國民會為中心進行多年研究，其成果已結集為專書。①但是國內迄今還沒有專著討論這一問題，有關辛亥革命史的著作對此也很少涉及。本文將從更廣闊的角度審視這一運動，並著重考察同盟會在其中的作用及其鬥爭策略。

一、雲南諮議局的「保界」呼籲與各地立憲派的回應

一九一一年的拒英、拒法、拒俄運動發端於雲南諮議局的呼籲。

一月廿八日，雲南諮議局致電全國報館：「英人派兵據我片馬，勢將北進，扼蜀、藏咽喉，窺長江流域，大局危甚。擬先文明對待，不賣英貨，請轉各商協力進行。」②同時，又上書雲貴總督李經羲，要求他一面與政府協力爭議，一面在騰越、思茅等地編練重兵，以備不時之用。③二月七日，雲南紳商在諮議局開會，議決成立中國保界會。該會決定：第一，聯合全國各報館、各宣講所，分別著論演說，號召人民起而鬥爭；聯合各省志士仁人，上書外務部，請與英人嚴正交涉，並以此案發交海牙和平會裁判。第二，在買賣貨物、乘載輪船、雇作傭工等方面對英國進行限制，同時獎勵並補助自設工廠和輪船公司。宣言要求全國及海外華人在各自駐地普遍設立保界會，並特別聲明：「我國現值積弱，只宜用文明之抵制，不可爲野蠻之舉動。」④二月十一日，商會集會，決定抵制英貨，以當月廿三日爲「不賣英貨日期」，「過期如有再買賣英貨者，即公同議罰」⑤。

雲南諮議局的呼籲迅速得到各省諮議局的回應。貴州諮議局覆電稱：「英據片馬，先以不賣英貨抵制，各界協定，表同情，並電政府力拒。」陝西諮議局覆電稱：「非人自爲兵，無以救亡」，建議以三月九日爲期，聯絡各省諮議局，同時致電資政院，奏請就地開辦團練。⑥當時，俄國政府企圖借修訂《伊犁條約》擴大侵略權益的陰謀已經暴露，因此，各諮議局除通電拒英外，又大力呼籲拒俄。江寧諮議局議長張謇致電全國各諮議局，提議聯合各局議長，上書清政府，表示「俄舊約萬不可徇」⑦。三月十一日，國會請願同志會發表長篇文章，指責「俄人之陰險狡詐」和清政府的「畏葸無能」⑧，要求各方人士聯電政府力爭。二十日，福建諮議局在得到山西、江西等省諮議局的支持後，致電清政府軍機處，要求召開資政院臨時大會，以民氣為外交後盾。

在各省立憲派的鼓噪聲中，資政院在京議員聯名上書總裁溥倫，認為「修訂中俄商約一事，實關係西北大局」，要求溥倫根據院章，奏請召開臨時會議，但溥倫置之不答。⑨議員們赴溥倫住宅求見，溥倫又閉門不納。儘管如此，清政府仍然認為溥倫等壓制議員不力，於三月廿二日下令撤去溥倫、沈家本的資政院正副總裁職務。其間，議員們不肯死心，再次上書，說明各省諮議局紛紛申請開會，不可置之不理。⑩書上後，清政府的內閣大員們連看也不想看，「溫諭阻拒」⑪。

新的民族危機也使海外的立憲派不能安坐，企圖借此發動第五次國會請願運動。二月下旬，在美國的中華帝國憲政會致電國內各團體，聲稱：「敵迫，國會遲必亡，速五請。」⑫但是，國內立憲派由於對清政府鎮壓四次國會請願運動的記憶猶新，不願再行自找沒趣，帝國憲政會的呼籲沒有引起任何反響。

當時，立憲派的興趣在於提前召開各省諮議局聯合會。按規定，該會會期應在夏曆六月（七月），現因召開資政院臨時會無望，遂由福建諮議局提議提前召開聯合會。五月十二日，該會在北京開幕，到會的各省諮議局議長、議員及資政院議員共六十三人，以譚延闓為主席、湯化龍為審查長。會上，代表們普遍提議編練民兵，保衛邊疆，反映出立憲派對清政府的憤濾、絕望，以及憂患意識的加深和自保要求的增強。據該會整理的資料，在全部廿七個議題中，與編練民兵或救亡相關的議題即達十四件。⑬討論中，代表們一致同意，編練民兵，主要用於對外，宗旨在於救亡；在定名上，代表們上書都察院，指出當今世界各國均采「國民皆兵」主義，要求各省、廳、州、縣會同自治團體，選擇土著而有職業者編練「備補兵」，「取民兵之意，而變通練軍之法」，同時，號召各省諮議局議員協同各團體，組織體育社，召選學生學習步兵操法、射擊教範等科目，以「提倡尚武精神，補助軍事教育」。⑭

聯合會開會期間，雲南籍資政院議員顧視高、張之霖提出片馬一案，湯化龍認為：「上奏亦無效，不如作為我輩攻擊政府之資料，」⑮此後，片馬問題即成為立憲派射向皇族內閣的有力子彈。六月十三日，聯合會致電各省諮議局等稱：「片馬交涉，政府主延宕、退讓兩說，喪權誤國，請徑電內閣，力爭重勘。」⑯六月十八日，雲南諮議局議長段宇清及資政院議員李增到京出席聯合會。段稱：「仍懇諸公念片馬非雲南之片馬，乃全國之片馬，片馬失，則雲南失，雲南失，則中國不保。」⑰廿四日，聯合會通過由湖北省諮議局副議長張國溶起草的《通告全國人民書》，全面抨擊皇族內閣的內外政策。當時，清政府曾準備同意英國前駐騰越領事烈敦的要求，「永遠租借片馬」。對此，通告書評論說：「夫永遠租借實割讓土地之變名詞。」⑱廿六日，聯合會又上書外務部，要求將片馬問題提交內閣，請另派大臣重行勘界，以固國防。

皇族內閣準備租讓片馬的消息激起了雲南各界的強烈憤怒。八月，雲南諮議局再次致電各省諮議局，呼籲採取聯合行動：「片馬案，閣議永租，請協力電爭，力爭重勘。」⑲九月又電內閣稱：「片馬讓租，民情憤激，懇勿退讓，中國幸甚！並請從速解決，再遲恐為禍愈烈。」⑳當時，保界會一類組織遍佈雲南各地，「會員之泣血斷指，誓以死爭者前後相繼。」㉑據時在雲南的清軍第三八協統領曲同豐報告，「每接見紳耆，彼無不諄諄以片馬為詞」，「中心憤懣，詞意遂多不平」㉒。這種種跡象表明，與立憲派的願望相反，一場革命風暴就要來臨了。

二、留日中國國民會的成立及其與使館的衝突

留日學界一向是近代中國反帝愛國運動的重要策源地。一九一一年二月廿五日，豫晉秦隴協會於中國留學生會館集會，籌議行動辦法。次日，東京中國留學生遍發傳單，召開全體大會，到會者一千兩百餘人。會上同盟會員鄒資州、劉揆一、陳策三人提議：「對於中俄條約，俄國殊屬無理，此事萬一政府含糊答應，於吾國北省殊有損害。吾輩當竭力設法警告內地及各省諮議局，拒絕此約，且須運動各省諮議局成獨立機關，組織國民軍，以防外敵。」㉓會議決議在一星期內成立救亡機關，向內地及歐美、南洋華僑發送警告書及電報，同時成立國民軍，請駐日公使汪大燮代電政府，要求拒俄。會後，河南留學生、同盟會員劉基炎提議到使館要求贊助經費，得到熱烈贊同。於是，他被推為總隊長，率領全體人員列隊向使館進發。

汪大燮懾於學生的浩大聲勢，表示贊助國民軍，並認捐日幣一千元。當時參加遊行的自費

生及官費生紛紛認捐，談妥官費生每人認捐十元，由使署預支，以後月扣兩元，並由汪大燮簽字為信。

廿七日，留學生總會召開臨時各省職員會。會後，以留東全體學生名義向上海《民立報》及廿一省諮議局發電：「俄侵伊犁，英占片馬，法強索滇礦，若稍退步，全國淪亡。政府無望，已集全力，捐現金兩萬餘，設立救國機關。」電報要求各省諮議局，「開臨時會，組織國民軍，以救滅亡。」㉔同時，又致電爪哇中國會館，要求南洋各埠華僑「協力進行」㉕。

三月五日，留日各省同鄉會約八十名代表集會，在熊越山主持下達成了「武力救國」的一致意見。㉖會議決定不用「國民軍」名義，而稱中國國民會，推舉同盟會員李肇甫、傅夢豪、陳策、袁麟閣四人為章程起草員。八月，國民會全體職員集會，通過《留日中國國民會草綱》，確定該會宗旨為「以提倡國民軍為主，並研究政治、教育、實業。」㉗同時決定各省於十二日前推舉代表二人組成演說團，共為五團，分往廿一省演說，宣傳救亡。十三日，又以留日全體學生名義公佈《中國危亡警告書》，陳述俄、英、法侵略中國的嚴重局勢，說明治標之法是「要求政府嚴拒俄人之請」，治本之法是「聯合各省速創國民軍」，本中之本是「革政治、勵教育、興實業」。㉘

當中國國民會組建之際，留日女學生也建立了專門的愛國組織。三月五日，同盟會員林演存、劉其超、康群英及朱光鳳四人發起召開留日女界全體大會，到會者百餘人。會議選舉唐群英為會長。

駐日使館雖然答應了學生的愛國要求，但並不準備兌現。三月十三日，留日學生代表赴使館領取官費生捐款，並要求會見汪大燮，但汪大燮拒而不見。會計課長吳某稱：如欲領款，非各人簽名捺印不可。這實際上是一個無法辦到的條件，因爲留日學生分散在一百多個學校裏，南到長崎，北至北海道，不可能人人辦理這一手續。學生代表據理力爭也沒有結果。十五日，留學生召開評議會，報告十三日交涉結果，並決定再次向使館交涉，但汪大燮已先期避走橫濱。參贊吳兆麟稱：原允墊付的經費由公使作主，已不能付給。於是，四十八名代表即決定模仿北京國會請願團在慶親王門前長立一夜的例子，在公使館靜坐，直至天明。

三月十六日，各校留學生聞訊趕來的已達五六百人，當即在使館內集會，群情激憤，有人主張晝夜死守，「不得款勿歸」，有人主張「自由行動」，但始終沒有擾亂行爲。㉙汪大燮不得已，委託橫濱總領事傳言，要求學生推舉少數代表次日在橫濱相見。學生對此表示同意，並於晚八時撤離使館。

三月十六日下午，國民會理事長李肇甫、幹事熊越山、職員馬伯援（同盟會會員）、顏振茲四人赴橫濱領事館見汪大燮。汪稱：「此次舉動非爾等所應爲。」學生答以「留東全體，同此忠悃，非某等一二人私意。」汪繼稱：「派代表回國一事，須查明所派之人及演說內容，始能決定。」他還建議將國民會改爲愛國會，並再次強調，官費捐必須每人蓋印，要求李肇甫等將國民會辦法詳細錄呈，次日至使館相見。㉚

李肇甫等向汪大燮告退後即得悉，當日下午三點，使館指責熊越山等「挾眾要求，徹夜不散，殊屬無理取鬧」，要求學生們「篤志劬修，確循繩尺」㉛。使館態度的變化根源於清政府的強硬立場。當日，學部致電使館，聲稱「學生干預政治，例禁綦嚴」，「倘有抗拒情事，仍應從嚴究辦」㉜。外務部也致電汪大燮，嚴詞指責其處理不當，聲稱倘再聽任學生等「輕佻跋扈」，將予以革職處分㉝。十八日，汪大燮接見李肇甫、熊越山、馬伯援三人，出示外務部及學部電報，要求解散國民會。同日，留學生監督處發表禁止國民會布告，聲稱「此中情形，必係貪人敗類，借題生事」。㉞

三月十九日，中國國民會全體職員開會。有人提議開大會與使館宣戰，熊越山力主以慎重態度處理各事，李肇甫稱：公使既不接受我等要求，強迫亦迴非本會宗旨，今後除依賴各人出資，講究活動方法外，別無他法。㉟最後決議：（一）募集自由捐；（二）根據金額數量，組織演說團赴各省演講；（三）派代表赴東三省、雲南、上海三處；（四）在上海創辦日報，作為總機關，聯絡各省諮議局及公共團體，力圖救亡。散會時到會諸人重簽姓名，相互勉勵說：「凡我中國男兒，當有決心，無論前途有如何危險障礙，吾輩必毅然行之。」㊱

四月六日，發佈《留日中國國民臨時哀告內外同胞意見書》，詳述成立經過及與使署交涉情形，批駁對該會的種種謠諑和誤解。《意見書》放棄了組織「國民軍」的提法，聲稱國民會的宗旨在於「興團練，辦體育」，「人以武力來，我不可不以武力應」，要求清政府「許民間以講武之路」。㊲同日，又發佈了經修訂的《中國國民會章程》，宣稱「以提倡尚武精神，養成軍國民資格為主，並研究政治、教育、實業諸大端」㊳。十八日，歸國代表、同盟會員黃嘉梁（雲南）、蕭德明（四川）、蔣洗凡（山東）、金樹汾（東三省）、王葆真（直隸）、傅夢豪（浙江）等六人由東京啓程，分赴雲南、東三省及上海，國內外運動開始合流。

第一批代表歸國之後，留日學界只平靜了幾天，一個新的高潮又出現了。

四月上旬，上海《時報》、《民立報》陸續刊載了一項驚人的消息，列強派大員在巴黎集會，商議瓜分中國。這則消息來源不明，很可能是革命黨人爲鼓舞民氣而有意編造的。果然，留日學界憂心如焚，寢食不安，由拒英、拒法、拒俄發展爲全面反對瓜分的愛國運動。廿三日，留日學生總會、留日學生國民會再次召開大會。在會上，雲南留學生趙某指責清政府爲「外人之走狗」。直隸學生王某說：「有一言告滿族兄弟，今日中國處此瓜分時代，滿人也要亡了，漢人也要亡了，滿漢皆亡，爭持什麼呀！」他表示，「今日要救國，第一是泯除滿漢。」[39]會議作出十一項決議，其主要者爲：（一）清政府禁止國民會，當以不納稅相抗；（二）發動中國勞動者反抗政府；（三）不言滿漢二字，以免侵犯滿漢一致之權利；（四）再次派遣代表歸國，聯絡各省諮議局，協力工作；（五）向世界各國華商團體募集國民會之基本金。[40]顯然，與會者正確地認識到，在瓜分危機面前，滿漢民族有著一致的利益，因而能將「滿族兄弟」和清政府加以區分，對「滿族兄弟」，強調「一致之權利」；對清政府，強調發動中國勞動者「反抗」。這是正確的決策。

會議前後，各省同鄉會陸續選出歸國代表約五十七人。他們歸國後有力地推動了國內運動。

除留日學生外，留德、留美學生也表現了強烈的愛國熱忱。二月廿一日，留德學會致電京滬各報，聲稱：「俄以兵要約，掠地、侵權，時勢危急，各國亦不直俄，望速籌救亡，並迫求政府力抗。」㊶三月三日，再電上海《神州日報》等，指責「當局昏庸誤國」㊷。與此同時，歐美留學生也擺脫了國會請願運動的影響，於四月初致電上海《民立報》及各省諮議局稱：「俄約敗，瓜分著，速鼓民氣，倡民捐，練民兵，爲國效死。」㊸從而表明他們和留日學界以及國內運動發展相一致了。五月，由依利諾斯大學中國學生會發起，成立軍國民期成會，提倡尚武。廿九日，十所大學的中國留學生在芝加哥召開會議，議決改名爲愛國會，以「保全主權，聯絡友國」爲主旨。㊹

清末時，雲南有一批學生在越南求學，當他們得悉法軍陳兵滇邊的消息後，立即致電清政府，要求迅速調撥北洋新軍迎敵。其後，又刊發小冊子，報告法國處心積慮地準備侵略雲南的情況，作者沈痛地問道：「行將被人宰殺，被人淫辱，被人芟薙，被人掠奪」，「我父老思此，其能忍乎？」建議就地徵兵，編練新軍，以便保衛鄉邦。㊺

三大洲的中國留學生同聲相應，同氣相求，這是以前的反帝愛國運動中很少見過的事例。

三、民族資產階級的奮起與國民總會的成立

繼留日學生之後，上海各界奮起回應。其中，新生的民族資產階級尤爲活躍。

二月廿六日留日學生全體大會召開後，雲南留學生、同盟會雲南分會會長楊大鑄及會員王

九齡即束裝歸國。三月五日，到達上海，至《民立報》社會晤宋教仁。旋即發佈《通告書》，力陳保衛片馬的重要性，指出「我國人不欲爲亡國民，則必預備死戰」，「我國人欲死戰，則必先練民兵」㊻。九日，馬良、王河屏等人回應雲南諮議局的號召，發起組織中國保界會上海分會，並稱此舉欲「聯四百兆有用之身」，「以爲政府後盾」㊼。十一日，分會在張園集會，到會者約千人，會議公推豆米業資本家、滬南商會委員、同盟會員葉惠鈞爲臨時議長，同盟會員朱少屏、王九齡、沈縵雲和女醫生張竹君等相繼發表演說。銀行家、工業資本家沈縵雲稱：「前保礦會、路保會等都無實力，以致未能收效。此次應準備實力，庶幾收穫巨效。」㊽會後，馬良再次發表公告，宣佈改名爲國界調查會。

三月十二日，上海民族資產階級頭面人物沈縵雲、王一亭（**銀行家、工業家、同盟會員**）、虞洽卿（**輪船公司創辦人、銀行家、工業家**）、胡寄梅（**錢商**）、周豹元、葉惠鈞、顧馨一（**銀行、麵粉業投資者**）、袁恒之（**布商**）等聯合發表致南北商團啓事，聲言「西北風雲迫在眉睫，同人等現擬組織義勇隊，組織全國商團聯合會，俟各處商團成立，再行組織義勇隊，以達「人自爲兵」之目的。宋教仁在會上闡述了片馬事件及《伊犁條約》修約諸問題的由來，認爲「小之關乎一地，大之關乎全國，亡滅瓜分之禍，悉繫此焉。」㊾會後，即以南市毛家弄商團公會爲全國商團事務所，一面分函各省商團，一面接受工商各界報名。至三月十九日，工、商、學、紳各界報名者達二百餘人。

商餘學會是上海商界最早回應的團體。三月十七日，它通告招收十六歲以上青年進行兵

學、徒手、器械、槍操等各種訓練。培養「商戰人材」，「建立商團基礎」。㊿

與組織商團同時，上海同濟大學學生朱家驊等發起組織敢死團，並於三月三日發表公啓，宣稱：「外患日迫，強鄰脅我以兵，處此危急之秋，非有死士起而捐軀，毀家紓難，斷難救祖國危亡。」㊿①至四月二十日前後，報名男女共一百五十人。該團以朱家驊爲團長，團址設於張靜江的通義銀行內。它得到了同盟會員陳其美、戴季陶、于右任、宋教仁、范光啓等人的積極支持。

爲資助商團，夏月珊、潘月樵等藝人在新舞台演出《國民愛國》新劇，將所得戲資均作爲全國商團聯合會經費。演出中，觀眾感泣，爭先向台上擲捐。沈縵雲即席發演說稱：「今日並不願來觀新舞台之《國民愛國》，實願來觀諸君之愛國。」㊿②四月九日，全國商團聯合會在新舞台開會歡迎新會友，選舉李平書爲會長，沈縵雲、葉惠鈞爲副會長，虞洽卿爲名譽副會長，名譽正會長暫缺。張瑞蘭在會上發表演說：「四民之中，士農工三者均無團，惟吾商團發起聯合會，可知商在民中，最爲熱心有志者。」㊿③會後公佈簡章，規定商團須由各省商會發起，全國凡人煙稠密、商業薈萃之區均應組織商團；上海設總事務所，各省設事務所，各府廳州縣等設分事務所。㊿④

商團最初只是商民維護地方治安的組織。全國商團聯合會的成立標誌著中國資本家階級政治覺悟和階級覺悟的提高，表明這個階級已經不滿足於從事一般的政治活動，正在準備以武裝力量保衛階級利益和民族利益。

受全國商團聯合會成立的影響，四月廿三日，朱伯為等在西園開會，組織中國學界聯合會。到會者七百餘人。沈縵雲代表全國商團聯合會致詞，他說：「當今時代，當固結團體，一手保守自己，一手抵禦外侮，則列強不能侵入。」剛剛歸國的留東國民會代表傅夢豪、黃嘉梁也在會上力陳外患日亟，建議各省普遍成立民團，加速準備武裝。55

傅夢豪等到滬後，立即展開活動。四月廿六日，他們舉行招待會，上海知識界及商界頭面人物沈敦和、王一亭、沈縵雲、楊千里、陳其美、包天笑、朱少屏等二十餘人出席。傅夢豪在答詞中表示：「願聯合各界組成一大團體，作總機關，以激發全國。」56

五月七日，由上海日報公會、嘉定旅滬同鄉會、全國商團聯合會、福建學生會、全國學界聯合會、湖北旅滬同鄉會、中國精武體操會、雲貴旅滬同鄉會、江西旅滬學會、四川旅滬同鄉會等十團體發起召開歡迎國民會代表的大會。會上，傅夢豪再次提出：「全國團體總機關之設，為我人不可刻緩之任務。」57十一日，傅夢豪及山東歸國代表蔣洗凡邀請上海各團體及報館記者集會，討論成立事務所。六月十一日，上海各界四千人在張園召開大會，宣佈中國國民總會成立，以沈縵雲為正會長，馬相伯為副會長，葉惠鈞為坐辦。十五日發佈宣言，聲稱：「以提倡尚武精神，興辦團練，實行國民應盡義務為宗旨。」58次日，又布告全國，要求各地迅速設立分會。為了支持國民總會，留日中國國民會並派同盟會員章梓到上海工作。

自全國商團聯合會成立，上海商團發展迅速。書業、參藥業、豆米業、珠玉業、水果業及閘北、滬南、回教等商團紛紛成立並開操。根據七月廿六日葉惠鈞在滬南商團體育研究社開幕典禮上的講話，當時上海商團已發展到兩千人之多，是一支可觀的武裝力量了。⑲

全國商團聯合會成立後，福建、南昌、營口等地陸續建立商團，通州商團還派人到上海聯絡。《時報》有一篇文章說：「上海爲通商之大埠，上海商學界之舉動，國人恒取爲模範。今滬商既有義勇隊之組織，全國商學界必競相效法，將來我國民兵之基礎，或因是以立，未可知也。」⑳作者也許過於樂觀了，但是，如果引導得法，商團在全國範圍內得到更大發展並非沒有可能。

四、清政府的禁阻與運動向各省的擴展

運動首先引起了帝國主義的不安。

俄國駐華公使廓索維慈照會外務部，聲稱京外各報，登載中俄交涉事，「肆意詆毀，搖惑人心，請設法抑止」㉑。同時，日本駐華代理公使也照會外務部，反對中國人民普練民團。照會說：「近來奉吉各處商民，嘯聚日多，日夜操練，名爲防匪，實係排外，若不即時查禁，恐又肇拳匪之禍，務請設法解散，以遏亂萌。」㉒

清政府秉承帝國主義的意旨。三月一日，外務部致電各省督撫，指責外間報紙關於片馬、伊犁的交涉「言多失實」，又指責留日學生的舉動「搖惑人心，牽動全局」，要求各省督撫「解釋謠言，嚴密防範，勿任釀成事端」。㉓同時，汪大燮也密電外務部，聲稱東京留學生

「其勢洶洶，不可復遏，誠恐激成暴動，關係大局，請轉致學部、陸軍部設法預防。」64其後，清政府學部、陸軍部、政務處紛紛致電各省督撫，要求「切實查禁」，「嚴加防範」，甚至聲色俱厲地表示：「嗣後倘有前項情事，惟各該主管是問。」65在清政府的嚴詞督責下，各省督撫及有關官吏紛紛照辦。

首先是控制輿論。早在二月下旬，兩廣總督張鳴岐就根據清政府新近公佈的報律，出示禁止各報登載中英、中俄、蒙藏交涉各事，違者罰款，或將記者監禁六個月。66三月初，漢口某報登載留日學生來電，湖廣總督瑞澂立命巡警道傳諭各報館，不准刊登有關函件，違者按律究罰。67

其次是禁止開會集議。瑞澂稱：「邊務交涉，朝廷自有主持，豈容無知學生開會干預。」68陸軍部要求各省陸軍學堂嚴禁學生預聞。保定陸軍學堂有幾個學生試圖開會，竟被誣以「將據火藥庫作亂」69而遭逮捕。

清政府尤爲恐怖的是結社。當時，清政府雖已頒佈結社律，但那不過是一種裝飾。保界會向清政府申請立案時，清政府即以「國家政事不准干預」爲理由，通電各省禁止。70對於敢死團，清政府更爲惶恐，密電江督，「嚴查團內主名，速行驅散」71。四月廿七日黃花崗起義後，駐日使館向清政府報告，「廣東革黨起事，確係國民會主謀」，要求拿辦歸國代表，於是，皇族內閣立即電令各省嚴防國民會員至內地「煽惑」，並查禁國民軍。72但是，這些禁令並未起多大作用，運動還是在一些省份內得到了發展。

東北留日中國國民會派赴東三省的代表王葆真（卓山）、金樹芬（鼎勳）於四月下旬抵達奉天後，即從事公開和秘密兩方面的活動。公開活動有：會見東三省總督趙爾巽，聯絡諮議局、教育會、商會、農會各團體，組織體育會及國民會奉天總會，同時又注意團結滿族、蒙古族愛國人士。他們還在旗籍人士廣鐵生、關天生的積極支持下，創辦《國民報》。秘密活動有：會見陳幹、商震、劉藝舟等同盟會骨幹，決定分頭聯絡同志，促進革命運動。⑬九月十四日，國民會吉林分會成立，以蒙古族人士慶山、楊夢齡爲會長，滿族人士松毓爲副會長，金樹芬爲幹事長。⑭

福建三月中旬，福州城鄉大量出現速辦團練的傳單，陳述英、法、俄侵略中國的危急形勢，聲稱「在今日欲求自保之道，莫如籌辦鄉團」。傳單還要求「鄉鄉有團，人人能兵」，「由一鄉而一縣，由一縣而一府，由一府而一省」，形成鄉團的大聯合。廿二日，福建商務總會召開特別大會，議決仿照上海辦法，籌辦福州商團公會，規定每一商號至少須出一人入會操練⑮。廿六日，閩縣城鎮自治聯合會提議市區組織商團，近郊組織體操會，鄉村組織農團⑯。四月七日，上海福建學生會急電福州《建言報》，聲稱各國在巴黎密議瓜分中國，要求故鄉父老「速辦民團，圖死抗」。此後，《建言報》連續發表《嗚呼福建》，《再告我福建同胞》等文章，號召福建人民行動起來，拯救福建⑰。五月上旬，留日國民會代表孫容居等三十人及福建旅滬同鄉會、學生會代表等結伴歸閩，訪問諮議局議長及常駐議員。廿二日，諮議局、教育總會、商會、實業協會等團體集會，議決用個人名義簽稟呈遞閩督，請求速辦民團。

在各方倡議下，廈門體育會、建寧府體育會、福州商團、霞浦團練籌備會、福建團練期成會等先後成立。

浙江六月上旬，留日學生代表俞景朗、詹麟來、吳玉、李砥、李復真及旅滬同鄉代表許開甫等回浙，訪問諮議局議長沈鈞儒。十五日，在法學協會集會，決定組織全浙國民尚武分會，推沈鈞儒起草章程。該會發起人除沈鈞儒外，還有同盟會員陳訓正（布雷）、許炳堃、褚輔成及地方知名人士經亨頤等⑱。三十日，該會召開成立大會，以徐班侯爲會長，褚輔成爲副會長；上海國民總會代表章梓、陳其美自滬蒞會，以示支持。

全浙國民尚武分會要求各府州縣普遍設立學團、商團、工團、農團。成立會後，俞景朗、李砥、吳玉、陳訓正等分赴紹興、台州、湖州、衢州、寧波、嘉興、嚴州、金華、嘉善、石門等地活動，陸續建起了一部分國民尚武分會和民團。

運動發展得較爲順利的還有山東、江蘇等省。留日山東國民分會所派代表丁惟汾、顏仲文於六月一日抵達濟南，遍訪紳學各界，先後在諮議局、教育總會等處召開談話會，決定成立山東國民分會。江蘇由於工商業、教育業較爲發達，因此，無錫、南通、蘇州、宜興、江都、丹徒、丹陽等地普遍建立了國民分會、商業體操會、體育會、商團體育會一類組織。此外，運動在雲南、廣西、廣東、湖北、直隸等省也有不同程度的反應。

海外華僑積極支持國內反帝運動的發展。三月份，秘魯僑商何賀民等致電粤商自治會稱：秘報盛傳瓜分中國，僑民震悼，迄速電覆，並分呈各界。⑲同月，橫濱華僑致電北京資政院及各省諮議局，聲稱「列強無理要求，南北進兵擄擾」，要求「籌策對待救亡」⑳。五月廿八日，橫濱富商張澤廣、繆菊辰、鄧浩輝等人發起召開在日華僑大會，邀請李肇甫、馬伯援、夏重民等參加，呼籲創設國民軍，並募集經費。僑商們表示：「能救中國者，吾輩願生死供養之。」⑧1同月下旬，泗水華僑散佈傳單，主張「有力者出力，有財者出財，聯合各省民團，傾覆惡劣政府」⑧2六月初，泗水書報社發起籌集救亡捐，以之作爲國民軍的後盾⑧3。不少華僑表示：「區區軍費，當竭力相助。」

上述事實說明，只要帝國主義的侵略存在，只要清政府堅持媚外賣國政策，那麼，中國人民的反帝愛國運動就必然是不可阻遏的。在拒英、拒法、拒俄運動之後不久，保路運動又以更大的規模爆發，並且迅速演變爲推翻清王朝的全國性武裝起義。

五、同盟會在運動中的作用及其鬥爭策略

同盟會領導層在一九〇七年春夏之後，即處於嚴重的分裂狀態。孫中山長期對東京同盟會本部灰心失望，並一度產生過拋棄同盟會，另建新黨的打算⑧4。這種情況到一九一〇年冬才有所改變。當年六月，孫中山經檀香山到日本後，陸續會見了同盟會骨幹。十一月，又命劉揆一復興同盟會本部。自劉揆一被推爲庶務，一批新人進入本部後，同盟會本部的工作出現了轉機。

中國同盟會成立後，專注於發動武裝起義，就其主要方面來說是正確的。但是，忽視合法鬥爭，忽視群眾運動，也是一個重要的缺點。當一九一一年拒英、拒法、拒俄運動發生、發展

時，孫中山正在美國，一心一意為籌備中的武裝起義募集經費。他既對國內情況隔膜，又懷疑群眾熱情的持久性。曾經有人向他彙報上海敢死團的情況，但他卻絲毫不感興趣，聲稱：「上海之發生團體向無能堅持長久者，料此團亦不能免蹈此弊。」⑧⁵當然，不能認為孫中山的批評完全沒有道理，但也必須指出，孫中山不懂得將群眾的熱情鼓舞起來，使之堅持下去，正是革命政黨的任務；軍事起義必須與群眾運動相結合，才能波起浪湧，相互促進。和孫中山一樣，黃興也未能對運動給予應有的關注。如曾經有人建議，革命黨應利用人們反對英軍佔領片馬的愛國情緒，在雲南發動起義，但黃興由於顧慮會引起國際糾紛，決意將起義改在廣州發動。⑧⁶起義失敗後，他為復仇主義情緒所支配，力主以個人之力進行暗殺，仍然忽視對運動的領導或指導。

儘管如此，熊樾山、李肇甫、劉揆一、宋教仁、陳其美、沈縵雲、葉惠鈞、劉基炎、陳策、夏重民、孫竹丹、傅夢豪、黃嘉梁、楊大鑄、蔣洗凡、蕭德明、王葆真、袁麟閣、陳訓正、褚輔成等一批同盟會員仍然積極參與並領導了運動。他們不僅在各類組織、各類活動中發揮了骨幹作用，而且善於利用合法鬥爭，團結盟友，表現出一定的鬥爭藝術。

辛亥革命前夕，清政府雖然衰朽不堪，但鎮壓革命黨人和革命活動仍然十分堅決。二月廿六日的留學生大會，決議成立國民軍，其後改名國民會，廢棄組織國民軍的提法，這是一項正確的決策。因為既名之為「軍」，則不僅在日本無法活動，在清政府統治下也無法活動。運動中，同盟會沒有公開出面，而是通過國民會這一群眾性組織進行活動。部分激進分子曾經主張拋棄國民會，「以破竹之勢與滿洲政府肉搏」㊇。但是，這一主張沒有得到採納。參加國民會領導的同盟會員們力爭不提出激烈的口號，不超出合法鬥爭所許可的範圍，一切都在愛國主義的旗號下進行。以「留日全體學生公啓」名義發出的《中國危亡警告書》特意加上「聖上御極」、「兩朝聖后，憂國愛民」一類的保護性字眼，參加國民會領導的同盟會員們還力圖說明：「國民會唯一之目的在救國，國爲大家共有，則救之之道須大家努力。」」㊈此外，《哀告同胞書》聲明國民會不提倡革命，歸國代表的活動也規定爲不得鼓吹革命。所有這些，都便於爭取廣大的同情者，並使清政府的鎮壓失去有力的藉口。歸國代表們之所以能在國內開展某些活動，這是原因之一。

同盟會的本部設於海外，其活動方式一般爲在海外策劃，在邊疆或沿海地區發動起義。這種「輸入式」的革命便於從海外獲得武器和軍餉，其缺點是難於和國內群眾發生緊密的聯繫，缺少立足生根之地。留日國民會決定將中國國民總會設於上海，在各地設立分會，這就將革命工作的重心從國外轉入國內，從邊疆轉入腹地，從而有利於國內革命運動和群眾運動的發展。後來，同盟會中部總會將本部設於上海，在各地設分會，顯然也出於同一考慮。

同盟會領導的武裝起義，前期著重利用會黨。會黨雖和社會下層聯繫密切，但散漫、落後，易於見利忘義，所以同盟會後期轉而依靠新軍。新軍掌握現代武器，組織性、紀律性強，但因其處在清政府的嚴密控制下，發動不易。在拒英、拒法、拒俄運動中，同盟會員們號召發展商團、民團以至體育會一類組織，這就開闢了新的武裝力量的源泉。商團、民團是一種早已存在的地方自保性的武裝組織，既爲清政府所允許，也易於爲各界所接受。在籌建過程中，同盟會員們又特別說明，其目的在於「爲政府之後援」，「爲國家宣力」，努力以合法的外衣包裹不合法的內容，這就便於爲起義積蓄力量。事實證明，在武昌起義後的各地光復中，上海、福建等地的商團、民團都發揮了重要作用。

諮議局的議員們一般主張君主立憲，維護清王朝，在政治路線上和革命派對立。但是，立憲派又因反對帝國主義侵略，要求挽救民族危機，和革命派有一致之處。運動中，同盟會員們沒有把立憲派和諮議局看成敵對勢力，而是以之爲盟友，利用諮議局進行工作。二月廿六日的留學生全體大會的三個發起人中間，夏重民是同盟會員，胡源彙則是立憲派。會議決定發動各省諮議局參加抗爭。三月三日，雲南諮議局即覆電贊同，聲稱雙方的救亡辦法「名異實同」⑧⑨。其後，留日國民會和各省諮議局之間函電往來，互通聲氣，互相支持。歸國代表們一般也都和諮議局聯繫，在諮議局的贊同下，或以諮議局的名義組織各項活動。諮議局和紳、商、學各界聯繫密切，又是清政府承認的機構，這就爲同盟會員們的活動提供了方便條件。運動中，同盟會員們還注意爭取地方督撫如趙爾巽、增韞等人的支持，從而取得了公開活動的條件。

上海民族資產階級在全國有較大的影響。辛亥革命前，這一階級在各項政治活動中日益活躍。留日國民會注意聯絡上海民族資產階級的頭面人物和各地商界人士，這是正確的。但是中國民族資產階級發展不足，力量微弱，僅僅依靠這一階級決不足以成事。四月廿三日留學生全體大會上，同盟會員夏重民提議發動勞動者反抗清政府，會議並就此作出了相應決議，這就找到了推翻舊制度的真正強大動力。遺憾的是，革命黨人始終未能貫徹這一決議，在辛亥革命的全過程中，他們始終找不到動員和組織勞動者的有效辦法。

在運動中，某些同盟會員還提出了一些很好的主張。例如劉揆一於三月上旬發表的《漢、滿、蒙、回、藏民黨會意見書》，主張「融和漢、滿、蒙、回、藏之民黨。」意見書克服了革命黨人中長期存在的狹隘種族主義思想，強調各民族人民在反對瓜分問題上的一致性。意見書說：「使滿人而知斷送滿洲桑梓地者爲滿洲皇族也，知漢族不強，滿族亦隨而亡也，知非建立共和政府滿漢種族之意見終不能融洽也，吾恐漢人雖不革命，滿人猶當首先排去其皇族而傾倒其政府矣。」意見書提出了在各族人民之間「通氣誼」、「通業學」等計劃，認爲這樣「內可傾倒政府，而建設共和國家，外可鞏固邊疆而抵抗東西強權。」⑽這是革命黨人在認識上的一個大飛躍。

《民立報》是革命黨人在上海的重要宣傳機關。宋教仁、于右任、范光啓等人在該報上發表了大量文字，宣揚愛國主義，爲運動推波助瀾，其中，以宋教仁的作品爲最突出。他先後發表《滇西之禍源篇》、《二百年來之俄患》、《承化寺說》、《現今中國外交形勢論》、《俄人何足畏哉》、《討俄橫議》等文，從世界大勢、邊疆地理、對外交涉等方面立論，說明「對英劃界」、「對俄改約」，是「近日存亡攸關」的大問題。他指責清政府「聾聵成性」、「冥頑不靈」，不知「國際政局推移變化之理」，號召國民「急起直追，以自爲計」⑾。他和陳其美等一起，在聯絡上海資產階級、推動商團建設上發揮了重要作用。

同盟會成立後，在鼓吹和實行革命方面取得了巨大成績，但自一九〇七年以後，它的弱點、缺點也已充分暴露，到了不能不變的地步。拒英、拒法、拒俄運動中，參加國民會領導的同盟會員的上述做法就體現了這種轉變；稍後，宋教仁等建立同盟會中部總會也是爲了進行這種轉變。但是，形勢不等人，在同盟會尚未完成這種轉變的時候，武昌起義的炮聲就響起來了。

（原載《中國社會科學院研究生院學報》，一九九一年第五期。）

①《留日学生の辛亥革命》，日本東京青木書店一九八九年版。
②《民立報》，一九一一年二月四日。
③《申報》，一九一一年三月二日。
④《雲南保界會之宣言書》，《帝國日報》，一九一一年三月七日、八日。
⑤《千鈞一髮之雲南》，《帝國日報》，一九一一年三月十三日。
⑥以上引文均見一九一一年三月十三日《帝國日報》。
⑦《議長之救亡電》，《民立報》，一九一一年三月二日。
⑧《神州日報》，一九一一年十一月十二日。
⑨《資政臨時會小產》，《民立報》，一九一一年三月廿一日。
⑩《還說什麼臨時會》，《神州日報》，一九一一年三月廿七日。

⑪《民立報》，一九一一年五月十七日。

⑫《申報》，一九一一年二月廿四日。

⑬《直省諮議局議員聯合會第二屆報告書》，第六至七頁。

⑭《直省諮議局議員聯合會第二屆報告書》，第七一、九五頁。

⑮《直省諮議局議員聯合會第二屆報告書》，第五〇頁。

⑯《片馬事往來電》，《民立報》，一九一一年七月十五日。

⑰《直省諮議局議員聯合會報告書》，第五八頁。

⑱《直省諮議局議員聯合會第二屆報告書》，第一〇一至一〇二頁。

⑲《片馬之爭》，《民立報》一九一一年八月十五日。

⑳《民立報》，一九一一年九月廿九日。

㉑《直省諮議局議員聯合會第二屆報告書》，第八四頁。

㉒中國社會科學院近代史研究所藏：《曲同豐上陸軍部呈》，秘字第二五八號。

㉓《東京留學生大會》，《時報》，一九一一年三月十一日。

㉔《民立報》，一九一一年三月一日。

㉕日本外務省檔案：《清國留學生各省代表者會合ノ件》，一九一一年三月十二日。

㉖《留學生愛國大會補記》，《民立報》，一九一一年三月十二日。

㉗日本外務省檔案：《清國留學生關係雜纂》。

㉘日本外務省檔案：MT16141。

㉙《留日中國國民會臨時哀告內外同胞意見書》，《神州日報》見一九一一年四月六日至十四日。

㉚《留東國民會始末記》，《民立報》，一九一一年三月三十日。

㉛《留日中國國民會近況》，《神州日報》一九一一年三月三十日。

㉜日本外務省檔案：《清國留學生ノ行動》，明治四四年（一九一一）三月廿一日。

㉝日本外務省檔案：《中國國民會總會ノ件》，明治四四年（一九一一）三月廿三日。

㉞《留日中國國民會近況》，《神州日報》，一九一一年三月卅一日。

㉟《中國國民會總會ノ件》。

㊱《留東國民會始末記》，《民立報》，一九一一年三月三十日。

㊲《神州日報》，一九一一年四月六日至十四日。

㊳《民立報》，一九一一年四月廿四日。

㊴《民立報》，一九一一年五月四日。

㊵日本外務省檔案：《清國留學生大會》，明治四四年（一九一一）四月廿三日。

㊶《柏林華學生公電》，《時報》，一九一一年二月廿二日。

㊷《留德學會電》，《神州日報》，一九一一年四月二日。

㊸《留美學生公電》，《民立報》，一九一一年四月四日。

㊹《美洲通信》，《民立報》，一九一一年八月廿三日、九月二日。

㊺中國社會科學院近代史研究所藏：《雲南警告》。
㊻《滇代表通告書》，《帝國日報》，一九一一年八月十四日、十五日。
㊼《時報》，一九一一年三月十日。
㊽《中國保界大會記事》，《時報》，一九一一年三月十二日。
㊾《記全國商團聯合會》，《神州日報》，一九一一年三月十三日。
㊿《神州日報》，一九一一年三月十七日。
51《全國同胞公鑒》，《神州日報》，一九一一年三月十三日。
52《麗麗所觀劇記》，《民立報》，一九一一年三月廿一日至廿二日。
53《商團之風雲大會》，《民立報》，一九一一年四月十日。
54《全國商團聯合會緣起》，《民立報》，一九一一年四月十二至十七日。
55《全國學界聯合會事》，《民立報》，一九一一年四月廿四日。
56《國民會代表記事》，《民立報》，一九一一年四月廿七日。
57《歡迎國民會代表》，《民立報》，一九一一年五月九日。
58《民立報》，一九一一年六月十五日。
59《商團體育開幕記》，《光華日報》，一九一一年八月十九日。
60宣（林白水）：《論上海華商組織義勇隊事》，《時報》，一九一一年三月十日。
61《嗚呼中國人之言論自由權》，《帝國日報》，一九一一年三月十六日。

62 《國民軍乎碰拳匪乎》，《神州日報》，一九一一年三月十八日。

63 《外務部致各督撫英人進兵片馬事報傳失實請解釋電》，《清宣統朝外交史料》卷一九。

64 《汪大燮電告外務部》，《時報》，一九一一年三月十三日。

65 《電報中之國民軍》，《民立報》，一九一一年四月十三日。

66 《時報》，一九一一年二月廿三日。

67 《瑞督飭禁組織國民軍》，《時報》，一九一一年三月十日。

68 《瑞督飭禁組織國民軍》，《時報》，一九一一年三月十日。

69 《保定消息》，《神州日報》，一九一一年三月廿二日。

70 《保界會又將查禁》，《民立報》，一九一一年三月廿二日。

71 《敢死團消息》，《神州日報》，一九一一年三月廿六日。

72 《民立報》，一九一一年五月十二日，《光華日報》，一九一一年七月四日。

73 王葆真：《灤州起義及北方革命運動簡述》，見《辛亥革命回憶錄》（五），第三九八至四〇一頁。

74 《吉林通訊》，《民立報》，一九一一年九月十八日、廿九日。

75 以上引見文日本外務省檔案：《時局ニ関スル神州民間運動模様報告ノ件》，明治四四年（一九一一）三月卅一日。

76 《閩人報告之風雲》，《民立報》，一九一一年三月卅一日。

77 《建言報》剪報，見日本外務省檔案，MT16141,677–688。

78《浙江國民會又盛》，《民立報》，一九一一年六月十一日。

79《秘魯華僑來電》，《時報》，一九一一年三月六日。

80《橫濱公電》，《時報》，一九一一年三月五日。

81《華僑創設國民軍》，《光華日報》，一九一一年六月廿七日。

82《民族思想之發達》，《光華日報》，一九一一年五月廿六日。

83《光華日報》，一九一一年六月七日、七月八日。

84參閱拙作《同盟會的分裂與光復的重建》，見本書第一卷。

85《孫中山全集》第一卷，中華書局一九八一年版，第五二一頁。

86《黃毓英傳》，《南社》第十集。

87日本外務省檔案：《清國留學各省代表者會合ノ件》。

88《國民會代表記事》，《民立報》，一九一一年四月廿七日。

89《雲南公電》，《時報》，一九一一年三月五日。

90日本外務省檔案，MT16141,512–513。

91《現今中國外交形勢論》，《民立報》，一九一一年三月十六日。按，《宋教仁集》對此文及《俄人何足畏哉》均失收。

從「排滿革命」到「聯滿革命」

——讀劉揆一《提供滿漢蒙回藏民黨會意見書》

辛亥革命準備時期有個響亮的口號，叫「排滿革命」，由於滿洲貴族集團對外投降帝國主義，對內實行民族歧視和壓迫政策，頑固地拒絕改革，因此，這一口號贏得了廣泛的社會同情，頗有「一言排滿，舉國同聲」之概。但是，到了辛亥革命前夜，卻出現了「聯滿革命」的主張，其代表作是同盟會會員劉揆一的《漢、滿、蒙、回、藏民黨會創立意見書》，這是個迄今尚未有人論及，但卻值得大書特書的文件。

劉揆一（一八七八—一九五〇），字霖生，湖南湘潭人。一九〇三年留學日本。一九〇四年在長沙與黃興等共同發起組織華興會，一九〇七年在東京加入同盟會，任執行部庶務幹事，代行總理職務。一九一一年三月，因反對俄國侵略伊犁、英國侵佔片馬，東京留學生帶頭掀起反帝救亡運動。在此期間，劉揆一以傳單形式散發了這一文件，原件現存日本外務省檔案館。

該文一開始就說明主旨：「吾人欲挽救今日中國瓜分之局，非改革今日之君主立憲未獲奏功；欲改革今日之君主立憲，非融和漢滿、蒙、回、藏之民黨亦有缺憾。」接著，該文分析了中國面臨的危急形勢，認爲中國只有實行共和，才能挽救危亡，與列強並立於世界。

該文說：

浸假吾人而能傾倒政府，建立共和國家，則新中國之民氣，實足震懾全球，而彼時之德、美諸國，必可與之聯盟，英、法、俄、日之野心，亦必因而退步。

但是，爲什麼革命黨人長期奮鬥而不見效果呢？該文認爲，其原因之一就在於「滿漢民黨種族之見存，未能舉國一致」。該文說：

使漢人、滿人而各知愛國家、愛種族也，則是現今之君主政治，無論其為專制，為立憲，皆不足以救危亡，即無論其為滿人，為漢人，皆當排去之者也；且使滿人而知斷送滿洲桑梓地者為滿洲皇族也，知漢族不強滿族亦隨而亡也，知非建立共和政府，滿漢種族之意見終不能融洽也，吾恐漢人雖不革命，滿人猶當首先排去其皇族而傾倒其政府矣。

劉揆一不是階級論者，他不懂得階級分析。但他能將一般「滿人」和「滿洲皇族」區分開來，認爲漢滿兩族有著共同的利害關係，「滿洲皇族」的賣國政策不僅違背了「漢人」的利益，而且也違背了「滿人」的利益，「滿人」應當「首先排去其皇族而傾倒其政府」，這不能不說是一個相當深刻而正確的見解。

劉揆一進一步指出，在帝國主義的瓜分危機面前，不僅滿漢之間，其他各族之間也應該團結一致，他說：

滿、蒙失，則東北各省不易保全；回、藏失，則西北各省亦難楮捂，是吾人欲保守漢人土地，尤當以保守滿、蒙、回、藏之土地為先務。

他建議，中國各族人民之間廣泛展開交流，在此基礎上組織一個包含各民族的革命政黨——「漢、滿、蒙、回、藏民黨會」，共同進行革命。文章說：

為今之計，刻不容緩，先擇蒙、回、藏人之有知識者，與吾漢人及滿人通其氣誼，通其學業，然後多殖漢人、滿人於蒙、回、藏地，以改良其政俗；多移蒙、回、藏人於腹地，以聯絡其聲援，庶內可傾倒政府，而建設共和國家，外可鞏固邊疆，而抵抗東西強敵，此予提倡漢、滿、蒙、回、藏民黨會之大意也。

文章完全沒有早期革命黨人那種狹隘的種族主義情緒。主張「聯滿」、「聯蒙」、「聯回」、「聯藏」，把中國各族人民都看成是推翻清朝政府的革命力量，這是一個極爲重大的進步，也是這一文獻在辛亥革命史上的價值所在。

（原載《團結報》，一九八八年二月九日。）

何天炯談「三．二九」起義

——讀宮崎滔天家藏書札

關於一九一一年廣州「三．二九」起義的情況，黃興和胡漢民在事後曾致書南洋華僑，作過詳細報告，有關文獻已爲歷史學家所熟知。但是，還有一封何天炯致宮崎滔天的信札，也是談「三．二九」起義的。此信作於一九一一年五月十九日，今存東京宮崎滔天故居，尚未發表過。

何天炯，廣東興寧人，同盟會會員，「三．二九」起義的參加者。該函稱：

此回失敗最大原因，在胡飛卿一人。伊為人私心太重，復意氣用事，且誤用偵探陳某，委以絕大之任務。事發之時，胡復偷生怕死，伊所招募死士一百人，臨時無一人在故也。其次之罪，則為姚雨平（嘉應州人），臨事倉皇，皆由平日所辦之事半真半假，致事變之時，克強獨力難持。

胡飛卿，即胡毅生，胡漢民之弟，「三．二九」起義前任儲備課長，負責購辦並運送武器軍械，他將此事委託給在香港開設頭髮公司的陳鏡波，開始運子彈，均順利運到，因此愈得信任。但不料陳是清政府的偵探，清政府由此得知起義準備情況，作了戒備。三月二十七日（四月五日），兩廣總督張鳴岐和水師提督李准調清軍二營人城，加強市內的防守力量。胡毅生、陳炯明二人因而提議改緩起義日期，並且遣散了原定由胡毅生率領的一百多人的隊伍。姚雨平原任調度課長，負責在清軍中進行策反，他曾向黃興報告，清軍吳宗禹部有不少革命同志，可以依靠，起義有成功把握。但起義時，大部分無反應。本函稱姚「平日所辦之事半真半假」，指此。

該函又稱：

然幸克強所部，人人奮勇向前，致滿兵傷亡，三倍我黨（我軍傷亡及事後被擒者約千人以上）。林時爽君腦部中槍，死於督署門前。東京田野方所住之同志，共死五人，深可傷也。克強君手負傷，三指切斷，不日可以全愈矣。但此事乞閣下暫時保密，以刻下滿洲政府以為克強已死，今若驟然發佈，則東京偵探必告知滿廷故也。趙聲君於昨日病死，皆由事敗後血熱氣鬱，致生腸疾亡。嗚呼！吾黨又弱一個矣。

起義原定十路同時發動，但因留在廣州的革命黨人已大爲減少，臨時改爲四路：黃興攻兩廣總督衙門；姚雨平攻小北門，迎接城外新軍人城；陳炯明攻巡警教練所；胡毅生守大南門。但屆時姚、陳、胡三路都沒有發動，只有黃興一路孤軍奮戰。林時爽，即林文，他熱烈支持黃興的起義計劃，曾慷慨表示：「克強既決志，吾人攏在一起同拼命耳！」在撤出總督衙門時，因向清軍喊話，中彈犧牲。黃興則在右手被擊斷三指後，仍然以斷指射擊，率隊衝殺。其他人也都表現得十分英勇。本函所述個別情節，如傷亡及事後被擒人數雖不準確，但稱「克強所部，人人奮勇」，則是事實。該函繼稱：

> 此回事雖失敗，然不失名譽，故將來對外洋同志，仍可籌款。惟克強此刻，十分憤激，深恨同志之誤事，故欲不預聞大局之事，而行個人實行之事，故刻下同人多方勸慰，尚未氣平耳。

「三．二九」起義得到海外華僑的支持，先後從南洋、美洲等地募得經費十餘萬元，黃興之所以明知條件不利而堅持起義，其原因就在於不願失信於慷慨捐輸的愛國僑胞。「三．二九」起義中，革命黨人以大無畏的精神和必死的決心如期發難，保持了信譽，因此，何天炯對以後的「籌款」工作，仍持樂觀態度。當時，黃興在香港閉門謝客，準備犧牲個人生命，行刺李准，爲烈士復仇，同志紛紛勸阻，有人並表示，願代替黃興行事。本函稱：「同志多方勸慰」，雖僅寥寥一語，但卻反映出當時革命黨人之間高尚而溫暖的情誼。

函末附筆稱：

吳君永珊及熊君月珊俱於昨日出帆，向貴國進行，屆時情形必能面述。

吳永珊，即吳玉章，也是「三·二九」起義的參加者。這一附筆對研究吳玉章的生平活動當不無裨益。

（原載《團結報》，一九八八年三月廿九日。）

為有炮聲動地來——清末報紙對武昌起義的反應

八十年前，黃鶴樓側一聲炮響，立即震動了中國大地，各報紛紛以之爲頭條新聞發表消息和評論。由於辦報人的觀點、態度、識見彼此相異，因此，對這次起義的反應也就各不相同。八十年過去了，重新檢讀當時的報紙，會獲得不少饒有意味的啓迪。

《民立報》

一九一〇年十月十一日創刊於上海。前身是《民呼報》、《民吁報》。創辦人爲于右任。它是革命黨人在上海的重要宣傳機關。十月十二日（八月二十一日），該報在第二版專電欄內共刊出起義消息十一條，茲錄其主要者如下：

◎十九日武昌兵變，聞有革黨乘勢起事，武漢間交通已斷。（二十日漢口電）

◎省城變起，聞因十八晚有黨人三名，身服陸軍制服，被統帶疑有不軌，捕解督署，立時正法，軍隊及黨人之在城內者遂即起事，以炸彈拋擲督署。聞督署及財政局、電報局均已被毀。護衛兵出而彈壓，相搏甚猛烈。瑞督已不知所往。（同上）

◎武昌亂事，黨人宣佈並不排斥外人。各國軍艦停泊漢口，共有五艘，均未行動。各教士、旅客亦無驚恐者。（同上）

◎十九日漢口俄租界中先發見炸彈忽然爆烈，即查有革黨起事謀畫，此信即傳至武昌，嚴行搜捕，連拿三十餘人，半係兵士，且將中三人正法，因激成大變，不可制止。正在轟鬧之時，忽報有人以炸彈三枚拋擲督署，各衙及電局同時起火，聞武昌城外營房亦皆被焚（同上）

根據武漢地區革命組織共進會、文學社聯合大會的決定，起義原定十月六日（中秋節）舉行，由於湖廣總督瑞澂已有戒備，起義總指揮部決定改期於十月十一日（八月二十日）起事。但十月九日（八月十八日）中午，共進會負責人孫武在漢口俄租界寶善里十四號機關裝配炸彈，不慎爆炸，多人牽連被捕。十月十日（八月十九日）晨，彭楚藩、劉復基、楊宏勝三人被害。當晚，工程第八營響起了第一槍，起義全面爆發。十月十一日（八月二十日），起義軍攻佔督署，瑞澂逃往楚豫兵艦，第八鎮統制張彪逃往漢口，《民立報》的上述報導雖然簡略，但除少數情節有誤外，大體正確。

十月十三日，于右任以騷心爲筆名撰寫了《長江上游之血水》的短論。文云：

秋風起兮馬肥，兵刃接兮血飛。蜀鵑啼血兮鬼哭神愁，黃鶴樓頭兮忽豎革命旗。噫！

長江上下游，七、八月間真多事哉！吾其歌乎？吾其哭乎！

又云：

> 嗚呼！蜀江潮接漢江潮，波浪彌天矣！吾昨日登吳淞江口，而俯視長流滾滾者皆血水也。此三日間天地為之變色矣！噫！
>
> 革命黨者，萬惡政府下之產兒，故有倒行逆施之政府，欲求天下不亂而不得。何也？製造革命黨也。
>
> 天乎！天乎！誰為禍首，使天下糜爛至此，政府尚不自罪！

武昌起義使于右任喜悅萬分，透過字裏行間，我們也彷彿可以看到他那顆怦然跳動的心。但是，上海當時還處在清政府的統治之下，因此，于右任的這篇文章又有寫得含蓄的一面。它主要指責清政府，而沒有直接表示支持革命。

十四日，《民立報》刊出署名漁父（宋教仁）的社論《交戰時之中立論》，歡呼「外國竟承認革命軍為交戰團體矣，竟為革命軍守中立矣」，同時，刊出黎元洪小照，支持革命的態度更趨明朗化。不僅如此，它還在專電欄刊出倫敦、東京兩地「關於中國變亂的要電」：《泰晤士報》稱：「中國全國人民皆深藏反對不良政治之志，此次流血，實於中國救亡之前途大有裨益。」東京各報稱：「此次湖北革命軍舉事之得機，進行敏捷，並稱其嚴行軍律，不擾害外人生命財產，保護人民治安，深合文明舉動，其程度實在土爾其、墨西哥之上」。在「中國變亂」的標題下，借外報之口宣傳武昌起義的正義愛國性質和「文明」程度之高，具見編者的匠心與苦心。

《時報》

一九〇四年六月十二日創刊於上海，創辦人為狄葆賢，該報最初接受康有為、梁啟超資助，但言論並不盡為康梁所滿意。從主要方面看，它是江浙立憲派的喉舌。武昌起義，對於該報說來，頗有事出意料之感。因為十月十一日，它還發表文章，批評清政府湖北當局「疑心生鬼，庸人自擾」，但是起義畢竟發生了。十月十二日，該報發表了一組「專電」，其主要者為：

◎湖北革命黨聯合第八鎮新軍，昨晚（十九夜）起事，向督署圍攻，拋擲炸彈，全署被毀。瑞督保衛隊保護出城，不至遇難，現移駐楚豫兵輪（二十日午刻漢口專電）

◎先是革黨在武漢密謀舉事，數月前勾通軍隊，輸運軍械，種種佈置，本定於四月間與廣州同時回應，嗣因廣州失敗，鄂防嚴密，故暫靜伏。此次川亂，鄂軍紛調入川，省城空虛，故乘機起事。初定十五日，繼又改期十八，擬圍攻督署，旋為英、法、德領事偵悉，密向瑞督告變，十八日下午遂下令閉城搜拿，先在小朝街拿獲三十餘人，內有女黨二名，並搜出炸彈多枚，訊明首要三人，先行正法。次日仍閉城查搜，革黨見謀已泄，故即於是日下午起事。（二十日戌刻漢口專電）

《時報》是大報館，它在漢口有記者，所以能從十月十一日午刻至亥刻不斷發電。它所發的消息，也大體正確。

當日，該報發表了署名「冷」的時評——《意料之外》，文云：

德法不交戰而意土交戰，出人意料之外；湘粵不抗路而四川抗路，出人意料之外；成都不失守而武昌失守，尤出人意料之外；廣州不失守而武昌失守，更出人意料之外。嗚呼，自今以往，出人意料之事，豈第止此哉！然而政府則猶夢夢！

冷，即《時報》主筆陳冷血。它的這篇時評寫出了武昌起義給予人們的巨大震動，作者並預言，「出人意料之事」將不斷發生，表現了一個報人的特殊敏感。次日，作者再次發表題爲《黃興與蔭昌》的時評，文云：

武昌失守，漢陽又危，革命軍既有兵隊，又有軍械，與政府儼然有對峙之勢矣，而政府亦以對峙相待，命陸軍大臣統近畿軍隊乘車而下，相見於江漢之間。是役也，南北戰歟？人民與政府戰歟？革命與專制戰歟？其勝其敗，勢將大異。

本文以提問的形式指出了戰爭的性質，並且預言它的勝敗將深刻地影響中國大局。作爲江浙立憲派的喉舌，《時報》不贊成武昌起義。十月十三日，它曾發表社論，要求清政府懲辦主張鐵路國有的盛宣懷等人以挽回民心，消弭革命。但是，江浙立憲派在四次國會請願運動均遭鎮壓，特別是清政府組成皇族內閣之後，又有同情革命的一面，因此該報十月十四日起特闢專欄，報導武昌和各地起義情況，透露了這個政治派別向革命轉化的趨勢。

《申報》

一八七二年創刊於上海，最初創辦人爲外商，一九〇六年歸席子佩所有，它的政治態度較保守。十月十二日，該報在專電欄以《武昌失守》爲題發表了一組電訊，其主要者爲：

◎鄂垣節前即傳革黨起事，初定十六日，因嚴防未得逞，旋改十八日，又為密探偵悉，捕獲革黨二十餘人，起出炸藥數十箱。黨人知事敗，十九日即約同新軍倉卒起事，城中兵單遂失守。

◎鄂省城內新軍全行叛變，前日調防督署之馬步工兵各一隊，於轟攻督署時倒戈而起，與署內防兵力戰，旋將防兵擊逃，署亦焚毀。

◎革黨轟攻各署，傳係黃興為首，各黨人均猛勇力前，雖死弗卻。

《申報》所發消息，雖然是客觀報導，但「未得逞」、「全行叛變」等字樣仍然表達了該報的立場。值得指出的是，該報有聞必發，並不純以編者喜惡決定去取。有些消息，如「各黨人均猛勇力前，雖死弗卻」，倒正確地反映了革命黨人的英勇無畏精神。

該報當日尚有《記本埠驚聞武昌失守情形》一文，陳述該報對該項消息由懷疑到相信的經過，頗堪一讀。中云：該報十月十一日上午十一點接湖北省訪員來電，僅「武昌失守」四字。該報不敢發表。下午上海「紛紛傳說」，該報「以此事關係甚巨」，發電湖北訪員詢問詳情，但漢口商電已禁阻不通。當晚十二點，該報又接到湖北訪員來電數則，這才相信消息確實。文末該報編輯感慨說：

嗚呼！川亂未已，鄂亂又起，何今日禍變之多耶！夫春間粵亂猶在沿海，此次川亂偏於西隅，今則革黨勢力已蔓延於長江流域矣！其情形之危，更非川、粵亂可比。因紀昨日本埠紛擾情形於此，願當道者速有以敉平之也。

《申報》雖然反對革命，但是該報還是有眼光的。它看出此次事變發生在中國腹心地區，因此遠非「粵亂」、「川亂」可比。當然，它完全沒有想到，「當道者」再也無法「敉平」了。十月十三日，該報以《武昌革命》爲題，發表署名「無名」的評論說：

省城陷，總督走，督署毀，張彪傷，武昌之革命已成為一發難收之勢，此其事為革命黨舉事以來最為成功之事。

本文不稱「叛變」，而稱「革命」，顯示了作者對革命黨人有一定的理解和同情。自一八九五年廣州之役以來，革命黨的多次軍事行動都失敗了，武昌起義一開始就氣勢不凡，因此，作者譽爲「革命黨舉事以來最爲成功之事」。文章接著分析四川和廣東、湖南等地的情況，認爲必將聯袂而起。文章說：「滿地亂機，如散炸藥，今復動以武昌之變，安有不受燃而火發者！」這一估計，迅速爲歷史的發展所證明。

十三日，《申報》在專電欄內刊載了革命黨人一通告示的「大旨」，文稱：

凡有藏匿官員或傷害外人，或欺侮商民，或阻礙商務，或屠殺人民，或焚擊漢口外國義勇軍者，均須梟首；凡有接濟革黨糧食、軍火，或保護漢口外國租界及外國教堂，或以敵人行動報告革黨者，均有酬賞。下署黃帝四六〇九年八月某日。

這通告示譯自外文，所以已經失去原文風格，但它卻是通過新聞媒介最早公之於世的湖北革命黨人文件。

《大公報》

一九〇二年六月十七日創刊於天津。創辦人爲滿族人英斂之。該報主張愛國維新，實行君主立憲，反對革命共和。十月十三日，該報在「要聞」欄內，以《武昌革黨起事之警電》爲題，發表了瑞澂致內閣、軍諮部、陸軍部請代奏的電報，在「諭旨」欄內發表了攝政王代擬的「上諭」，指責瑞澂「毫無防範，預爲佈置，竟至禍機猝發，省城失陷」，命其「戴罪圖功」。同日發表署名無妄的《閒評》說：

> 粤亂甫平，川亂旋起；川亂未已，鄂亂又生。亂機之伏，幾如遍地火星，隨處可以觸發。「我瞻四方，蹙蹙靡所騁。」其今日之謂歟！

《大公報》的政治態度也較保守，因此，黃花崗起義、保路運動、武昌起義一概被視之爲「亂」，但它指出當時中國的形勢：「幾如遍地火星，隨處可以觸發」，這和《申報》的估計如出一轍，說明有識者已經普遍感到了一場風暴的來臨。

十四日，該報以《武昌亂事近聞一束》爲題刊發了一組消息，其較重要者有：

◎茲聞當工程營兵變時，張彪督隊開槍，其將士竟無應者。

◎又聞漢口昨日又有警報到京，略謂漢陽兵隊又與匪黨聯合，鐵工各廠已被佔據，該匪黨竟敢照會駐漢各領事並張貼告示，謂不害商民，不擾外人，違令者斬。

◎又聞此次謀亂之鄂軍，實係步隊二標、炮隊一標、工隊一隊，共有六千人。現馬隊、輜重隊恐難免慫恿通氣。叛軍佔據省垣後，兵械、倉棧、工廠，均在握中，叛軍炮隊，炮數略有一百餘尊，其中內一營係山炮，故槍械子彈極為豐富。

◎又聞革命領袖即籍隸湖南之黃興。黃興者，革命中最激烈之人物，粵滇舉事皆其主謀。本年攻擊粵督衙署，敗後逃至新嘉坡，募捐軍餉，再到上海，來往滬漢之間專務鼓勵同志、黨員。

在上述各項消息中，除一處稱「革黨」外，其他均移「革匪」、「匪黨」，可見該報的政治立場，亦可見北方高壓的嚴重。値得指出的是該報將黃興視爲武昌起義的領導者，除了因黃興領導黃花崗起義聲名顯赫外，也和武昌文學社、共進會的負責人長期埋頭苦幹不爲人知有關。

武昌起義後，清政府迅速決定命正在永平秋操的第四鎮統制王遇甲率二、四兩鎮新軍各一部星夜赴援，命陸軍大臣蔭昌迅速趕赴湖北指揮各軍撲滅起義，又命海軍提督薩鎮冰率領海軍和長江水師開赴武漢江面配合。《大公報》不贊成清政府的這些「以殺示威」的做法，於同日發表文章，要求清政府「幡然悔悟，實力改革，與國民相見以誠」，認為這樣才可以「奪去革命之標幟，而彌天大禍可或挽回。」

當日《大公報》有《京師戒嚴之所聞》一文，可見清政府張皇失措的狀況。文稱：

> 日昨政府以武昌失守，革黨勢甚洶湧，京師不得不先事預防，業經擬定數則：（一）責成民政、郵傳兩部對於京漢、京奉等火車，須嚴行取締偵查。（一）責成郵部對於外省到京電報信件如稍可疑即予扣留。（一）責成民部通飭各區警兵一律荷槍守望，遇有形跡可疑之人須嚴加盤問。（一）責成學部嚴密調查此次遊學生以及各省到京復試學生身家履歷，試畢即行出京，各回本籍。（一）責成軍咨府、陸軍部對於駐紮近畿陸軍嚴防暴動。以上各條辦法，當即分飭遵辦。

《盛京時報》

一九〇六年十月十八日創刊於奉天（今瀋陽）。創辦人為日本人中山島真雄。十月十四日，該報在《中外要電》欄內刊出了有關消息。一為《武昌叛亂志詳》，文稱：

據漢口來電，十九日傍晚，革命黨約三百人潛伏武昌，突襲督署，並隨處縱火，督署及藩司署均被燼。瑞莘帥及岑西林均逃漢口，或謂瑞莘帥避難軍艦。湖北新軍勾通革黨，經瑞督調遣，抗不應命。軍營秩序壞亂，統制張彪聞為部下兵弁之所槍斃。

一為《武昌叛亂續報》，發表消息十三則，均為自上海，茲錄其數則：

◎湖北新軍之叛亂者計炮隊二營、步隊一營及工程、輜重等隊，尚有官軍仍留武昌者，現已一併加入革命軍矣。

◎督署已被焚去，藩司亦被搗毀，所有庫藏盡為匪黨劫奪，現省城全為革軍之所佔據。

◎革命軍先鋒計五千人，現向漢陽猛攻。佔據漢陽鐵工廠，而漢陽遂失守。

在上述各條消息中，除一處稱「匪黨」外，其餘均稱「革命軍」，當與消息來源有關。該報當日中外要電中還有一條《孫文在滬消息》，文云：「傳聞革命領袖孫文潛在上海，現擬在某處相機起事，（上海）。」消息雖不準確，但卻說明了孫中山的影響。

除報導有關消息外，該報第一版以顯著地位發表了題為《論武昌失守事》的論說。論文首先說明武昌失守，並非「兵變」，而是革命黨「混跡於各軍隊中，因而乘機以起事」；接著說明，革黨的勢力有增無減，失敗一次，增加一次，決不可能一撲即滅。論文的主旨在督促清政府真正實行立憲，它說：

> 革命之勢方彌滿若是，求所以消弭之者，蓋惟促憲政之進行，須不復蒙飾假面具以欺惑人民，則亦其要事也。若事事求勝乎吾民，一切措施，又率反吾民之所欲，則人民傾向於革命之意思多，少數之效忠盡順，又復何能為狂瀾之挽也乎？

該文要求清政府「不復蒙飾假面具以欺惑人民」，可見清政府的所謂「預備立憲」云云，早已信用掃地，沒有什麼人當真了！

《正宗愛國報》

一九〇六年十一月十六日創刊於北京。創辦事人丁國珍。該報以尊君、尊孔、尚實、提倡公益、勸學、勸工爲宗旨，「淨用白話」。由於處於清王朝的輦轂之地，因而對武昌起義的報導極其謹慎。十月十二日，它在「電奏」欄內刊登了瑞澂十月十日致內閣、軍咨府，陸軍部的電報，在「宮門抄」、「電旨」欄內刊登了十月十一日的「上諭」。除此之外，別無反應。十月十三日，它在《國事要聞》欄內刊發了題爲《武昌失守之警聞》的報導，文云：

本報昨天所登湖廣總督電奏，聞係十九日午前所發，樞府察閱來電，有「弭患於初萌，定亂於俄頃」等語，深為慶幸。故二十日上諭，慰勉甚厚。不料是日忽得武昌失守消息，謂十九日下午，武昌突有大幫匪徒，撲攻省城各署，所有駐省工程營，輜重隊等新軍，率皆叛附匪黨。總督瑞澂，經警隊保護出署，當晚即乘兵船，逃往漢口。

又一消息。昨日上午，樞府接到鄂督自漢口來電，係十九日晚發，報告此事情形甚詳，末言身在疆吏，不敢以一死塞責，不得已暫駐漢口，擬收集散軍，力圖恢復。惟現僅警隊百餘名可資心腹，此外新軍，不敢謂人人通匪，亦不敢謂人人可用，迄速調派北洋勁旅數營來漢，藉供調遣等語。

上述報導，基本上根據清政府方面的官方文件，但是「大幫匪徒」、「率皆叛附匪黨」云云，卻相當真實地反映出革命黨人的巨大聲勢，瑞澂所稱「僅警隊百餘名可資心腹」等語更突出地反映了這位總督的狼狽處境。

同日，該報還在《本京要聞》欄內以《警廳注重治安》爲題報導云：

內外廳丞因武昌革黨暴動，京城地區亟應先事預防，以保治安，日昨特頒緊急訓令，通飭各警區一律遵守，誌其大略於下：（一）各區巡警一律帶槍守望，應用槍子，有無缺少，隨時稟請頒給。（一）各區添設馬巡，嚴密梭緝。（一）各區界內王大臣府等添設守衛。（一）各府等出入隨從，均須懸掛腰牌，巡警得以隨時稽查。（一）添派馬巡，應給薪水一律加倍。

此項報導亦可見當日清政府張皇失措的情形。

在此之後，該報關於武昌起義的報導突然中斷，其原因，在於清政府下令「暫緩登載」。十月十五日該報刊登「示諭」云：

外城巡警總廳本月廿二日奉民政部劄開，准陸軍部咨開，聞查鄂省近有匪徒滋事，意圖倡亂，現已派兵剿辦，京師五方雜處，誠恐無知愚民散佈謠言，希冀煽惑，應即嚴加防範，以鎮人心，相應咨行查照，預為防範，為希傳知在京各報館，關於此次鄂省匪徒倡亂情事，暫緩登載等因到部，劄飭遵照，仰即遵照，暫緩登載可也。切切此諭。

俗話說，紙裹包不住火。清政府的「上諭」「電奏」等官方文件已經首先洩露了秘密。當時，郵電、新聞等行業又已經粗具規模，巡警總廳的老爺們以爲一紙「示諭」就可以遮住天下人的耳目，真是愚蠢得可以。革命的雷霆之聲豈是捂得住的呢！

（原載台灣《歷史月刊》，一九九一年第十期。）

湯化龍密電辨訛

一

湯化龍是清末資產階級立憲派的頭面人物，曾任湖北諮議局長、各省諮議局聯會主席。武昌起義後，出任湖北軍政府總參議、秘書、政事部長等職。多年來，不少史學著作都把他定爲兩面派，是一項重大反革命密謀的參與者①。其根據是：他一面參加湖北軍政府，表示擁護革命，另一面又串連多人，秘密打電報給清政府，表示盡忠，陰謀推翻革命政權。由於這一事件不僅關係到湯化龍這個歷史人物的評價，關係到對清末立憲派的認識，也關係到如何正確地分析湖北軍政府的內部鬥爭，因而，不得不作一番認真的考察。

湯化龍等密電清廷一事在武昌起義後不久即開始流傳，但見之於文字記載則較晚，胡祖舜《六十談往》一書說：

據其文案之同鄉人林某，於民國二十八年，在四川北碚東陽鎮語余及李翊東曰：「當日逢時、連甲，曾密集諮議局議長湯化龍、武昌謙記土莊經理李國鏞（號玉珊，沔陽人，人咸呼為李老闆者），並自稱黎元洪代表之蔡登高（自稱南洋某中學投效者）、張振標（張彪弁目）等（時此數人已附革命軍，出入於軍政府），開會數次，意圖剿滅革命軍，曾聯電清廷請兵，謂元洪係脅迫而出，其電文即由化龍起草。」此其密謀，世人鮮有知者。②

這一段記載很具體，涉及者除湯化龍外，有清八省膏捐大臣柯逢時、湖北布政使連甲、鴉片商李鏞、黎元洪代表蔡登高、清軍第八鎮統制張彪的弁目張振標等，共六人。情況的提供者則是柯逢時文案的同鄉林某，是他親自對胡祖舜和李翊東講的。胡祖舜並說：蔡登高、張振標利用在黎元洪身邊伺候的機會，暗中勾結原工程第八營後隊排長、軍政府衛隊司令方定國，陰謀叛亂。十月十四日傍晚，有大漢持燈來，以紙條匆匆交給方定國，方閱後立即撕碎咽下。事爲當時任軍政府敍賞長的李翊東發覺，即時逮捕方定國。經審問，供出與蔡登高、張振標同謀。結果，三人被槍決。連甲因事敗，央求林某帶領，於十月十六日夜自武昌漢陽門縋城逃出。③李翊東是和胡祖舜同時聽林某談話的人。他回憶說：

柯逢時（膏捐局督辦大臣）與黎元洪暗通消息，陰謀反動，如果事情成功，由柯代黎向清政府講情；如果事情失敗，由黎庇護柯逢時。當時湯化龍（諮議局議長）、連甲（藩台）、馬吉樟（臬台）幾個人在柯家聚會，由湯代連甲擬電稿，大意是：「鄂軍變，總督不知去向，請速派大軍南下，並另委總督。」此電由林敬之（此人現尚在重慶行醫）發出，又由連甲乘夜越城到河南請兵。④

這一段回憶與胡祖舜的記述大體相同，不少地方進一步具體化了。如：有了聚議地點——柯逢時家；參與密謀的又多了一個人——提法使馬吉樟；湯化龍起草的電報有了具體內容；文案的同鄉林某名叫敬之，電報就是他發出的。李翊東還有另一段回憶，又進一步補充了若干細節：電報是打給清政府軍機處的，「化龍主稿，逢時領銜」，電文為「鄂軍變，督撫、統制不知下落，黎元洪暫帶鄂軍，請速派大軍南下，以平此變。」除電報外，還有一個條陳，要求清政府大赦黨人，以漢人為總督，請以陳夔龍復任，總督湖廣，黎元洪升統制等。李翊東並指出，連甲躲在柯逢時家，是半夜改裝易服，由林靜〔敬〕之引導，自平湖門縋城而出的。⑤

在胡祖舜、李翊東之外，章裕昆也談及此事。他說：

湖北省諮議局長湯化龍，當起義之夕，匿不敢出；至二十日知瑞澂、張彪已逃，革命軍搶佔武昌並擁出黎元洪，遂乘機而與革命黨周旋。又慮其不穩，乃於軍事未定之際潛往六省煙膏督辦署，向督辦柯逢時借用密電碼，電告清廷，謂湖北全軍兵變，化龍決不從逆云云。首鼠兩端，可恥孰甚！⑥

章裕昆的這段記載較爲簡略，只補充了一個細節，密電碼是向柯逢時借用的。

上述記載，雖有相互齟齬之處，有些情節也有明顯的破綻，例如：李國鏞，作爲一個鴉片商人，有什麼必要邀請他到會？張振標，只是張彪的弁目，又有什麼資格能和「大人物」們並列？但有關人士言之鑿鑿，因此，不少研究辛亥革命的史家均深信不疑，視爲可靠的史料。但是，筆者經過考察，覺得有關說法純係訛傳，並不可信。

二

胡祖舜、李翊東的回憶都涉及連甲。在傳說中，他是柯宅反革命密謀的核心人物，密電的聯名者，又是越城請兵的使者。他在武昌起義之後的活動日程是怎樣的呢？

連甲十月廿一日《致內閣總、協理大臣電》云：

竊連甲自八月初一日到湖北藩司任，至十九日（十月十日——筆者）即遭兵變，守庫護勇，僅念八名，督率竭力守禦。匪用大炮轟毀頭二門，幸大堂先備有土袋垛積，得以隱身抵禦，槍斃悍匪多人。奈子彈告罄，電話又斷，相持至曉，藩署攻破，不得已避至署後土膏大臣柯逢時宅，探得瑞督院（指湖廣總督瑞澂——筆者）已登兵輪，當恐印信有失，交與柯逢時敬謹收存，追出城外，奔赴兵輪，協圖恢復。蒙瑞督院飭委，督辦糧台。⑦

這封電報告訴我們，十月十日夜革命黨人起義之後，連甲曾督率士兵守護布政使衙門和倉庫，一直打到十一日早晨，衙門被攻破，隨即躲到近旁的柯逢時家。在那裏，打聽到總督瑞澂已經逃到長江兵輪上，連甲即將布政使的大印交給柯逢時保存，然後追出城外，奔赴瑞澂乘坐的兵輪，被委任爲「糧台」，督辦糧草軍需。電報沒有說清逃離武昌的具體時間，但這是可以查考的。《歐陽萼致袁世凱書》云：

> 方伯困在危城，二十日之夕，始由柯紳逢時令其喬裝，遣人護送潛出。⑧

方伯，明、清時代對布政使的美稱，這裏即指連甲。二十日，即陽曆十月十一日。信中說，連甲是聽了柯逢時的話，「喬裝」打扮，被人護送偷偷地出城的。這與胡祖舜、李翊東所說，連甲半夜改裝易服，由林敬之帶領，縋城而出是一致的。

又，《瑞澂等報告武昌失守請派援兵電》云：

> 湖北布政使連甲、提學司王壽彭、交涉使施炳燮、巡警道王履康，均已微服出城。⑨

微服，也就是「喬裝」的意思。本電發於十月十二日。兩相印照，可證連甲在十月十一日夜已經逃離武昌。胡祖舜定爲十月十六日是錯誤的。如果湯化龍、柯逢時、連甲、李國鏞、馬吉樟、蔡登高、張振標等確有一次聚會，那末，只能在十一日晨至當夜連甲縋城而出之前。這一天上午，湯化龍先是在家中接待來邀的革命黨人代表，後是應邀至諮議局討論推舉都督，成立湖北軍政府的問題，下午，仍在諮議局討論各項進行策略，⑩根本沒有時間到柯逢時家參與密謀。如果是在當夜，湯化龍是有時間了，但一下子串連六、七個人也很不容易。武昌起義的槍聲剛剛停息，柯逢時們要摸清彼此的政治態度需要時間，當天晚上就召集這樣的反革命黑會，怎麼可能呢？而且，軍政府剛剛成立半天，黎元洪就能與柯逢時「暗通消息」，並有一「代表」蔡登高參加會議，這也是很難想像的。

在十月十一日至十二日之間，連甲確有一封電報打給清朝政府，全文云：

> 內閣王爺中堂鈞鑒：鄂垣內外兵士倒戈，甲隻身困守，命懸須臾。盼救。火速。連甲。⑪

文內說：「隻身困守，命懸須臾」，既不是在布政使衙門督率士兵拒守時的口氣，也不可能是逃離武昌之後的產物。連甲在布政使衙門被攻破後就逃到了柯逢時家，顯然，這是在柯宅惶急無措時草擬的。本電末署發報日期，清政府的收報日期是十月十二日。護送連甲出城的林敬之曾自述發過一封密電，那末，本電的發出者應該就是他。值得注意的是，這封電報的署名人只有一個連甲，足證所謂六、七人密謀並聯電，「化龍主稿，逢時領銜」之說，完全不可靠。而且，這樣小小的一份電報，連甲又有什麼必要借手於他人呢？

上引《瑞澂等報告武昌失守請派援兵電》又云：

> 刻由匪黨與湖北諮議局公推原派混成協統領黎元洪為首，並由議員為之主謀，安民告示即用鄂省大都督稱，並懸白旗，上書興漢滅滿，懸賞拿官字樣。⑫

此電特別說明，黎元洪係「匪黨與湖北諮議局公推」，「並由議員爲之主謀」。瑞澂發這封電報時，連甲已經「微服出城」，並且顯然已經到了瑞澂身邊，他當然會向瑞澂報告自己在武昌的活動情況。如果作爲諮議局議長，又參加了「公推」黎元洪的軍政府成立會的湯化龍確曾和連甲有過密謀，並聯名發電，那末，瑞澂這裏怎麼會狠咬「諮議局」及其「議員」們一口？

連甲後來還有一份呈文遞給受清廷之命，主持湖北軍務的袁世凱，內容、文字與前引《致內閣總、協理大臣電》大體相同，自述在柯宅的一段則較爲詳細，中云：

> 相持至黎明，藩署始被攻破。復擬赴督署，為亂兵所阻。繞至統捐大臣柯逢時宅，正在懸賞募人通信。適探瑞督已登兵輪，柯大臣即囑趨赴舟次，同謀恢復。又恐印信有失，

交由柯大臣敬謹收存。連甲間道出城，奔赴兵輪，稟商一切。⑬

這份材料說明了，在連甲逃到柯宅之後，柯逢時先是「懸賞募人通信」，後又探得「瑞督已登兵輪」，再又囑連甲「趨赴舟次，同謀恢復」，二人之間確有密謀。但是，這份呈文連同前引《致內閣總、協理大臣電》都絕口未提召集湯化龍、李國鏞、馬吉樟、蔡登高、張振標密謀並聯名發電事，這當然不會是疏忽。第一，有湯化龍這樣身分的人物打入湖北軍政府，這是最重要的軍事情報；第二，連甲是管理湖北財政、民政的大吏，「庫儲失陷，究屬罪有應得」。⑭如果確有其事，他當然會向清政府和袁世凱報告，藉以邀功抵罪。試看他在電文中如何自述「竭力守禦」，「槍斃悍匪多人」即可以明白其心理。但是，在柯宅的經歷，卻只提了柯逢時一人。這就說明，在十月十一日上午至當夜，根本不曾有過傳說中的那樣一次反革命密謀會。至於所謂「開會數次」，更加不可能。以後，連甲即受瑞澂委託，「督辦糧台」，也不曾潛入武昌，和柯逢時、湯化龍等有過什麼串連。

三

至此，連甲、湯化龍之間不曾有過什麼密謀，這一點已經很清楚了。但是，還存在著一種可能：會不會是湯化龍、柯逢時、李國鏞等人之間有過密謀，而誤傳爲連甲在內呢？這就必須進一步考察湯化龍等人在革命前後的情況和政治態度了。

作爲君主立憲派，湯化龍不贊成革命。但是，人是會變化的。湯化龍原是立憲運動中的激進派，在維護川、粵、漢路權上和清政府存在著尖銳的矛盾。一九〇九年十一月，他在漢口聯絡紳、商、軍、學各界組織商辦鐵路協會，和清政府出賣路權的行爲進行鬥爭。當時人回憶說：在湖北鐵路協會成立大會上，湯化龍曾歷數時政的腐敗，特別嚴厲抨擊郵傳部大臣盛宣懷，認爲郵傳部把張之洞費了很大力氣收回來的川、粵、漢鐵路建築權重又送給外人，無非是想在借款時攫取鉅額回扣，是媚外肥私，喪權賣國。他號召湖北全同胞踴躍籌集築路款項，抵制外債，爭回路權，以救亡圖存。⑮一九一〇年十一月，立憲派所發動的第三次國會請願運動失敗，清政府發佈上諭稱：「所有各省代表人等，著民政部及各省督撫剴切曉諭，令其即日散歸，各安職業。」⑯這樣，國會請願代表團便被迫解散，立憲派分子對清政府的憤懣增加了。湯化龍與四川立憲派頭子蒲殿俊等在北京密議：「若日後遇有可以發難之問題，則各省同志應即竭力回應，援助起義獨立。」⑰此後，湯化龍開始向革命派靠攏。一九一一年春，文學社革命黨人劉堯澂通過李廉方介紹，曾經和湯化龍有過一次晤談。其間，劉、李二人談起，有人去武勝關「察看」，缺乏路費。湯化龍聽說，立即資助二十元。⑱劉堯澂的身分，湯化龍不會不清楚；去軍事要地武勝關「察看」什麼，湯化龍也不會不明白。他拿出的錢數雖不多，但卻表現了思想上的一個重大變化。

同年五月，清政府成立皇族內閣。六月，各省諮議局聯合會在北京召開第二次會議。湯化龍於入京前，在漢口車站發表了慷慨激烈的演說。此後，聯合會曾兩次上書清政府，反對皇族內閣，都遭到清政府呵斥。這樣，湯化龍等和清朝貴族分享政權的幻夢最後破滅。在此同時，保路運動發生，蒲殿俊一度表示：「國內政治已無可爲，政府已彰明較著不要人民了。吾人欲救中國，舍革命無他法。」他派出代表與湖南、湖北、廣東各省諮議局聯繫，聲言：「四川準備已甚充足，以袍哥、棒客爲基礎，人數眾多，遍佈全川。將來舉事時，尚求各省協助，以祈早日成功。」⑲九月七日，蒲殿俊等被四川總督趙爾豐誘捕，湯化龍等對清政府的憤懣就更爲強烈。有人回憶說：

> 川漢鐵路問題發生……革命有一觸即發之勢，因與其平日最親信的胡瑞霖、阮毓崧等在時象晉家商議（都是諮議局議員）數次，時受其子功玖（留學日本，參加同盟會）的影響，思想較為進步，主張革命爆發，我們應該參加，不應該避開。湯計乃決。⑳

這裏所反映的情況完全符合湯化龍的思想發展邏輯，說明在武昌起義前，湯化龍已經有了附和或參加革命的準備。十月十一日，他在湖北軍政府成立會上說：「對於革命，鄙人素表贊成。」㉑這裏固然有對自己的美化，但也不完全是違心之言。

武昌起義之後，湯化龍主要做了下述工作：

一．參與創立和支持湖北軍政府。十月十一日上午，革命黨人邀湯化龍到諮議局開會，建議他出任都督。湯化龍考慮到時局未定，猶豫過，也心動過，「未有絕對拒絕意」㉒，但他考慮到清政府必定迅速派兵來鄂，進攻起義軍，因而建議首先通電各省，請一致回應，同時表示：「此時正是軍事時代，兄弟非軍人，不知用兵，關於軍事，請諸位籌畫，兄弟無不盡力幫忙。」㉓這些意見，應該說是認真的、積極的。下午會議結束前，胡瑞霖發言對起義軍的嚴明紀律表示欽佩，自動聲言：「諸同志如需用款項，諮議局可先墊借五萬元。」㉔當晚，胡瑞霖即送來大銀寶一百四十九個，小銀錠十五個。㉕胡瑞霖與湯化龍是兒女親家，多年來政治活動的老搭檔。他的這一舉動自然是徵得湯化龍同意的結果。此外，湯化龍還控制著漢口各團體聯合會，該會擁有一支商團性質的武裝，配備著兩千條毛瑟槍。在光復和保衛漢口的戰爭中，漢口各團體聯合會出錢、出糧、出人，發揮了很大作用。㉖這顯然也與湯化龍的態度有關。

二．以諮議局名義通電全國。電文說：「清廷無道，自召滅亡，化龍知禍至之無日，曾連合諸公奔赴京都，籲請立憲。乃僞爲九年之約，實無改革之誠。溥儀豎子黃口，攝政愚謬昏庸。兵財大權，存亡所繫，而竟摒棄漢人，悉授親貴。」又說：「維新絕望，大陸將沈。吾皇皇神明之裔，豈能與之偕亡？楚雖三戶，勢必亡秦；非曰復仇，實求自救。武漢義旗一舉，軍民振臂一呼，滿酋瑞澂，倉皇宵遁。長江重鎮，日月重光。立乾坤締造之丕基，待舉國同心之回應。特此通電告慰，望即不俟劍履，奮起揮戈，還我神州，可不血刃。」㉗該電主要譴責清政府的假立憲和皇族內閣，確係請願運動失敗之後立憲派心理的表現。應該承認，這份電報在動員各省諮議局人士附和革命上是起了作用的。

三．演說鼓動。除十月十一日下午軍政府成立會外，湯化龍還在諮議局台階上發表過一次演說，略云：「本局爲國民代表，原有興復責任。既經諸君推舉。事已成局，自當盡死報命，成則共圖勳名，敗則生靈塗炭。我漢人從此揚眉吐氣，在此一舉，我漢人萬劫不復，亦在此一舉。」㉘當時，有一個在武昌的清朝官僚記載說：「湯化龍等到處演說，以『某省已陷，某軍同黨，第六鎮（指吳祿貞所率隊伍——筆者）來，已備歡迎』等語，借維眾心。」㉙可見，湯化龍發表演說還不止一兩次，他對鼓舞和安定人心是重視的。

四．對外宣佈政策。十月十三日，美國領事訪問湖北軍政府，湯化龍隨同黎元洪接見。美國領事問及擬採何種政體，湯化龍明確答覆：「共和。」㉚

五．動員海軍起義。十月十二日，清海軍提督薩鎮冰率艦隊抵鄂。薩是黎元洪的老師，湯化龍曾建議以黎的名義致書薩鎮冰，動員海軍起義。㉛十一月，薩鎮冰率艦隊東下，湯化龍的弟弟、海軍高級參謀湯薌銘等在九江起義。九江軍政府向武昌請示，湖北軍政府即派革命黨人李作棟帶著湯化龍的私函前去聯繫。㉜不久，湯薌銘即率艦隊航返武昌，參加對清軍的作戰。

六．反對譚延闓任湖南都督。十月卅一日，湖南發生兵變，革命黨人焦達峰、陳作新被殺，立憲派頭子、湖南諮議局議長譚延闓出任都督。十一月一日，湖北軍政府接得湖南另舉都督的來電，當時，還不知道焦、陳已經被殺，黃興、宋教仁都反對捨焦達峰而另舉他人。湯化龍雖和譚延闓是國會請願運動中的老夥伴，但他也不以譚出任都督爲然。他說：「軍事緊急之秋，一省都督，不宜文士，當用武人。」當黎元洪表示「吾輩但賀新都督，不問舊都督」時，

湯化龍和黃興、宋教仁一起離開了會場。㉝

七．參與制訂《鄂州約法》。《鄂州約法》是按照共和國理想制訂的第一個地方法律。它的執筆是宋教仁，但湯化龍曾參加討論，「相與讚賞」。㉞

湯化龍在湖北軍政府任職期間也有嚴重錯誤。其爲一排斥革命黨人。參加軍政府工作的革命黨人大多爲新軍士兵和青年學生，政治上不成熟，缺乏經驗。因此，軍政府一度出現過較嚴重的忙亂現象。湯化龍借機對軍政府進行改組，大量任用原立憲派，遭到革命黨人的反擊。其二，在和袁世凱議和過程中態度有某種動搖。漢口被清軍馮國璋部攻陷後，袁世凱派蔡廷幹、劉承恩二人到武昌議和。湯化龍曾爲黎元洪起草過一份給袁世凱的覆函，中稱：「嗣又奉讀條件，諄諄以立憲爲言，時至二十世紀，無論君主國、民主國、君民共主國，皆莫不有憲法，特其性質稍有差異，然均謂之立憲。將來各省派員會議，視其程度如何，當採取何等政體，其結果自不外立憲二字。特揆諸輿情，滿清恐難參與其間耳。」㉟這裏，在是否必須實行共和政體上語意模棱，但在反對清政府這一點上，態度仍是堅決明確的。

綜上所述，在武昌起義前夕，湯化龍已經對清政府絕望，有了參加或附和革命的思想準備；起義之後，他有過猶豫，但從總的方面看，對這場革命的到來是歡迎的、支持的。這樣的人，當然不會密電清廷，參與反革命的串連。

「密電」案還牽涉到李國鏞。在有些史學家的著作中，他也是個壞人。但事實是，他雖屬立憲派，但卻早與吳祿貞等革命黨人有來往，曾受到地方紳士控告，稱他「借辦學之名，內部宗旨恐不純正」。㊱湖北地區的革命團體科學補習所、日知會開辦時，他都曾捐款支持。關於這一方面的情況，一九六五年章裕昆發函向張難先調查，其子張徹生答覆說：

四月二十一日信已念給家父聽了，說所詢李國鏞之捐財資援革命事，因渠個性慷慨，出財資助日知會與科學實習所是事實。在我出獄時，他還送我一點錢的。㊲

一九〇七年初，清政府封禁日知會，張難先是和劉靜庵等一起被捕的九個革命黨人之一，後被保釋出獄。李國鏞對科學補習所和日知會的內情不一定很瞭解，但他在張難先出獄後，仍然肯於資助，這說明他是一個有進步傾向的人，而不是一個維護清朝政府統治的狂熱分子。李國鏞曾經寫過一本《起義日記》，敍述他在湖北軍政府成立以後贊成革命的情況，雖不無自我誇耀之處，但和其他史料對勘，不少事情還是可信的。這樣的人，當然也不會參與推翻湖北軍政府的串連。

有些回憶還提到馬吉樟。他是清朝官吏，但其人昏庸愚怯。武昌起義後，他先是穿好服裝頂戴，坐在提法使大堂上，說是等革命黨人來殺，「庶得殉節」㊳，隨即又派人打聽向民軍的「投降手續」㊴。顯然，也不會參與密謀。

至於蔡登高和張振標，根據現有資料看，他們確實和清方有勾結，也有陰謀，但既與湯化龍、黎元洪無關，也與柯逢時、連甲沒有牽連，他們是清軍第八旗統制張彪派來的。關於此，李翊東回憶說：

廿一晚（十月十二日），有一大漢手持燈籠，倉皇奔至方定國前處，遞一紙條。方閱後即撕，咽口內，該大漢轉身欲逃……翊東乃令將該漢抓住，訊知其為旗兵，並供出同謀者有江[張]振標、蔡登高等十餘人……翊東以方定國通敵證實，遂將方之徽章、軍刀及手槍摘下，押入邢伯謙同志軍裝處辦公室。當場又下令將江[張]振標、蔡登高及某（姓名忘之）等三人拿獲。比即訊知，江〔張〕係張彪馬弁，蔡登高皆張派來之偵探。㊵

李翊東是破案人和主審人，此文寫於一九三〇年，是他關於這件事的最早回憶，還沒有受到「密電」說的影響，應該是可信的。

前引材料已經證明，柯逢時是反對革命的。但他原來是個連辦洋務也反對的頑固分子。㊶後來出任江西、廣西巡撫、八省膏捐局督辦大臣等職。「性刻薄，善聚斂」，名聲不好。㊷他和湯化龍政治上並不是一派，平時交往也不多。武昌起義後不久，他們就能推心置腹，冒險作反革命的串連，這是與情理不合的。㊸附帶指出，隨著形勢的發展，柯逢時的態度也有了某些變化。十月廿一日，他出任「守中立」的武昌保安社社長，只求「保安」身家了。

綜合上述各點考察，筆者認爲，所傳湯化龍「密電」一案不足憑信。

四

現在，須要進一步考察「密電」說的由來。

俗話說，無風不起浪，完全荒誕的謠言是不會有市場的。某些訛傳之所以能擴散，常常是因爲它確有某些真實或似乎合理的萬分，有特定的背景，結果，以訛傳訛，加進去的想像、猜測愈來愈多，距離事實真相也就愈來愈遠了。

筆者認爲，湯化龍「密電」案就是這樣一種訛傳。

如前所述，連甲在十一日躲到柯逢時家中，二人之間確有密謀，連甲給清政府發有密電，他是在改裝之後由柯逢時派林敬之送出武昌的。這是事實。

武昌起義之後，柯逢時也給清政府發過電報。《時報》記載說：「聞柯逢時有電至京，糾參鄂督瑞澂辜恩溺職，非明正典刑，不足以折服人心。」㊹

湯化龍也確實起草過給清政府的電報。湖北軍政府首任交通部部長李作棟回憶說：「（湯化龍）爲了表示心無別意，說柯逢時家中有與清廷軍機處通電的『辰密』電碼，建議我們利用這個密碼，借瑞澂名義向各省打電求援，在電文中誇大革命軍聲勢，以造成清方的混亂。我們贊成這個意見，就由我與陳雨蒼兩人到柯家取出密碼，由湯化龍擬電稿，由夏維崧送往漢口俄領事館發出，對俄領事只說這是民軍方面的密電。」㊺當時任交通部副部長的李欽則說：「當獲武昌電局送皖撫朱家寶詢鄂中革命情形致瑞澂密電一通，欽率人向柯逢時索取密碼，當即據來電以瑞澂名義覆去，力述革命黨勢焰甚盛，請即派兵助剿。」㊻李欽的這段敍述比較簡略，但他補充了一個細節，即是由安徽巡撫朱家寶詢問鄂中情形的來電引起的。除李作棟、李欽外，李廉方也從湯化龍、胡瑞霖處聽說過這件事。他又補充了幾個細節：電文容大意爲，瑞澂聲言「退駐兵艦，死守待援」；夏維崧向俄領事商洽發報，是冒充瑞澂委託等。㊼

武昌起義初期，各省還處在清方控制下，要擴散武昌起義的影響，對清朝統治者和各省官吏進行攻心戰，湯化龍所提建議不失爲一個有效的辦法；於此亦可見湯化龍傾向革命的苦心。據當時在清軍諮府任副使的哈漢章說：「清廷從俄國公使館接得轉來的電報後，大爲驚慌，立即召開御前會議，竟商量如何退往熱河的問題。㊽

李作棟、李欽、李廉方都是當事的革命黨人，所述自亦可信。此外，現存文獻材料也可以提供一點證明。在中國第一歷史檔案館所存未刊檔案中，有河南巡撫寶棻十月四日的一封電報，中云：

> 內閣、軍諮府、陸軍部、度支部、郵傳部、各省制台、撫台鑒：辰。武昌失陷，督署密碼電本恐已為賊所得，昨晚敝處接漢口車站發來辰密電一件，既未標明辰密字樣，下署瑞澂又無印字，種種均與京外通告電式不合，且有借款購糧，運送劉家廟，備大軍之用等語，詞意支離，尤為可疑。此事關係甚巨，格外留意為幸。棻。漾。

寶棻接得的漢口瑞澂來電爲「辰密」，李作棟從柯逢時處借得，由湯化龍擬稿發出的也是「辰密」，二者相合。「種種均與京外通行電式不合」，「詞意支離，尤爲可疑」，這些地方，說明寶棻接得的可能就是湯化龍所作的贋品。

筆者認爲，所傳湯化龍「密電」案即上述幾件事的訛傳。它有某些「眞實」的萬分，又有若干猜測和想像。

湯化龍原來是立憲派。武昌起義之後，他雖然得到一部分革命黨人的信任，但也受到一部分革命黨人的猜忌。湖北軍政府成立不久，軍政府中就發生了衛隊司令方定國等人的謀叛案，湖南發生了譚延闓謀殺焦達峰、陳作新案，湯化龍本人又確有向革命黨人奪權的舉動。這些地方，都會加強革命黨人對湯化龍的警惕。十月下旬，在清陸軍部任代司長的革命黨人蔣作賓南下武昌，由湯化龍單獨迎接。一部份革命黨人不瞭解蔣作賓的身分，懷疑他的來意，也懷疑湯、蔣之間的關係。㊾在上述種種情況下，由某些片斷事實和蛛絲馬跡而敷演出「密電」說，是很自然的；而護送連甲出城的林敬之，由於他瞭解某些事實，而又不瞭解全部事實，則很容易參加「密電」說的創作並成爲它的證明者。

五

筆者無意於全面爲湯化龍辯護。在武昌起義前後，湯化龍的活動有功也有過，這是需要另作分析的，本文只想指出，所傳「密電」案不足憑信，湯化龍並未與柯逢時、連甲、黎元洪等串連，陰謀推翻湖北軍政府，據此判定他是兩面派是不符合事實的。

（原載《復旦學報》一九八一年第五期。）

【附記】

本文收集材料過程中，得到中國第一歷史檔案館和《歷史檔案》編輯部方裕謹同志等的熱情支持、謹致謝意。

①見李時岳：《辛亥革命時期兩湖地區的命革運動》，三聯書店一九五七年版，第十八頁；郭沫若主編：《中國史稿》第四冊，人民出版社一九六二年版，第一八八頁；章開沅《武昌起義》，中華書局一九六四年版，第七八頁；王來棣：《辛亥革命時期湖北軍政府剖析》，《近代史研究》，一九八〇年第一期，第一四三頁。

②《六十談往》，一九四四年版，第一九頁。

③《六十談往》，一九四四年版，第二九頁。

④《座談辛亥首義》，《辛亥首義回憶錄》（一），一九五七年版，第十至十一頁。

⑤《武昌首義紀事》，《辛亥首義回憶錄》（四），第三九頁。

⑥《文學社武昌首義紀實》，一九五五年四月第二次印刷本，第四五頁。該書一九五二年第一次印刷本

沒有這一段記載。一九六四年，章裕昆在《有關孫中山先生民主革命史料片段》（全國政協文史資料未刊稿）中放棄了這一簡略的記載，改用胡祖舜說。但他故弄玄虛，聲稱是根據湖北革命實錄館所藏材料寫的。筆者查閱過現藏於湖北省博物館的全部實錄館材料，發現章裕昆實際上是根據居正《梅川日記》寫的，而居正又是聽胡祖舜說的。

⑦中國第一歷史檔案館藏。

⑧《近代史資料》，一九五四年第一期，第七八頁。

⑨中國第二歷史檔案館編：《中華民國史檔案資料彙編》第一輯，第一七〇頁。

⑩向訏謨：《治國日記》云：「（十月十一日）午後，偕同學等在諮議局院內齊集休啓，謨同傅、李二人至局，與湯議長濟武（即湯化龍——筆者）、胡義員于笏、李君玉山、蔡同學國楨會議我軍進行策略。」稿本，近代史研究所藏。

⑪中國第一歷史檔案館藏。

⑫《中華民國史檔案資料彙編》第一輯，第一六九頁。部分文字據中國第一歷史檔案館所藏原件校正。

⑬轉引自《袁世凱致內閣請奏電》，《近代史資料》，一九五四年第一期。

⑭連甲：《致內閣總、協理大臣電》。

⑮李建侯：《武昌首義前後憶事八則》，《辛亥革命回憶錄》（二），第八〇頁。

⑯《宣統政紀》，卷四五，第四至五頁。

⑰參見《徐佛蘇記梁任公先生逸事》，《梁任公先生年譜長編初稿》，上冊，台北版，第三一四至

二一五頁；伍憲子：《中國民主立憲政黨黨史》，香港版，第十六頁。

⑱參見李廉方：《辛亥武昌首義記》，第十五頁；《前文學社同人公啓》，《辛亥革命》（五），第四頁。

⑲粟勘時：《湘路案》，《辛亥革命》（四），第五五一至五五二頁。

⑳彭伯勳：《我所知道的湯化龍》，全國政協文史資料未刊稿。

㉑曹亞伯：《武昌革命真史》正編，第二六頁。

㉒李廉方：《辛亥武昌首義紀》，第一〇二頁。

㉓曹亞伯：《武昌革命真史》正編，第二六頁。

㉔李春萱（作棟）：《辛亥首義紀事本末》，《辛亥首義回憶錄》（二），第一六九頁。

㉕向訏謨：《治國日報》稿本，近代史研究所藏。

㉖朱正齋、李猿公：《清末漢口各團體聯合會的組織、發展及其在武昌起義中的作用》，全國政協文史資料未刊稿。

㉗張國淦：《辛亥革命史料》，第一〇一頁；參見《李國鏞起義日記》，第二頁。

㉘《時報》，辛亥年八月二十八日；部分文字據《各省獨立史別裁》（一九一二年四月版）校正。

㉙王孝繩：《辛亥武昌兵變旅行記》，《辛亥前後》（盛宣懷檔案編），第二〇四頁。

㉚黃中愷：《辛壬聞見錄》，近代史研究所藏抄件。

㉛《李欽事略》：「請黎都督以師生之誼勸其投誠，都督然之，請化龍議書一件，欽持書偕胡鄂公往

投。」見湖北省博物館藏原湖北革命實錄館檔案，(三)一一〇號；朱峙三：《歷變記》稿本同此說。胡鄂公：《武昌起義三十五日記》則云：「化龍請黎公致函薩鎮冰及各艦艦長，黎公允之，予遂推薦秘書草擬信稿。」見《辛亥武昌首義史編》，台北版，第九九六頁。

㉜李春萱（作棟）：《辛亥首義紀事本末》，《辛亥首義回憶錄》(二)，第二〇六頁。

㉝《武昌革命真史》正編，第二三五至二三六頁。

㉞黃中愷：《辛壬聞見錄》，近代史研究所藏抄件。

㉟《黎元洪等致袁世凱書》，《近代史資料》，一九五四年第一期，第七三頁。所據原件，據字跡判斷，認爲是湯化龍所寫。

㊱《李國鏞起義日記》，第二頁。

㊲湖北省博物館藏，(三)五五五號。

㊳黃中愷：《辛壬回憶錄》，近代史研究所藏抄件。

㊴黃中愷：《辛壬回憶錄》，近代史研究所藏抄件。

㊵《書吳醒漢武昌三日記後》，手稿，上海圖書館藏。

㊶一八九九年，西太后召見柯逢時，問他：「洋務該如何辦？」柯逢時答道：「洋務可不必辦。近來辦洋務之人未必有心國家，總要取心術純正者辦理爲是。」見《柯逢時日記》，湖北省博物館藏稿本。

㊷胡祖舜：《六十談往》，第二八頁。

㊸居正：《梅川日記》提到的「密電」案參與者還有陳夔龍，其實，陳於一九〇九年已自湖廣調任直隸

總督，一直未離任。

㊹《時報》，辛亥年九月四日。

㊺《座談辛亥首義》，《辛亥首義回憶錄》（一），第十四頁。

㊻《李欽事略》，湖北革命實錄館檔案，湖北省博物館藏，（三）一一〇號。

㊼《辛亥武昌首義紀》，第一〇五至一〇六頁。

㊽《座談辛亥首義》，《辛亥首義回憶錄》（一），第十四至十五頁。

㊾胡祖舜：《六十談往》，第三五頁。

康有為的聯滿倒袁計劃
——讀台灣所藏梁啓超未刊函稿

一、梁啓超的一份重要密函

台北中研院近代史研究所檔案館藏有梁啓超致康有爲未刊函件多通，其中有一通反映出一九一一年武昌起義後康有爲的重要政治計劃，值得認真加以釋讀。函云：

今日第一義在先決吾黨行止。弟子於北行之事總有不能釋然者。前此有所希於公路，今彼乃如此，亦幸而未與共事耳！今日所希者，恐亦猶是。蓋總不免求之在人，恐斷未有能行吾志者。時【昨】覺頓攜來一紙，可謂纖悉週備，而弟子猶有深念者數事：

一、滿人果可與共事否？

袁若去，則鐵良、良弼等必出。此輩素以排漢為事，恐未必能推心於我。

一、即能共事，其利害若何？

如此必明與民族主義為敵，代人受矢，以後輿望盡失。

一、我輩果能得全權如今袁氏否？

恐不能。彼有兵而我無之，臨時聯絡，基礎甚薄，不為人所憚，且彼今方擬引趙爾巽、陳夔龍輩，此輩又豈可共事者。

一、袁倒後我乃往乎？抑先往乃與各團共倒之乎？

先往自倒之，則可得實權，以後一切措施皆易，然漫然張空拳以當南北極強之敵，恐無此辦法。若待彼倒後乃往，其可慮者有二：（一）袁倒後旬日間都中人無所恃，恐秩序全破，已為莠民所乘，不復可收拾。（二）若彼中有人能維持秩序，則其人必甚才，既有才人，則輿望歸之，而彼之相需於吾輩者必不甚殷。我之歸否，彼不甚以為重，即歸亦寄彼籬下耳。而以後一切為彼分過，是否值得？質言之，則袁去後若能維持秩序，則其人必非趙、陳輩而鐵、弼輩也。我寄鐵、弼輩籬下是否得策？將來是否能有所轉圜，以收暫時已失之人心，最當熟計。捨此則惟有即日起行親往倒袁耳，然似太險。

一、我即能得全權，如今之袁氏，能否得天下之賢才相與共事？

現在海內同志無一人不以沈幾觀變相勉，我若驟出，恐最親信之人亦且量而後進。他勿論，即孺博、佛蘇、覺頓，亦恐不肯相助。佛蘇忽來一電沮北行，又昨有一電，亦言切勿往。竊計此皆都中同志，頗知蒙王等及其他各團體有敦迫消息，恐吾輩貿貿然應之，故皇急相沮也。藍志先亦有□（電）來，言都中盛傳吾二人已至，且有登報問住址者，彼擬登報代辨云云，黨中不欲吾輩輕出，幾成輿論。若排眾議而往，必盡失黨人之心，以後誰與共大事者？

一、北軍究竟能戰與否，實屬疑問。

餉項如何，已屬極可憂。就令稍可支，而北中各處蠢動，防不勝防，兵力分疲於守禦進攻，慮非可恃。

函中，梁啓超對康有爲拒絕承認現實的主觀主義的思想方法提出了嚴厲的批評。函云：

師所論或亦有之。然遽斷其必如是，得毋太武！漢陽復後，英日出而調停，此眾目所共見者。英美商團請遜位，其建言書亦見各報，何由盡指為僞？吾師論事論學，凡既標一說，則一切與己說反對者，輒思抹殺之，論理學所謂隱匿證據是也。似此最易失其平。

偶因茲事，更申昨函所言。至此事果為塚骨造論與否，原可備一說，但願師勿持己腦中所構造之事實以誤真相。凡論一切，皆謹於此耳！

末署兩渾。

本函未署年月。函中言，「漢陽復後」，按，馮國璋攻佔漢陽，時在一九一一年十一月七日。此函必作於其後。函中又言：「袁若去，則鐵良、良弼等必出。」，按良弼於一九一二年一月廿六日被革命黨人彭家珍炸傷，兩天後死去，此函必作於良弼被炸，死訊公佈之前。函中所稱「公路」、「塚中枯骨」，均指袁世凱。「覺頓」，指湯覺頓，康有爲弟子。函稱：「時【昨】覺頓攜來一紙，可謂纖悉週備。」湯覺頓帶給梁啓超的「一紙」當是康有爲的計劃，本函是對康有爲計劃的問難。它反映出，一九一一年武昌起義後，康有爲曾企圖聯絡滿蒙親貴，搞掉袁世凱，控制中央政權。

二、武昌起義前後康、梁等人的宮廷政變密謀

康有爲、梁啓超因擔心大規模的武裝起事會造成社會動亂，因此，在自立軍失敗後，即逐漸轉向推動立憲運動，企圖動員社會輿論，迫使清政府接受改革；同時，在有機可乘之時，康、梁等也積極策劃宮廷政變，以期用最不引起社會震動，損失最小的方式取得最大的收穫。一九〇九年，溥儀登基，載灃攝政，爲改良派帶來了新希望。梁啓超等人即積極聯絡滿族親貴，和掌管軍咨處事務的郡王載濤及載洵建立聯繫。當時，載濤和慶親王奕劻、貝子載澤有矛盾，向改良派打入北京作地下工作的潘若海問計，潘建議他一面收撫禁衛軍，一面拉攏駐紮保定的新軍第六軍統制吳祿貞，準備在一九一一年夏曆九、十月間，裏應外合，發動政變，消滅奕劻與載澤等，掌握政權。①計定，梁啓超即利用華僑捐獻的大量金錢，收買禁衛軍，幾乎將一九一〇年各方所得全部投入，以致啞子吃黃連，無法回答同黨的詰問。武昌起義後，清軍

第二十鎮統制張紹曾和第二混成協協統藍天蔚計劃在灤州舉行兵諫，聯名要求清廷改組皇族內閣，召開國會，實行立憲。梁啓超即準備急馳回國，利用禁衛軍實現上述計劃，擁立時已擔任軍咨府大臣的載濤爲總理，收撫革命黨人，消弭起義。康有爲同意梁啓超的這一計劃。十月廿六日，他在致給徐勤密函中說：

> 適有機會，北中兵事，有熟人，亦有親貴，欲脅以改政府，即以資政院改國會，併合十八省咨政局議員，且罷征討軍令，往撫之。已發要人數四，入北運動。若不得，則欲募壯士數百為之，否則土頭亦必自專，亦無我等回翔地矣！事之成否，書到已見，遠亦決行。亡國恒於斯，得國恒於斯。②

這裏所說的「北中兵事，有熟人」，即指吳祿貞等；所說「亦有親貴」，指載濤等；「土頭」，指袁世凱；所說「遠」，指梁啓超。本函表明，康有爲企圖搶在袁世凱成爲氣候之前取得政權。「事之成否，書到已見。」張紹曾、藍天蔚計劃發動的日期爲十月廿九日，故云。

然而，就在梁啓超整裝待發之際，忽然得到「袁黨」調毅軍統領姜貴題率兵入衛京師的消息，政變計劃横生阻礙，急得梁啓超大喊「真是魔障」。這樣，他就猶豫起來了。

政治鬥爭中沒有一成不變的固定敵人。戊戌政變後，梁啓超等雖然把袁世凱視爲不共戴天的仇敵，力謀去之而後快，但是，這以後，袁世凱的勢力急劇膨脹，已經去之不能。姜貴題帶兵入京後，梁啓超即有與袁世凱「言和」，共同對付革命軍的考慮。張紹曾等在灤州舉事後，清政府於次日下詔罪己，表示將「維新更始，實行憲政」，同時，宣佈開放黨禁，赦免黨人。這一切，使梁啓超處於久未有過的興奮中。十一月三日，梁啓超致函徐勤，確定「和袁、慰革、逼滿、服漢」的八字方針，然後懷著要指揮一場大戰的心情自日本回國。③他準備先到灤州住一宿，然後帶百數十個軍人入京，完成大事。十一月九日，梁啓超抵達大連，受到當地官吏的歡迎，滿耳所聞，都是張紹曾已經入都一類的好消息，因此，更加躊躇滿志，覺得事在必成，給長女函稱：「入都後若塚骨尚有人心，當與共勘大難，否則取而代之，取否惟我所欲耳！」④

吳祿貞是與保皇黨和革命派都有聯繫的清軍將領。一九一〇年任新軍第六軍統制，掌握著一支用新式武器配備的精銳軍隊。一九一一年秋，梁啓超曾特派潘若海持函見吳，函中，梁啓超大談軍人在中國的巨大作用，聲稱「今後之中國，其所以起其衰而措諸安者，舍瑰偉絕特之軍人莫屬也」，由此，梁啓超又進一步對吳大灌米湯：「天下蒼生所望於公者，豈有量哉！」⑤潘若海與吳祿貞會面的情況如何，由於文獻無征，具體情況不得而知，但二人間有某種協定是肯定的。梁啓超回國時之所以如此躊躇滿志，與他和吳祿貞、張紹曾之間的聯繫顯然有關。但是，十一月七日，吳祿貞在石家莊突然被袁世凱派人刺死，張紹曾嚇得躲進天津租界，這樣，康有爲、梁啓超實行宮廷政變的兩大軍事力量都已不能依靠。同時，又傳說藍天蔚擁護革命，有不利於梁啓超的計劃，梁不得不倉促返回日本。

此後，康有爲即醞釀新的政變計劃。

三、梁啓超密函的歷史內涵及其顯示的意義

湯覺頓帶給梁啓超的康有爲「一紙」，至今尚未發現，因此，筆者無從得知其細節，但是，其主要內容可以從梁啓超對康有爲的問難中推知。

梁啓超提出：「滿人果可與共事否？」「即能共事，其利害若何？」據此可知，康有爲計劃的內容之一是聯絡滿族親貴。

梁啓超提出：「袁倒後我乃往乎？抑先往乃與各團共倒之乎？」據此可知，康有爲計劃的內容之二是搞掉已經掌握清政府實權的袁世凱。

梁啓超提出：「我輩果能得全權如今袁氏否？」「我即能得全權，如今之袁氏，能否得天下之賢才相與共事？」據此可知，康有爲計劃的內容之三是掌握中央政權的實際權力。

聯絡滿族親貴，推倒作爲內閣總理大臣的袁世凱，由改良派掌握中央「全權」，三者結合，構成了一份完整的政變綱領。它是康有爲武昌起義後的一份新的應變計劃。

武昌起義後，清政府單憑自身的力量已不足以鎮壓革命黨，不得不起用罷黜在家的袁世凱。袁世凱最初作態不出，藉以擡高身價。而在出山之後，即首先向滿族親貴開刀。十一月一日，載灃授袁世凱爲內閣總理大臣。十三日，袁世凱入京。十六日，成立內閣，先是罷免軍咨

府大臣載濤和毓朗，接著，於十二月六日逼迫攝政王載灃交出大印，退回藩邸，並由隆裕太后聲明，親貴不得預聞政事。一九一二年一月十六日，袁世凱與內閣諸大臣聯銜密奏清廷，聲稱大局危迫已極，民軍堅持共和，別無可議，要求召開皇族會議，決定方策，宣佈共和。十七日，隆裕召開近支王公親貴會議，爭議甚烈。十九日，隆裕再開近支王公御前會議，國務大臣趙秉鈞秉承袁世凱意旨，提出取消北京、南京兩個政府，設臨時政府於天津。親貴們更加強烈地反對，紛紛哄鬧。趙秉鈞則稱：若不採納，內閣將全體辭職。第二天，袁世凱即稱病不朝。

袁世凱出山時，清廷中即有一部分人不滿意於袁世凱，寄希望於康、梁。一九一一年十二月十三日，羅惇曧（癭公）致梁啓超函云：「北省一般輿論有不滿意於袁者，甚盼康梁內閣，謂繼袁非康不可。」⑥袁世凱出山後，他利用民軍壓迫清廷，奪取權力的行爲引起滿蒙王公親貴的強烈不滿。恭親王溥偉就曾面奏隆裕太后說：「革命黨，無非是些年幼無知的人，本不足懼。臣最憂者，是亂臣藉革命黨勢力，恫嚇朝廷。」⑦溥偉這裏所指的「亂臣」，顯然就是袁世凱。與此同時，宗社黨良弼等人則發佈宣言或公啓，指責袁世凱「蔑視綱常，損辱國體」，「其居心更不可問」。⑧在這一情況下，有一部分滿蒙親貴主張聽任袁世凱辭職，由鐵良組織內閣。⑨還有一部分親貴則準備聯合康、梁等改良派，共同搞掉袁世凱。《梁啓超年譜長編》收有蒙古王公那彥圖等人給梁啓超的一通電報，中云：

公倡議保皇，熱心祖國，內外蒙藩部落，俱表同情。既因君位存亡，危在旦夕，請公等速歸，共籌匡濟之策。

電稱：「扶沖主而慰先皇，唯公是賴。蒙古合境上馬，願執鞭以從。」那等並要梁啓超將此意轉達康有為。末署「北京蒙古王公那彥圖等同叩。」當時，在北京的以那彥圖為首的蒙古王公是一支堅決的保皇力量，他們既堅決反對共和，也反對袁世凱篡權，曾準備組織勤王軍，並曾準備派人赴日本，迎接康、梁回國，共同保皇。⑩顯然，正是那彥圖等人的電報及類似訊息點燃起了康有為的熱情，促使他產生聯絡滿蒙王公，排袁保皇的幻想，並且要求梁啓超立即入都實行。上引梁函云：「他勿論，即孺博、佛蘇、覺頓，亦恐不肯相助。佛蘇忽來一電沮北行。又昨有一電，亦言切勿往。竊計此皆都中同志，頗知蒙王等及其他各團體有敦迫消息，恐吾輩貿貿然應之，故皇急相沮也。」這裏所說的「蒙王」，當即指那彥圖親王；「敦迫」云云，即指要求康、梁歸國。

梁啓超不贊成康有為的聯滿倒袁計劃。從上引梁函的問難可以看出：一．他不信任鐵良、良弼等「素以排漢為能事」的滿族親貴，認為不足與共事。二．手中無兵，不能掌握倒袁的領導權，倒袁之後不會撈到多大好處，只能寄人籬下。三．梁已經認識到，革命黨人所倡導的民族主義已不可抗拒，不願代人受矢，成為輿論反對的目標。四．梁已經看到，清政府面臨財政、軍事諸多困難，未必能戰。五．梁擔心首都和北方的秩序被破壞，「為莠民所乘」，出現不可收拾的局面。

本函反映出梁啓超思想的新動向，即準備承認清政府實際上被推翻的現實，也準備承認袁世凱掌握權力的現實，藉以維持社會秩序，避免動亂。

袁世凱成立內閣時，即任命梁啓超爲法律副大臣，這一職務除了給袁內閣裝璜門面外，不會有別的作用，因此，梁啓超不肯就職。儘管如此，梁啓超還是通過羅惇曧等人和袁談判，兜售他的「虛君共和」理論，即保留清朝皇帝的名位，但使之「無否決之權，無調海陸軍之權」。⑪他向袁世凱表示，與其當官，不如讓他辦報，他自負地說：「鄙人無他長處，然察國民心理之微，發言抓著癢處，使人移情於不覺，竊謂舉國中無人能逮我者。」⑫這時候，梁啓超是準備和袁世凱「推心握手」，「分勞戮力」，共圖天下事的。

辛亥革命前，梁啓超基本上跟著康有爲走。一九〇三年前後，梁啓超一度有贊成「孫黨」革命之說的傾向，經康有爲嚴詞教訓，梁啓超作了檢討，重新歸依師門。但是，在辛亥革命這樣重大的歷史事件發生後，梁啓超就再也不肯對老師百依百順了。本函除了對康有爲的政變計劃提出質疑外，還對康有爲的剛愎自用的主觀主義的思想方法提出了熱辣辣的批評。「既標一說，則一切與己說反對者，輒思抹殺之」，「持己腦中所構造之事實以誤真相」，云云，都是打中了康有爲的要害的。這一切顯示出，他的思想已經和康有爲有重大分歧。此後，師弟子之間，就分道揚鑣，各走各的路了。

康有爲遺物中，還保留著梁啓超的另一通函件，中云：

昨多冒犯，平旦思之，惟有皇恐。頃得北京蒙古王公一電云（上有官電印記），謹抄呈。復之真難。如何之處，尚乞賜教，勿以昨之辭直而所咎，幸甚幸甚！⑬

本函所稱「北京蒙古王公一電」，當即上引那彥圖等致梁啓超電。那電發於一九一二年一月廿四日，則上引梁函當作於此後的幾天之內。當時，康有爲、梁啓超同居於日本神戶須磨，共同商量或函札往來都是極爲方便的。「昨多冒犯」云云，可見梁對康的意見，已多所反對了。

從上引梁函可以看出，除梁外，麥夢華（孺博）、徐佛蘇、湯覺頓、藍公武（志先）等人也都不贊成康有爲的計劃。

一九一二年二月三日，張浩、梁柄光、何天柱等致函梁啓超，指斥康有爲的計劃「偏僻迂謬，不切時勢，萬無服從之理」。張等主張聯袁，函稱：「本初早已贊成共和，南北磋商今復就緒，遜位之事發表在即。吾黨不欲登舞台則已，如其欲之，必須早與本初攜手，方能達其目的。」⑭二月五日，羅惇曧致梁啓超函也說：「試思須磨所策劃，均以爲完滿，一出發後，機局全然改變；無益費精神，亦大可不必矣。」⑮須磨，指須磨村，梁啓超在日本神戶的住址。須磨所計劃，即指上文所述擁戴載濤爲總理的政變計劃。羅惇曧認爲，既然那個計劃已因機局變化而流產，當此時局變遷更爲劇烈之際，何必白費精神呢！

分化不僅表現於康、梁之間，而且更廣泛地表現於昔日的維新、保皇黨人之間，各派政治力量正在圍繞著辛亥革命這一大主題重新組合，醞釀著新的角逐和鬥爭。

①《梁啓超年譜長編》，上海人民出版社一九八三年版，第五五四頁。

②《民立報》，一九一二年十二月廿七、廿八日。

③《梁啓超年譜長編》，第五五八頁。

④《梁啓超年譜長編》，第五五九頁。

⑤《梁啓超年譜長編》，第五六二頁。

⑥《梁啓超年譜長編》，第五七六頁。

⑦《讓國御前會議日記》，《辛亥革命》（八），上海人民出版社一九五七年版，第一一四頁。

⑧《北京旗漢軍民公啓》（原件），《大樹堂來鴻集》第一冊，北京大學圖書館藏。

⑨《梁啓超年譜長編》，第五八九至五九〇頁。

⑩《蒙古王公反對共和之堅決》，《大公報》，一九一二年一月廿五日；《那邸派員赴日消息》，同前，一九一二年一月三十日。

⑪《梁啓超年譜長編》，第五六七頁。

⑫《梁啓超年譜長編》，第五七〇頁。

⑬蔣貴麟編《萬木草堂遺稿外編》（下），台灣成文出版社一九七八年版，第八六三至八六四頁。

⑭《梁啓超年譜長編》，第五九八頁。

⑮同上，第五九一頁。

黃興致井上馨函回譯及解讀
——讀日本井上馨文書

日本國會圖書館所藏井上馨文書中有黃興函兩通，其一中、日兩種文本俱全，日本彭澤周教授等已作過介紹，而另一通則由於僅存日文譯本，至今無人述及。推想起來，可能由於該譯文係日本文言文中的候文，艱深難解，又以草體書寫，筆跡潦亂，再加上年深日久，紙墨湮染，辨識困難之故。

我在一九八五年訪問東京時即讀到了這封信，當時茫然不知所云。十年過去了，重展該函複印件，反覆揣摩，漸有所得，又承日本友人狹間直樹、江田憲治、石川禎浩諸君及呂永清諸先生熱情相助，勘辨疑難，得以豁然貫通，因作回譯、解讀如次。

一、日文移寫

譯文原件共四頁，所用爲東京三井物產株式會社的信箋。據此可知，信件當先由黃興交給該社，後由該社譯爲候文，然後轉交井上馨，原文則留在該社，或在轉交井上之後失落了。爲了研究方便，並便於讀者審核，先將譯文原件移寫爲日文通行楷體。鑒於原件以日文片假名書寫，但少數地方似也用平假名。爲保持原狀，姑仍之。其中個別不易確定之處，加（？）號表示。

書寫格式一依原件，但根據我們的理解，略加標點。

井上侯爵閣下　恭シク申上候。敝軍、事ヲ起シ候以來、常ニ貴國國士諸君ノ御同情ト御援助ヲ蒙リ居リ、深ク感銘在罷候。

目下、敝國東南一帶ノ大勢既ニ確定仕リ、人心モ悉ク漢族ノ文物ヲ典儀すと（？）想起シ、十四省（直隸、山東、陝西、河南ヲ除ケル他ノ十四省ヲ意味ス）ノ都市ニハ、革命軍ノ新國旗揚リ、人民皆歡喜シテ、再ビ漢族ノ政治ヲ見ル事ヲ幸福ト致居候、而シテ民軍ハ至ル處ニ歡迎ヲ受ケ、衣食住ノ供給ヲ得テ、人民ト兵士等トノ交情極メテ親密ニシテ、其ノ狀態ヲ賭【睹】、其ノ此ニ至レル心情ヲ忖度シテ、小生ハ私ニ流涕禁ジ難キ次第ニ候。

抑モ清政府ハ不仁ニシテ、到處ニ焚戮ヲ肆ニシ、諸民ノ恨骨ニ徹シ、我軍ノ到來ヲ希望スル事雲霓を望ムガ如キモノアリ、直隸、山東等ノ省人ノ請願書ヲ見ルニ何レモ民軍ノ早ク北伐セザルヲ恨事ト致居候、然シ小生共ハ清袁（？）ガ或ハ其非ヲ悔悟致ス事モアランカト存ジ、暫ク和議ノ相談ニ耳ヲ傾ケテ、休戰ニ應ズル事一ケ月ニ及ビ居リシガ、最早近日中ニ斷然新政府ヲ組織シテ、正式ニ列國ニ此儀通知致ス心組ニ有之候。要スルニ和議ハ到底成立ノ見込無之、戰ヲ以テ事ヲ解決スルノ已ムヲ得ザルニ立チ至ルベク、既ニ各軍ヲシテ一切ノ戰鬥準備ヲ為サシメ申侯右樣ノ次第ニ有之、愈新政府成立ノ日ニハ一重ニ閣下ノ御同情ト御賢察ニ礎ケル御贊助ヲ得度奉懇致候、幸ニ閣下ノ御援助ニ據リテ能ク新政府成立ノ志ヲ完成致スヲ得バ、我上下國民、凡テ閣下ノ御高恩ヲ拜シテ喜躍此ノ事ト相感可申候。

猶ホ敝政府ハ貴國三井森恪君ニ資金ノ調達ヲ依賴致居候間、何卒此ノ點モ御助聲ヲ賜リ度奉祈上候。

右御覽迄敬ンデ如此候。頓首。

弟　黃興（判）

二、譯文

井上侯爵閣下：

敬啓者。敝軍起事以來，常蒙貴國國士諸君之同情與援助，深為感銘。

目下敝國東南一帶大勢既定，人心悉思以漢族之文物為儀型，十四省（意為直隸、山東、陝西、河南以外之十四省）之城市飄揚革命軍之新國旗，人民皆歡喜，以再見漢族之政治為幸福，且民軍到處受歡迎，得到衣食住之供給，人民與兵士之交情極為親密。睹其狀態，忖度其心情，小生暗自涕淚難禁。

且清政府不仁，到處肆行焚戮，諸民恨之徹骨，望我軍之到來如望雲霓。直隸、山東等省人之請願書均以民軍未能早日北伐為恨事。然小生等以為清袁（？）或可悔悟其非，暫時傾聽和議之磋商，答應休戰達一月之久，已於近日內斷然組織新政府，計議通告列國。要之，和議最終不能成立，則不得不以戰爭解決。現已命各軍作一切之戰鬥準備。值此新政府終於成立之際，深切懇請閣下於同情與明察之基礎上予以贊助。倘幸因閣下之援助而得以完成新政府成立之志，則凡我上下國民皆拜領閣下之大恩，定當喜躍感激矣！

此外，敝政府委託貴國三井之森恪君籌措資金一事，務祈賜以助聲。

以上敬請大覽。

弟

黃興（印）

三、分析

本函未署年月，函云：「暫時傾聽和議之磋商，答應休戰達一月之久，已於近日內斷然組織新政府，計議通告列國。」據此，知此函爲一九一二年一月上旬之作，時在南京臨時政府成立之後不久。收信人井上馨，日本政界元老，三井財閥的總代表與總後台。歷任外相、農商務大臣、代理首相、大藏大臣等要職。自一八九八年起以元老身分參與國政。一九〇六年晉升侯爵，先後受命輔佐第二屆（一九〇八）和第三屆（一九一二）桂內閣。

武昌起義後，清政府被迫起用袁世凱。袁世凱最初藉故拖延，擡高出山價格；繼而看準時機，迅速派馮國璋等率軍南下，以武力鎮壓革命黨人，同時大肆燒殺，藉以立威。自十一月三十日起，清軍連續放火焚燒漢口，延燒三天三夜。據清資政院總裁李家駒奏摺稱：「漢口附近一帶地方，官軍咨意殘殺，慘及婦孺，焚燒街市，綿亙十餘里，姦淫擄掠，無所不至。人心憤激，達於極點。」①本函稱：「且清政府不仁，到處肆行焚戮，諸民恨之徹骨。」當指此類情事。

中國歷代統治者在鎮壓人民起義時，歷來是剿撫兼用，恩威並施。老於計謀的袁世凱自然深諳此道。他一面武力施威，在攻下漢口後又於十一月廿七日攻下漢陽，動搖革命黨人的信心，一面則進行和平試探。自十月下旬起，他連續致函黎元洪等，提出「務宜設法和平了結」。②

革命黨人分析了袁世凱和滿族親貴之間的矛盾，企圖動員袁世凱起義，共同推翻清朝政府。十一月九日，黃興致函袁世凱，剖陳形勢，歷述滿洲貴族集團對他的排擠與猜忌，勸袁早自爲計。函稱：「興思人才原有高下之分，起義斷無先後之別。明公之才能，高出興等萬萬，以拿破侖、華盛頓之資格，出而建拿破侖、華盛頓之事功，直搗黃龍，滅此虜而朝食，非但湘鄂人民戴明公為拿破侖、華盛頓，即南北各省當亦無有不拱手聽命者。」③十二月九日，黃興在覆汪精衛電中表示：「項城雄才英略，素負全國重望，能顧全大局，與民軍為一致之行動，令全國大勢早定，外人早日承認，此全國人人所仰望。中華民國大統領一位，斷舉項城無疑。」但是，黃興強調：「惟項城舉事宜速，且須令中國為完全民國，不得令孤兒寡婦尚擁虛位。」④宋教仁贊同意黃興的策略。十一月十一日，袁世凱派代表到武昌談判時，宋教仁提出，如袁世凱「轉戈北征，驅逐建虜」，「我輩當敬之、愛之、將來自可被舉為大總統」。⑤顯然，這是革命黨領導人的普遍主張。

漢陽為清軍馮國璋部攻陷後。黎元洪於十二月一日逃出武昌。次日，南北雙方在武漢達成停戰協定，決定自三日起停戰三日。六日，決定延期三日。九日，展期十五日。自此，武漢方面即不再有戰事。十二月十八日，南方代表伍廷芳與北方代表唐紹儀在上海英租借議政廳首次會議，開始議和談判。二十日，黃興委託江浙聯軍參謀長顧忠琛與段祺瑞的密使廖宇春密商和議條款。其主要內容為：確定共和政體；優待清皇室；先推覆清政府者為大總統等。⑥

袁世凱的新軍是當時清王朝最強的一支武裝力量。利用袁世凱和清王朝之間的矛盾，動員他倒戈一擊，加速清王朝的滅亡，不失為一項快速可行的克敵制勝的策略，但是，袁世凱是權欲熏心的陰謀家和野心家，應許他以「大統領」的地位，保證南北人民都將「拱手聽命」又是極為危險的。對此，革命黨人未必不瞭解，但是，由於革命黨人是弱小者，缺乏強大的實力為後盾，沒有和袁世凱討價的足夠本錢，因此只能寄希望於廉價的勝利和僥倖的勝利。

黃興一方面企圖通過談判，以和平的手段迅速達到推翻清朝統治，建立共和政體的目的，同時，也沒有放鬆戰爭準備。十二月一日，黃興一到上海，就對《民立報》記者明確表示：「此行目的，在速定北伐計劃，並謀政治之統一。」⑦次日，他與章太炎、宋教仁聯名致電林述慶，要求他進駐臨淮關，準備進攻開封。兩天後，黃興被各省駐滬代表公舉為大元帥，但他辭不肯就，表示願領兵北伐。他一面致電廣東都督胡漢民，要求增調援軍，會同北伐；一面與林述慶、柏文蔚商議，準備向黃河以南進攻，並派炸彈隊北上，擾亂敵人後方，相機奪取山東與河南兩省。⑧十二月廿九日，他在同盟會本部歡迎孫中山大會上發表演說稱：「據目下和議情形觀之，滿洲命運已將告終，然戰備不可少忽，以備進攻。」⑨一月三日，黃興就任陸軍總長後，立即制訂北伐計劃：一．以湘鄂部隊為第一軍，由京漢路前進，在寧部隊為第二軍，由津浦路前進，二者匯合於開封、鄭州之間；二．以淮揚部隊為第三軍，煙台部隊為第四軍，匯合於濟南與秦皇島；三．以關外之兵為第五軍，山西、陝西之兵為第六軍，向北京前進。四．第一、二、三、四軍達到第一目標後，與第五、第六軍匯合，「共搗清廷」。⑩本函稱：「要之，和議最終不能成立，則不得不以戰爭解決。現已命各軍作一切之戰鬥準備。」反映的正是這一情況。

南京臨時政府成立後，面臨兩大問題。一是儘快爭取各國承認，一是迅速與國外財團達成借款協定，取得為維持政府運作和北伐所必需的經費。黃興寫信給井上馨，目的就在於利用井上在日本政界和財界的地位，解決上述問題。信中提到的森恪，早年在中國上海、長沙等地工作，與中國南方人，特別是革命黨人陳其美、張靜江、上海商界領袖王一亭等素有來往。武昌起義爆發時，他正在三井物產株式會社紐約支店工作。三井財閥考慮到，中國革命黨人大多出生於南方，一旦組織共和政體，三井必將與與南方人打交道。因此，特別將森恪調回東京本店任勤務。此後，森恪即頻繁地來往東京、上海、南京等地，充當日本財閥與中國革命黨人之間的聯繫人。

革命黨人素無財源，完全缺乏對於勝利突然到來時所必需的財政準備。武昌起義後，各省革命黨人普遍感到經費窘迫，不得不以各種方式進行籌措。其中重要的方式就是借外債。一九一一年十二月十二日，黃興與宋教仁、陳其美聯名致電日人內田良平：「請您以黃興、宋教仁、陳其美、伍廷芳、李平書等人名義，草簽一項從三井洋行借款三十萬元、年利七分的臨時合同，並委您接受現款。」⑪此項借款，由張謇擔保，並經森恪活動，於一九一二年一月廿四日達成協定。此外，孫中山、黃興還曾計劃以中日合辦漢冶萍公司等形式向日本借款，都必須利用森恪的力量。本函稱：「敝政府委託貴國三井之森恪君籌措資金一事，務祈賜以助聲。」目的在希望井上對森恪予以支持。

此函發出後，一月十九日，黃興再發一函，分頭遞送井上馨與另一元老山縣有朋，希望他們「以鼎力扶助民國，早邀各國之承認。」⑫然而，井上等並沒有給予黃興以急需的幫助。日本政府不肯承認南京臨時政府，日本財閥也不肯提供大筆資金。結果，孫中山、黃興不得不接受袁世凱的和平條件。

①中國史學會主編《辛亥革命》（五），第三三九頁。
②《時報》，辛亥年九月二十四日。
③《近代史資料》，一九五四年第一期。
④《黃興集》，中華書局一九八一年版，第九四頁。
⑤《民立報》，一九一一年十一月二十日。
⑥廖宇春《新中國武裝和平解決記》卷首。
⑦《民立報》，一九一一年十二月二日。
⑧林述慶《江左用兵記》。
⑨《民立報》，一九一一年十二月三十日。。
⑩《臨時政府公報》第二號。
⑪毛注青《黃興年譜長編》，中華書局一九九一年版，第二四五至二四六頁。
⑫同上，第二七九至二八〇頁。

孫中山與「租讓滿洲」問題

不少日文資料都提到，辛亥革命時期，孫中山曾同意將滿洲租借給日本。對於此事的真僞，日本學者山本四郎、久保田文次、藤井昇三等人已作過很深入的研究，特別是藤井昇三，多年來孜孜兀兀，發現了不少重要材料①。本文將在他們研究的基礎上，結合作者本人發現的材料，對這一問題進行考察和分析。

一九一二年森恪與孫中山的會談

日本國會圖書館所藏森恪一九一二年二月三日下午六時致益田孝特電云：

中國財政窮乏，在年底（當係指舊曆年關而言——筆者）以前如無一千五百萬元，即難以作戰，而革命政府亦將陷於混亂。現因漢冶萍公司之五百萬元借款業已成立，故又以招商局為擔保，向我國郵船會社及英、德、美國等進行交涉，擬再借款一千萬元。此項借款，如在五日之內仍無實現之希望，則萬事休矣；孫、黃即可能與袁世凱締結和議，將政權轉讓與袁。關於租借滿洲，孫文已表應允。日本為防止革命軍瓦解，如能在漢冶萍公司五百萬元借款之外再借與一千萬元，則孫等與袁世凱之和議即可中止，而孫文或黃興即可赴日訂立關於滿洲之密約。如借款不能到手，則軍隊大有解散之虞。南京動搖，孫文必遭變故。故我國如有決心斷然實行滿洲之事，即請在四日之內以電報示知，續借一千萬元。如是，即可使其中止與袁世凱之和議。②

森恪（一八八二—一九三二），日本大阪人。一九〇一年被三井物產公司派到上海支店，任實習生，不久升職員，先後在上海、長沙、漢口、天津、北京等地活動，成爲三井財閥的中國事務專家。益田孝（一八四八—一九三八），日本新瀉人，三井財閥的總頭目。明治維新時期在橫濱經商。一八七二年由井上馨推薦，進入大藏省任職。一八七二年以後任三井物產公司理事長，對三井財閥的發展起了重要作用。武昌起義後，由於帝國主義把持中國海關等原因，中國革命黨人處於嚴重的財政危機之中。南京臨時政府成立，更急需一筆鉅款以支持浩大的軍費開支，並籌劃北伐。一九一二年一月上旬，黃興致電日本政界元老井上馨，要求日方提供援助③。另一元老山縣有朋從井上處得知消息後，立即批示益田孝，乘此機會，與革命黨人訂立密約，使東三省爲日本所有④。益田孝將這一任務交給了森恪，森恪即開始爲此奔走。一月下旬，簽訂漢冶萍中日合辦草約，規定集股三千萬元，中日各半，由公司轉借五百萬給臨時政府，作爲購買武器與軍火之用。二月二日，森恪又親赴南京，與孫中山談判。此前，黃興正在和日本郵船株式會社上海支店長伊東米次郎及美國人司戴德、德國捷成洋行等磋商，擬以招商局爲抵押，借款一千萬元⑤，尙未成功。森恪獲悉後，即在三日和孫中山會談時，以提供一千萬元借款爲餌，誘使孫中山同意租借滿洲。本電即發於會談之後。據森恪記述，本電初稿由他用中文起草，曾經孫中山及胡漢民修改⑥。根據本電，可見南京臨時政府財政困窘和需款北伐的情況，它說明孫中山、黃興等人並不是一個個心眼地想和袁世凱議和，只要財政上有辦法，議和即可中止。

森恪二月三日的電報比較簡略。二月八日，他有一封致益田孝的長函，詳細彙報了和孫中山會談的情況。據該函，當時在場的有南京臨時政府秘書長胡漢民、日人宮崎滔天、山田純三郎等人。會談中，森恪轉達了元老桂太郎的意見：

如閣下所知，如今世界為黃種人與白種人之戰場，為制止白人勢力先鋒俄國之南下，確保日本存在之安全與東洋和平，日本認為有以日本之力量保全滿洲之必要。為此，日本已不惜以國運為賭注，犧牲多數人之生命與財產。當俄國仍圖南下、德人佔據青島之際，滿洲終必假日本之手予以保全。以今日之大勢論，僅賴中國政府單獨之力保全滿洲，雖閣下恐亦難以確信；而以日本之立場觀之，更不能不深感一任中國政府獨自維持之危險至極。事實已很明白，滿洲僅賴中國政府之力已不能保全，此已為貴我雙方之所共認，故可斷言：滿洲之命運業已定矣。可以預料，革命政府之前途必有諸多困難，基於地理上、歷史上之特殊立場，如無日本之特殊援助，則成功之可能實甚渺茫。

倘閣下決心捨棄命運已定之滿洲，一任日本勢力發展，以此換取日本之特殊援助，完成革命大業，則日本必將立即採取必要手段以滿足其要求。為保全滿洲，日本已不惜進行第二次戰爭。當今之際，閣下如能默默合作，則（日本）國家懸繫已久之大問題可得解決，避免第二次戰爭，以小努力取得大利益。不知閣下決心如何？若閣下所思與鄙人一致，望速裁斷。⑦

森恪表示，這是桂太郎透露給益田孝的秘密意旨。倘孫中山有意實行，則可由孫中山或黃興中的一人秘密赴日，日本將派軍艦迎接，然後轉去京都，和從東京來的桂太郎會談，締結關於滿洲的密約。

聽了森恪的陳述後，孫中山表示：

何曾料到，桂公已有此決心？長久以來，自身為中國苦慮，為黃種人心憂。為東洋和平計，滿洲無論如何亦須保留於東洋人手中。因此，當此次舉事之初，余等即擬將滿洲委之於日本，以此希求日本援助中國革命。但日本疏遠余等，不相接近。當余發難之時，曾申請在日本立足，而日本官憲不允余入境。在此情形下，余以日本政治家並無包容余等之度量，因而離日轉依美國。然由於地理上、人種上之關係，中國如無日本之同情與支援，即將一事無成，此乃運命攸關，故余為如何取得日本之同情而煞費苦心。其結果，日本有志人士為革命政府盡力者日漸增多，而日本政府迄今仍無轉變表示，是以余等為日本政府之態度如何而日夜心憂。

孫中山又表示：

上述桂公之意，若在余自歐洲歸國途中，甚或在到達香港時獲悉，則余當即繞道日本，決定此一問題。然今日時機已失，事已遲矣。蓋當時凡革命軍之事，俱可依本人與黃興之方針而定，今則不然。如今各省贊同余等主張者，自動舉起革命之旗，加入余等行列，余等既缺兵權，又缺財權，故在貫徹主張時不能無所顧慮，凡大事必須由眾議決定。其尤要者，最近革命政府之財政匱乏已達極點，缺少財源，無以供應軍隊，幾陷於完全破產之境地。倘近數日內，無足夠之資金以解燃眉之急，則軍隊恐將解散，而革命政府亦將面臨瓦解之命運。在此嚴重時刻，倘余等數日間不能露面，恐將產生余等窮極逃走之流言。基於以上實情，在舊年年末以前，不論採取何種手段，亦須籌得足以維持軍隊之資金。之所以斷然實行漢冶萍日中合辦，以取得五百萬元資金者為此；此次又苦心焦慮，欲以招商局為擔保，籌措一千萬元借款者，亦為此。然而，雖經種種籌劃，而時光荏苒，交涉迄無結果。一面，軍費之困窮日益嚴重，於軍隊解散、革命政府崩潰之前，作為最後之手段，唯有與袁世凱締訂和議，以防天下大亂；而後徐謀軍費供應，策劃再舉，以武力掃除北京勢力，擬定革新天下之方案。近來已頻頻與北方就和議進行交涉，談判已漸趨成熟，雙方條件大體一致，只要南方決心一下，南北休戰言和，合為一體，隨時均可實現。然余等對於獲得財源，仍懷一線希望。倘或有幸，此刻能獲得防止軍隊解散之足夠經費，余等即可延緩與袁議和，俟年關過後再進一步籌借資金，而後繼續排袁，仍按原計劃，堅決以武力消除南北之異端，斬斷他日內亂禍根，樹立完全之共和政體，此即余等之設想。但據迄今為止之經過看來，獲得財源，仍無希望。倘或不幸，在五天之內，即至九日，舊曆年關之前，意欲籌得之一千五百萬元經費，如仍無成功之希望，則萬事休矣。只好在革命政府未倒之前，掌握機先，達成南北和議，將政權一時讓與袁世凱，除此別無他策。而政權一旦轉入袁氏手中，其後事態如何演變，實難遽料，而與日本簽訂密約之類，恐將無望。

談話最後，孫中山雖然再一次聲稱「時機已失」，但又表示，日本政府如確能「火速提供資金援助」，「余或黃興中之一人可赴日本會見桂公，就滿洲問題與革命政府之前途，共商大計。」⑧

這次談話具體地透露了孫中山的困窘處境。當時，南京附近集中了數萬軍隊，龐大的軍費和軍隊嘩變的擔憂已經壓得孫中山等喘不過氣來。正如他在致章太炎信中說：「（南京軍隊）

每日到陸軍部取餉者數十起」，「年內無巨宗之收入，將且立踣」。「無論和戰如何，軍人無術使之枵腹。前敵之將士，猶時有嘩潰之勢」⑨。二者所述，完全吻合。這段談話也告訴我們，孫中山與袁世凱的和談實非得已，租讓滿洲主要是爲了獲得「排袁」必需的經費，孫中山的理想還是「以武力掃除北京勢力」，「消除南北之異端，斬斷他日內亂禍根，樹立完全之共和政體」。

二月三日會談之後，森恪因與安徽銅官山礦業代表會見，離開南京，前往上海。五日，孫中山致電森恪，希望迅速得到日方關於一千萬元貸款的回答。同日下午三時，森恪致電益田孝：「滿洲。焦急等待對我等三日南京特急電之回答。」⑩二月六日，森恪得益田孝覆電稱：「絕密。滿洲使彼等極爲滿意。正經由正確之渠道解決財政問題。彼等將於今日會晤總理大臣。」⑪森恪接電後，於當夜致電孫中山：「滿洲事，尊意當可滿足。東京來電云：款事正在極力籌措中。與袁世凱之和議，在東京表明某種意向之前，望延期。尊意如何，盼急電覆。」⑫在森恪的電報還沒有到達南京的時候，孫中山又於六月下午五時致電森恪：「與袁世凱之和議延期至九日，望在此前給予確切答覆。」⑬八日，益田孝再次覆電森恪：「與袁世凱議和事，不容他人置喙；但可明告孫、黃：予等懷有深切同情。予等祈願孫、黃能在有利地位上進行妥協。」⑭電報聲稱：關於漢冶萍借款，當爭取於明日匯款二百五十萬元；銅官山（借款）亦可在明日給予確答；招商局借款如能成立，亦當努力敦促儘快匯款。關於滿洲問題，電報批示森恪勸告孫、黃，來一人到日本簽訂密約。並說，果能實現，「將進一步獲得更大的同情」

⑮。二月十一日凌晨一時五十五分，森恪再次致電益田孝：

頃據孫、黃所見，招商局借款之前途，難關尚多，頗費時日，故已不能依靠，目前軍隊大有解散之虞。在舊曆年關以前，除漢陽鐵廠之五百萬元借款外，尚須另行籌措一千萬元，是乃絕不可少之需要。如此項款額不能到手，彼等即不可能離開南京。彼等業已答應租借滿洲，要求在十天以內提供一千萬元。如能承諾，則黃興可即日前往日本，以簽訂秘密合同。究應如何辦理，希火速給予明確回答。茲事干系甚大，萬望全力以赴。⑯

招商局借款，即二月三日森恪電所述郵船會社借款，這一借款，本已於六日簽訂草約，但由於英國的介入，突生障礙⑰，以租讓滿洲獲取借款便成了孫中山和黃興的希望所在。

此電發出後，沒有任何回音。其原因，據南京會談的參加者山田純三郎回憶，在於陸軍大臣石本新六的反對。

按照日本軍部的擴張主義分子的觀點，在中日、日俄兩次戰爭中，滿洲是日本人爲之拋灑珍貴的鮮血的地方，理應享有一切權益，而無須以金錢收買⑱。同日，隆裕太后認可清帝退位優待條件，決定清帝下詔退位。

還在孫中山歸國之前，南北和議即已開始。孫中山於一九一一年十二月廿五日歸國後，和議繼續進行，但同時也在積極準備北伐。一九一二年一月上旬，孫中山組織了六路軍隊北伐，但是，各路均無很大進展，其原因之一就在於缺少經費。黃興曾在《覆張謇書》中表示：「援灤兵可即日出發，惟苦於無餉無械，不能多派。」又稱：「派軍艦去煙台與援灤同一事，以海軍以煙台爲根據地也。派人去天津之說，亦是要事，惟刻苦無款耳。」⑲由此可見，北伐計劃受制於經費的狀況。北伐既無從進行，於是孫中山、黃興等人又寄希望於和談，但是和談也並不順利。一月十九日，袁世凱提出，由清廷授與他組織臨時政府的全權，臨時政府設在天津。二十日，孫中山致電伍廷芳，表示：「清帝退位，政權同時消滅，不得私授其臣民。」對此，袁拒不接受。孫中山再次傾向於以戰爭解決問題。廿九日，南京臨時政府所轄各軍在清江浦召開軍事會議，部署北伐。與森恪的談判正是在這一情況下舉行的，它表現了孫中山爲取得北伐經費而作出的巨大犧牲和努力。

由於談判未成，孫中山只能接受他不願意並力圖避免的現實。山田純三郎回憶說：「孫先生方面，既無打倒袁世凱的武器，又無資金」，「不得不含淚同意南北妥協，最終讓位於袁世凱」⑳。山田的有關回憶，由於事隔多年，情節上有不準確的地方，但這一段敍述是符合事實的。

孫中山在不同年代發表過的有關言論

將滿洲租讓給日本並不是孫中山一時的考慮，根據有關資料，他曾在不同年代、不同場合多次發表過類似的見解。

據內田良平回憶，早在一八九八年，孫中山就曾對他說：「即使俄國乘革命之機奪取中國之領土，亦不足深憂。革命政府一旦成立，清朝政府必將奔逃滿洲，以俄國為後援，以維護其國命。為此，新政府不得不與日本結成同盟，攘擊俄國，與俄國之衝突終不可免。由此可以認為，革命愈早發生愈為有利。本來，吾人之目的在於滅滿興漢，革命成功之時，即使以諸如滿、蒙、西伯利亞之地悉與日本，當亦無不可。」㉑內田的這段回憶寫於一九三二年，和他在一九二三年完成的《硬石五拾年譜》有明顯不同。據《年譜》，孫中山當時只是表示：「中國革命倘成功，恢復俄國侵地乃容易之事，不足憂慮，何況日中提攜耶！」㉒完全沒有涉及滿洲問題。因此有些學者懷疑它的真實性。但該書又記載：一九〇六年，孫中山曾遊說日本朝野人士，聲稱：「滿蒙可任日本取之，中國革命目的在於滅滿興漢，中國建國在長城以內，故日本亟應援助革命黨。」㉓一九〇七年，慶親王奕劻致書伊藤博文，要求日本政府將孫中山驅逐出境。伊藤徵詢內田的意見，內田表示：「自前年以來，孫文屢向我朝野人士表示，日本如能援助中國革命，將以滿蒙讓渡與日本」。他向伊藤建議說：「縱令日本驅逐孫文出境，中國革命亦不能避免。日本為長遠著想，壓迫革命黨殊不明智，故不如勸孫自動離境。」㉔內田的這一段記載和《硬石五拾年譜》的相應記載是一致的㉕。此外，小川平吉也有一段回憶，可與內田的記載相印證。在《孫逸仙之革命與滿洲獨立》一文中，小川說：

孫逸仙與黃興俱長期流亡日本，接受有志人士之援助，與我輩亦有長期交往，我輩亦曾給予相當援助。彼屢屢向我輩陳述：日本需要滿洲，滿洲與日本有不可隔離之關係。其地原為滿洲人之土地，對我中國漢人來說並非絕對必要。我輩革命如能成功，如滿洲之地，即使滿足日本之希望，當亦無妨。上述主張，孫逸仙在座談中一再重複，此在有志人士之間殆為眾所周知之事實。㉖

小川並埋怨，辛亥革命後，革命黨人實行漢、滿、蒙、回、藏統一，創制五色旗，完全忘記了當年說過的話。不僅如此，《東亞先覺志士記傳》還說：一九〇〇年惠州起義之前，孫中山曾通過清藤幸七郎之姐，訪問日本婦女界著名人物下田歌子，請她協助盡力籌措軍費。下田稱：「革命成功之日，須將滿洲讓與日本。」孫答「可以。」㉗綜合這幾條材料，可以確認，辛亥革命前，孫中山流亡日本時已經有了以讓與滿洲換取日本援助的想法。

辛亥革命後，孫中山仍然如此。除上述一九一二年與森恪的會談外，日本資料中還有下列記載：

一．宮崎滔天之子宮崎龍介寫過一篇文章，題爲《桂公與孫文的密約——滿洲贈與日本》，其中談到一九一三年春，孫中山訪問日本時，曾對桂太郎說：「日本真正理解中國，能協力建設新中國，即使將滿洲等地提供給日本也沒有關係。」㉘山田純三郎也回憶，當時，桂太郎曾向孫中山說起日本人口增加的趨勢，表示將來日本人除向滿洲發展外別無他法，詢問孫

中山能否以共同的力量使滿洲成爲樂土。孫中山表示同意。㉙

二・一九一五年末或一九一六年初，孫中山和日本陸軍總參謀總長上原勇作密談，再次表示：「爲了立即打倒專制橫暴的袁世凱，確立全體國民所支持的革命新政府，收到中日結合的實際效果，希望日本至少以預備役將兵和武器編成三個師團，支援中國革命軍」，在這一條件下，「中國新政府可以東北三省滿洲的特殊權益全部讓予日本」㉚。據記載，孫中山當時說：

日本人口年年增多，東北三省的遼闊原野適於開拓。日本本土資源貧乏，而滿洲，則毋庸諱言，富有重要的資源，日本矚目斯土，乃當然之國策。對此，我等中華革命黨員能予充分諒解，故可以滿洲作為日本的特殊地區，承認日本移民和開拓的優先權。㉛

孫中山並說、不僅滿洲，「中國本土的開發亦唯日本的工業、技術、金融力量是賴」㉜，和以往不同的是，孫中山明確聲明：「東北三省是中國的領土，吾等堅決維護固有的主權，雖寸土亦不容侵略」㉝。

三・一九一七年九月十五日，日本社會運動家河上清訪問廣東軍政府，孫中山又曾表示，希望日本方面給予「武器、軍火和大量貸款」。他說：「這樣，我們就能推進到揚子江流域，將我們的政府遷移到華中的某一戰略要點，然後，向北京進軍。」他聲稱，一旦完成任務，爲了中國和她的鄰國的完全解放，將與日本結盟，並且宣佈「亞洲是亞洲人的」這一原則。孫中山特別說明，一旦他掌握了權力，將愉快地將滿洲交給日本管理。對此，孫中山解釋道：

當然，我們樂意將滿洲保持在自己手中，但是，我們不像你們那樣需要它，我們認識到你們巨大的正在增長的人口迫切需要活動場地，中國在南方有豐富的發展餘地，千萬中國人民已經或正在去蘇門答臘、爪哇、西里伯斯島、婆羅洲、海峽殖民地、法屬印度支那、暹羅、緬甸等地，成為富裕者，並且每年寄回家鄉幾百萬美元。這樣廣闊的區域合法地屬於亞洲，它們是中國的希望所在，比滿洲更能給人以指望。㉞

在這次談話中，孫中山從「大亞洲主義」的立場出發，說明了樂於將滿洲交給日本管理的原因。其中所談日本人口問題可以和一九一三年與桂太郎的談話互爲印證。

孫中山的這一思想一直延續到一九二三年左右。據日本陸軍參謀佐佐木到一的記載，當年，孫中山還曾對訪問廣東的日本人說，「將來國民黨實現對中國的統治的時候，必定將滿洲委託給日本」㉟。只是在國共合作並實行聯俄政策之後，孫中山才不再發表類似的言論。

上述資料，除個別屬於記者採訪外，大多數是當事人的回憶。由於並非一人，也並非出於一時，自然排除了無中生有的可能。當然，正像我們已經指出的，回憶錄不可能像文獻一樣準確，它們既可能包含作者記憶的訛誤，甚至還可能包含作者由於種種原因而對歷史作出的增飾、隱諱或歪曲。上述資料的價值自然比不上森恪遺留下來的函電，但將二者結合起來考察，它們所反映出來的基本史實應該是毋庸置疑的。

怎樣認識這一現象

一切歷史現象的發生都有它的根據。要理解孫中山上述關於「滿洲」問題的主張，就必須從他的思想和當時的歷史環境中去加以分析。

第一，辛亥革命是一場反封建的民主革命，但它又是一場披著民族鬥爭外衣的革命。狹隘的民族主義情緒曾經蒙蔽了當時大多數革命家的眼睛，並使他們在滿族、滿洲地區問題上作出了錯誤的判斷。如所週知，滿族是我國多民族大家庭中的一個民族，滿洲地區是我國神聖領土中的一部分。但是，辛亥革命時期，不少革命家卻錯誤地稱滿族為「異族」或「異種」，從而將滿洲地區視為「化外之地」。創建興中會時，孫中山即以「驅除韃虜，恢復中國」為目標。一九〇六年制訂的《中國同盟會革命方略》稱：「今之滿洲，本塞外東胡，昔在明朝，屢為外患。後乘中國多事，長驅入關，滅我中國，據我政府，迫我漢人為其奴隸，有不從者，殺戮億萬，我漢人為亡國之民者二百六十年於斯」。㊱這裏，顯然將滿族和滿洲地區都排斥於「中國」之外。不久，這一問題即成為《民報》與《新民叢報》論戰的重要內容，《民報》作者們反覆說明，「滿洲人非中國之人民」，「滿洲建國以前為中國之羈縻州，建國以後為中國之敵國」㊲。孫中山在「滿洲」問題上的主張，顯然與這一錯誤認識有關。

第二，辛亥革命又是一場反帝鬥爭，目的是振興中華，挽救國家危亡。但是，這一鬥爭又披著黃色人種與白色人種，亞洲人與歐洲人鬥爭的外衣。日本與中國同爲黃色人種，在歷史上和中國文化淵源較深，素有「同文同種」之稱。明治維新以前，日本和中國一樣受西方列強的侵略，因此，在當時中國不少革命家中，有著強烈的親日本的傾向。他們認爲日本和中國「利害相關」，幻想和日本團結起來，抵禦西方侵略，振興亞洲。孫中山長期有著「大亞洲主義」思想。十九世紀末，日本廢除了和外國訂立的不平等條約，孫中山認爲是「我們全亞洲民族復興的一天」。一九〇四年的日俄戰爭，孫中山認爲是「亞洲民族在最近的幾年中頭一次戰勝歐洲人」，把它看作是亞洲民族獨立運動中的大喜事㊳。一九一一年，孫中山主張亞洲各國聯合起來，成立亞洲各國同盟㊴。一九一三年二月，孫中山在東京演說，認爲「中日兩國協力進行，則勢力膨脹，不難造成一大亞洲，恢復以前之光榮歷史」㊵。三月，在大阪演說又稱：「惟冀自今而後，益提攜共同防禦歐西列強之侵略，令我東洋爲東洋人之東洋」。㊶爲了振興亞洲，孫中山甚至有過撤廢中日兩國國界的念頭。一九一五年底或一九一六年初，他在和上原勇作密談時說：「倘日本真能以互助的精神，誠心實意地援助中國的革命統一，相互提攜，爲亞洲的獨立與復興通力協作，則中日兩國的國界難道不也可以廢除嗎？」㊷從前引孫中山與森恪、河上清的談話可以看出，孫中山然在「滿洲」問題上的主張，顯然與他的「大亞洲主義」思想有關。

第三，孫中山長期處於孤立無助狀態，有其特殊的軟弱性。孫中山開始革命活動後不久，就把希望寄託在列強，特別是日本援助上。一八九七年，他在與宮崎滔天筆談時就曾表示，要「暗結日、英兩國爲後勁」㊸一九〇〇年，他托日人菅原傳向日本政府要求，「暗助一臂之力，借我以士官，供我以兵械」㊹。當年十月，他並曾計劃由台灣引日本兵在廈門南方的雲霄縣銅山港登陸㊺。一九〇三年，他又致函平山周，詢以在日俄發生戰爭時，「能否運動政府兼圖南局，一助吾人之事」㊻。在孫中山留下的全部文獻中，這種要求日本和列強援助的資料很多。爲了爭取這種援助，孫中山曾特別宣佈，「共和國承認滿洲政府給予外國人的一切特權和租讓權」㊼。同意租讓滿洲，也正是爲了爭取這種援助。孫中山不瞭解，如果真這樣做了，將不僅不能換取他所期望的中國革命的勝利，而且將給中華民族帶來巨大的災難。本世紀三〇年代，日本帝國主義在我國東北製造「滿洲國」，內田良平、小川平吉等人積極爲之鼓吹，其「理論」根據之一就是孫中山關於「滿洲」問題的言論。

誠然，爲了中國的獨立和富強，孫中山鞠躬盡瘁地奮鬥了一生，這是一個無可爭辯的事實；但是，也正是爲了這一目的，他又在相當長的時期內，準備將滿洲租讓給日本，這應該也是事實。問題的全部複雜性也在這裏。我們當然不應該因此而否定孫中山在近代中國史上的崇高地位，當然同樣也不應該爲了維護這種地位而諱言有關事實。歷史家所追求的只有真實和真理。對孫中山如此，對其他歷史偉人也應該如此。

【附記】

本文寫作過程中，承藤井昇三、狹間直樹、石田米子教授惠寄資料多種，又承鄒念之先生熱心細緻地校訂譯文，謹此致謝。

【後記】

高崇民《上半生簡述》云：「一九一五年袁世凱陰謀要作皇帝，與日本訂立賣國條約廿一條。孫中山為換取推翻袁世凱，一度主張把東三省讓給日本。我在日本留學東京時，親耳聽到中山這種錯誤主張，表示堅決反對，黃興當時也反對。」（《高崇民詩文集》，瀋陽出版社一九九一年版第三十四頁）黃興於一九一四年六月離日赴美，一九一六年五月自美抵日，高崇民的回憶在時間上有誤，但它卻為本文提供了中文方面的佐證。據高崇民夫人稱，當時曾有人建議高將此段回憶刪去，但高堅持是歷史事實，不肯刪去。

（原載《近代史研究》一九八八年第六期。）

① 參見山本四郎：《辛亥革命と日本の動向》，《史林》，一九六六年第一期；久保田文次：《孙文の「满蒙让与论」について》，《中岛敏先生古稀纪念集》（一九八一年）；藤井昇三：《孙文の对日态度》，《石田忠雄教授还历纪念论文集》，（一九八二年）。

② 井上馨文書，日本國會圖書館憲政資料室藏；三井文庫亦藏有此件，文字稍有不同。

③ 《原敬日記》第五卷，明治四五年（一九一二）二月九日，昭和二六年版，第十七至十八頁。

④《原敬日記》第五卷，明治四五年（一九一二）二月九日，第十七至十八頁。

⑤伊東米次郎：《關於招商局借款的電報》，一九一二年二月一日、二日，井上馨文書，日本國會圖書館藏。

⑥《森恪致益田孝函》，一九一二年二月八日，三井文庫藏。此函由藤井昇三首次發現。

⑦《森恪致益田孝函》，一九一二年二月八日。

⑧《森恪致益田孝函》，一九一二年二月八日。

⑨《孫中山全集》第二卷，第八五至八六頁。

⑩、⑪、⑫、⑬《森恪致益田孝函》，一九一二年二月八日。

⑭、⑮《益田孝致上海森恪電》，井上馨文書，日本國會圖書館憲政資料室藏。

⑯井上馨文書。

⑰參見《内田外務大臣致伊集院駐華公使電》，鄒念之：《日本外交文書選譯》，中國社會科學出版社版，第三六〇至三六一、三六六至三六七頁。

⑱山田純三郎：《シナ革命と孫文の中日聯盟》，見嘉治隆一編：《第一人者の言葉》，亞東俱樂部一九六一年版，第二六八頁。

⑲《黃興集》，中華書局版，第九九至一〇〇頁。

⑳《シナ革命と孫文の中日聯盟》，見嘉治隆一編：《第一人者の言葉》，第二六八頁。

㉑《日本の亞細亞》，黑龍會出版部，昭和七月十二日，第三三一頁。

㉒《孫逸仙之支那革命與余之日露開戰論》，《硬石五拾年譜》（內田良平自傳），昭和五三年版，第五二頁。

㉓、㉔《日本の亞細亞》，第三四〇頁。

㉕參見《硬石五拾年譜》，第一五一頁。

㉖見《滿洲はどうなるか》，一九一三年版。

㉗昭和十一年版，第六七三頁。

㉘《宮崎滔天全集》第五卷，第五四八頁。

㉙山浦貫一：《森恪》，高山書店，一九四三年版，第四〇八頁。

㉚山中峰太郎：《アジァの曙》，一九六三年版，第二三五頁。

㉛山中峰太郎：《アジァの曙》，第二三四頁。

㉜山中峰太郎：《アジァの曙》，第二三六頁。

㉝山中峰太郎：《アジァの曙》，第二三四頁。

㉞K.K.Kawakami（河上清）：SunYat-Sen’s GreatAsian Doctirne，見日本辛亥革命研究會《辛亥革命研究》第五號，一九八五年十月。

㉟《ある軍人の自傳》，勁草書房一九六七年增補版，第九二至九三頁。

㊱《孫中山全集》第一卷，第二九六至二九七頁。

㊲《斥為滿洲辯護者之無恥》，《民報》第十二號；參見韋裔：《辯滿人非中國之臣民》，《民報》第

十四至十五頁。
㊳《孫中山全集》第十一卷，第四〇二頁。
㊴《孫中山年譜》，中華書局一九八〇年版，第一一五頁。
㊵《孫中山全集》第三卷，第二七頁。
㊶《孫中山全集》第三卷，第四二頁。
㊷山中峰太郎：《アジァの曙》，第二三四頁。
㊸《孫中山全集》第一卷，第一八七頁。
㊹《孫中山全集》第一卷，第二〇一頁。
㊺、㊻《駐福州領事豐島舍松致外務大臣青木周藏電》，《歷史檔案》一九八六年第三期。
㊼《孫中山年譜》，第一二四頁。

孫中山與民國初年的輪船招商局借款

——兼論革命黨人的財政困難與辛亥革命失敗的原因

一、緊隨突然勝利而來的巨大財政需求

一九一一年十月十日的武昌起義是一次突然的勝利，幾十天之間，革命黨人迅速奄有南方半壁江山。但是，這突然到來的勝利也突然帶來了巨大的財政需求。革命黨人要建立全國性的政權，要興師北伐，在在需要經費，其總數，當以億元計。不幸的是：當時國窮民困，各地庫存空虛；列強又迅速控制了海關稅款，這就使得原來並無財源的革命黨人碰到了一個十分難以解決的問題。

武昌起義後，孫中山迅速意識到，必須加緊籌款。十月卅一日，他致函美國人荷馬里稱：「如得財力支持，我絕對能控制局勢。在我們到達之前，不可能組成強有力的政府，因此貸款是必要的。」①他決定暫不歸國，先赴巴黎、倫敦借款，但是，革命軍尚在和清朝政府對壘，勝負難明，西方的資本家採取「金融中立」政策，不肯輕易解囊，孫中山只能空手而歸。

革命黨人當時到底需要多少錢呢？十二月十六日，孫中山對鄧澤如說：「中國今日非五萬

萬不能建設裕如。」②同月廿五日，孫中山自香港赴上海途中，曾對日本友人山田純三郎說：「幫助搞點錢吧！」「越多越好。」「一千萬、兩千萬都可以。」③這個數字雖曾驚得山田純三郎目瞪口呆，但只可以看作是孫中山的初期財政預算。

精於理財的實業家張謇也有一本賬。他認爲：新政府的開支至少每年須有一億二千萬兩，每月須有一千萬兩；扣除可能得到的收入，新政府每年將短缺八千萬兩。當時，曾有人動員他在未來的臨時政府中出長財政，但他自覺無力解決這一難題，聲稱「下走無點金術，雖犧牲之而無裨毫末」，不肯就職。④

張謇無法解決，希望只能寄託在孫中山身上。孫中山未到上海前，就傳說他挾有鉅款；一到上海，被記者問到的問題之一就是帶回了多少錢來支持革命軍。不料孫中山的回答卻是：「予不名一錢也，所帶回者，革命之精神耳！」⑤「革命之精神」固然可以鼓舞士氣，但是，並解決不了實際問題。孫中山不得不絞盡腦汁，殫精竭慮，爲南京臨時政府的財政找尋辦法。

武昌起義前，革命黨人的活動經費主要來源有二，一爲募捐，發行債券。二爲向資本主義國家的政府或私人借貸。武昌起義後，基本上也仍然是這兩條路子。十二月末，孫中山連續致電南洋和舊金山等處華僑，說明「現爲組織中央政府，需款甚巨」，擬以國債形式「徵集大款」。⑥一九一二年一月八日，孫中山批准發行中華民國軍需公債，定額爲一萬萬元。但是，募集需時，遠水解不了近渴，而且所得也不多。中華民國軍需公債自二月二日起發行，僅得七百三十餘萬元。⑦因此，革命黨人一開始就將希望主要寄託在第二條路子上。一九一一年十一月卅一日，爲了進攻南京，革命黨人向日本大倉洋行借款銀五十四萬餘兩，用於訂購軍械和作戰需要。⑧其後，爲了成立南京臨時政府，又由黃興經手，向日商三井洋行借款三十萬元。但是這一點款項對於南京臨時政府來說猶如杯水車薪。因此，黃興不得不迅速派何天炯東渡，向日本財團謀款。其後，遂有中日合辦漢冶萍公司，借款五百萬元之議；又有以輪船招商局爲抵押，借款一千萬元的談判；還有委託日人阪谷方郎、原口要、澀澤榮一建立中央銀行，籌款一億元的計劃。

二、輪船招商局貸款的由來與股東們的抵制

輪船招商局成立於一八七二年十一月。初由李鴻章撥直隸練餉製錢二十萬串（約合銀十萬兩），札委三品銜道員朱其昂辦理，另各商認股十萬兩，屬於官督商辦企業。後在盛宣懷推薦下，招致唐廷樞、徐潤等大買辦入局，資本和輪船數都大爲增加。至一八九四年，有江海輪船廿六艘，總噸位三萬五千四百七十五噸，每年營業收入平均規銀兩百萬兩以上，歷年盈餘總數達一百六十四萬零四百二十三兩。至一九〇二年，資本實值兩千萬兩。一九〇九年，由官督商辦改爲商辦。一九一〇年八月，清政府郵傳部命招商局確守成規，繼續實行官督商辦。至一九一一年，共有江海輪船廿九艘，總噸位四萬九千三百七十三噸。

在招商局的發展過程中，其主管人員屢經變遷。一九〇六年，袁世凱委任王存善爲總理，

一九〇九年，盛宣懷、鄭觀應等九人被選爲董事，以盛宣懷爲主席，王存善爲會辦兼總稽核。一九一〇年，清政府任命盛宣懷爲董事會會長。一九一一年初，盛宣懷任郵傳部尙書，辭去會長職務，股東們繼選伍廷芳等爲九人爲議事董事，唐德熙等三人爲辦事董事。但是，盛宣懷仍然保有招商局的巨大股份，並擁有巨大控制力量。

在郵傳部任內，盛宣懷實行「鐵路國有」政策，以商辦粵漢川鐵路路權換取英、法、德、美四國銀行團的借款，激起四川各省人民的保路風潮，受到普遍反對，並被清政府革職。十月廿八日，盛宣懷逃離北京，經青島、大連逃往日本。他一面寄希望於袁世凱對革命的鎮壓，一面則千方百計，設法保護其企業和財產。招商局的董事中，伍廷芳支持革命，但大多數則持敵對態度。十一月四日上海獨立後，招商局和其他公司一樣懸掛白旗，表示歸向革命，但是，這不過是一種應付之計。當時，革命黨人已開始徵用招商局的船隻以應軍需，盛宣懷等擔心會進一步發生強迫捐獻、押收、接管等情況，遂決定以所有財產爲抵押，向英國滙豐銀行借款一百五十萬兩，企圖以外商爲保護傘。其後，招商局從借得的一百萬兩中，提取十萬兩捐給革命軍。革命軍接到了這筆款子後，伍廷芳即將其中的一萬五千兩滙往倫敦，購買飛機。但是，區區十萬兩不能滿足革命黨人的財政需要，因此，要求招商局續捐四十萬兩。十二月上旬，黃興等與日本大倉洋行上海支店代表井戶中佐談判，擬以該局的所有財產爲抵押，換取四百萬元貸款。⑨一九一二年一月，南京臨時政府成立，需款更巨。同月二日，內閣會議決定，爲「籌措軍餉，擬將招商局抵押一千萬兩」⑩。但是，這一決定受到了招商局的大多數董事們的抵制。

招商局多數董事反對的公開理由是：盛宣懷已因借外債失足，革命軍若再以國家不可缺少的事業團體作抵押向外國借債，極不得當。而其內心的秘密則是不願以自己的財產爲革命軍作抵押。日本駐上海總領事有吉明向本國政府報告說：「（董事們顧慮）將來不論勝敗誰屬，在日後整頓該局財產時必將發生問題，故對借款之議多不贊成。」「負債者固然是革命黨，但該局一旦承認以其所有財產充當抵押，則今後對其產業即不能自由使用，且平日之營業活動亦必受到束縛。」⑪以總辦爲首的各常務董事更害怕股東們將來追究責任，不想承諾。他們一面表示願從滙豐銀行借款中續捐廿五萬兩，一面則力謀托庇於外人。一月六日，總辦王存善（子展）訪問日本駐上海總領事有吉明，尋求保護。王稱：革命軍不但任意徵用船舶、倉庫等，不付任何報酬，而且不斷強令捐獻。本人及各大股東意見，擬於今年三月份召開股東總會，一舉賣卻了事。他要求有吉明屆時代爲斡旋，由日本承購。⑫此後，招商局的董事們紛紛「告退」，拒不出席董事會例會。

三、黃興與軍界施加壓力

鑒於招商局董事們的抗拒態度，黃興與軍界決定施加壓力。一月二十日，廣東北伐軍總司令姚雨平、光復軍總司令部李燮和、浙軍司令官朱瑞、輔軍師團長黎天才、第一師團長柏文蔚等十八支部隊的首長聯署，代表中華民國軍界致書招商局總理、協理、董事等人，說明軍興之際，需款浩繁，必須借外債的理由。函件以極爲嚴厲的口氣警告說：

執事等別有謀劃，欲危民國，以利一己，是為我民國之公敵，我軍人等當先誅之。且貴局官股外，大半為盛氏私產，例應清查沒收。

函件限令招商局於四十八小時內答覆，「如執事等猶疑不允，姚等將執干戈與貴局從事，執事等其勿悔！」⑬這就是說，你不答應，我就要武力解決了。

事情既然如此嚴重，招商局的辦事人員如何敢怠慢！立即於同日召開會議並於同日致函董事會會長、當時在南京臨時政府擔任司法總長的伍廷芳，表示接受條件。函稱：「今日會議此事，有關民國需要，即爲同胞利福，如蒙中央政府承認擔保本息並有受押之主，自當允照辦理。」但是，梁等又表示，「各股東多在遠地，不及布告通知，未識會長意旨如何？」⑭把決斷權扔給了伍廷芳。伍廷芳自然不願負責，他一面表示，辭退會長及董事職務，一面勸董事會「將就」⑮。

南京臨時政府方面等不得招商局董事會猶疑。一月廿一日，陳其美照會招商局，特別說明陸軍部各軍將士公函系陸軍部總長黃興交下，至廿二日午後三時，四十八小時的期限即滿，要求迅速「查照承認」⑯。但是，廿二日董事會開會時，只有廣東籍兩個董事贊成，其餘都避不到會。同日，招商局致電孫中山、黃興，聲稱此事非常重大，非董事所能解決，要求允許電召各省股東來滬，於十日內召開大會，共同議決，「以表一致歡迎之誠意」⑰。

招商局主事人員的策略是拖，但南京臨時政府連十天的時間也不肯給。一月廿二日，黃興致電陳其美：要求招商局於廿三日午前回答，否則，將會同海軍部下拘捕令。⑱不過，黃興大概也考慮到，此事不可一味蠻幹，於是，在威嚇之餘，又致電招商局稱：「軍需孔急，所請展期十天，萬難照準。惟所稟各節，亦尚情有可原，本部體貼商情，准展限三天，至二十七日止，確實答覆，萬不能再有遷延，致誤軍需，有干未便。」⑲

黃興既然鬆了口，招商局的主事人員便分電孫中山和黃興，要求南京臨時政府有「確實擔保，並相當利益」，以便爭取股東們不致臨期反對；同時又提出，召集股東會議的電報已經發出，廣告亦已刊出，無法更改，仍然要求展期至二月一日。⑳黃興同意展期，但批駁了招商局關於「確實擔保，並相當利益」的要求，電稱：「國內財產，皆須國力保護，不得已而藉以抵借外債，實因新造國家，不當索國家之擔保；若使國家不可信，覆巢之下無完卵，擔保物安能作用？該局特未之思耳！至借該局抵借外債，原屬虛抵，於該局權利，略無變更，更無要求特別利益之理。」㉑不過，在稍後一天，孫中山則大度地表示：「貴局既能為國盡力，當有相當之報酬。」㉒

除董事外，招商局的股東們也強烈反對南京臨時政府的抵押計劃。廣州港澳股東甘作培、唐安等致電孫中山，要求體恤商民艱難，取消抵押，保全政府名譽。㉓鄧榮基堂等致函董事會，以革命黨人遵奉的根本理論原則相抗。函稱：「竊思共和政策首重自由，招商局爲完全商股，並無官股，既爲商業，系商人自享之利益。即欲急公奉上，亦須由商人出於至誠。政府斷無干預攘奪之利。」函件並稱：「如果欲取商業之股份爲政府不時之需，以視滿清收鐵路爲國有何如？」㉔部分上海股東也致函聲稱：到會人數如達半數，決議有效，不過半數，不論可決、否決均屬無效。函件同樣用革命黨人遵奉的原則作爲抵抗武器：「民軍既口共和，則凡事皆須照共和做去。」㉕

二月一日，招商局臨時股東總會在上海張園召開。陳其美發言稱：「專制政府，尚未推翻，軍餉器械，在在需款。籌款之法，至今日已勢窮力竭，惟有借款之一法。」次股東張叔和發言，聲稱「招商局連年虧折，不如趁此時機，爲政府效力，他日可向政府要求權利，俾營業日漸發達。」㉖會議主持人徵詢到會股東意見，無人作聲。於是，陳其美即致電孫中山、黃興及南京臨時政府各部部長，報告「喜訊」。電稱：「各股東全體承認無反對，洵屬熱心愛國，深明大義。從茲餉糈有出，健兒北伐，犁庭掃穴，指顧間耳！」㉗二月二日，孫中山也致電招商總局董事及股東，表示嘉獎：「得滬都督陳其美電，知貴局昨在張園開設股東大會，各股東全體承認，無一反對者，洵屬熱心愛國，深明大義，欽佩之至。請貴局總董迅即派員來寧與政府接洽一切，事可速成。」㉘同時，居正也代表內務總長程德全致電嘉獎：「從此軍餉有著，軍心益壯，努力北伐，指日成功，俾吾國民脫專制之苦，享共和之福，皆公之賜也。」㉙

其實，陳其美報告的是假情況，二月二日，招商局致孫中山、黃興電報告的才是實情。

該電稱：多數股東均因路遠期促，不及到會；當日到會的股東只擁有四千三百九十六股，僅得十分之一；另有大量股東表示反對。同時，招商局的主事人員將反對的電函一一抄呈，要求孫中山等人「核奪」。㉚其中有一份署名江粵股東兩百二十股趙尙勇等一百五十人的公啓竟稱：「側聞貴局有意獻媚民軍，聽信朱葆三、王益亭之言，將局產擅行抵押，假張園數千股之名義，十餘分鐘之時限，兩書記之報告，即作爲四萬股股東全體承認，環球各國有此法律耶！」趙尙勇等表示：「全賴股利以度日，朝不保暮。倘貴議董、局董擅自定議，尙勇等當以洋槍、炸彈對待，不共戴天！何人居住何處，均已訪查明白。特此預告，凜之戒之！」㉛招商局接到的這些函電有些可能是主事人員的僞造，不過股東們大多持反對態度則是確定無疑的。

面對招商局董事們的合法抵制，孫中山不可能真正用軍隊和武力來解決問題。二月三日，孫中山於無可奈何之中覆電招商局，邀請該局派人來寧商議。電稱：「日前股東開會議決，具見同情。至遠地未深明委曲者，當不難於疏通。無論如何，仍請派員來寧熟商一切。」㉜電發，招商局的主事人員答稱：董事會的成員已經辭職，又無決議，難以執行；在局各董，無此權責，不能越俎，已經登報要求各股東推舉代表來滬赴寧，接洽辦理。㉝同時，又繼續抄呈各地股東的反對信函，以「民意」相抗。順直股東宋樹聲等不僅批評革命黨人「陽言共和，暗圖專制，較之滿奴時代有加無已」，而且揭露張園會議的真相：「股東鼓掌者僅有兩人，何得謂之全體股東贊成？此等野蠻舉動，豈能遮盡天下人之耳目！」㉞

四、日本急於吞下招商局

除輪船招商局外，當時在中國長江流域經營航運業的還有英國太古、怡和、日本郵船株式會社及日清汽船株式會社等公司，形成中、英、日等國多角競爭的局面。其中，英商長期獨霸，勢力深厚，日資發展迅猛，勢頭強勁。為了進一步壯大自己，壟斷中國航運，日資早就垂涎於輪船招商局，急於吞下這一塊肥肉。現在有了機會，自然不肯錯過。一方面，他們緊緊抓住孫中山和黃興，一方面則力圖排除其他國家的競爭對手。

日本政府一開始就注視著輪船招商局的借款談判。十二月七日，外務大臣內田康哉致電駐上海總領事有吉明，告以日本郵船及日清汽船兩公司通過大倉洋行上海支店正在與輪船招商局進行的談判，要求有吉明向該店詢明情況，儘量予以協助，促其實現。㉟一九一二年一月三日，盛宣懷等逃到日本。一月六日，招商局總辦王存善訪問日本駐上海總領事館，要求將招商局「一舉賣卻」時，有吉明立即答應。他建議：為與日本方面事先結成關係，先以低利向日本方面借款，償還此前向英國滙豐銀行所借之款。有吉明希望內田就近向盛宣懷「密行勸誘」㊱。一月七日，王存善托有吉明轉交一封信給盛宣懷，有吉在向內田彙報時稱：「估計招商局所有資產當不下一千萬乃至一千三、四百萬兩。我方如能充分給予有利條件，並採取安全措施，向該局股東等保證此項價款不致被革命黨所沒收，則此事看來不無成功之希望。」㊲

一月下旬，德國捷成洋行、英國滙豐銀行、太古洋行及美國有關方面加入競爭，爭相承抵，日本郵船株式會社與日清汽船株式會社立即通告孫中山、黃興，聲稱一千萬兩已經備妥，要求孫、黃作出承諾，一定要與日本方面商談。㊳廿五日，有吉明致電內田，表示「此舉頗合機宜」，希望內田督促日本財團速下決心。廿七日，內田覆電有吉，除贊成所擬合同第七款所載：「招商局因其本身業務經營之需要而進行此項借款」，以避免露出日本公然向革命軍提供軍費的痕跡外，特別指示，無論如何，要設法令英商太古洋行一類對手「罷手」。㊴

為了促使日方迅速決定，孫中山、黃興有意向日方談判代表揚言，如日方無保證，將向美國方面交涉，條件更優。一月廿五日，日本郵船株式會社上海支店長伊東米次郎致電東京總社，報告有關情況。電稱：「故一千萬元之貸款，若有可能，望立即予以保證。」㊵其後，伊東米次郎親赴南京，提出要全部收買輪船招商局，遭到黃興拒絕。二月一日夜，伊東急電東京總社云：「看來除進行貸款交涉外並無他策。彼曾提出借款一千萬兩，我方如以年息七厘提供一千萬圓（日元），本人認為可能簽訂合同。惟現時與招商局簽訂合法之正式合同，殊非易事；但為排除競爭之干擾，在近期內與民國政府簽訂臨時之草約，則甚為必要。當然，在合法之正式合同成立之前，我方不承擔任何金錢上之責任，本人按此辦法進行策劃，未悉是否得宜，希即電示。」該電並稱：「又據告知，美國財政專家司戴德氏已於一月廿九日抵達本地，正在進行以招商局為抵押之一千萬兩的借款交涉，云云。」㊶二月二日，伊東再電東京稱：「因與黃興有約，已定於明日下午一時前往南京，切望在本人動身之前來電指明辦法。」同時，伊東並稱：「德國商社捷成洋行亦正在進行此項交涉」㊷。此電發出後幾個小時，伊東又致電東京稱：「德、美兩國資本家聯合提出：僅以土地爲擔保，提供貸款一千萬兩，彼輩之估價爲二千萬兩。條件是立即清還滙豐銀行舊債，然後將地照轉托德國銀行。基此形勢，我方如不能以同等款額和同樣條件進行周旋，則交涉恐將失敗。」㊸三通電報，反映出日本方面控制輪船招商局的急迫心情。

日本與孫、黃關於招商局的談判引起了英國的注意。二月五日，英國駐日大使訪問日本外務省，聲稱：「上述借款之一部分，無疑將提供革命軍作爲軍費使用，希望貴國政府加以制止。英國政府將繼續盡最大努力制止本國財團向官、革雙方之任何一方提供借款，確信貴國政府亦應採取同樣措施。」㊹八日，內田致電山座駐英臨時代理等，說明日本政府對招商局談判「已決定不予鼓勵」，但也不準備勸阻。㊺其後，英國滙豐銀行、太古洋行的競爭加劇，日本財團決定承擔，先付一百萬元，內田指示：「關於此事之進行，我國政府及官員表面上並不予以支持」，但「從背後給予必要之援助」。㊻

五、《契約書》草約的簽訂

二月六日，伊東米次郎與孫中山、黃興簽訂《契約書》草案。共五條。規定「以招商局現有水陸財產之全部爲抵當借款之目的」；民國政府與日本郵船株式會社對於本契約「絕對互守秘密」；借款額爲日金一千萬元，年利七釐半，交款五年後，分十五年償還；輪船招商局至期不能支付本息時，日本郵船株式會社將取得輪船招商局的營業權，一切抵押物，日本郵船株式會社可以出賣、借貸、轉押；本借款成立後，日本郵船株式會社即有權監督輪船招商局的營業、財產、會計等。㊼

為了化解矛盾，爭取支持，孫中山於二月六日致函招商局各董事與股東，函稱：「政府因於軍需、國用孔亟，非得鉅款無以解決民國之困難。戰士既不憚犧牲其生命，在我商民亦必各致其力盡義務於國家。」函件並保證三點：一・此項借款，其本利俱由中華民國政府擔任償還，不使招商局受絲毫之損害。二・招商局如承認此次借款，中華民國當承認招商局為民國國家遊船公司。三・擴張其外洋航路，予以相當之補助津貼，其詳細辦法可俟協商之。㊽其後，孫中山又採取移樽就教的辦法，主動派汪精衛到上海，偕同陳其美與與招商局主事人員洽商。此間，伍廷芳也同意擔任董事會會長一職。這樣，事情似乎有了某些轉機。

二月九日，招商局發出由汪精衛代擬、伍廷芳交下的致各董事函稿，說明此次借款，本金及利息概由政府擔任償還，不僅於股東無絲毫損害，而且對招商局還有優待條件；只以局產作為抵押，並不請外人監督。二月十日，招商局董事會開會，出席董事五人。伍廷芳派溫宗堯代表參加，即由其主持，說明招商局對於此次此借款，「有不可不贊成之理由」，陳其美、汪精衛出席會議，作了勸告和說明，並代表政府簽署了優待招商局的公文。會議通過汪精衛所擬廣告稿，中云：董事等詳審以上情節，知此次借款與我各位股東絲毫無損，雖暫將局產作為虛抵，而既由政府擔任償還，將來之危險無從發生，目前之利益亦無妨害，況尚有種種利益以為酬報，似無庸疑慮。當此民國甫建，軍需孔亟之時，凡我國民，皆宜有所盡力，以負責任。想我各位股東，既諗內容，必無異議。除由董事等一致承諾外，謹此公佈，以慰群情。㊾二月十三日，財政部朱葆三持董事會諸人簽字，到局取去通商銀行股份票二十萬兩。

此次會議，雖然勉強作出決議，但事情並不就此平靜。二月十三日，董事梁慶榴致函董事會，提出尚待研究的兩個問題：一是當時的民國政府是臨時政府，和議成功後即須取消，另行組織新政府，屆時此項押款是否仍有效力，必須有確實保證。一是外人久已垂涎於招商局，必須在訂立合同時，兩方均請律師簽字，說明外人不得藉端派人干預局事。㊿在此前後，黎元洪也致電孫中山表示反對，電稱：「招商局爲國家之重要交通機構，若以該局爲抵押讓與外人，在揚子江流域交通事業悉將歸於外人掌握之中。」十七日，再電稱：「招商局借款，倘能成立，則民國之航權必隨之而喪失殆盡」，「萬勿因眼前之小利而輕聽外人之甘言」。51

面對各方的反對浪潮，孫中山等人不得不做疏解工作。二月十三日，孫中山致電港澳招商局股東，一方面說明此項借款，於招商局權利無損，同時委婉地提出告誡與批評：「須知將士爲民國不惜身命，商民亦同修戚，蘇路、浙路，俱屬商業，今皆承認借押，並非強招商局獨爲其難。爲此電告各股東勿生誤解，貽粵人羞！」52同時，王正廷則致電黎元洪，希望他對招商局借款「曲予贊成」53。

儘管契約書草約已經簽訂，但是日本方面卻突然改變主意，要求將抵押貸款改爲中日合資。二月十二日，三井財閥理事長益田孝致電時在南京談判的職員森恪云：「爲便於即時調撥資金，余等勸孫、黃立即召開招商局臨時股東會，發行附加七分利優先股票，其資本額再增一千萬兩，其中五百萬兩由日本人應募之，余五百萬兩後日可依支那人之希望，以爲借款之條件，當由日本人認購。」同日，益田再電森恪，告以盛宣懷十分滿意，約定將全力相助，「議案倘得承認，余相信數日內款額即會滙撥。此電乃與郵船公司商妥之結果，要新政府保護外國人之股票所有權。」㊹日本方面的這一新要求的實質是：不僅成爲招商局的債權人，而且要成爲它的產權所有者。對此，黃興和南京臨時政府參議院均持反對態度。一切都說明，孫中山、黃興以招商局爲抵押取得借款的意圖在短期內還難以實現。

就在此際，中國的政治形勢發生了急轉直下的變化。

六、孫中山和南京臨時政府為財政困難逼倒

一個政權要運作，必須有足夠的經費；一個軍事戰役的發動，也必須有足夠的軍餉和武器。這是個十分明白但卻又不易解決的問題。這個問題不解決，任何英雄都無法在政治舞台上導演出有聲有色的話劇來。不幸，孫中山和南京臨時政府就碰到了這個問題。

在孫中山歸國之前，南北和談即在進行。孫中山歸國後，雖然同意繼續進行和談，以便兵不血刃地光復全國，但在和議過程中，他越來越多地傾向於直搗北京，以戰爭解決問題。一九一二年一月十二日，孫中山對日本記者稱：「今後兩個月內能否得到二千萬日元，是件大

事，勝負的關鍵是資金問題。」⑤⑤同月廿六日，孫中山致電陳炯明等稱：「和議難恃，戰端將開，勝負之機，操於借款。」⑤⑥三十日，孫中山又在向參議院報告北伐作戰方略時稱：「中央財政匱乏已極」，已命財政、陸軍兩部「會同籌劃」。⑤⑦南京臨時政府在此前後進行的合辦漢冶萍公司和輪船招商局借款談判，本意都在於取得一筆經費，支持政府機構的運轉，發放南京附近革命軍隊的軍餉，同時也支持北伐。但是，卻遲遲不能到手。合辦漢冶萍公司之議遭到臨時參議院和張謇、章太炎等人的強烈反對，以輪船招商局為抵押的借款談判也困難重重。二月初，孫中山、黃興不得不轉而以租讓滿洲為條件，要求日方緊急提供一千萬元借款。孫中山當時的計劃是，一面與袁世凱締訂和議，一面籌措軍費，策劃再舉，「以武力掃除北京勢力」，「繼續排袁」，「消除南北之異端，斬斷他日內亂禍根，樹立完全之共和政體」。⑤⑧但是，這一談判，也由於日本陸軍大臣石本新六的反對，沒有成功。⑤⑨其後，孫中山又企圖以全國賦稅為擔保，向華俄道勝銀行借款一百五十萬英鎊，也未獲結果。⑥⓪這一時期，南京臨時政府進行過的其他一些談判，除與日本大倉洋行進行的「蘇路借款」談判，獲得三百萬元外，其他均告失敗；孫中山委託日人設立中央銀行的計劃也中途取消。⑥①

由於缺乏經費，南京臨時政府時刻面臨著軍隊解散、政府崩潰的危險。正如孫中山《覆章太炎函》中所稱：「先生等蓋未知南京軍隊之現狀也。每日到陸軍部取餉者數十起，軍事用票，非不可行，而現金太少，無以轉換，雖強迫市人，亦復無益。年內（按指舊曆年關——筆者）無巨宗之收入，將且立踣。」⑥②既然連維持南京臨時政府及其近畿部隊的必須經費都難以保證，遑論北伐及其他。

關於南京臨時政府的經費艱窘，以及軍事、政治活動受制於財政的狀況，有些在華的外國人當時就看得很清楚。一月十九日，英國駐華公使朱爾典致格雷爵士函稱：「伍廷芳已向英王駐上海總領事承認，到一月底以後，革命派無錢支付軍餉，所以他們很想使那些事情立即獲得一項結果。」㊸次日，英國駐南京領事偉晉頌向朱爾典報告說：「（南京臨時政府）可供行政管理的稅收甚至不夠支付各部總長的薪金。」㊹另一個英國人則在備忘錄中寫道：「革命派首領們進行軍事的和政治的鬥爭的主要困難是款項問題。」㊺上述云云，都是事實。

二月十一日凌晨一時五十五分，孫中山通過森恪，向日本方面緊急重申，在十天內提供一千萬元借款。㊻同日，孫中山致電譚人鳳云：「目下籌集軍費，最爲第一要著。」㊼可見，他這時還是準備打仗的。但是，森恪發電後，始終沒有回音。至此，孫中山對短期內獲得借款絕望，不得不接受和議。二月十二日，清政府宣佈溥儀退位，授權袁世凱組織「臨時共和政府」。十三日，孫中山向臨時參議院提出辭職咨文。同月十五日，臨時參議院選舉袁世凱爲第二任臨時大總統。其後，陸續演出了袁世凱在北京就任（三月十日）和孫中山辭去臨時大總統職務（四月一日）等活劇，辛亥革命的勝利果實遂爲袁世凱篡奪。

孫中山讓位於袁世凱固然反映出革命黨人對袁的本質認識不足，希圖取得廉價的勝利，但是，其主要原因則在於他們無力支付爲爭取徹底勝利所必需的代價。俗語云：「一錢逼倒英雄漢」，孫中山和南京臨時政府主要是經費問題逼倒的。當人們瞭解了孫中山爲解決南京政府財政危機所作的種種努力之後，就會認識到，過去流行的某些關於辛亥革命失敗原因的說法，或是浮乏籠統的政治分析，或是對當時歷史知之不多的皮相之談。

七、尾聲

在南京臨時政府洽借外債期間，袁世凱受清廷之命成立的「臨時共和政府」也在積極與英、美、德、法四國銀行團談判。有意思的是，袁世凱為了顯示解決中國問題非他莫屬，同時也顯示他的政府是正統，竟在洽借外債時將南京臨時政府的需要包括在內。還在二月中旬，袁記「臨時共和政府」度支部首領周自齊就向四國銀行團駐北京代表提出，南京臨時政府急需七百萬兩，中國（北方）政府每月需款六百四十萬兩。⑱同月廿七日，袁世凱的議和代表唐紹儀會見銀行團代表，聲稱南京除急需兩百萬兩外，月內尚需五百萬兩，北京亦需三百萬兩。此外，每月行政經費約需六百四十萬兩，南北各半。他要求以鹽務作抵，借款六千萬英鎊。⑲英國公使朱爾典認為袁世凱是「挽救局勢的唯一強有力人物」，建議給予援助。⑳日本政府迅速得知有關消息。廿八日，內田康哉指示伊集院駐華公使稱：「我資本家之交涉既已達到前述程度，時至今日，我政府已不能再事袖手旁觀。」又稱：「我政府希望在可能範圍內使英國公使正在秘密進行之借款交涉一時陷於停頓，以使我資本家在上海進行之交涉得以順利進展。」㉑但是，有吉明則建議儘早放棄該項借款交涉。他致電內田稱：袁世凱的勢力正在增長，孫、黃方面的實力正日趨衰退，「若再進一步策劃活動，不獨有傷於北方袁世凱之感情，且必惹起南方伍廷芳及其他進步黨人之反感，且與對英關係亦將產生不良後果。」⑫同日，四國銀行團在獲得「以中國輪船招商局船舶作爲墊款擔保」後，在上海經由滙豐銀行向南京臨時政府財政部撥銀兩百萬兩。⑬廿九日，伊集院覆電內田，告以此項款項，係袁世凱爲向南京政府表示資助而在北京與四國銀行團交涉成立的短期借款，電稱：「袁世凱亟欲利用南方目前之困境而向其提供財政援助，使南方感到不以袁爲靠山即將寸步難行，藉以使其本人在當前正在本地同南方代表進行之談判中處於有利地位。」⑭三月二日，內田致電伊集院公使，指示他「一面迫使對方約定不以招商局爲抵押向他國進行借款交涉，在此基礎上暫緩簽訂正合同」，同時指示，日方必須加入四國銀行團借款。電稱：「凡屬政治性借款，帝國政府必欲參加。」⑮至此，與日本方面關於輪船招商局借款的談判終結。

由於四國銀行團的支持，袁世凱政府於三月九日獲得銀一百一十萬的借款。五月七日，繼獲銀三百萬兩。六月十二日，再獲銀三百萬兩，六月十八日，又獲銀三百萬兩。孫中山得不到的，袁世凱卻比較容易地得到了。

（原載《中國社會科學》一九九七年第四期。）

①《孫中山全集》第一卷，第五四四頁。

②《中國國民黨二十年史跡》，第八二頁。

③山田純三郎《南京政府之正體》，第三至六頁。一九三四年版。

④《對於南京新政府財政之意見書》，《張季子九錄．政聞錄》。

⑤《孫中山全集》，第六卷第二四六頁。

⑥《少年中國晨報》，一九一一年十二月一日。

⑦《舊中國公債史料》，財政經濟出版社一九五五年版，第三三、三六六頁。徐義生編《中國近代外債史統計資料》，中華書局一九六二年版。第九六頁。

⑧徐義生編《中國近代外債史統計資料》，中華書局一九六二年版。第九六頁。

⑨《內田外務大臣致有吉駐上海總領事電》，鄒念之譯《日本外交文書選譯》，中國社會科學出版社版，第三五一頁。

⑩《申報》，一九一二年一月廿五日。

⑪《關於招商局內部情況的報告》，《日本外交文書選譯》，第三五三至三五四頁。

⑫《有吉駐上海總領事致內田外務大臣電》，《日本外交文書選譯》第三五四至三五五頁；《有吉駐上海總領事致內田外務大臣函》，同上書第三五五至三五六頁。

⑬《南京臨時政府擬以招商局產抵借日債史料》，《歷史檔案》一九八三年第三期。

⑭《招商局董事梁慶榴、唐國泰致伍廷芳函稿》，《歷史檔案》，一九八三年第三期。

⑮《伍廷芳覆輪船招商局董事會函》，《歷史檔案》，一九八三年第三期。

⑯《滬軍都督陳其美致招商局照會》，《歷史檔案》，一九八三年第三期。

⑰《招商總局致孫中山、黃興電稿》，《歷史檔案》，一九八三年第三期。
⑱《黃興致陳其美電》，《歷史檔案》，一九八三年第三期。
⑲《黃興致招商局電》，《歷史檔案》，一九八三年第三期。
⑳《招商總局致黃興電稿》，又《招商總局致孫中山電稿》，《歷史檔案》，一九八三年第三期。
㉑《黃興致陳其美等電》，《歷史檔案》，一九八三年第三期。
㉒《總統府覆招商局電》，同上。
㉓《甘作培等職孫中山電》，《歷史檔案》，一九八三年第三期。
㉔《輪船招商總局致孫中山、黃興函稿附呈各紙》，《歷史檔案》，一九八三年第三期。
㉕同上。
㉖高勞《臨時政府借債彙記》，《東方雜誌》八卷十一號。
㉗《民立報》，一九一二年二月二日。
㉘《孫中山致招商總局電》，《歷史檔案》，一九八三年第三期。
㉙《程德全致招商總局電》，《歷史檔案》，一九八三年第三期。
㉚《招商總局致孫中山、黃興電稿》，《歷史檔案》，一九八三年第三期。
㉛《輪船招商總局致孫中山、黃興函稿附呈各紙》，《歷史檔案》，一九八三年第三期。
㉜《孫中山致招商局電》，《歷史檔案》，一九八三年第三期。
㉝《招商總局辦事董梁慶榴致陳其美函稿》，《歷史檔案》，一九八三年第三期。

㉞《招商總局辦事董梁慶榴致陳其美函稿附函》，《歷史檔案》一九八三年第三期。
㉟《內田外務大臣致有吉駐上海總領事電》，《日本外交文書選譯》，第三五一頁。
㊱《有吉駐上海總領事致內田外務大臣電》，《日本外交文書選譯》，第三五五頁。
㊲《有吉駐上海總領事致內田外務大臣函》，《日本外交文書選譯》，第三五六至三五七頁。
㊳《有吉駐上海總領事致內田外務大臣電》，《日本外交文書選譯》，第三五八頁。
㊴《內田外務大臣覆有吉駐上海總領事電》，《日本外交文書選譯》，第三五八至三五九頁。
㊵日本防衛廳研究所戰史部藏《海軍關係》檔案。
㊶井上馨文書，日本東京國會圖書館憲政資料室藏。
㊷同上。
㊸同上。
㊹《內田外務大臣致伊集院駐清公使、山座駐英臨時代理大使電》，《日本外交文書選譯》，第三六一頁。
㊺《內田外務大臣致伊集院駐清公使、山座駐英臨時代理大使電》，《日本外交文書選譯》，第三六一至三六二頁。
㊻《內田外務大臣致有吉駐上海總領事電》，《日本外交文書選譯》，第三六三頁。
㊼《孫中山致招商局函》，《歷史檔案》，一九八三年第三期。
㊽同上。

㊾《招商局董事會關於南京臨時政府借款事項會議記錄》，《中華民國史檔案資料彙編》，江蘇人民出版社一九八一年版，第三〇五至三〇七頁。

㊿《梁慶榴致董事會函》，《歷史檔案》，一九八三年第三期。

(51) 轉引自《松村駐漢口總領事致內田外務大臣函》，《日本外交文書選譯》，第三六四至三六五頁。

(52)《孫中山致港澳招商局股東甘作培等電》，《孫中山全集》第二卷第八一頁。

(53) 轉引自《松村駐漢口總領事致內田外務大臣函》，《日本外交文書選譯》第三六五頁。

(54) 井上侯文書，三井文庫，轉引自李廷江《日本財界與辛亥革命》，中國社會科學出版社版，第一五七頁。

(55)《東京朝日新聞》，一九一二年一月二日。

(56)《孫中山全集》第二卷，第四一至四二頁。

(57)《孫中山全集》第二卷第五一頁。

(58) 森恪致益田孝函。

(59) 參見本書另文《孫中山與租讓滿洲問題》。

(60) 參見本書另文《華俄道勝銀行借款案與南京臨時政府危機》。

(61) 參見李廷江《日本財界與辛亥革命》，中國社會科學出版社一九九四年版第二一一至二一四頁。

(62)《孫中山全集》第二卷，第八五頁。

(63)《英國藍皮書有關辛亥革命資料選譯》，下冊，中華書局一九八四年版第三八三頁。

㊿64同上書，第四五四頁。

65《黑德爵士的備忘錄》，同上書第四六六頁。

66井上馨文書。

67《孫中山全集》第二卷第八一頁。

68陸九如《民國初年銀行團借款始末記》，章伯峰、李宗一主編《北洋軍閥》第二卷，武漢出版社版第一六六頁。

69同上。

70（英）毛里斯、柯立斯《滙豐——香港上海銀行》，中華書局一九七九年版第七七頁。

71《內田外務大臣致伊集院駐華公使電》，《日本外交文書選譯》，第三六六至三六七頁。

72《有吉駐上海總領事致內田外務大臣電》，《日本外交文書選譯》，第三六七至三六八頁。

73《英國駐彼得堡大使館致外交大臣備忘錄》，陳春華等譯《俄國外交文書選譯》，中華書局一九八八年版第三一九頁。

74《日本外交文書選譯》，第三六八至三六九頁。

75《日本外交文書選譯》，第三六九至三七〇頁。

華俄道勝銀行借款案與南京臨時政府危機

南京臨時政府成立後，由於帝國主義控制了海關和鹽稅，經濟始終處於極度困窘中。為了渡過難關，臨時政府曾先後向美、日、俄等國借款，均告失敗。其中，華俄道勝銀行借款是比較重要的一樁，它使本已波瀾翻覆的政局更加動蕩。陳其美曾在《致黃興書》中說：「俄國借款，經臨時參議院之極端反對，海內士大夫更藉口喪失利權，引為詬病」，「終受經濟影響，致妨政府行動。中山先生既束手無策，國家更瀕於阽危。固執偏見，貽誤大局，有負於中山先生者此其一」①。但是，對於這樣一件大事，國內外學術著作迄今尚少論及，因此，有必要作一番較詳細的考察。

華俄道勝銀行成立於一八九五年十二月，總行設於彼得堡，上海、天津等地設有分行。成立後，即積極履行沙皇俄國的侵華計劃。它表面上是一家銀行，實際上是「略加偽裝的俄國財政部分支機構」②。一九一二年二月，它利用南京臨時政府的財政危機，誘使其簽訂了一百五十萬英鎊的借款合同草約。草約提出，自正式合同簽字之日起，以一年為期，年利五釐，華俄道勝銀行按九七扣付款。其第五條規定：「此款為民國之直接負欠，當以其賦稅之所入，備為付息及償本之用」③。從成立之日起，華俄道勝銀行一直謀求充當中國的國家銀行，爲清政府「辦理租稅、賦課的繳納」等項事務。草約雖然沒有像當時的其他借款一樣，指明以某項路權或礦權作爲擔保，但本條卻爲沙俄控制中國的賦稅提供了口實和條件。其第七條規定：「民國以後如第一次擬借大批外債，若該銀行所約條款與他銀行彷彿者，該銀行有首先應借之權」。清朝末年，列強爭相對華輸出資本，競爭劇烈，本條使沙俄輕易地取得了優先權。這是一項貪婪而陰險的包藏禍心的草約，但南京臨時政府正處於饑不擇食的境地，居然接受了。草約於當月廿一日在上海簽字，南京臨時政府代表爲財政總長陳錦濤，華僑道勝銀行代表爲經理人凱里約。

根據草約，合同應在三月一日以前經南京臨時參議院投票公決。因此，孫中山於二月廿五日向參議院提出咨文，要求召開臨時會，「提前決議」④。廿六日上午，由南京臨時政府秘書長胡漢民到院，宣稱根據陳錦濤電報，不用抵押，借到華俄道勝銀行鉅款。這當然是皆大歡喜的事。討論結果，議長林森用起立表決法，多數通過政府交議案諸要點⑤。廿七日，參議院繼續開會，討論草約，谷鍾秀提議，先付特別審查。經林森指定，由劉彥、錢樹芬、張耀曾、谷鍾秀、湯漪等五人爲特別審查員。結果，只提出了細節性的修改意見⑥。在討論時，湖北參議員張伯烈、奉天參議員吳景濂激烈反對第五條，發言後即離座它去。在此情況下，林森提議省去三讀，交付表決。結果，到場十四人，八票贊成。林森宣佈通過。但湖北參議員劉成禺等當即提出：「此案系違法少數之表決，不得作爲有效」⑦。

廿八日上午的會議上，劉成禺、張伯烈、時功玖等根據參議院議事細則：「須有半數以上之議員到會方可開議」及「關於法律、財政及重大議案，必須三讀始得議決」的規定，指責林森「違背細則，變更院規」⑧。四川參議員熊成章批評劉成禺等：「諸君於此前並不提議，今政府已將借債之事辦成，乃起而反對，是何居心！」⑨時功玖則答以：「某等居心愛中國，不袒政府；願為國民之公僕，不為政府之走狗」⑩。雙方愈益感情用事，林森「拍案大呵」，指責劉成禺等「阻撓他人言論」。在這一情況下，劉成禺等三人宣佈辭職。他們致電黎元洪及湖北省臨時議會，指責借款案「既啓監督財政之漸，復挑撥列強猜忌之心」，聲言：「自問能力薄弱，難膺巨任，深恐隕越，有負鄉人之托，謹此電辭」⑪。其後，吳景濂及陝西參議員康寶忠也相率辭職。

南京臨時參議院於一月廿八日開院，十七省參議員三十一人。此後即由於種種原因，一部分參議員請假或無故缺席，到院人數日益減少。不久，又因漢冶萍借款、發行軍用鈔票、議決臨時政府地點等問題，部分參議員與臨時政府之間發生對立。二月廿五日，江蘇參議員陳陶遺、楊廷棟致函參議院，指責臨時政府「對於參議院，蹂躪侮蔑，亦云至矣」，是「民國開創史上一大污點」，宣佈辭去參議員職務。⑫至此，由於劉成禺等再次辭職，參議院就出現了危機。當日下午，出席參議員僅十二人，不過半數，林森宣佈散會。廿九日，也因人數不足，未能開會。三月一日，不得不作出決議，如議員一月以內缺席七天，即應除名。同時宣佈不承認劉成禺等人的辭職，決定致函江蘇、湖北參議員，請於一星期以內函覆，過期當即除名。但是，會議也承認廿七日的討論「手續尚未完備」，決定重新討論借款草約，補行二讀、三讀手續。⑬討論結果，議決將第五條後半改爲「當以民國政府所徵賦稅之收入內備爲付息及償本之用」⑭，第七條改爲「民國以後如第一次擬借大批外債，若該銀行所約條款與他銀行較輕時，該銀行有首先應借之權」，這些修改較原條約嚴密，對沙俄的借款優先權加了限制，投票時，以二十二票可決全文⑮。

南京參議院的迅速爭論激起了政海風波。二月廿九日，民社上海機關報《民聲日報》報導了有關消息，並發表社論，指責南京臨時政府：「倒行逆施，竟以全國所得賦稅抵押外人。吾不知政府諸公以何理由而爲此毫無心肝之舉動？」又稱：「以滿清政府所不敢爲者，而君等悍然爲之，恐吾國民將謂君等之不滿清若矣！」社論號召上海各團體、各政黨共同行動，抗議並取消借款⑯。三月一日，又利用劉成禺等辭職一事表社論，批評南京臨時政府「用威嚇手段，嗾使少數議員，秘密開會，擅自通過，此種野蠻專制之行爲，前清時代所不敢出。」甚至說：「議會爲行政機關之奴隸，供總統及各部大臣之頤指，所謂代表輿論者安在？所謂徵取民意者安在？民意不足徵，輿論不足重，所謂共和之精神安在？」它鼓動湖北、江蘇兩省的參議員重返參議院，「張我舌劍，斬彼蟊賊」⑰！

在《民聲日報》大張撻伐的同時，民社等則發起電報攻勢。廿九日，民社致電袁世凱、孫中山、黎元洪及各省都督，批評草約「詞旨籠統，既種禍根，必致釀成外侮」，要求袁、孫等「竭力挽回，免滋後禍」⑱。隨後，由張嘉璈領銜發起的國民協會也致電孫中山，要求「顧全輿論」，「設法挽回」⑲。三月五日，共和憲政會李倬雲、鄭允恭、徐企文等發佈傳單，繼續指責參議院「滅絕公論，違法獨斷，亡清覆轍，甘蹈不顧」，訂於六日在江蘇教育總會召開特別大會，推派代表赴寧，向政府要求取消借款⑳。會後，共和建設會、公民急進黨、工商勇進黨、社會黨、工黨、華僑聯合會、民社、民國統一黨、民生國計會、大同民黨、公濟總會、宣導會、共和憲政會等十三個政團聯合致電袁世凱和黎元洪，陳述華俄道勝銀行借款案一事「實爲違法，國民死不承認」㉑。

上海的抗議風潮迅速向各地擴散。黎元洪致電劉成禺、時功玖等人，表示對參議院「擅以國稅作抵」的行爲「殊深駭異」，聲稱除已將詳情交鄂省臨時議會公議外，並望劉成禺等人「尅日返寧，隱忍維持，毋庸辭職，並極力阻止，以挽大局」㉒。又於九日致電袁世凱及參議院，把自己打扮爲一個愛國者，說什麼「前清借債之失，我輩呼籲力爭，言猶在耳」，「元洪絕不敢私訂借債抵稅，以誤國民」㉓。揚州軍政分院徐寶山也於六日通電，指責借款一案「失人心，喪主權，與清政府之幹路國有、四國借款，殆過之無不及」，他並由此進一步攻擊「同盟會人」，「在內之把持政柄，在外之聲勢煊赫，雖滿洲之親貴，無此多也」。

華俄道勝銀行借款是一樁損害國家主權的事件，受到批評是應該的。借款的反對者中，大部分基於愛國義憤，但是，也有人意氣用事，甚至別有用心。

武昌起義後，迅速形成了湖北、江蘇兩大實力集團。前者以黎元洪、孫武爲代表，其政治組織爲民社，後者以程德全、張謇、章太炎爲代表，其政治組織爲中華民國聯合會。它們的主要成員大部分是舊官僚、立憲派和失意的革命黨人。兩派形成後，即反對同盟會，反對南京臨時政府，擁護袁世凱。華俄道勝銀行借款案發生後，它們迅速行動起來，以之作爲砸向對手的一塊石頭。

湖北省臨時議會早在二月廿一日就通電各省臨時議會與諮議局，提議在漢口另組臨時中央議會。這種作法，旨在否認南京臨時參議院的合法性，取而代之。這時，借款案更成了反對臨時參議院的強有力的藉口。三月一日，共和建設會致電孫中山，指責臨時參議院「阿諛政府，少數擅決」，「請將參議院立時解散」㉔。三日，湖北省臨時議會以萬急電報，將參議院「違法情狀」遍告各省議會和諮議局，要求三月底之前在漢口召集中央議會。五日，高元藩、張祥麟等與章太炎及江蘇省議會議員會商，宣佈不承認臨時參議院二月廿八日以後所議各案。他們提議由蘇鄂兩省政府聯名通告各省及新舊總統，取消南京臨時參議院，同時請袁世凱通告各省議會，組織國民議會，再由國民議會組織參議院。江蘇省臨時議會隨即致函都督莊蘊寬，要求聯合各省宣佈，在南北未統一之前，各種賦稅俱歸各省逕收，不得由現政府「隨意指抵」㉕。六日，共和建設會、公民急進會等政團又致電孫中山等人，聲稱「今參議院議員寥若晨星，已失議事資格」，要求袁世凱出面「執行」，「以收統一」㉖。十日，袁世凱在北京宣誓就任臨時大總統。他們立即馳電表示「群情歡忭」。南京臨時參議院的《受職辦法》規定，袁世凱任命國務總理及國務員時，必須取得臨時參議院同意，這本是限制袁世凱權力的一條重要措施，但是，他們卻向袁世凱獻媚說：自從借款案發生，參議院議員人數不及原有人數之半，「按之法律，決難發生效力」，要求袁大總統「獨力主持」，賦予這個野心家以組織政府的全權㉗

。不僅如此，他們還企圖推翻臨時參議院通過的根本大法《臨時約法》，說是「此種約法，人民絕不承認」㉘。這就說明，他們所反對的不只是借款案，而是反對南京臨時政府的革命性一面。

在各方強力反對下，孫中山於二月底致電陳錦濤，告以參議院「手續未清」，「借款案暫緩簽字」㉙。華俄道勝銀行方面也因未能取得在同等條件下對華借款的優先權，表示「不能照辦」，草約作廢㉚。三月三日，孫中山覆電民社成員胡培德宣稱：「日前商借華俄款，成立即救濟鄂省百萬，乃因參議員誤認擔保性質為抵押，又削草約中同等借債優先權，此議不成，遂令束手為難，今日已電商黎副總統矣。」㉛他自感已無力解決面臨的各種困難，準備將臨時大總統一職交由黎元洪代理。五日，他在和胡培德談話時表示：「臨時政府地點未定，袁公不能南來，鄙人又不克久任，急欲離開金陵，已電武昌，請黎公來寧，以副總統名義代行大總統之職。」又稱：「近日為借款問題，國民不能信任政府，不能信任鄙人，鄙人擬卸職後即從事實業，已與外人籌商借款，以辦鐵路為前提，將使鐵路貫通全國，此則為真文明事業。」㉜從袁世凱被選為臨時大總統起，孫中山的卸任本已指日可待，但是，連有限的日子他也不能等待，希望卸任愈早愈好。

華俄道勝銀行借款草約是一杯毒酒，這一點，孫中山和南京臨時政府的成員未嘗不清楚，這種情況，反映出南京臨時政府已經陷入難以擺脫的困境之中。其結果是不僅未能對現狀有任何一點改善，卻引來了更多的攻擊和反對，陷入更大的困境中。這一切表明，即使沒有以袁世凱爲代表的反動力量的進攻，南京臨時政府也已經維持不下去了。

（原載《浙江學刊》一九八八年第四期。）

①《陳英士先生文集》，台北一九七七年版，第四一頁。

② R · Rosen:*Forty Years of Diplomacy*, Vol. I ,London,1922.P.193.

③《民聲日報》，一九一二年二月廿九日。

④《孫中山全集》第二卷，中華書局版，第一四九頁。

⑤《參議院議事錄》，一九一二年二月廿六日。

⑥《參議院議事錄》，一九一二年二月廿七日。

⑦、⑧《鄂省參議員劉成禺、時功玖、張伯烈辭職之公佈》，《民聲日報》，一九一二年三月二日。

⑨《時君功玖之正論》，《民聲日報》，一九一二年三月一日。

⑩《時君功玖之正論》，《民聲日報》，一九一二年三月一日。

⑪《南京電報》，同上，一九一二年三月一日。

⑫《來函》，同上，一九一二年二月廿九日。

⑬《參議院議事錄》，一九一二年三月一日。

⑭「內」字爲三讀後討論所加，與上下文連續時欠通順，此處保持原貌，未作改動。

⑮《參議院議事錄》，一九一二年三月一日。

⑯慰儂：《外債憤言》，《民志日報》，一九一二年二月廿九日。
⑰《對參議院議員辭職之感言》，《民聲日報》，一九一二年三月一日。
⑱《民聲日報》，一九一二年三月一日。
⑲《民立報》，一九一二年三月四日。
⑳《拒款會之傳單》，《民聲日報》，一九一二年三月五日。
㉑《上海去電》，《民聲日報》，一九一二年三月七日。
㉒《湖北來電》，《民聲日報》，一九一二年三月八日。
㉓《武昌電報》，《民聲日報》，一九一二年三月十日。
㉔《共和建設會電》，《民聲日報》，一九一二年三月二日。
㉕《蘇都督指陳借債事件電》，《民立報》，一九一二年三月九日。
㉖《民聲日報》，一九一二年三月七日。
㉗《武昌電報》，《民聲日報》，一九一二年三月十五日。
㉘《通告不承認參議院臨時約法電》，《申報》，一九一二年三月廿一日。
㉙《南京特電》，《民聲日報》，一九一二年三月一日。
㉚《大總統覆電》，《黎副總統政書》卷八。
㉛《孫文電》，《民聲日報》，一九一二年三月四日。按，此為孫中山佚文，各本孫中山集均失收。
㉜《孫大總統之談片》，《民聲日報》，一九一二年三月七日。

在華經濟利益與辛亥革命時期英國的對華政策

一、一個積極捲入中國政治糾紛的英國商人

一九一一年十月十日，武昌新軍士兵起義，拉開了中國辛亥革命的大幕。同年十二月二日，上海英國商人李德立（Edward Selby Little）致電清政府內閣總理大臣袁世凱稱：「竊恐今日之戰，若延久不和，則貴國之結局，不堪設想。現請民黨招各省代表到申議和，已承首肯。貴大臣願否派員與議，祈即示覆爲荷！」①次日，袁世凱覆電表示：「爲政治競爭，極不願專用武力。現由英官介紹，擬派員談判大局。期早和平解決。厚情深感。」②十二月五日，李德立再次致電袁世凱，聲稱已得「民黨准允」，希望袁世凱立即派全權大臣來上海，與民黨方面的全權代表議和。他表示願意提供自己的住宅作爲會議地址，建議袁與英國駐華公使朱爾典（Sir John Newell Jordan）面商。③次日，他致函倫敦《泰晤士報》駐中國記者莫里遜，得意洋洋地報告自己在革命黨人和袁世凱之間斡旋的經過，聲稱「整個國家正陷入無政府狀態，而且每況愈下。我想只有極少數人瞭解目前形勢的極端嚴重性。因此，達成某種暫時的妥協實屬刻不容緩。」④他在對南北和談作了週到、細緻的安排後，又於十九日致電被起義軍推爲都督的黎元

洪，再次強調「戰延不和，中國前途，不堪設想」，要求黎支持和談。⑤

李德立，一八六四年生，一八八六年來華經商，一九〇〇年任英國卜內門公司（Brunner Mond& Co.,Ltd）東方總號總經理，經營純鹼、染料等化工產品，有資本約三百萬英鎊。曾三度擔任上海公共租界工部局董事。他在南北雙方的調停活動得到了英國駐上海總領事法磊斯（E.H.Fraser）和英國駐華公使朱爾典的充分支持。⑥

一個英國商人，他爲什麼對中國事件如此有興趣，積極地捲進中國的政治糾紛中來呢？

二、英國人壓迫清政府停戰，提出調和方案

武昌起義發生，清政府的湖廣總督瑞澂即要求英國出動在長江的艦船，阻止起義軍渡江，英國駐漢口代理總領事葛福（H.Goffe）請示朱爾典，朱爾典明確地指示英國在華海軍總司令官，「提供他所能提供的一切幫助」。⑦但是，朱爾典很快就看出，這次革命不是武力所可以鎮壓的。一九一一年十月三十日，十一月六日，朱爾典兩次致函英國外交大臣格雷（E.Grey），聲稱「運動的廣泛性以及它到處獲得勝利，使得以武力恢復國家原來面目的一切企圖難以實現」。⑧因此，他積極活動，壓迫清政府，支持內閣總理大臣袁世凱與革命黨人議和，藉以消弭革命。

約在十一月初，朱爾典即會見慶親王奕劻，迫使他作出「將停止繼續戰鬥」的保證。⑨

十一月廿五日，朱爾典又拜會袁世凱，以嚴重的「給他留下深刻印象」的語言強調：「戰事的繼續進行，將使漢口的英國人士遭受危險並感到惶惶不安。」袁世凱完全領會朱爾典的意思，立即保證：「如果能夠根據雙方都很滿意的條款達成一項休戰協定，他將樂於下令停戰。」袁當即授權朱爾典通過葛福向革命黨人轉達此意。⑩此後，武昌革命黨人與清軍的談判即在朱爾典和葛福的導演下進行。

十一月廿七日，清軍攻陷漢陽，黎元洪向葛福提出：一．停戰十五天，在此期間內，目前各方所佔領的領土應各自駐守；二．已加入革命黨的所有省份的代表在上海集會；他們將選出全權代表與袁世凱所指派的代表進行談判；三．如有必要，停戰繼續延長十五天。⑪但是，袁世凱當時在軍事上佔有優勢，不願停戰時間過長。十二月一日，朱爾典致電葛福，轉述袁世凱提出的停戰三日等五項條件，其第五條要求英國總領事「作為證人在停戰協定上簽字」。⑫同日，格雷覆電朱爾典，批准他在中國所採取的行動。十二月二日，葛福向清軍前線將領馮國璋的代表黃開文傳達了和黎元洪的協定，決定停戰三日。⑬次日，葛福得意地向朱爾典彙報：「目前的情況幾乎同袁世凱所要求的完全一致。」⑭馮國璋則向清政府內閣報告，已經「接到英使停戰公函，並簽有字據」。⑮

袁世凱和滿洲貴族之間存在尖銳矛盾，革命黨人企圖利用此點，動員袁世凱反正。黃興多次通過汪精衛、楊度等，向袁世凱許諾：「若能贊成共和，必可舉為總統」。袁世凱在唐紹儀等人面前聲稱：「此事我不能為，應讓黃興為之。」⑯他老謀深算，看準形勢對自己有利，準備施展手段，投注一搏。袁的第一步計劃是在停戰之後於武昌召集各省代表會議，討論和平條款。十二月三日，朱爾典向葛福傳達了袁世凱的這一意圖，要他努力斡旋此事。⑰四日，朱爾典又與清政府外務部商定：一．停戰三日期滿，續停十五日；二．北軍不遣兵向南，南軍亦不遣兵向北；三．總理大臣袁世凱派北方居留各省代表人前往與南軍各代表討論大局；四．唐紹儀充任總理大臣代表，與黎元洪或其代表人談判。⑱同日，朱爾典將上述條款電告葛福，授權他盡力斡旋，保證使這些條件被接受。電稱：「預料唐紹儀將於五天內到達漢口；我們誠摯地表示希望雙方為了他們國家的利益，將認識到調解他們的分歧及獲得一項和解的重要性。」⑲十二月九日，雙方達成協定，決定自當日至廿四日止，繼續停戰十五天，仍由葛福簽押保證。⑳

唐紹儀早年就學於美國哥倫比亞大學，具有共和思想。歸國後曾任袁世凱的英文翻譯，後來又歷任外務部右侍郎、奉天巡撫、郵傳部尙書等職。他受命作爲議和代表南下後，即在火車上剪掉辮子。㉑這一行動，意味著準備和清廷徹底分手。十二月十一日，唐紹儀抵達漢口，迅即向黎元洪表示：「袁內閣亦主張共和，但須由國民會議議決，袁內閣據以告清廷，即可實行遜位。」㉒不過，唐的這一態度當時並未公佈。

革命黨人方面的代表是伍廷芳。他不願離開上海，致函英國駐滬總領事法磊斯稱，上海的許多朋友不希望他啓程赴漢，當地也有許多公務需要自己關心，要求英國公使出面，促使袁世凱指示唐紹儀來上海磋商。㉓此時，袁世凱對朱爾典的話，可謂言聽計從。唐紹儀迅速得到指示，會談決定改在上海舉行。

談判地點雖然改變了，但是，武昌地區的革命黨人仍然抓緊機會，向唐紹儀提出了議和條件：一・推翻滿清王朝；二・優待皇室；三・對滿族人一律予以體恤；四・統一中國。這四條雖然沒有涉及革命後的政體問題，但是，「推翻滿清王朝」這一條，顯然不符合朱爾典的意思，因此，他在電告英國政府時特別說明，「需要極認真地考慮局勢」。㉔

十二月十四日，唐紹儀離漢赴滬，登舟時，葛福囑咐唐紹儀說：「革黨主持共和甚堅……擬獻調停之策：君主立憲。暫以今上二十五歲爲期，屆時體察聖德、聖學如何及人民程度，再由國會議決君主、民主國體。」葛福並稱，已將這一意見告訴黎元洪。㉕「今上」，指宣統皇帝。當時宣統皇帝五歲。按照葛福的這一方案，中國的「國體」問題就被推到了二十年之後。

武昌起義之後，朱爾典雖然看出了革命不能鎮壓，但是，他完全不喜歡革命黨，也不願意中國就此成爲一個共和國家。葛福的方案，以實行「君主立憲」爲核心，既在相當長的時期保存清政府，也給革命黨人保留了通過國會議決改變中國「國體」的希望。這一方案顯然代表了朱爾典的意見，也反映出英國政府當時的態度。

唐紹儀到上海後，住在李德立家裏。㉖

三、帶頭向上海會談施加壓力

爲了保證上海會談能按英國設計的軌道運行，還在開議前，朱爾典就邀請日本、美國、法國、德國、俄國照駐華公使於十二月十五日集議，決定請各國政府批准，由各國駐上海領事聯合照會雙方議和專使，施加壓力。照會內容如下：

英國政府等認為，中國目前的戰事如繼續進行，不僅使該國本身，而且也使外國人的重要利益和安全，容易遭到嚴重的危險。

英國政府等堅持它迄今所採取的絕對中立的態度，認為它有義務非正式地籲請雙方代表團注意，必須儘快達成一項協定，以便停止目前的衝突，因為它相信這個意見是符合有關雙方的願望的。㉗

十八日，民國總代表伍廷芳、中央軍政府代表王正廷，參贊溫宗堯、王寵惠、汪精衛、鈕永建與袁世凱內閣的全權代表唐紹儀、楊士琦等在上海英租界市政廳舉行首次會議。十九日晚，駐華英、日等六國公使聯合將上述照會電告唐紹儀與伍廷芳。㉘二十日，英國駐滬總領事法磊斯又會同其他五國的總領事向唐、伍二人各自遞交了本國的照會。唐答稱：「他將把這項友好關心的行動通知他的政府，肯定該行動將得到很高的評價。」伍表示，他本人主張和平，但是，「他也必須不忽視他本國人民的意志，因爲他們正在爲爭取獲得自由和一個較好的政府而奮鬥，這些目的是任何匆忙拼湊起來的解決辦法永遠不能實現的。」㉙

南北會談首次會議決定各處一律停戰。二十日舉行的第二次會議才進入核心議題。伍廷芳的發言以不容商量的堅決口吻表示：「中國必須民主，由百姓公舉大總統，重新締造，我意以此說爲確不可易。」爲了打消清廷的顧慮，伍廷芳提出：「改爲民主，於滿人甚有利益，不過須令君主遜位，其他滿人皆可優待，皇位尤然。」他又特別針對唐紹儀等人說：「今日代表各位，皆係漢人，應贊成此議。不獨望各位贊成此議，且望袁氏亦贊成也。」唐紹儀在發言中首先表示，袁世凱同樣贊成共和，「不過不能出口」。他說：「共和立憲，萬眾一心。我等漢人，無不贊成，不過宜籌一善法，使和平解決，免致清廷橫生阻力。」又說：「我爲全權大臣，當有權也。」在伍要他對革命黨的「主義」等問題表態時，他都明確表示肯定。唐稱：武昌起義後，本人曾向清廷上折，建議召開國民大會，討論君主、民主問題，取決多數，但爲清廷所拒。唐認爲此法可使清廷易於下台，袁世凱易於轉變，軍隊易於收束，聲稱「現時我尙持此宗旨」。㉚伍廷芳等相信多數會在自己方面，因此同意唐的意見。

二次會談的結果堪稱圓滿。會後，唐紹儀致電袁世凱請示，內稱：「昨日晤黃興，談一小時餘，窺彼黨宗旨，決計主張共和，毫無通融。此時不過私談，若在議場，則彼此堅持，勢必決裂。且各國領事情形，外交宗旨已變，並無扶持君主立憲之意，事機緊迫，請密籌一切爲幸！」㉛袁世凱接到唐紹儀電報後，緊急探詢英、日兩國駐華使館態度。朱爾典稱：「黃興所談，當屬其個人私見，勿須過於重視。關於君主立憲問題，本使之主張並無任何改變。」日方的回答則是：日本國政府支持中國實行君主立憲，「斷無中途改變方針等類事情發生」。㉜同日，袁世凱電覆唐紹儀稱：「頃遣人切詢英、日兩使，據稱，兩國政府扶持君主宗旨，決無變更……在京各國，決不贊成共和，某〔英〕國尤甚。」㉝他還通知唐紹儀說：「松井兩三日內可到滬。」松井，日本外務省參事官。當時，日本政府緊張地注視著上海會談，特派松井到滬，配合駐上海總領事有吉明在會外活動。但是，袁世凱沒有在電報中對唐紹儀在會上所應採取的方針作出明確指示。

四、朱爾典等人改變主張，贊成「共和」

在回答袁世凱來人詢問時，朱爾典雖然聲稱「本使之主張並無任何改變」，但實際並非如此。

唐紹儀十二月十一日到漢口後，莫理遜即於十三日趕到當地採訪，袁世凱特別撥了一輛專車供他使用。談判地點改到上海後，莫理遜又匆匆赴滬活動。十二月十九日，莫理遜會見南方代表伍廷芳等，聲稱「滿洲朝廷已完全不能有所作爲」，認爲除「皇室退回熱河，在中國建立共和政體」，「推袁世凱爲大總統」外，沒有其他解決時局的辦法。㉞廿二日，他致電倫敦《泰晤士報》，將他的主張公佈於眾，電稱：「袁世凱仍主張帝制，但到最後如果無術可施，則很可能同意就任第一任大總統。對於袁氏爲人，各方面雖然反感頗大，但一般均認爲推袁爲總統在獲得國際承認上最爲適宜。」在具體步驟上，莫理遜建議，「首先以上諭形式邀請各省代表在上海召集國民會議，討論政體，朝廷則按會議決議行事。」莫里遜相信：「黃興將會同意此種步驟，而國民會議將做出何種決議，已毫無懷疑餘地。」㉟英國外交部見到此電後，立即將它轉發給朱爾典。㊱

朱爾典其實早就瞭解並贊同莫里遜的主張。十二月廿一日，朱爾典拜會日本駐華公使伊集院彥吉，企圖爭取日方支持。他首先說明形勢，「此次和談，如欲以保全滿洲朝廷為基礎達成協定，看來已全無希望。」接著詢問伊集院：「可否按莫里遜所說，推袁世凱為大總統，以求穩定於一時？」㊲他解釋說，自己雖素來相信，維持滿洲朝廷，實行君主立憲是最佳方案，但既然無法強制革命軍接受，不如在「和談決裂」和「成立共和政府」這兩害中任選其一。伊集院反對朱爾典的意見，認為袁世凱不能在中國全國範圍內得到信任，共和將使中國四分五裂。同日，日本駐滬總領事有吉明與專程趕到上海的日本外務省參事官松井訪問英國駐滬總領事法磊斯，法磊斯稱：「保存滿洲朝廷，革命軍堅決反對。為解決時局，看來只好任其建成類似共和之政府。」㊳朱爾典和法磊斯的態度表明，英國方面的對華政策已經在悄悄改變。

五、日本企圖拉攏列強，共同施加壓力，遭到英國拒絕

日本實行天皇制，對中國改採共和制極為恐慌。廿二日，伊集院會晤朱爾典，重申中國「採用君主立憲制最為穩妥」，「總期望以能以保全清國確立永久安寧為目標」。伊集院特別

說明，中國如實行共和制，日本不但將遭受甚大損害，而且在思想界亦必蒙受極大影響，希望朱爾典理解日本的特殊境地，但朱爾典仍不爲所動。㊴同日，伊集院會晤袁世凱，揭發唐紹儀具有「共和」思想，示意袁撤銷唐的代表職務。袁解釋說：唐可能到上海後，受到革命氣氛感染，以致「頭腦混亂」。他聲明，本人絕無贊成共和之意，但事態既已如此，不如「將計就計」，「以召開國會決定國體爲基礎，考慮解決方案」。㊵

袁世凱所說的「將計就計」意味著清政府準備接受唐紹儀的方案。十二月廿四日，慶親王奕劻與袁世凱先後約見朱爾典和伊集院。慶親王出示覆唐紹儀電稿，同意政體問題留待國民會議決定。該會將按照事前雙方商定的條件，在今後三個月內由各省選舉的代表組成。㊶朱爾典當即表示同意，聲稱「關於政體問題，只要真正能夠體現全國人民意願，英國政府當不致有何異議」。㊷伊集院則堅決要求清政府打消此念，緩發覆唐紹儀電，在等待帝國政府對本使的電訓後再定方針。他威脅說，如在日方態度決定之前貿然採取上述手段，將可能引起對中國的不利後果。㊸

日本政府對北京發生的變化早有預感。廿四日，緊急召開元老會議商討，再次確認「君主立憲制度爲解救清國時局之最良方策」，訓令伊集院轉告袁世凱，要袁保持既往立場。㊹廿五日，外務大臣內田康哉一面向英國駐日公使竇納樂（Sir C.M.Mac Donald）建議，由兩國政府出面，聯合美、德、法、俄等國，向革命黨人施加壓力，令其接受君主立憲方案，一面電令駐英臨時代理大使山座圓次郎迅即與英國當局會晤，敦促英國外務大臣回答。㊺不過，英國政府的態度卻極爲冷淡。廿六日，格雷命人轉告山座：兩國政府的行動只能限於調停，超出此範圍，對政體問題提出建議，言明孰可孰不可，或者由列強共同出面，採取哪怕是一點微小的類似壓迫的行徑，都是重大的冒險行動。㊻這就明確地拒絕了日本的建議。同日，格雷電覆朱爾典說：「我們希望看到，在中國人民願意採取的無論什麼政體下，有一個強大的和統一的中國。」㊼格雷的這一電報，意味著對朱爾典所持方針的默認。

英日兩國早在一九〇二年即已結成同盟關係。此際，日本政府發覺已經無法改變英國政府的主意，又不能甩開盟友，孤行單幹，便打算採取靜觀態度。廿六日，內田心灰意懶地致電伊集院，聲稱在此情況下，如「帝國政府不顧兩國間之協調關係而單獨出面梗阻，亦屬無趣」，「只能暫時聽任事態之自然發展」。㊽

日本「靜觀」，上海會談的重大阻力就消除了。

六、上海會談順利進展，袁世凱突然變卦

上海會談自十二月二十日之後，即陷於停頓。其間，伍廷芳多次要求續開會議。廿五日，唐紹儀致電袁世凱，要袁痛下決心，或急速召開國會，或則斷然辭去總理職務。㊾廿七日，唐紹儀再電袁世凱，聲稱「默察東南各省情形，主張共和已成一往莫遏之勢」，「和議一輟，戰端再起，度支之竭蹶可虞，生民之塗炭愈甚，列強之分裂必乘，宗社之存亡莫卜」。他要求袁

世凱以總理大臣身分，頒佈閣令，召集臨時國會，將君主、民主問題付之公議。㊿廿八日，隆裕太后根據袁世凱的要求，召集宗室王公討論，仍不能決定，便召見袁世凱。當時，隆裕已經毫無主張，垂淚對袁世凱說：「汝看著應如何辦，即如何辦。無論大局如何，我斷不怨汝。皇上長大，有我在，亦不能怨汝。」袁世凱答稱：「論政體本應君主立憲，今即不能辦到，革黨不肯承認，即應決戰。但戰須有餉，現在庫中只有二十餘萬兩，不敷應用，外國又不肯借款，是以決戰亦無把握。今唐紹儀請召集國會公決，如議定君主立憲政體，固屬甚善；倘議定共和政體，必應優待皇室。如開戰，戰敗後，恐不能保全皇室。此事關係皇室安危，仍請召見近支王公再爲商議。」51在戰和之間，袁世凱沒有表態，但答案是明顯的。同日，隆裕太后發佈懿旨，決定接受唐紹儀的方案。

基本原則既定，南北會談便於十二月廿九日恢復。伍廷芳與唐紹儀商定，停戰展期至一九一二年一月五日爲止。同時議定《關於清皇帝（退位後）之待遇》五條，《關於滿蒙回藏之待遇》五條。三十日，議定國民大會組織法：分全國爲二十四個區，每區各派代表三人，每人一票；如某區代表不滿三人，仍有投三票之權。52但是，在召集國民會議地點等問題上，雙方發生分歧。伍廷芳主張在上海開會，而袁世凱則堅主在北京。一九一二年一月一日，唐紹儀致電袁世凱，要求在會議地點及代表選舉辦法兩個問題上不再堅持，同時，以「材力薄弱，奉職無狀」爲理由，要求撤銷代表職務，與革命黨磋商各事，可由英國公使交鄂、滬兩地英領事轉交。53一月二日，清內閣同意唐紹儀等辭職。同日，袁世凱致電伍廷芳，聲稱唐紹儀所議各

條，「均未與本大臣商明，遽行簽定」，要伍今後與袁本人「直接往返電商」。㊴

唐紹儀與袁世凱之間，本無根本分歧。袁世凱此際之所以變卦，主要是因爲孫中山已被選爲臨時大總統，並在南京就職，袁世凱對此不滿，要給革命黨人一點顏色看看。

七、在孫中山和袁世凱之間，英國支持袁世凱

朱爾典始終注視著南北會談的進程。他雖身在北京，但是，袁世凱和唐紹儀之間的密電，他都得到副本。當他瞭解到袁、唐之間的分歧以及唐辭職的消息後，立即於一九一二年一月一日拜會袁世凱，「使他記住對決裂所應承擔的重大責任」。朱爾典贊成袁世凱在大部分問題上的立場。他向格雷彙報說：「在所有這些問題上，袁世凱這方面是較合情理的。在不到兩週的時間內召集中國每省各三名代表的會議，那只不過是一幕滑稽戲。在這種情況下召開的大會不能夠聲稱具有任何代表性。袁世凱說，按照這以方式達成的任何解決辦法都不可能是長久的，他的話是正確的。」㊵

一月十一日，袁世凱派親信訪問朱爾典，向他探詢，如果清政府願意讓位給袁世凱，或者授權給他，是否能得到各國的承認。朱爾典明確地告訴來人：「袁世凱得了各國的信任；他和南方首領們的爭吵既然是中國內部的事情，他們相互之間應當能夠達成協定。」㊶十四日，袁世凱派私人秘書會見朱爾典，聲稱由於中國大部分地區都已宣佈贊成共和，袁世凱已決定接受

「這個不可改變的命運」。來人向朱爾典透露，隆裕太后不久將發佈諭旨，宣佈王朝退位，授權袁世凱處理臨時政府工作。57朱爾典對袁世凱即將對中國的統治感到放心，以各種方式爲袁世凱出台製造輿論準備。十五日，包括張之洞的兒子在內的北京同志聯合會的五個成員訪問朱爾典，陳述該會的目的之一是促進中國的君主立憲事業時，朱爾典就表示：「各國所盼望的是一個使中國保持和平穩定的政府。許多外國人最初曾經認爲，君主立憲最適合中國的需要，但鑒於南方的堅決反對，實現君主立憲是否可以不發生戰爭或不使中國分裂爲兩個國家，看來這是令人懷疑的。」58

十六日，京津同盟會會員張先培等在北京東華門投彈謀炸袁世凱，未能擊中。十八日，朱爾典親見袁世凱表示慰問。袁世凱很高興有機會和朱爾典討論局勢，透露了他向清廷提出的建議：授權他在各省代表選舉共和國總統之前，按照共和的原則處理臨時政府工作。同時袁還透露，打算把臨時政府暫遷天津幾個月，以便斷絕舊制度的影響。59但是，袁世凱的打算受到孫中山的強烈反對。二十日，孫中山明確表示：北方不得設立臨時政府，袁世凱必須接受民國對他的任命，而不能從滿人那裏獲得權力。朱爾典對出現的這一情況深爲不滿，他致函格雷說：「人們很難理解，按照孫文在這些電報中制訂的條款。在清帝退位與成立政府的這段期間內，北方將怎樣過渡。民黨的目的無疑是要表明，勝利是屬於他們的，但如何實現這一目的而不在此地造成危險局勢，則不是很清楚的。」60廿三日，袁世凱的秘書告訴朱爾典，滿族王公在前陸軍大臣鐵良的影響下正在企圖撤換袁世凱，因此袁的地位變得很不穩固。朱爾典爲此憂心忡忡，致電格雷稱：「如果像該秘書所說，袁世凱辭職或離開北京，局勢也許變得嚴重起來。」⑥¹他認爲，中國不能沒有袁世凱。二月九日，朱爾典致函格雷，聲稱南京人民對「浙軍」的暴行「感到非常憤恨」，「對革命軍政府的體驗已經極爲不滿」，「在許多場合下，他們開始對他們所給予革命運動的同情和支持感到後悔」。甚至孫中山決定改用陽曆，選擇陽曆一月一日作爲總統就職日也成了攻擊的口實，說是「與中國人的感情相衝突，必定不會受到人民群眾的歡迎」。信末，朱爾典表示：「看來很明顯，內閣總理大臣最後擔任總統職位，是使中國能夠恢復和平和秩序的唯一可能的辦法。」⑥²第二天，他在致電格雷函中進一步恭維袁世凱說：「新政府將從這位多才多藝的政治家的頭腦中立即產生，他爲了完成亂中求治的偉大任務作了充分準備。」⑥³

清末，中國經濟衰退，清政府爲支付給各國的賠款和外債利息已使國庫空虛，因此，孫中山的南京臨時政府和北方的袁世凱政府都急需財政輸血。當時，南方革命政府的唯一可能的大宗收入是海關關稅，但是，在武昌起義後不久，英國就積極聯絡其他國家，將海關關稅控制起來，防止革命黨人用作軍費，同時作爲繼續向列強支付賠款的保證。⑥⁴孫中山在計窮力竭的狀況下，不能不走向列強借貸的老路子，然後所得無幾。相反，袁世凱政府一成立，英國的財團、銀行就爲之提供大額貸款。一九一二年二月廿八日，英國滙豐銀行應袁世凱要求，提供銀兩百萬兩，以便南京臨時政府處理解散前的各項善後事宜。此後，以滙豐銀行爲首的國際銀行團不斷爲袁世凱政府輸血，其簡況如下：

三月九日，四國銀行團借給袁世凱政府銀一百一十萬兩。
五月十七日，四國銀行團支付第三次貸款三百萬。
六月十二日，六國財團支付第四次墊款三百萬。
六月十八日，六國財團支付第五次墊款三百萬。
六月二十日，六國銀行團會議，表示願繼續墊付銀八千零六十萬兩。
八月三十日，袁世凱政府駐英公使劉玉麟與倫敦克利斯浦公司（C.Birch Crispand Co.）簽訂借款一千萬英鎊的合同。

一九一三年四月廿六日，五國銀行團與袁世凱政府簽訂借款兩千五百萬英鎊的協定。同日，墊款兩百萬英鎊。

上述貸款，除個別專案外，大部分兌現了。正是這一批批貸款，幫助袁世凱政府度過經濟危機，戰勝了以孫中山爲代表的民主革命派。

八、英國對華政策背後的經濟利益

在資本－帝國主義時代，外交政策常常是經濟利益的體現。

鴉片戰爭以後，英國不僅佔領了中國的香港，取得多種政治特權，而且，在經濟上也取得了巨大利益。以甲午戰爭前的各國對華貿易爲例，英國（含香港）的進口率占百分之七十一點六，出口率占百分之五十點六。⑥⑤當時，外國在華企業共五百八十家，英國就占了三百五十四家。⑥⑥在十六家外國輪船公司中，英資或有英資參與的占十四家。⑥⑦甲午戰爭後，英國對華資本輸出的規模更大，速度更快。據統計，自一八九四年到一九一一年，英國滙豐銀行單獨或與其他銀行共同在中國貸放銀二點零六億兩。⑥⑧一九〇二年，英國在華房地產投資五千一百點五萬美元，而美國、德國、法國的總和不過兩千一百點九萬美元。⑥⑨至一九一一年，中國欠英國的外債（**財政借款、鐵路借款、庚子賠款**）已達兩億兩千一百八十二萬七千元，居各國之冠。⑦⓪

瞭解了上述情況，人們就會理解，何以在辛亥革命中，英國對中國如此關注。

還在武昌起義後不久，朱爾典就將保護「英國人生命財產的安全」和「我們在漢口的利益」作爲首要任務。⑦①十一月九日，英國海軍中將溫思樂（A.L.Winsloe）向朱爾典提出，是否可以建議中央政府召回清軍，因爲繼續戰鬥似乎是無用的，並且妨礙貿易的恢復。」⑦②隨著革命運動的發展，英國的利益在中國更多地區受到威脅。在這一情況下，英國有關方面自然不能聽任其各種在華利益毀於炮火，必然會急切地要求南北雙方停止戰鬥，也必然會要求在中國建立一個能夠維護其在華利益的政府。而袁世凱，以往的歷史中已經證明，他既善於鎮壓國內革命運動和人民起事，又對侵略中國的列強必恭必敬。這正是英國所需要的統治中國的人物。一九一一年十一月十五日，格雷訓示朱爾典說：「我們對袁世凱懷有很友好的感情和敬意。我們希望看到，作爲革命的一個結果，有一個強有力的政府，能夠與各國公正交往，並維持內部秩序和有利條件，使在中國建立起來的貿易獲得進展。這樣一個政府將得到我們能夠提供的一切外交上的支持。」㊸辛亥革命時期，英國之所以全力支持袁世凱，其原因在此。

如果說，格雷的訓示還帶有某些外交詞令的色彩，那末，一九一一年一月廿一日朱爾典對伊集院所說的一段話就沒有什麼遮掩了。當時，朱爾典稱：「就原則而論，閣下所見，確有至理。但英國在華中、華南地區擁有貿易上的重大利害關係，故英國政府不能無視南方人的思想感情，甘冒遭受攻擊的風險而輕易採取措施，以強行貫徹君主立憲。」㊹不久，德國人也將這一點看得很清楚。一九一二年二月三日，德國駐華公使哈豪森（E.von Haxthausen）致函德國國務總理說：「英國之勢力範圍，係集中於揚子江及中國南方一帶，當袁世凱十一月中旬來此之時，中國帝室軍隊雖在漢口、漢陽獲得勝利，而英國方面對於援助北京政府之舉，卻不久即行放棄。上海英國商人之壓迫與深恐商業受損之殷憂，終佔優勢。」哈豪森甚至說：「英國政策乃係由上海方面決定者。」㊺哈豪森不一定瞭解本文一開頭述及的卜內門公司東方總號總經理李德立其人其事，但他的敍述卻一針見血地道出了歷史的實質。

正是英國的在華經濟利益（包括條約權利、資本輸出、商業需要等等方面），最終決定了英國辛亥革命時期的對華政策；李德立的活動，不是一種單純的個人行為，它反映的是英國在華資產階級的需要。

（原載台北《近代中國》第一四五期，二〇〇一年十月。）

①F0682/2296/27，倫敦英國國家檔案館藏原英國駐華大使館文件。

②F0682/2296/31，同上。

③F0682/2296/32，同上。

④《李德立致莫里循函》，駱惠敏編《清末民初政情内幕》（上），知識出版社版，第八〇五至八〇六頁。

⑤曹亞伯：《武昌革命真史》下。

⑥《李德立致莫里循函》，《清末民初政情内幕》（上），第八〇六頁。

⑦《關於中國事件的函電：中國第一號》，胡濱：《英國藍皮書有關辛亥革命資料選譯》上冊，北京中華書局一九八四年版，第一頁。

⑧《英國藍皮書有關辛亥革命資料》，第八五至八六頁。

⑨同上，第一一一頁。

⑩同上，第七三頁。

⑪《朱爾典爵士致格雷爵士電》，一九一一年十一月廿八日，《英國藍皮書有關辛亥革命資料選譯》，第九六頁。

⑫《朱爾典爵士致格雷爵士電》，一九一一年十二月一日，同上書，第一〇三頁。

⑬《收馮國璋電》，F0682/2296/26，倫敦英國國家檔案館藏原英國駐華大使館文件。

⑭《英國藍皮書有關辛亥革命資料選譯》，第一〇五頁。

⑮《辛亥革命》（八），第一九七頁。
⑯《辛亥革命》（八），第七七頁。
⑰《朱爾典爵士致格雷爵士電》，《英國藍皮書有關辛亥革命資料選譯》，第一〇五頁。
⑱《辛亥革命》（八），第一九八頁。
⑲第一〇五件，《英國藍皮書有關辛亥革命資料選譯》，第一三三頁。
⑳《辛亥革命》（八），第二〇一頁。
㉑《蔡廷幹來函》，《清末民初政情內幕》，第八一〇頁。
㉒劉星楠：《辛亥各省代表會議日誌》，《辛亥革命回憶錄》第六集，文史資料出版社一九八一年版，第二五〇頁。
㉓第一二三件，《英國藍皮書有關辛亥革命資料選譯》，第一六〇頁。
㉔第一二七件，同上，第一六六頁。
㉕《上海唐、楊大臣來電》，F0682/2296/79，倫敦英國國家檔案館藏原英國大使館文件。
㉖《克達卜魯斯致莫裏循》，《清末民初政情內幕》，第八一三頁。
㉗第一二八件，《英國藍皮書有關辛亥革命資料選譯》，第一六六頁。
㉘《辛亥革命》（八），第二一三頁。
㉙《關於中國事件的補充函電》，《英國藍皮書有關辛亥革命資料選譯》，第二七〇頁。
㉚《南北代表會議問答速記錄》，《辛亥革命》（八），第七七至七九頁。

㉛《上海唐大臣來電》，F0682/2296/84，倫敦英國國家檔案館藏原英國大使館文件。參見《內田外務大臣致伊集院駐清公使電》，《日本外交文書選譯》，第二七九頁。

㉜《伊集院駐清公使致內田外務大臣電》，《日本外交文書選譯》，第二九八至二九九頁。

㉝《致上海唐大臣電》，倫敦英國國家檔案館藏原英國駐華公使館文件。

㉞《有吉駐上海總領事致內田外務大臣電》，《日本外交文書選譯》，第二九七頁。

㉟轉引自《山座駐英臨時代理大使致內田外務大臣電》，《日本外交文書選譯》，第三一五至三一六頁。

㊱《致達．狄．布拉姆函》，《清末民初政情內幕》，第八一六頁。

㊲《伊集院駐清公使致內田外務大臣電》，《日本外交文書選譯》，第三〇〇頁。

㊳《有吉駐上海總領事轉發松井參事官致內田外務大臣電》，《日本外交文書選譯》，第三〇三頁。

㊴《伊集院駐清公使致內田外務大臣電》，《日本外務省文書選譯》，第三〇五至三〇七頁。

㊵《伊集院駐清公使致內田外務大臣電》，《日本外務省文書選譯》，第三一〇至三一三頁。

㊶第一三六件，《英國藍皮書有關辛亥革命資料選譯》，第一七一頁。

㊷轉引自《內田外務大臣致山座駐英臨時代理大使電》，《日本外交文書選譯》，第三一八頁。

㊸《伊集院駐清公使致內田外務大臣電》，《日本外交文書選譯》，第三一一頁。

㊹《內田外務大臣致伊集院駐清公使電》，《日本外交文書選譯》，第三一六頁。

㊺《內田外務大臣致山座駐英臨時代理大使電》，《日本外交文書選譯》，第三一九頁。

㊻《山座駐英臨時代理大使覆內田外務大臣電》，《日本外交文書選譯》，第三一八頁。
㊼第一三七件，《英國藍皮書有關辛亥革命資料選譯》，第一七二頁。
㊽《內田外務大臣覆伊集院駐清公使電》，《日本外交文書選譯》，第三二六頁。
㊾轉引自《伊集院駐清公使致內田外務大臣電》，《日本外交文書選譯》，第三二一至三二二頁。
㊿《辛亥革命》（八），第二二三頁。
51《紹英日記》，轉引自馬一良（紹英之子）《清廷退位前後》，見《北京文史資料精華．世紀風雲》，北京出版社二〇〇〇年版，第三一至三二頁。
52第一四三件，《英國藍皮書有關辛亥革命資料選譯》，第一七七頁；參見《南北代表會議問答速記錄》，《辛亥革命》（八），第九〇至九一頁。
53《辛亥革命》（八），第二三一至二三二頁。
54同上，第二三四頁。
55第六三件，《英國藍皮書有關辛亥革命資料選譯》，第三〇七至三〇八頁。
56第三八件，《英國藍皮書有關辛亥革命資料》，第二四一頁。
57第五一件，同上書，第二八〇至二八一頁。
58第八三件附件二，《英國藍皮書有關辛亥革命資料選譯》，第三四六至三四七頁。
59第五六件，同上書，第二八七頁。
60第九五件，同上書，第三六〇頁。

⑥① 第六八件，《英國藍皮書有關辛亥革命資料選譯》，第三一九頁。

⑥② 第一二六件，同上書，第四四四至四四五頁。

⑥③ 第一二七件，同上書，第四六三頁。

⑥④ 《安格聯致胡惟德函》，一九一一年十月廿三日，《中國海關與辛亥革命》，第三三〇頁。關於這一方面的情況，學術界論述已多，茲不贅述。

⑥⑤ 嚴中平等：《中國近代經濟統計資料選輯》，科學出版社一九五五年版，第六五至六六頁。

⑥⑥ *Chronicle and Directory*,1985,Hong Kong.

⑥⑦ 聶寶璋：《中國近代航運史資料》，上海人民出版社一九八三年版，第七二七頁。

⑥⑧ 徐義生：《中國近代外債史統計資料》，中華書局一九六二年版。

⑥⑨ 吳承明：《帝國主義在舊中國的投資》，人民出版社一九五五年版，第一七三頁。

⑦⓪ 同上書，第一八六頁。

⑦① 第五件，第六件，《英國藍皮書有關辛亥革命資料選譯》，第三頁。

⑦② 第一〇〇件，同上書，第一一一頁。

⑦③ 第五八件，同上書，第五八頁。

⑦④ 《伊集院駐清公使致內田外務大臣電》，《日本外交文書選譯》，第三〇一頁

⑦⑤ 《辛亥革命與列強態度》，《辛亥革命》（八），第四五二頁。

陳其美的「三次革命」設想

——讀日本外務省所藏陳其美致楊以均密函

一、密函及其來源

在日本外務省檔案中，保存著一通陳其美致楊志平的函札，全文如下：

志平先生同志：前由潘君月樵介紹，滬江戰事得蒙足下仗義疏財，接濟維持，已呈請岑大元帥註冊存案矣。金陵之役，同志血戰三星期，復為張賊奪去，非人謀之不臧，實天助袁逆、張賊也。可恨之極！總之，吾輩抱定宗旨，百折不回，現已由滬江同志議決，以一半往長崎赴會，聯合日人，籌餉購械，以台灣為根據，從閩、浙進行。復遣同志多人，赴大連聯絡鬍黨英傑，勾結宗社黨人，在北方定期起事。江浙方面概歸鄙人主持一切，將來仍請閣下召集洪門同志，共舉義旗，直搗金陵，先誅張賊，後討袁逆，以雪前恥，掃除專制惡毒，重立共和政體，吾黨幸甚！再者，以後往來信札，總宜秘密，因郵局中人查檢甚嚴，恐有洩露，故此次特派心腹前來，與閣下當面接洽，如蒙允准，即望將回件賜交來人帶回。邇來南北偵探遍地，吾輩舉動切宜慎密，凡軍火文件皆存在日人行中。遵〔尊〕處係屬地，尤須謹防。倘再有疏虞，則一番心血又成畫餅。鐵君來常，事竣尚須往蘇、杭一行。倘有需款，即乞尊處點付可也。此頌台綏！

美啓

十三①

信末有楊以均手記：「已據信照付鐵君洋五百元。此記。十五。」鐵君，不詳何人，當係陳其美的同志，到常熟、蘇州、杭州負有特別任務者。

此函原係北京政府外交部一九一三年十一月廿六日致各國公使團照會的附件。該照會稱：

近日淮江蘇省報告稱：前以亂黨匿居上海租界，潛謀暗殺，特派偵察得悉，亂黨起事時，有常熟人楊以均，曾受陳其美委任，為駐紮常州軍需長，有籌款接濟亂黨情事。現復查獲該逆之洪幫票布及陳其美親筆函件，並繕具楊逆助亂及現謀情形節略一紙等因。查陳其美等前在南省稱兵倡亂，罪狀昭彰。現又密謀不軌，不特擾害中國治安，即於外人生命財產，亦多危險。近據密探調查確實情形，該逆仍匿上海，以租界為逋逃藪，以圖再舉。既經查獲票布及親筆函件，證據確鑿，斷難姑容。②

據此，知此函爲江蘇省有關方面緝查所得，轉報北京政府外交部，外交部作爲陳其美謀亂證據提供出來的。

當年八月三日，袁世凱政府曾限令陳其美自首，同時行文上海領事團，要求將陳其美等人驅離租界。次日，陳其美致函領事團，提出抗議。領事團沒有採取相應措施，於是，北京政府就將交涉升級，致函公使團，要求「訪拿」陳其美等人，交上海鎮守使鄭汝成等訊辦。北京政府特別寄希望於日本，因此，照會誣稱：「據上海探報，亂黨秘計，已製軍衣千套，均仿北軍式樣，以焚害日本重要官商署屋，激成外釁爲宗旨。」云云。

楊以均，據北京外交部附抄函件二，知道他號志平，綽號楊老書，常熟縣人，洪幫大頭目，又名老五。③其他不詳。

本函不見於已刊的《陳英士先生文集》或紀念集。它爲研究陳其美的「三次革命」設想提供了重要資料。

二、密函作於「二次革命」全軍覆沒之際

一九一三年七月十二日，李烈鈞佔領江西湖口炮台，以反對袁世凱爲目標的「二次革命」爆發。十五日，黃興進入南京，宣佈獨立，被推爲討袁軍總司令。十六日，陳其美被推爲駐滬討袁軍總司令，十八日，宣佈上海獨立。「共圖討賊，保障共和」。廿二日，陳其美集合所

部，分四路出擊。廿三日，進攻江南製造局、高昌廟、龍華等處。廿五日，退守吳淞炮台。廿九日，江蘇討袁軍失利，黃興離開南京。八月十二日，上海的袁世凱軍隊在海軍協助下進攻吳淞。次日，上海討袁軍失敗。函中所言「滬江戰事」，指此。從函中可知，此次上海討袁之役，曾得到楊以均的經濟支持。「岑大元帥」，指岑春煊。「二次革命」的實際領導者雖是孫中山，但名義上的「各省討袁軍大元帥」則是岑春煊。

黃興出走後，何海鳴迅即進入南京，並於八月八日佔領都督府，自任江蘇討袁軍臨時總司令，繼續抵抗袁世凱軍隊的進攻。八月十四日，袁軍張勳等部攻佔天保城，但不久即被討袁軍奪回，張勳部慘敗。此後，爲爭奪天保成，雙方多次反覆拉鋸，討袁軍英勇戰鬥，給了袁軍以嚴重殺傷。九月一日，張勳攻入南京，討袁軍與張勳部展開激烈巷戰。次日，終因寡不敵眾失敗。函中所言「金陵之役，同志血戰三星期，復爲張賊奪去」，指此，它是「二次革命」中最激烈、也是最英勇的一次保衛戰。九月十二日，重慶熊克武所率四川討袁軍被圍攻，潰散。至此，歷時兩個月，涉及江西、江蘇、廣東、福建、四川、安徽、湖南等省的「二次革命」全軍覆沒。

密函所署時間爲「十三日」。根據日本外務省檔案，陳其美一九一三年到達東京會見孫中山的時間爲十月七日，④因此，密函的寫作時間應爲當年九月十三日，距張勳攻入南京十二天，距「二次革命」全軍覆沒僅一天。

三、密函所反映的陳其美的「三次革命」設想

密函稱，南京爲張勳攻陷後，上海和江蘇的革命黨人聯合議決，分三路進行：一路：以同志之半赴日本長崎，「聯合日人，籌餉購械，以台灣爲根據，從閩、浙進行」。二路：派遣同志多人，「赴大連聯絡鬍黨英傑，勾結宗社黨人，在北方定期起事」。三路：江浙方面仍由陳其美主持，仍請楊以均「召集洪門同志，共舉義旗，直搗金陵，先誅張賊，後討袁逆，以雪前恥。」三路的總目的則是：「掃除專制惡毒，重立共和政體。」這是「二次革命」失敗後革命黨人最早制訂的「三次革命」計劃。

「二次革命」時，革命黨人動員了當時所可能動員的力量，準備與袁世凱進行殊死搏鬥，但是，不旋踵間，灰飛煙滅，孫中山、黃興等人紛紛出走，革命黨人中彌漫著一片悲觀、失望的氣氛。黃興詩云：「黨人此後無完卵，民賊從茲益恣凶」，⑤這恰是當時許多革命黨人悲憤心情的寫照。此後，革命黨人中遂逐漸演化出緩進與急進兩派。緩進派認爲，「二次革命」使黨人元氣大傷，「今無尺土一兵，安敢妄言激進」，⑥主張暫停革命，長期準備；急進派則認爲袁世凱實爲孤家寡人，外強中乾，主張繼續推進反袁的武裝鬥爭，儘早推翻其專制統治。陳其美的密函反映出，「二次革命」雖已全軍覆沒，但他不僅沒有絲毫灰心，反而立即在上海召集會議，制訂出新的起事計劃，並且立即著手實施，既充分表現出他反對專制，擁護共和的堅定立場，也充分表現出他的不屈不撓、百折不回的革命意志。在中華革命黨時期，他得到孫中山的充分信任和重用，不是偶然的。

密函中，陳其美提出的閩浙一路；孫中山一九〇〇年惠州起義時有過近似的計劃；⑦江浙一路，是一九一一年中部同盟會的方略；而選擇東北，雖有一九〇七年四月宋教仁遼東之行的前例，⑧但主要是陳其美總結辛亥革命、「二次革命」失敗原因的結果。關於此，蔣介石回憶說：

> 陳公嘗謂辛亥、癸丑二役，皆不能貫徹革命黨之三民主義者，以東北各省之根基薄弱，不能直搗北京，以掃除專制惡魔之巢穴，自今以往，如徒注重南方，而於北方仍不稍加意，是由覆其轍而不自悟者也。且袁軍密布於東南，防範壓制，不遺餘力，如不度勢量力，率意逕行，其無異於鄒與楚敵也，其不成也必矣。故謀第三次革命，當於東北數省培植根基，以為犁庭掃穴之計。⑨

辛亥革命和「二次革命」失敗的原因很複雜，但是，從軍事的角度觀察，南方蜂起，北方平靜，缺乏就近「犁庭掃穴」，「直搗北京」的力量，不能不是一個原因。陳其美的這一戰略思想，後來深刻地影響了蔣介石。⑩

革命當然需要基本力量，但是，這並不妨礙可以有臨時的同盟軍。陳其美密函中提到的要加以聯絡的「鬍黨英傑」，就是近代史上通常所說的「馬賊」；所說的「宗社黨人」則是以清朝貴族升允爲代表的復辟力量。這兩支隊伍當然不能成爲革命的依靠，但是，在反對袁世凱這一點上，雙方又可以在一定的條件下合作。密函表現出，陳其美不僅有反對專制，維護共和的堅定性，而且有某種策略的靈活性。

四、執行情況

陳其美密函中所提出的「三次革命」設想，除閩浙一路外，其他兩路後來都是部分地執行了的。「二次革命」期間，陳其美即曾派人到東北，遊說張作霖等人，配合南方起事。⑪「二次革命」失敗後，原在上海的銀行家沈縵雲即遷居大連，多方聯絡各種力量，策劃舉義。據一九一四年一月十四日日本方面情報稱：

正居留大連敷島町的沈萬〔縵〕雲，攜來相當資金，被推舉為亂黨之首，並令賊之魁首徐小虎負責鐵嶺、高〔溝〕邦子、鳳凰城方面，令彭春亭負責軍隊方面，令徐寶負責對旅順都督府做工作，令三谷末次郎運送武器，劉藝舟任臨時司令部總司令，指揮錦州方面的李東仇，並同關東都督府及伊藤保持聯絡。還同升允的部下顏興應在大連的中和棧聚會，組織「同心會」，正試圖通過升允和日本人的媒介共同舉事。⑫

日本人所描繪的這一圖景正是陳其美密函中所言聯絡「鬍黨英傑」與宗社黨人，共同舉事的設想。沈縵雲原是陳其美任滬軍都督時的財政總長，是上海資本家中始終革命的少數人物之一。他在「二次革命」失敗後，不像其他人一樣亡命國外，而是遷居大連，顯然，應屬革命黨人的派遣。陳其美密函曾有「復遣同志多人」赴大連的計劃，沈縵雲應是這些「同志」中的一個。

在敍述了沈縵雲的活動之後，日本情報繼稱：

> 戴天仇、陳其美也來到大連，企圖和肅親王派宗社黨取得聯繫。還計劃派人到新義州方面，趁結冰期佔領安東縣。⑬

日方的這一文件再清楚不過地表明了沈縵雲和陳其美二人之間活動的聯繫。陳、戴到大連後，迅即會見沈縵雲，瞭解情況，有所協商。⑭

關於陳其美的東北計劃，日本方面的檔案多有記載，如：

> 關於革命之策源地，尚不明瞭，但據傳，將以大連為據點，在奉天附近舉起革命大旗。同時在各省起義，一齊壓向袁政府。⑮
>
> 大連流亡者有三派，其數八十四名。此外還有宗社黨主要成員十數名，相互反目，但因第三次革命迫近，近來採取一致行動，與張作霖部下聯合，等待解冰期，計劃先在奉天城舉事。滿洲諸方面都有他們的人。從本地給陳其美發了電，要求陳其美、戴天仇來大連，研究有關上述計劃。⑯
>
> 舉事之際，首先佔領咽喉山海關，斷絕交通。然後派人率匪西下，由綏遠、張家口進

襲，直達內地。南通山東、河南，西聯山西、陝西，糾合白匪，夾擊北京。⑰

這些記載表明，陳其美等東北計劃的目的在於佔據有利位置，從近處向北京的袁世凱政府進攻，實行革命黨人多年神往的「首都革命」。

當時。東北革命黨人急於起事，向陳其美報告，已經「預備完全」⑱。一九一四年一月十九日，陳其美、戴季陶、山田純三郎離開日本，趕赴大連。舟中，陳其美致函陳果夫稱：「今密往大連，審度情形，以期有爲。究竟能否進行，尙難必也。叔當忠於國，願以身殉之無憾！」⑲可見，他是懷著要做一番大事業的心情啓程的。不過，他在路上就得了感冒，胃腸病復發，這使他一到大連就住進了醫院。此後，他困於經費，難以作爲。聯絡「鬍黨英傑」和宗社黨人，都需要鉅款，一月廿八日《致諸兄函》稱：「仍以籌款爲著手辦法，且俟第一著之成績如何，再定後路也。開辦費尙不敷，除申請中山先生撥濟外，已專函介石，迫老夫子速履行前約之數以濟眉急也。」⑳此後，他不斷寫信，說明「無大款難補大局」，「此間費已用罄爲慮也」。㉑

除經費困難外，當時統治旅順、大連的日本當局也多方阻撓。《致諸兄》函稱：「此間事外交干涉日緊。前者所稱可以商酌之關東都督已受袁氏籠絡矣。不但拒不見面，而且已命其部屬將下逐客令矣。看來難望有爲也。」㉒這裏所說的「關東都督」，指日人福島安正。沈縵雲、陳其美雖然都寄希望於他，但實際上，自陳其美等踏上大連土地起，就一直處於日警的監視下。福島並讓大連民政署長轉告陳：「不得使大連成爲與革命黨有關的策源地。」㉓二月三日，陳其美外出，日警居然拒絕他登車。這樣，陳其美不得不接受孫中山的意見，於三月十五日離大連返日。

陳其美返日後，並沒有放棄他的東北計劃。同年六月，孫中山和陳其美派陳中孚到東北。九月四日，在本溪湖舉事，被日本警備隊鎮壓。㉔陳其美做得有點聲色的是中部江浙方面。

陳其美赴日後，蔣介石受命留守上海法租界，策劃江浙起義。五月三十日，蔣介石計劃進攻閘北、真茹、滬寧火車站等處，傳檄討袁。不幸事機洩露，部屬陳喬蔭等被捕殺，蔣介石流亡日本。㉕陳其美的江浙討袁計劃再次受到挫折。

一九一四年七月，第一次世界大戰爆發，中國革命黨人認為是個機會，躍躍欲動。八月廿八日，孫中山、陳其美、蔣介石、戴季陶、山田純三郎等集議，決定將革命軍總司令部設在上海，派蔣介石等回國進行。㉖對此，蔣介石回憶說：「當時歐戰已啓，青島開戰，時期不同，局勢一變。前之謀於東三省以養成潛勢力，使其一舉而成者，終以該地勢力薄弱，不能速舉，（英士）乃注全力於江浙二省，而以東三省作為繼起之區。請總理委任夏君爾嶼主持浙事，范君鴻仙主持滬事，吳君藻華主持蘇事，極力猛進。」㉗九月十二日，陳其美在東京樂觀地宣稱：「經我等同志臥薪嘗膽，日夜奔走，第三次革命之準備已漸次就緒，計劃近日內在南方開始行動。此次行動遠非二三日前發生於本溪湖方面小規模行動可比。一旦革命開始，計劃在瞬態之間取得一二省，達此目的後，孫文及我等立即回國。」㉘同月二十日，范光啓（鴻仙）密謀進攻上海製造局，事泄被刺。十月，杭州秘密機關被破壞，殉難數十人。江浙討袁計劃又一次受到挫折。

一九一五年二月，陳其美以義無反顧的精神回到上海，親自領導江浙地區的討袁活動，先後策劃並領導刺殺鄭汝成、肇和兵艦起義、進攻江陰炮台等多方面的活動。一直到一九一六年五月被刺，陳其美始終在江浙地區堅持不懈地戰鬥著。

一九一五年九月，陳其美到東京參加中華革命黨會議時，向孫中山建議說：「時期急促，迫不及待，東南諸省，袁氏爪牙密布，如不從西南方面蹈隙抵虛，則事難爲也。」㉙這是陳其美對自己原擬「三次革命」計劃的修訂，這一修訂是正確的。三個月之後，雲貴高原就飄起了討袁義旗。

（原載台北《近代中國》第一三一期。）

①日本外務省檔案，MT16141,3224-3225。

②同上，MT16141,3222。

③日本外務省檔案，MT16141,3226。

④日本外務省檔案，甲秘第一八二號，MT16141,2336；乙秘第一四二〇號。MT16141,2324。日本方面有情報稱：陳其美於九月四日到達長崎，五日赴東京，甚至有九月四日赴東京之說，均誤。根據陳果夫回憶，九月廿六日，陳其美尚在上海，曾回海寧路十號探家（見何仲簫編《陳英士先生紀念全集》，文海出版社《近代中國史料叢刊》第五七輯，第五十頁）；而且，陳其美也不可能到達東京後一個多

月不去見孫中山。從各種材料判斷，陳其美一九一三年赴日的時間應為十月初。

⑤《黃興集》，中華書局，北京一九八一年版，第三四七頁。

⑥《與陳炯明等聯名通電》，《黃興集》，第三九七頁。

⑦參見拙作《跋日本政府有關惠州起義的電報》，《海外訪史錄》，社會科學文獻出版社，北京一九九八年版，第六三、六五頁。

⑧參見《宋教仁日記》一九〇七年四月九日，《宋教仁集》，中華書局，北京一九八一年版，第七二六至七二八頁。

⑨《陳英士先生癸丑後之革命計劃及事略》，中國國民黨黨史會編《陳英士先生紀念集》，台北一九七七年版第八頁。

⑩一九二三年八月，蔣介石在《致蘇俄負責人意見書》中說：「中國革命發源於南方，當時，革命黨不能應用其人民種族革命之心理，實行其黨魁直搗北京之計劃。」（「國史館」藏蔣中正檔，台北）因此，他向蘇俄方面提出，在中國西北或蒙古庫侖建立根據地，以利進攻在北京的直系軍閥政府。參見本書第三卷《孫逸仙博士代表團的蘇聯之行》。

⑪《乙秘第二八九號》，《孫中山在日活動秘錄》，南開大學出版社一九九〇年版，第六六六頁。

⑫《山座公使致福田都督》，《孫中山在日活動密錄》，第六三八頁。

⑬同上。

⑭《乙秘第二八九號》，同上書，第六七六頁。

⑮《長崎縣知事李家隆介致外務大臣男爵牧野伸顯》，同上書，第六三九頁

⑯《乙秘第一二四號》，同上書，第六四〇頁。

⑰《朝憲機第一八〇號》，同上書，第六四五頁。

⑱《致諸兄》，手跡，《陳英士先生紀念全集》，第五十頁。

⑲《在台中丸旅次致果夫函》，《陳英士先生文集》，黨史會一九七七年版，第二七頁。

⑳《致諸兄》。手跡，何仲簫編《陳英士先生紀念全集》，第四七頁。

㉑《致周淡遊等》，手跡，《陳英士先生紀念全集》，第五八頁。

㉒《陳英士先生紀念集》，第五二至五三頁。

㉓《關東都督男爵福島安正致外務大臣男爵牧野伸顯閣下》，《孫中山在日活動密錄》，第六六四頁。

㉔日本外務省檔案，乙秘第一八七九號、一九一二號、一九五一號；又，《中華革命黨黨員陳中孚之談話》，《中國流亡者陳中孚之談話》，均見《中國革命黨問題》，第十四卷。

㉕中國第二歷史檔案館編《蔣介石年譜初稿》，檔案出版社，北京一九九二年版，第二〇至二一頁。

㉖日本外務省檔案，乙秘第一六九一號。

㉗《陳英士先生癸醜後之革命計劃及事略》，《陳英士先生紀念集》，第八頁。

㉘《中國流亡者陳其美之談話》，《孫中山在日活動密錄》，第六九〇頁。

㉙蔣介石《陳英士先生癸丑後之革命計劃及事略》。

黃興與日本駐舊金山總領事的通訊

——讀日本外務省檔案

一九一四年九月，黃興在美國加利福尼亞期間，曾因膠州灣問題致函日本駐舊金山總領事沼野安太郎。日本外務省存有該函的英文打字稿，國內外學人迄今尚未論及。現譯介如下：

親愛的先生：

我打算在幾天內離開這裏，這是很遺憾的。我渴望再次訪問您，而時間已經不允許了。當我重訪舊金山之際，各事叢集，偶有空暇，您又不能接見。這樣，我不得不放棄促進我們友誼進一步發展的榮幸。我仍然希望，在明年展覽會期間，我從遠東旅行回來，有朝一日，能因和您重敘舊誼而感到榮幸和愉快。

最令人遺憾的是，德國竟然放縱其帝國的擴張侵略政策。為了一個暴君的野心而犧牲許多人的生命，這實在是最不人道的。

如果人民的意志和聲音能在政府事務中有適當的地位，這樣的政策就不能實行。人們高興地看到，現在公眾輿論將不能容忍這種帝國的擴張，因而，許多公正無私的國家為了人道主義的事業，已被捲入其中。毫不懷疑，正義的事業最終將勝利；我認為，多年備戰的德國將要接受這種教訓，以致使它在將來，在任意踐踏世界人民的幸福時，有更多的顧忌。貴國已經拿起武器反對這種全面的威脅；最使人欣慰和滿意的是，您的偉大的國家採取了寬宏而開明的政策。無疑，膠州歸還中國將鞏固正在增長的友情，密切我們兩國間的現存關係。它將使世界相信，貴國對中國沒有隱秘不明的動機。儘管歐洲形勢紛亂，台端公務日增，祝您愉快健康。致以最熱誠的問候和良好的祝願。

您最忠誠的黃興敬上（簽名）

本函對德國帝國主義發動世界大戰進行譴責，表示了對正義事業終將勝利的信心，但其主旨則在婉轉而堅決地要求日本政府保證將膠州灣歸還中國。

膠州灣，一稱膠澳，地點約當今青島市及其附近地區。一八九七年十一月，德國以兩個傳教士在山東巨野被殺爲藉口，派兵強佔膠州灣。一八九八年三月，德國強迫清政府簽訂條約，「租借」膠州灣爲軍港，時限九十九年。自此，膠州灣淪入德國帝國主義之手。但是，日本帝國主義也同時覬覦著這個優良的港口。一九一四年四月廿三日，日本對德宣戰。八月廿五日，日本政府借第一次世界大戰之機，向德國政府提出最後通牒，要求它在九月十五日以前，「將全部膠州租界地，無償無條件交付於日本官憲，以備將來交還中國」。日本政府所稱「將來交還中國」是假，企圖取代德國占而有之是真。因此，九月十六日黃興寫了上述信件。

沼野安太郎收到黃興來信後，次日就作出答覆。其英文打字稿也存於日本外務省。譯文爲：

親愛的先生：

我非常高興地收到了您本月十六日謙和有禮的來信，允許我十分誠懇地酬答您豐富的感情，並且自由地展望世界事務。

我特別愉快地得知，在現時貴我兩國人民注意的問題上，您對於日本的態度不抱懷疑。日本許諾，如果膠州作為戰利品落入它的手中，將和中國公正地處理，而且感覺到，這樣一種方針，在任何情況下都是明智和正確的。

無論是中國，還是日本，都經不起相互間的背信棄義，這樣做對他們也沒有好處。他們被上千種紐帶和需要加強友誼及好感的共同興趣聯繫在一起。如果日本獲得膠州，將歸還中國，因為她既沒有領土野心，也不被任何征服的貪欲所苦惱。我真誠地相信，將會再次榮幸地見到您，並請允許我向您保證，只要能有機會增進和加強我們之間幸福地萌發的友誼，我將總是非常高興的。

您最忠誠的沼野安太郎（簽名）

應該承認，沼野強調中日友好，表示兩國間有「上千種紐帶」「被需要加強友誼及好感的共同興趣聯繫在一起」，聲明在獲得膠州後，「將歸還中國」，這是正確的。但是，當年十一月日軍攻佔青島後，卻並不肯交還中國。直到一九二二年年末，才根據在華盛頓會議上簽訂的《解決山東懸案條約》由北京政府派人接管。

（據拙著《海外訪史錄》，社會科學文獻出版社，一九九八年版。）

「真革命黨員」抨擊黃興等人的一份傳單
——讀日本外務省檔案

日本外務省檔案中，存有署名「真革命黨員」的傳單抄件一份，它是孫、黃兩派分裂後，孫派對黃興最猛烈的抨擊。全文如下：

黃克強君自癸丑失敗，逋逃日本以後，即志灰氣惰，謂民黨不能更以武力從事，宜從政治活動，以冀漸握政權，恇怯軍人，熱中政客，附和其說。熊希齡組織內閣之際，黃派日夜期望保皇妖黨，得與袁賊抗衡，而已則居中斡旋，冀博彼黨之歡，而分一杯之惠。《甲寅》雜誌醜詆民黨，貢媚熊、梁，實黃君授之意旨，章、胡（章行嚴、胡瑛）承其鼻息，迂謬之情已早為識者所竊笑。迨乎熊、梁失勢，彼等且自悟袁賊之凶頑，而黃派昏迷，迄未知政治之絕望。

孫中山先生自來三島，即懷恢復之心，糾合賢豪，冀達卷土之志，毅力宏識，血氣共欽。癸丑季秋，曾勸黃君之聯袂；客歲仲夏，又曾三顧其草廬。情義殷殷，敦促不已。乃黃君平和之夢不破，緩進之說彌堅，始有樂不思蜀之心，終作乘桴浮海之計。若夫國力日削，文化日退，社會民生，日益凋敝而岌岌不可終日也，彼等不思拯救，袖手旁觀，以為國之貧弱，政之腐敗，猶可待十年徐圖匡救者。烏乎！俟河之清，人壽幾何！天縱假彼以年，詎能久延病國之脈哉！

用是吾黨卓落之士，不謀苟合，一意孤行。國勢日益顛危，則吾人救國之志益銳；袁賊日益鞏固，則吾人革命之念益堅；人民日益厭亂，則吾人撥亂之心益切。誠以今日中國如患惡疽，當其根深蒂固之時，患者輒吝於一割，然而不割則生命愈危，故唯有不顧患者之苦痛，而一意操刀以施其手術而已。惜乎此不足以語於泥守方脈之庸醫也。

今者黃君與其同氣，發電國內，自明心跡，誓以不促革命，求諒於國人。內外同志，深為詫駭；其實固早在吾人意料之中，以為必將有此表示。綜觀全電，以生靈塗炭諱其不戰而逃，以寡眾不敵飾其無意恢復，詞固辯矣。然試問赫赫元勳，堂堂首領，既睹勝敗之數，胡舉烏合之師，是為不智；大難既發，旗鼓方張，師正報捷於淮、徐，將已逋逃於海外，負全黨之囑託，辜國民之期望，是為不忠。不智不忠，何以為□！若因即復戢兵，是乃仁術，試問吾黨敗後，塗炭幾何，惟以一逃，增其百禍，宋襄之仁，又何足取！不自引疚，徒逞辯詞，但求國人之見憐，不計立言之卑屈。觀其呶呶置辯，謂吾黨不致假借外力，自取滅亡；又復委曲敷陳，極言袁氏罪惡，用心良苦，顧對牛彈琴，究竟何裨！

夫國人果能辨理，吾黨安有失敗之理由？國人苟知向上，袁賊安有存立之餘地？況也，自約法改，議會散，人民失法律之保障，飽專制之餘威，人格無存，自由久喪，奴隸而已，何言國民！吾人正宜立林肯釋奴之願，舉湯武吊民之師，救之水火之中，登於衽席之上。若夫假借外力與否，國人實無判斷其是非之智慧。吾黨既以二十餘年苦心孤詣，取亡之滿室二百六十餘年者歸之國人，亦當然不致復斷送於他族。國人不能拒慣於賣國之官僚，自無煩其諒吾人救國之本意。國人既深願袁賊之執政，又何必訴吾人不滿之襟懷！故以若所為，徒啓袁賊之輕侮，滋國人之謠啄，灰同志之志望，而失自己之人格而已。國人果能以一電感動者，黃君又何至有今日耶！

真革命黨員

鐵漢

李直壯

尚氣節

鍾廉恥

史不屈①

一九一五年二月廿五日，黃興與陳炯明、柏文蔚、鈕永建、李烈鈞等聯名致電國內各報館，闡述對時局的看法和主張。其中，黃興等自悔民初與袁世凱進行政治鬥爭時的「叫囂凌厲之氣」，自悔一九一三年「二次革命」的孟浪，聲言當時革命黨人連「二次革命」的條件都沒有，「今無尺土一兵，安敢妄言激進？」結論是：中國是否必須經由革命的道路才能獲得新生，還必須等著瞧。通電特別聲明自己不準備借用外力來反對袁世凱政府。電稱：「邇者國交頓挫，舉國驚迷，興等乞援思逞之謠，又見騰播中外。」又稱：「至言假借外力，尤為荒誕。興等固不肖，然亦安至國家大義蒙無所知？」②本傳單即針對黃興等人上述電文而發。

一九一四年六月，第一次世界大戰爆發。九月，日本政府乘機出兵山東，先後佔領濰縣、青州、青島。當時，國內人士和國外華僑界都出現了放棄內爭，一致對外的呼籲，革命黨人中也出現了聯袁制日的主張。在上海的詹大悲、白逾桓等一批革命黨人即決議「決不利用外患劇烈之時機為革命活動」，「暫時力持鎮靜，使政府得以全力對外」。③一九一五年初，日本向袁世凱政府提出廿一條，民族危機進一步加重，放棄內爭，一致對外的呼聲更為強烈。於是，何海鳴首先離日返國，宣稱「政府以穩健誠國人，國人以大任托政府」，「苟政府不加海鳴以不利，海鳴且以得正首丘於祖國為安」。④接著，林虎、熊克武、程潛、李根源等十二人聯名通電，聲稱：「先國家而後政治，先政治而後黨派」，「政府苟能推誠明政，舉國傾心，即吾人客死他邦，亦所甚願」。⑤何海鳴的行動和林虎等人的電文都表現了放棄反袁鬥爭的傾向。黃興等人的通電正是這一潮流中泛起的一個浪頭。

在中國革命黨人中，黃興擁有崇高的聲望，曾被譽為「革命黨中唯一之實行家」，是可以和孫中山「並駕齊驅」的大人物。⑥黃興領銜發出了這樣一份通電，自然引起了巨大震動，也引起了主張堅持反袁鬥爭的部分革命黨人的憤怒。三月十日，中華革命黨黨務部發出通告，內稱：

中日交涉事起，國人不明交涉之真相，實由夫己氏賣國而來，乃有與二次革命有關係者，藉此為舉國一致之美名，有迎機投降者，如何海鳴等之自首是也。有恐為夫己氏分謗而急欲自白者，如林虎等之通電各報館是也。有恐受借寇復仇之嫌疑而自供二次革命有罪（認革命有罪而不認私逃為罪），急向國人告哀者，如黃興等之通電宣言是也。⑦

但是，通告主要是爲了說明中華革命黨的外交主張和對日態度，因此，對黃興等人的通電未加更多評論，或許也因爲它以黨務部的名義發出，不能不有所克制，而傳單就不一樣了。它對黃興等人進行了猛烈的抨擊。「志灰氣惰」，「不忠不智」，「宋襄之仁」，「但求國人之見憐，不計立言之卑屈」云云，完全是鞭撻式的語言。至於「真革命黨員」及「鐵漢」、「李直壯」、「尙氣節」、「鍾廉恥」、「史不屈」等化名，更隱寓了對黃興等人的批評和嘲諷。

傳單相當全面地反映出「二次革命」後孫黃兩派的主要分歧：一是「二次革命」失敗的責任問題。一九一三年七月下旬，黃興在軍事形勢惡化和程德全的逼迫下，拋開南京反袁軍出走。傳單反映出，儘管事情已經過去了一年多，但孫派對此仍耿耿於懷。一是緩進與急進之爭，其中提及黃派和熊希齡內閣，以及和章士釗的《甲寅》雜誌的關係，都是其他文獻中缺少記載的。章士釗的《甲寅》雜誌一創刊就批評革命黨「鹵莽滅裂」，「行同無賴」，甚至比之爲「黔之驢」⑧孫派曾爲此去砸過雜誌社，演出了一套全武行。⑨傳單認爲章士釗的言論出於

明。

這一分歧在黃興等人的通電和「真革命黨人」的傳單中都說得不很明朗，看來雙方都不願點黃興「授意」，自然成爲孫黃兩派矛盾中的一個重要因素。三是待袁制日和聯日反袁的分歧。

在反清鬥爭中，孫中山和黃興都企圖借助日本的力量，這一點二人並無分歧，革命人中雖有人不很贊成，但並無大的異議。「二次革命」失敗後，孫中山繼續企圖借助日本的力量反對袁世凱。一九一四年五月十一日，孫中山致函日本首相兼內務大臣大隈重信，要求日本政府抓住非常機會，「爲非常之事，成非常之功」，幫助革命黨人「顛覆」袁世凱的統治。孫中山許以成功之後，「開放全國市場，以惠日本工商」。⑩對此，黃興是不贊成的。他曾將孫函抄示別人，並注明本人並未列名。⑪其後，書信的內容逐漸洩露，加之袁世凱政府製造了一些污蔑孫中山與日本勾結的假材料，⑫這樣，反對意見也隨之發展起來了。一九一五年初，劉師培發表《告舊中國同盟會諸同志書》，中云：「然據最近傳聞，則諸君之中，其有懷憤激之謀者，不惜爲虎作倀，引外力以覆祖國。」又云：「窮究諸君所蓄之隱謀，在捨個人逞憤外，雖復亡國滅種，亦所不惜。」⑬黃興等人的通電，顯然與劉師培的上述「告同志書」有關。

據黃興等人通電，當時國內外關於「乞援思逞」、「假借外力」的指責很厲害：「國中談士，戟指怒罵。昔年同志，貽書相譏。謗語轉移，呶呶嗷嗷，恍若道路所傳，已成事實。」如果這段話指的是有些人對孫中山一派的批評，那是確有其事，如果指的是對黃興等人的批評，那就不符合事實了。

「二次革命」後不久，袁世凱等確曾聲稱黃興企圖借日本一師兵力在湖南助譚延闓舉事，指責黃興「愛國思想薄弱，而權利思想雄大，寧舉國付之外人，而不肯犧牲一身權利」。⑭但是，一九一五年初，並無針對黃興的有關言論。劉師培的「告同志書」也只是泛言「諸君之中」。黃興之所以引火自燒，通電闢謠，目的是爲了對孫中山進行諷諫，同時也是爲了曲折地說明和孫中山在這一問題上的分歧。其中確有黃興等人的用心良苦之處。

日本政府向袁世凱提出廿一條之後，國內及留學界輿論沸騰，但是孫中山卻始終「默不一言」，引起許多革命黨人的懷疑。⑮當時在長崎的柏文蔚等人曾致函中華革命黨本部質問，柏文蔚並面見孫中山，要求他表態。孫中山表示：各同志可自行通電反對，他自己「另有對策」。⑯黃興等人的通電就是在這一情況下由柏文蔚串聯商量之後發出的。章士釗曾表示，通電經過他的「手削」。⑰對照通電和章這一時期的文章，其觀點確有一致之處。

値得注意的是，「真革命黨員」的傳單並未像黃興等一樣闢謠，也沒有指責黃興等無的放矢，而是採取了默認的態度。傳單稱：「若夫假借外力與否，國人實無判斷其是非之智慧。」又稱：「吾黨既以二十餘年苦心孤詣，取亡之滿室二百六十餘年者歸之國人，亦當然不致復斷送於他族。國人不能拒慣於賣國之官僚，自無煩其諒吾人救國之本意。」這就等於是說：假借外力，有是有非，吾黨如此，目的在於救國。「真革命黨員」散發反黃傳單時，孫中山正在和日本方面簽訂《中日盟約》十一條，企圖以聘請日人爲顧問及給予合辦礦山、鐵路的優先權爲條件，換取日本的援助，顯然，「真革命黨員」不是幾個普通的中華革命黨員，而是瞭解孫中山及其機密的高級幹部。

近代以來，日本帝國主義一直是侵略中國的急先鋒，不可能給予中國革命黨人以實質性的援助。因此，孫中山的聯日制袁的策略並不正確。一九一五年三月十九日，孫中山致函康得黎夫人說：「由於英國政府的干預及其保守影響，日本政府未敢給我們以友好支持。我們正不靠外援，獨立工作。」⑱這裏，孫中山並未能正確理解日本政府拒絕援助中國革命黨人的真正原因，但至少說明，他已經自我否定了聯日制袁的策略。同樣，袁世凱是一個唯知謀私利的奸雄。只要他能登上皇帝的寶座，任何民族利益都可以出賣。因此，暫緩革命，待袁制日的策略也不正確。同年五月九日，袁世凱接受廿一條。廿一日，黃興等人痛苦地通電稱：「往者交涉事起，謠諑紛繁，輿論責望黨人一致對外，俾政府專其心志，盡力折沖。興等去國以還，於國政夙心已腐，徒以時機迫切，不暇引嫌，亦雖電約同人，表暴素志。乃當此舉國聽命，內訌盡息之時，政府膺四億同胞付託之重，一味屈讓，罔識其條約既成，國命已絕。」⑲這實際上是在宣佈，待袁制日策略的失敗。

傳單稱：「夫國人果能辨理，吾黨安有失敗之理由？國人苟知向上，袁賊安有存立之餘地？」在「真革命黨員」眼中，「國人」簡直是一幫自甘墮落的糊塗蟲，中華革命黨人輕視群眾，不相信群眾的偏狹心理躍然紙上，無怪乎只能以個人迷信和軍事冒險作爲出路了。

自同盟會成立起，中國革命黨人中已經鬧過兩次矛盾。一次是一九〇七至一九一〇年的倒孫風潮，那次矛盾一直鬧到一九一二年陶成章被暗殺才結束，是個悲劇。另一次是一九一三至一九一五年的孫黃之爭。這次矛盾以孫黃和好，戮力反袁結束，是個喜劇。之所以成爲喜劇，一是由於形勢的發展，袁世凱迅速露出了它的真面目；一是孫、黃二人都有團結合作的願望，雙方在爭論最烈的時候也還都能克制，黃興尤能顧全大局。若是都如「真革命黨員」一樣猛烈對陣，相互攻擊，或者視爲「路線之爭」，吵嚷不已，事情就麻煩了。

（原載《檔案與史學》一九九五年第一期。）

①日本外務省檔案，MT16141,5563-5567。

②《黃興集》，第三九六至三九九頁。

③《中國最近恥辱記》第二九五至二九八頁。

④《申報》，一九一五年三月八日。

⑤日本外務省檔案，MT16141,5561-5562。

⑥《革黨領袖黃興君事略》，《東京日日新聞》，轉引自《少年中國晨報》，一九一一年十一月廿七日。

⑦羅福惠等編：《居正文集》，華中師範大學出版社版，第二五九頁。

⑧秋桐：《政本》，《甲寅》第一號。

⑨章士釗：《與黃克強相交始末》，《辛亥革命回憶錄》第二集，第一四七頁；參見章士釗：《歐事研究會拾遺》，《文史資料選集》第二四集，第二六五至二六六頁。

⑩《孫中山全集》第三卷，第八四至八七頁。

⑪汪曾武：《憶桔隱處偶憶》，稿本。

⑫袁世凱政府曾偽造了一個《中華革命黨領袖孫文與日本民黨首領犬養毅所結協約概略》，油印散發，原件藏南京中國第二歷史檔案館，一〇一一（二），九一八。該件曾發表於《申報》，一九一五年四月廿四日。其參見拙作《袁世凱偽造的孫中山賣國協約》，《民國掌故》，中國青年出版社一九九三年版，第六五至六七頁。

⑬《中國最近恥辱記》，第一五二至一五六頁。

⑭《黃興小史》第二、九頁。此書攻擊革命黨，稱袁世凱為袁公，顯係袁黨之作。

⑮《黨務部通告》第八號，《居正集》，第二五九頁。

⑯柏文蔚：《五十年經歷》，《近代史資料》一九七九年第三期。

⑰章士釗：《歐事研究會拾遺》，《文史資料選輯》第廿四輯，第二六三頁。

⑱《孫中山全集》第三卷，第一六三頁。

⑲黃興佚文，《申報》，一九一五年五月三十日。

跋鍾鼎與孫中山斷絕關係書

——宮崎滔天家藏書札研究

在宮崎滔天家藏書札中，有一通鍾鼎給孫中山的宣佈斷絕關係的公開信，鉛印，可能是當時的傳單。內容如下：

中山先生鑒：啓者：國賊竊政柄，黨奸誤大局。凡我同類，孰不痛心？溯自二次革命失敗，鼎隨諸同志之後，亡命海外，深恐名不符實，內絕同胞之渴望，外貽列邦之訕笑，戰戰兢兢，如履薄冰。及聞OO先生崛起宣言，包辦三次革命，鼎本軍人，應為OO先生執鞭，效力疆場，乃慨然繕立誓約，塗蓋指印，抹掌拭拳，恭候命令。不料將近兩載，寂若無聞。包辦期間，業已到來。究其原因，即在中山先生目不識人，團體開創伊始，引用陳其美、居正、田桐、戴天仇、謝持等一般無賴，盤踞要津，排斥同志（如黃興、李烈鈞、張繼、柏文蔚、陳炯明、林虎、鈕永建、譚人鳳、白逾桓、楊時傑諸君，皆在排斥之列），經凌鉞君迭次密告陳等罪惡，OO先生不惟不察，且被陳等主使，大出傳票，迫凌君與中山先生斷絕關係。試問凌君非同志等共稱為OO先生之死黨乎？死黨忠告，尚加排斥，００先生可謂無情矣！而今革命健將，陸續引揚，所餘宵小數人，以００先生為木偶，藉此誆騙華僑之金錢，斷送同志之性命。而今春三月，閱中外各報載稱，００先生語大阪新聞記者，竟誣黃興、李烈鈞、柏文蔚、林虎、譚人鳳、鈕永建、凌鉞、白逾桓諸君投降袁賊。傳聞中外，顛倒是非。之數君者，既為同志所共悉，何待鼎為之辯護！不過００先生，年逾半百，身居黨首，何以信口雌黃，陷人三字之獄？清夜自思，良心何在！鼎賦性梗直，代抱不平，亦曾迭進忠告，置若罔聞。國事如彼，黨事如此，若不急起直追，前途何堪設想！夫天下興亡，匹夫有責，鼎雖下愚，豈忍坐視！

茲因事業與名譽兩端，有不能不宣佈與中山先生脫離關係者也。

（一）因事業之經營

革命事業為吾人天賦之職務，００先生包辦革命，不許他人染指（去夏先生致黃先生書云：二年內讓我包辦，不成爾再來革命云云），而軍人、政客凡為革命人物者，均受００先生之排斥，將來大革命起，以中山先生之心胸與手腕，果能與若輩抗衡乎？必不能也。況居包辦期滿，正吾人棄暗投明之日，否則自甘暴棄，有負革命之初心。此鼎為革命事業計，與先生脫離關係者一也。

（二）因名譽之保障

邇來中山先生之主義，唯我獨尊。無論何人，順我則生，逆我則死，宗旨同而手續稍別者誣之為降敵（如黃、李、柏、林、鈕諸君），號死黨而進忠言者報之以死刑（如凌鉞君過於忠告，先生對劉大同云：有權時必殺凌鉞）。漢高之殺韓信也，未聞在破項之前；北魏之收鄧艾也，史稱在漢亡之後。今日00先生之方略，為革命殺功勳乎？為袁賊殺敵人乎？鼎恐革命之大業未就，而先生已為袁家之功臣矣！夫名譽為人第二之生命，以若輩之威望素著，猶召某某先生之誣，況鼎區區黨員，邇來屢進忠言，他日名譽之敗壞，更不知陷於何等之程度！此鼎為保全名譽計，與00先生脫離關係者二也。

以上所具兩端，為鼎與中山先生脫離關係之主因。至鼎之革命宗旨，雖海枯石爛，不得稍有變更。鼎知先生得函之後，不曰為敵所收買，即曰受人所指使，他日大權在我，根據誓約，必死鍾鼎於刀斧之下。要知包辦革命者，00先生也；背叛誓約者，亦00先生也。去年七月十九日，假精養軒開成立會，00先生當眾立誓，厲行革命，殆後種種設施，無一不與黨章相背謬。有人責問，答以由余定之，由余廢之。出爾反爾，為所欲為。總理之誓約已廢，黨員之誓約有何繼續之效力？00先生日以三次革命總統為自居，即以誓約為專制黨員之利器，威信革命之要素。00先生歷年之威信已盡喪於陳等之手，今日猶不自覺，日發總統之夢迷，不啻蒸沙求食，磨磚作鏡也。

最後語別，三復斯言！

鍾鼎印

中華民國四年七月十九日

鍾鼎，一九一三年二次革命失敗後流亡日本，加入中華革命黨。一九一四年二月，黃興在東京郊外大森創辦浩然廬軍事學社，招收原任軍職的革命黨人研究軍事，鍾鼎曾入社學習。同年被委任為中華革命黨黨務部第三局職務員。他的這封公開信涉及孫中山和國民黨史上的許多重要問題，需要仔細地加以考索。

一九一三年三月宋教仁被刺後，孫中山主張武力討袁，黃興主張持冷靜態度，謀法律解決。其後，孫中山命陳其美、章梓分別在上海、南京起義，黃興認為孫中山不善用兵，自請掛帥。七月廿九日，黃興認為敗局已定，離軍他走。事後，孫中山認為黃興出走，導致二次革命失敗，因此，對黃興大為不滿。一九一四年八月十四日，他在致美國人戴德律的信中說：「他在第二次革命期間竟然棄南京而逃，曾使我痛失所望。」①二次革命失敗，革命黨人紛紛流亡日本。孫中山、黃興之間的矛盾進一步發展並加深。孫中山主張解散本已十分鬆散的國民黨，組織中華革命黨，振作精神，「一致猛進」，迅速發動三次革命，以武力推翻袁世凱的統治；黃興則主張保存國民黨，加以整理擴充，宣傳黨義，培養幹部，長期準備。支持孫中山的有陳其美、居正、田桐、戴季陶、謝持等；支持黃興的有李烈鈞、柏文蔚、陳炯明、鈕永建、譚人鳳、李根源、林虎等。

當時，孫中山認為二次革命失敗的原因在於：黨員散漫，不統一，不肯服從領袖的命令，因此，在組織中華革命黨時，力圖加強組織性、紀律性，樹立領袖的絕對權威，在誓約中規定：入黨者必須「犧牲一己之生命、自由、權利，附從孫先生」，保證「服從命令，盡忠職守」，「如有二心，甘受極刑」，除塡寫誓約外，還要加蓋指模②。黃興、李烈鈞等人反對孫中山的這些做法，拒絕加入中華革命黨。柏文蔚雖曾一度加入，但不久即不再過問黨務；陳炯明在南洋，孫中山幾次寫信，邀他來日，均置之不理。

一九一四年五月廿九日，孫中山致函黃興，追溯二次革命失敗原因，函稱：「及今圖第三次，弟欲負完全責任，願附從者，必當純然聽弟之命令。兄主張仍與弟不同，則不入會者宜也。此弟之所以敬佩而滿足者也。弟有所求於兄者，則望兄讓我於此第三次之事，限以二年爲期，過此猶不成，兄可繼續出而任事，弟當讓兄獨辦。」③同函並稱：「弟所望黨人者，今後若仍承認弟爲黨魁者，必當完全服從黨魁之命令。因第二次之失敗，全在不聽我之命令耳。所以，弟欲爲眞黨魁，不欲爲假黨魁，庶幾事權統一，中國尙有救藥也。」六月初，黃興覆函孫中山，承擔南京兵敗的責任，但是，黃興也尖銳地批評孫中山說：「若徒以人爲治，慕袁氏之所爲，竊恐功未成而人已攻其後，況更以權利相號召乎！」④批評孫中山「慕袁氏之所爲」，實際上是批評孫中山搞專制獨裁。同函中，黃興又說：「先生欲弟讓先生爲第三次之革命，以二年爲期，如過期不成，即讓弟獨辦等語，弟竊思以後革命，原求政治之改良，此乃個人之天職，非爲一公司之權利，可相讓渡，可能包辦者比，以後請先生勿以此相要。」六月三日，孫中山再次致函黃興，堅持認爲，要建設完善民國，非按照自己的辦法不可。他說：「兄所見既異，不肯附從，以再圖第三次之革命，則弟甚望兄能靜養兩年，俾弟一試吾法。」⑤孫中山的這種依靠個人，獨力領導革命的想法受到包括宮崎滔天在內的許多人的反對，鍾鼎本函所稱

「包辦三次革命」，指此。

六月三日函中，孫中山並表示，以後彼此間決不談公事，但仍視黃興爲良友。至此，孫黃間已無合作可能。同月三十日，黃興離日赴美。

陳其美、居正、田桐、戴季陶、謝持等支持孫中山。其中，陳其美尤其積極。黃興在日時，陳、黃之間已互相齟齬，不能相安。加上張繼、何海鳴從中煽動，矛盾更深。黃興赴美後，陳其美於一九一五年二月四日致函，勸黃返日，認爲此前革命之所以一再失敗，都是因爲違背了孫中山的「理想」。陳函並列舉辛亥以來的史事，說明革命黨人在五個方面「有負於中山先生」，其中，對黃興有所批評。陳其美並檢查此前贊同黃興主張而不贊同孫中山的錯誤，宣稱此後欲達革命目的，當重視孫中山的主張，「必如眾星之拱北辰」，「必如江漢之宗東海」⑥。對於陳其美此函，黃興未覆。

在此期間，孫黃矛盾更增添了複雜因素。當年一月十八日，日本駐華公使日置益代表日本政府向袁世凱提出廿一條要求，企圖獨佔中國。在民族矛盾上升的情況下，中國社會出現拒日救國熱潮，革命黨內隨之出現停止革命，一致對外的意見，同時還出現了黃興等爭取日本援助，企圖乘機革命的傳言。二月廿五日，黃興與陳炯明、柏文蔚、鈕永建、李烈鈞等聯名通電，否認自己有所謂「乞援思逞」、「假借外力」的想法，宣稱：「一族以內之事，縱爲萬惡，亦惟族人自董理之。依賴他族，國必不保。」通電表示：二次革命時，尚有可戰之兵與可據之地，但因不願塗炭生靈，一擊不中後即主動罷兵，雖因此被同志譏爲膽小，但問心無愧。「今無一兵一卒，安敢忘言激進」！黃興等聲稱：「今後如非社會有真切要求，決不輕言國事。今雖不能妄以何種信誓宣言於人，而國政是否必由革命始獲更新，亦願追隨國人瞻其效果。」黃興等並稱：「兵凶戰危，古有明訓，苟可以免，疇曰不宜！重以吾國元氣凋喪，盜賊充斥，一髮偶動，全局爲危，故公等畏避革命之心，乃同人之所共諒。」⑦這一通電報雖以「告國人」的形式發表，但明確宣示了和孫中山當時一系列方針、政策的對立。其後，黃興等又致上海《字林西報》、《大陸報》、《泰晤士報》、《文匯報》、《捷報》一函，內容與上述通電大體相同，但進一步聲稱：「吾人痛思前失，自安放逐。現政府果以何道能得民心，作民政，吾人正目視而手指之。吾人神聖之目的，在使吾最愛之國家莊嚴而燦爛，最愛之同胞鼓舞而歡欣，至何人掌握政權有以致此，吾人不問。」⑧黃興等人通電在國內外引起了強烈反應。三月十日，中華革命黨黨務部發表第八號《通告》，批評黃興等人「恐受借寇復仇之嫌而自供二次革命有罪（認革命為罪而不認私逃為罪）」⑨。這裏所說的「不認私逃爲罪」，顯指黃興。十三日，日本《大阪每日新聞》以《歸順革命黨的宣言書》爲題摘要發表了黃興等人通電，聲稱「被袁總統懷柔，相率歸順的黃興、陳炯明、柏文蔚、鈕永建、李烈鈞等聯名寄給上海、北京主要報紙一份宣言書」。同日，並以《革命黨陸續歸順，僅餘孫逸仙一派》爲題發表消息稱：

袁總統收買革命黨，近來著著奏效。旅居本國的革命黨人陸續向中國公使館要求歸順，已達一百五、六十名之多。其中一些非知名人士，沒有特別收買的必要，中國公使館反而拒絕其申請。然中國政府計劃頗大，甚至傳說，由於在美國的有力人士的暗中斡旋，連黃興、李烈鈞、柏文蔚等革命黨中的第一流人物也已發表宣言書，堂堂歸順。主要的歸順者為軍人派，人們稱為革命創始人的孫逸仙、陳其美等領袖依然不肯歸順，正不斷鼓吹日中提攜論。

此次所傳歸順者中的知名人士如左：

黃興　李烈鈞　柏文蔚　林虎　李根源　譚人鳳　唐蟒　白逾桓

鈕永建　冷遹　季雨霖　黃郛　劉藝舟　何海鳴　陳炯明　張耀曾

凌鉞　龔振鵬　章梓　趙正平　熊克武　李書城　張孝准　彭程萬

（東京電話）

同文並引述了孫中山對記者的一段談話：

此次歸順袁氏的革命黨人主要為軍人派。彼等疏於世界大勢，不能明察將來的必然結果，過分誇大日本對華要求，視為不利於中國。基於此種誤解，遂敢於輕舉，與我等分手。參加二次革命的流亡軍人固然卑怯，以致失敗，真正之軍人，即意志堅強之無名之士尚充滿國中。吾人於將來達到目的方面不必有任何擔心。就彼等變節一派之私情而言，有可同情之處，但相信此等薄志弱行之輩與我等同志分手，乃他日實現偉大目的之好機會。日中兩國立國於亞細亞，倘不能相互提攜，則難以與列強共存於競爭場裏。中國與日本分離則國亡，日本與中國分離則陷於孤立境地。今日世界大勢，當促進日中提攜，以期保障東洋永久之和平。彼等一派之離散何足置意！（東京電話）

仔細研究上述報導，可以看出，宣佈黃興等歸順袁世凱的並不是孫中山，而是《大阪每日新聞》駐東京的記者，鍾鼎公開信所稱孫中山誣黃興等「投降袁賊」云云並非事實，孫中山的不當只是輕信，並且在未得到準確消息前輕率地發表了談話而已。

黃興等人的通電反對「激進」，主張暫停革命，但是，通電稱：「至今空尸共和之名，有過專制之實」，「年來內政荒蕪，綱紀墜地，國情愈惡，民困愈滋。一言蔽之，只知有私，不知有國。」又稱：「今吾國不見國家，不見國民，而惟見一人。」這些，都是對袁世凱的尖銳批判，其維護共和的立場仍然是堅定的，因此，《大阪每日新聞》很快就發現了自己判斷及所發消息的錯誤。十四日，該報在社論中明確指出：「黃興等雖被視爲歸順派，其實決未歸順，唯於此際靜觀袁政府之出處而已。」該文並稱：「所謂革黨歸順之說，其愚亦甚哉！」⑩同月，孫中山致函黃興，僅稱：「若公以徘徊爲知機，以觀望爲識時，以緩進爲穩健，以萬全爲商榷，則文雖至愚，不知其可。」⑪同函並邀請黃興返日。五月十五日，孫中山《覆伍平一函》稱：「克強等持緩進主義，故猝難一致，至弟與伊私交，則絲毫無損。」⑫態度、調子和與《大阪每日新聞》記者談話都大不相同了。顯然，這是孫中山冷靜思考之後的結果。

孫中山和黃興等人的分歧保持了相當一段時期。同年四月或五月，黃興致函孫中山，批評其聯日政策，函稱：「或謂中日交涉未解決，吾儕正可藉此謀革命，振臂一呼，援者立至，茍能乘時勃起，必能收疾風掃籜之效。此言似焉而實非。我同志既以愛國爲標幟，以革命相揭櫫，無論借他國以顛覆宗邦，爲世界所竊笑，而千秋萬歲後，又將以先生爲何如人也！」⑬此前，孫中山曾向日本外務省政務局長小池張造提出中日盟約草案十一條⑭，從黃興本函口氣看，他可能已經得知有關情況。該函並重申當時缺乏革命條件，冒險行動，必將慘敗。七月，中華革命黨巴東支部長楊漢孫致函孫中山，勸他與黃興等和衷共濟，函稱：「同在患難之中，則杯酒可以釋嫌。」八月四日，孫中山覆函稱：在秘密時期、軍事進行時期，黨的領袖應該具有特權。統一一切，不能視爲專制；黨員服從命令，也不能視爲不自由。他憤憤地批評說：「陳（炯明）、李（烈鈞）、柏（文蔚）、譚（人鳳）始終強執，茍非不明，則我不識其何所用心矣！」同函並表示：「若夫懷挾意見，不泯其私，藉有可爲之資，不爲討賊之軍，先樹異色之幟，如譚石屏所云殊途同歸者，途則殊矣，亦聽其所歸可耳！」⑮但是，隨著袁世凱帝制自爲野心的日益暴露，黃興等歐事研究會同人逐漸投入反袁活動，和孫中山之間的矛盾也逐漸消泯。一九一六年五月二十日，孫中山致黃興函云：「機局緊急，袁系方張，民黨無不相提攜之理。況兄與弟有十餘年最深關係之歷史，未嘗一日相忤之感情，弟信兄愛我助我，無殊曩日。」⑯此函表明，往日的分歧、意見、隔閡均作煙雲散，兩個巨人重新握手了。

鍾鼎函中曾提到，孫中山當時和凌鉞的關係很緊張，似乎有勢不兩立的樣子。其實，二人後來也改善了關係。一九一八年，凌鉞曾動員陸榮廷擁護孫中山⑰。次年十二月九日致孫中山函云：「鉞素性剛直，論私交爲先生之良友，論公益爲國民之代表。」⑱可見，孫凌之間也只是一時的芥蒂。只要革命的大目標相同，那麼，總是應該走到一起來的。

鍾鼎發佈與孫中山斷絕關係書，有對中華革命黨組織原則的不滿，有因《大阪每日新聞》所刊消息而造成的誤會，也可能還包含著某些個人情緒在內。據日本警察調查材料，一九一五年五月十二日，鍾鼎曾與劉大同、徐劍秋、宋滌塵等二十人在東京聚會，討論如何解決生活困難問題，眾推宋滌塵向孫中山反映情況。當日下午，孫中山、居正、謝持、鄧鏗、廖仲愷等在《民國》雜誌社與宋滌塵、劉大同討論此事。據說，孫中山認爲，「革命黨員中許多下層黨員住在東京太不經濟，想讓他們回國」⑲。這或許是加劇他對孫中山不滿的原因。

（原載《近代史研究》，一九九四年第一期。）

①《孫中山全集》第三卷，北京中華書局一九八四年版，一〇九頁。

②《蔣介石親書中華革命黨誓約》，《革命文獻》第五輯，插頁。

③《孫中山全集》第三卷，八八頁。

④《黃興集》，北京中華書局版，第三五七至三五八頁。

⑤《孫中山全集》第三卷，九一頁。

⑥《陳英士先生文集》，第四十至四六頁。

⑦《黃興集》，第三九七至三九九頁。

⑧黃興佚文，《申報》，一九一五年三月廿七日。

⑨《居正文集》，華中師範大學出版社一九八九年版，第二五九頁。

⑩《重ねて袁總統に告ぐ》。

⑪《孫中山全集》第三卷，一六六至一六七頁。

⑫同上，第一七〇至一七一頁。

⑬黃興佚文，《申報》，一九一五年五月廿三日。

⑭《孫中山年譜長編》，中華書局一九九一年版，第九三四至九三五頁；参見藤井升三《廿一條交涉時期的孫中山和中日盟約》《國外辛亥革命史研究動態》第五輯。

⑮《孫中山全集》第三卷，一八四至一八五頁。

⑯同上，第二九〇頁。

⑰《革命文獻》第四八輯，二九五頁。

⑱同上，第九六頁。

⑲《孫中山年譜長編》，第九四七頁。

何天炯與孫中山
——宮崎滔天家藏書札研究①

在宮崎滔天的中國友人中，何天炯也許是其關係最密切的一個。今天，宮崎舊居還保存著何天炯的大量信札。它們提供了不少重要史實，是研究中國近代史的重要資料。本文以何天炯和孫中山的曲折關係為線索，探討這些信件所反映的歷史內容。

何天炯（一八七七－一九二五），字曉柳，與宮崎通信時常用的化名為高山英太郎。廣東興寧人。一九〇三年赴日留學，進入正則預備學校。一九〇五年八月三日加入同盟會，曾任本部會計。一九一一年參加廣州三二九起義。武昌起義爆發，至漢陽參加黃興的中華民國戰時總司令部工作。南京臨時政府成立前後，被孫中山、黃興委任為駐日代表。一九一三年二月，隨孫中山訪日，三月歸國。同年，二次革命失敗，隨孫中山流亡日本。現存信札，大部分作於此後至宮崎逝世的十年間。

原信僅署月日，封筒與信箋之間時有錯亂，郵戳也有一部分模糊不清，因此，本文對各信所作繫年大部分根據信件所反映的時事，為避免煩瑣，不一一說明理由。

一、反袁時期

二次革命中，孫中山、黃興之間發生矛盾。流亡日本期間，二人在檢討失敗原因時又發生爭執。何天炯於一九一三年九月十六日抵達日本東京後，立即和宮崎滔天一起調和孫、黃的矛盾。根據日本情報人員的監視報告，九月十六日下午，何天炯拜訪孫中山，次日上午，拜訪黃興。此後，至十一月一日，共拜訪孫中山二十四次，黃興四次②。最後一次拜訪孫中山時，何天炯填寫《誓約》，加入中華革命黨。③兩天後，何天炯返國。十一月九日，在上海致函宮崎，要求隨時報告「高野先生（**指孫中山——筆者**）近況」。此後，對孫中山的意見就愈來愈多了。

一九一四年七月廿九日致宮崎滔天函云：「弟非忘情世事者，所以流連滬上者，有不得已之苦衷也。弟本擬於八、九月之間東來賣畫，今聞孫君望弟之來甚切，不知其意何居也？若諫不行，言不聽，則並來無益也。」孫中山迫切希望何天炯再度赴日，但何因爲調和工作沒有取得什麼積極成果，認爲孫中山聽不進勸諫，因此，抱消極態度。儘管如此，何天炯還是於當年九月底到了東京。當時，孫中山等人正在起草《中華革命黨革命方略》，在十七次討論紙會中，何天炯曾經參加過三次。④十二月十六日，被委任爲中華革命黨廣東支部長。同月廿二日，各省支部長在東京舉行特別會議，何天炯擔任主席。一九一五年三月三日，孫中山委任何天炯爲南洋各埠特務委員，負責向華僑籌募經費。同年歸滬。八月廿七日致宮崎函云：「弟自南洋回中後，個人經濟已困不堪言，而顧瞻黨事，益憤懣無聊。前月底曾致函於胡漢民、廖仲愷、鄧鏗諸兄，囑其切勸中山公改訂誓約，以維繫人心。鄙函痛哭流涕，指陳得失，質之良心，尙無愧怍。聞三君對於此事，俱太息無法挽回。當時該函爲孫公所見，不獨毫無反悔之心，且責弟爲不明事體，然則民黨前途毫無希望，弟尙何有東來籌謀一切之事乎？」孫中山有鑒於同盟會和國民黨的渙散，因此，在組織中華革命黨時，特別強調黨員應無條件服從黨魁。誓約中規定必須「附從孫先生」，而且必須「捺指模」。這一規定遭到不少革命黨人的非議。本函表明，何天炯對此激烈反對，胡漢民、廖仲愷、鄧鏗等人也不以爲然。同函又云：「東京地方雖少，有中山公一人請負，不知革命事業可稍有起色否？一笑。」「請負」，日語，意爲承包。誓約過分強調黨魁的個人作用，忽視廣大黨員的積極性和主動性，因此，何天炯以「請負」相譏。它顯示孫、何二人之間的關係出現了深刻的危機。

當時，革命黨人呈現出四分五裂狀態，在反袁鬥爭上各自爲政。孫中山等曾投入大量金錢，準備在杭州起義，但沒有成功。何天炯則計劃在浙江嘉興、湖州發動，也失敗了。他在致宮崎函中說：「對於嘉興、湖州二府之事，進行極密，同黨中鮮有知者，至其成效之佳良，比之孫公處用全力以謀杭州者，實有天淵之別。唯該件近來誤於廖仲愷氏爲可惜耳。」何天炯陳述經過說：由於缺乏經費，不得不介紹該處代表於廖仲愷，廖仲愷指之爲「無賴漢」，並稱，此人舊年屢在孫宅乞錢，我已經驅逐過多次，切勿再爲其所騙。該代表聽說之後，忿火中燒，急欲起事以明心跡，因而倉促行動，遭到失敗。何天炯爲此向廖仲愷提出質問，廖自稱「錯誤」。何天炯在信中向宮崎發牢騷說：「亦足見孫公處辦事人之無聊也！」何天炯因對孫中山不滿而牽連及於廖仲愷等人。

一九一五年九月，何天炯曾到日本一行。十月五日返滬。此間，在對「康派」的態度上，何、孫二人又出現了新的分歧。何天炯於八日致宮崎等人函云：「黃兄與此地之康氏頗有函件往來，若孫氏之絕對排斥康氏，真不知其是何用意也。一歎！」黃興於一九一四年六月離日赴美。他與在上海的康有爲「頗有函件往來」，這是迄今鮮爲人知的事實。在對於共和政體的態度上，黃興與康有爲之間尖銳對立，但在反對袁世凱稱帝上，雙方又有共同點。後來，李根源曾正式與康有爲磋商合作，取得了暫不考慮其他，先行「戮力倒袁」的協定。⑤從何函可知，孫中山反對黃興與康有爲發生關係，何天炯則支持黃興。一九一五年十一月一日函又云：「馮、康聯絡之事，此刻尚在半真半假之中，然帝政問題如日緊一日，則將來成爲事實，亦未可知也。且康之所圖，範圍頗廣，比之神樣，實有天淵之別。弟恐第三次革命成功，竟在官僚之手，果爾，則自稱神樣者，將變爲泥菩薩，無人香花供養矣。有神樣之頑迷，致使同志四分五裂，爲官僚所輕視，乃出而自樹討賊之旗，雖目的甚同，而吾黨將來不能在政治上獨佔優勢，推原禍始，陳英士等實不能辭其咎也。」馮，指馮國璋。他支持袁世凱對付革命黨人的許多措施，但反對袁稱帝。一九一五年六月，他曾和梁啓超討論帝制問題，並相偕入京力諫。此後，梁啓超曾多次派人動員他贊助反袁起義。何函所言馮康聯絡，指此。神樣，日語，意爲神仙、上帝。宮崎滔天與何天炯都不滿意孫中山神化黨魁的作用，在通信中以此詞代指孫中山

⑥。頑迷，指孫中山拒絕許多同志的勸告，堅持中華革命黨誓約一事。在組建中華革命黨過程中，陳其美「力排眾議」，全力支持孫中山，因此，也為何天炯所不滿。

十一月七日，何天炯到達香港，企圖運動龍濟光及其部下倒袁。八日致函宮崎云：「各處情形均甚佳妙。唯龍濟光之為人頗為愚蠢，刻雖有與馮、張提攜之事，難保無中變之虞也（雲南、廣西均可靠）。然天下事求其在我，就使龍等俱樹討袁之旗，而純粹民黨不能在軍界上佔有優勢，則其結果亦毫無良善，可斷言也。」龍濟光與馮國璋、張鳴岐在一九一五年曾一度「提攜」反袁，這也是迄今鮮為人知的事實。但是，正如何天炯所分析，這一「提攜」很快就出現了「中變之虞」。龍濟光反袁是假，擁袁是真。同函又云：「神樣方面，亦派人四出籌款，能達到目的，亦屬疑問。就使能得多少，亦杯水輿薪，謂其能包辦粵事，恐亦未必。」從這裏看，何天炯的行動與孫中山的中華革命黨兩轍。信中，何天炯還表示，「若得十萬元，弟敢不辭大言，雖為南粵霸王也可；若得半數，則粵事亦能中分而執牛耳。」儘管何天炯與孫中山在組黨、聯康等問題上存在分歧，但在靠金錢運動軍閥部隊倒袁上則一致，其結果當然可想而知。十一月二十日，何天炯返滬。廿一日，致函宮崎云：「以鄙意視察所及，則兩廣方面情形實較長江一帶為佳，而廣西則尤覺可恃。廣東之龍濟光雖甚蠻劣，而其部下實至易動搖，特所欠者，些少之運動費耳。」他表示：「今大團體已難結合，所恃者各人猛進之精神也。」何天炯不瞭解，如果沒有一個堅強的「大團體」，只靠各人的「猛進」精神是絕難成事的。

袁世凱不顧國內外輿論的強烈反對，於十二月十二日稱帝。廿五日，唐繼堯、蔡鍔通電宣告雲南獨立，轟轟烈烈的護國運動興起。一九一六年一月二日，何天炯致函宮崎云：「今南方風雲已告變矣。以天時、人事推之，袁政府當無所逃罪於天下。可慮者，一般擁兵大員，不知共和爲何物，雖一旦反戈向袁，其結果於民國前途不能放若何之異彩。」只有民主主義的軍隊才能造就民主主義的國家。「不知共和爲何物」的「擁兵大員」們雖然可以參加反袁行列，但決不會成爲民國的柱石。何天炯的看法是很有見地的。信中，何天炯介紹林國光去東京，會見宮崎和頭山滿，有所籌畫。其內容，從此後的信看，仍是爭取經費援助。二月廿四日函云：「目下此間局面，如慢性淋病，不癢不痛，推其故，實因缺少藥品，所以各方面俱難著手。且同人生活問題亦屬異常辛苦，大有解散團體而爲四方奔走之計。」何天炯雖參加了中華革命黨，但其觀點則和黃興等人的歐事研究會一致，一九一五年十一月，在形勢的推動下，李根源、程潛等人陸續自國外返回上海，籌備武裝討袁。本函所稱爲「生活問題」所窘，「大有解散」之勢的「團體」，當指歐事研究會在上海的機關。何天炯一度居住的法租界寶康里，正是程潛歐事研究會諸人回上海的聚居之地⑦。信中，何天炯向宮崎表示：「除刻下電達尊處外，再爲函達，實希望一勺水耳。」其拮据狀態可以想見。

四月廿五日函云：「上海駐在之海軍有五萬元即可得其樹討賊之旗。一周前，陳其美派已與之交涉成熟，唯以中山誓約及須掛青天白日旗（中華革命黨旗也）兩問題致談判破裂，將該五萬元交回陳氏，而在上海之民黨，則無人有五萬元之能力，誠可痛也。」一九一五年十二月六日，陳其美等曾在上海運動肇和艦起義，未成。本函表明，此後，陳其美等仍在海軍中繼續活動，已有成約，但因「誓約」及黨旗兩問題受阻。同函中，何天炯向宮崎提出五個方面的問題：一・對華外交問題；二・有現款能否買軍械；三・貴邦人士對待孫氏問題；四・孫氏在東洋之舉動；五・黃興何日回東京。五個問題中有兩個是關於孫中山的，但這並不表明何對孫的態度有好轉。這一時期，何天炯應胡漢民之請，準備回粵調和革命黨人中的糾紛，動身前聽說孫中山向日本借得了一筆款子，於五月四日致函宮崎云：「聞中山處大款告成，惜弟兀傲性成，為保全人格計，亦不能再與彼接洽耳。」表現了不願合作的態度。

五月廿五日函又云：「滬事現歸鈕永建君主持，唯苦於經濟，不克進行，殊可痛也。久原款事，此後想仍有希望，主先生與克強兄商酌進行，此款如告成功，則袁必多一致命傷，可斷言耳。」鈕永建是歐事研究會的主幹，他回國後，即積極推進和中華革命黨的合作。四月二十日，雙方決定，上海方面的討袁活動由陳其美統一負責，鈕永建協助。五月一日，兩廣護國軍在肇慶成立都司令部，鈕永建被任命為駐滬軍事代表。本函所言「滬事現歸鈕永建主持」，當即指此。久原，當指日本財閥久原房之助。何天炯不願分用孫中山的借款，力圖通過宮崎另謀財源，他與孫的隔閡愈來愈深了。

經過革命黨人的運動，駐滬海軍司令李鼎新、第一艦隊司令林葆懌、練習艦隊司令曾兆麟等表示願意獨立，加入護國軍。六月十九日，何天炯致宮崎函云：「海軍刻告獨立，一切生機從而醞釀。報載克強行將返滬，炯頗為盼望。孫先生之中華革命黨暗中仍極力進行。此回海軍獨立，純是唐、鈕運動而成，而中山派見之，頗生嫉妒。哀哀孫公，權利之心老而彌篤。蚩蚩信徒，衣鉢相傳，民國之禍，正未有已也。」唐，指唐紹儀，鈕，指鈕永建。儘管歐事研究會與中華革命黨已經在反袁中攜手，但何函顯示，兩派仍存在嚴重的成見和摩擦。「權利之心老而彌篤」，這是何天炯信函中對於孫中山最嚴厲的指責。

二、護法戰爭及其失敗以後

袁世凱倒台後，何天炯對孫中山的態度有所轉變，但仍然不信任。一九一六年九月十日致宮崎函云：「孫先生近來態度甚爲謹慎，外界非難之聲尙少。惜其行事，忽然積極，忽然消極，如生龍活虎，無從捉摸，則欲四萬萬人有依賴之信用也，恐不易矣。」同時，他對黃興也不滿，同函云：「黃先生對於政界，暗中十分熱心，然此刻決無出頭之望。以黃先生之資格地位，將來本爲有用之人物，惜其人好作虛言，老同志中甚爲解體，且其自身之氣欲，日見發展，是亦無良好之結果也。」但是，反袁鬥爭的勝利畢竟使何天炯看到了希望。他說：「支那雖日見墮落，然世界必日進文明，請先生勿悲觀可也。」此後，何、孫關係逐漸好轉。

一九一七年六月十五日，何天炯曾至北京一行，可能是動員議員南下護法。七月，孫中山等由上海啓程赴廣州。八月，南下議員在廣州召開國會非常會議，決定成立中華民國軍政府。九月，孫中山就任軍政府大元帥。十月，孫中山頒佈討伐段祺瑞令，號召全國人民「討滅僞政府，還我約法，還我國會」，「還我人民主權」⑧。同月，護法戰爭開始。十一月，何天炯到達廣州，孫中山命他赴日爭取財政援助，但何天炯則認爲時機未到。十二月八日致函宮崎云：「刻下支那全局，自湖北獨立，重慶收復後，形勢又復一變矣。粵中軍政府此刻惟有取穩健態度，以觀時機之變耳。中山公屢欲遣弟東來，爲經濟之運動，弟以爲此刻尚非其時，故局促於此也。」當月初，滇、黔、川護法聯軍佔領重慶。接著，黎天才等組織湖北靖國軍，在襄陽宣告「自主」。但何天炯並不樂觀，主張以「穩健態度」，觀察時勢。同函又云：「陳君炯明現得督軍之允許，編練軍隊二十營（約五千人左右）。若能取漸進主義，不招當局者之大忌，則純民黨方面未始無活動之餘地。刻下此軍擬向福建出發，惜餉械不十分充足，不知先生有何良策以救助之否？」當時，孫中山受桂系軍閥威逼，感到必須有一支自己的軍隊，他爭得粵督陳炳焜的支持，以省長公署的二十營警衛軍爲基礎，建立了一支以陳炯明爲總司令的粵軍，並以護法援閩名義開入閩南。本函所述史事指此。函中，何天炯要求宮崎設法「救助」餉械，說明和孫中山新的合作關係的建立。但是，何天炯仍不同意孫中山這時的「用人」政策。十月二十日函云：「刻下粵省大局，混沌中尙含危險性質，結果如何，雖神仙不能逆睹也。其原因雖由陸氏派之野蠻無識，而第一著由孫公做壞，其後種種辦法，背道而馳，如作繭自縛，使一切民黨毫無活動之餘地，則不能不咎孫公之用人不當耳。可悲可慚，民黨其從此已矣乎！」此次護法，孫中山所依靠的是唐繼堯和陸榮廷等軍閥，他們對孫中山多方掣肘，軍政府任命的六個部長，除個別人外大多不肯就職，軍政府成了空架子。何天炯批評孫中山「第一著」就「做壞」了是有道理的。果然，由於軍閥的排擠和破壞，孫中山憤而辭去大元帥職務，於一九一八年五月離粵經日本返滬，第一次護法戰爭宣告失敗。

爲了籌措革命經費，孫中山曾準備和日本資本家聯合開採汕頭附近的鐵礦。一九一七年九月，孫中山電召日人塚原嘉一郎到廣州洽談。當時，日本軍方正準備解決缺鐵問題，對此異常積極。同年末，何天炯陪山田純三郎到汕頭調查鐵礦，結果發現儲量相當豐富⑨。一九一八年四月間，何天炯受孫中山之命赴日，進一步談判開採事宜。六月歸國，居留於上海。護法的失敗使他消沈。但一九一九年的「五四」運動又使他振奮起來。五月十日，他和張繼、戴季陶聯名發表《告日本國民書》，揭露日本的侵略政策，呼籲日本人民從根本上改造政治組織，愛和平，重信義，與世界民主文明的潮流一起前進⑩。同月十五日致宮崎函云：「中日兩國人民本有親善之要素，徒爲少數握權力者迷誤其方向。日本以國家主義爲前提，故以侵略爲天職；北京則以權利爲生命，故至萬不得已時，則雖賣棄其國家而不惜。一買一賣，而東亞從此多事。爲人民者，宜如何發憤，起而糾正其迷夢，爲人道前途放一絕大光明也！」生活是最好的教師，何天炯終於認識到中日兩國反動派「一買一賣」，相互勾結的事實，這是一個重大的進步。但是，把希望建立在糾正反動派的「迷夢」上，又仍是一種幻想。信中，何天炯又說：「孫公現甚平安。唯南北和議，現又停頓，其前途安危如何，殊難逆料耳。中日風潮，影響於兩國國民自由提攜之實業者頗爲重大，真不堪憂慮之至也。」當年二月二十日，南北「和平會議」開始，五月廿一日，宣告最終破裂。本函作於此前，當時孫中山仍在上海。函中向宮崎傳達了孫中山的「平安」消息，顯示了何孫關係的進一步好轉。

六月七日函云：「自昨日起，滬上情形暫暫不穩，大有買賣停止之勢，民情之激昂亦可想見。不知北京、東京間之大買賣肯停止否？」六月五日，上海商界全體罷市，要求北京政府懲辦曹汝霖、章宗祥、陸宗輿等賣國賊。六日，銳利機器廠、求新機器廠、華南電車公司等工人舉行罷工。何天炯希望這種激昂的民情能夠阻止北京政府和日本政府之間的勾結。當時何天炯正繼續通過宮崎與日本資本家聯繫，除企圖開發汕頭附近的鐵礦外，又準備開發蕪湖附近的煤礦。他自稱：「拋卻政府運動，而從事於實業，全副精神，俱注於此。」函中所言「兩國國民自由提攜之實業」，指此。在此後的通信中，大多談開礦，較少涉及時局，也就更少談到孫中山。這種情況，持續到一九二〇年才有改變。當年四月七日，何天炯致函宮崎云：「目下滇、桂之風雲急矣。孫、唐繼堯、李烈鈞、陳炯明、王文華俱聯為一氣，勢力亦頗不小。福建方面，則陳炯明與方聲濤正在交戰中（聞方氏既完全敗卻云）。陳氏之言曰：方氏受岑、莫之密令特來福建監視我等耶！此亦不得已之苦衷也。陸、莫在粵，人心既去，但強盜團體，頗為堅固，且其所處地勢，指揮亦頗敏捷，反觀孫、唐之氣焰，亦頗不小，且其兵力亦頗足包圍廣東，惜運用殊欠聯絡。總之，今日之事，尚未知鹿死誰手。若長此『沈悶』、『混沌』、『欺詐』、『分贓』、『偽和』，誠不如大破壞、大殺戮，為少快人心也。」函中所指岑、莫，係岑春煊與廣東督軍莫榮新。自孫中山一九一八年離粵返滬後，廣州的護法軍政府即為桂系把持。一九二〇年，孫中山和唐繼堯、李烈鈞、陳炯明以及貴州將領王文華等人組成了討伐桂系的同盟。三月廿七日，孫中山覆王文華函，指出桂系是「革新的障礙」，「若不排除而廓清之，則其進步之難，難於塡海。」⑪同時，孫中山並積極圖謀收復廣州，重建廣東革命根據地。本函所反映的正是這一形勢。何天炯支持孫中山討佳，但批評其「運用殊欠聯絡」，他對前途仍然悲觀。同年，直皖矛盾日益尖銳，戰爭有一觸即發之勢。七月九日，何天炯致函宮崎云：「敝國時局，日趨混亂。皖直兩派，終有破裂之日，而吾黨行動，自有前輩主持，弟不敢過問。然以鄙意度之，則日趨墮落，可斷言也。」這裏的前輩，雖然不單指孫中山，但顯然包括他。何天炯對孫中山的態度雖然好轉，但對孫的領導則並不放心。同月十四日函云：「弟坐守此間，終覺無聊。加之直皖風雲，急轉直下，與民國前途關係至鉅，我輩已不能強，又不能弱，虛生人世，終夜思之，汗淚交流。」中國革命屢遭挫折，失敗多而成功少。本函反映了當時相當多的革命黨人的鬱悶情緒。

在不懂得革命「必須喚起民衆」之前，孫中山長期縱横捭闔於軍閥之間，依靠一派軍閥以反對另一派軍閥。一九二〇年，爲了反對直系，孫中山力圖與皖系建立反直同盟。四月，他致函周善培，囑其與段祺瑞協商推倒徐世昌的問題。但是，段祺瑞早已成爲曹錕、張作霖等各路軍閥的衆矢之的。七月十一日，直皖戰爭爆發，皖系旋即失敗。八月二日，何天炯致函宮崎云：「段派失敗，當然之結果也，倘不失敗，則所謂與孫聯絡者，亦表面之事耳，與民國前途無關係也。今失敗至此，民國多一革命黨，殊可喜之事也。」孫中山認爲段祺瑞「近日大有覺悟」，因此，決定與之攜手「共圖國事」⑫。但是，何天炯卻看出了段祺瑞的聯孫，不過是「表面文章」，顯然高明一些。不過，他以爲段祺瑞失敗後會成爲「革命黨」，也還是相當糊途。

但是，就在皖系一敗塗地的時候，局勢卻突然發生了戲劇性的變化。一九二〇年七月，桂系頭目陸榮廷在龍州召集會議，以討伐福州北軍爲名，進攻在福建的粵軍陳炯明部。八月十一日，爲桂系把持的軍政府發出進攻福建的動員令。十二日，陳炯明在漳州誓師，決定打回廣東。下旬，粵軍大勝，桂軍大敗。九月六日，何天炯致宮崎函云：「廣東風雲，日急一日，此番想可得手。家鄉在望，喜憂交集。久罹水火之粵民，天理循環，定能脫綠林酷虐之政治也（孫公之狂喜，如小孩兒得了玩具）。」陳炯明的粵軍是孫中山親手培植的軍隊，長期屯駐閩南，此次回粵，驅逐多年統治廣東的桂系軍閥，孫中山自然極爲欣喜。「如小孩兒得了玩具」一語，形象而又生動地寫出了孫中山當時的心情。其實，何天炯的欣喜之情也不亞於孫中山。九月十九日致宮崎函云：「惠州即時可以陷落，虎門要塞已入民軍掌中。果爾，則廣東事可以大定矣；廣東定，則局面又大可活動。弟歸心之急，不可言狀。」三十日函又云：「廣東大局如定，則民黨地盤確立，南北之局成，天下事未可量也。」

陳炯明的回師很順利。十月廿二日，粵軍攻佔惠州。廿三日，桂系官僚岑春煊通電退職。廿四日，宣佈撤銷軍政府。廿九日，粵軍攻克廣州，桂系殘部逃回廣西。十一月十四日，何天炯致函宮崎云：「本日晤中山先生，據云，前有兩函奉詢足下（即先生），唯至今未見覆音，特囑弟順便轉詢，有無收到。茲廣東局面，已暫次歸入吾黨範圍。中山先生擬二周內即偕唐、伍兩君返粵，擬將舊日軍府維持現狀，然後逐漸改良，以圖發展，此實辛亥以來未有之機會。」唐，指唐紹儀，伍，指伍廷芳。陳炯明的勝利給了孫中山以希望，他準備回廣東重組軍政府，本函即作於此時。同函又云：「中山先生之意，擬俟返粵後，組織稍有頭緒，即遣弟東渡，與貴國朝野人士共商東亞大局之前途。弟維國家之事，先有內政，然後有外交，吾黨如果有堅固正大之團體，則世界之外交皆可轉移，豈獨日本！故弟擬即日返粵，觀察各方面之情形，或補救，或開展，然後再定行止。中山先生亦甚以爲然。」可以看出，孫中山能傾聽何天炯的意見，因此，何天炯也就積極起來了。

三、第二次護法戰爭期間

桂系被逐，國民黨人在廣東取得了立足之地。一九二〇年十一月廿五日，孫中山應粵軍許崇智的要求，偕唐紹儀、伍廷芳返粵。廿九日，恢復軍政府，宣言繼續護法。其間，何天炯也跟著到了廣州。他於十二月廿一日致宮崎函云：「日來軍府極力整頓內政，國會重開，當必選孫公爲正式總統，貫徹主張。外間所傳孫、陳暗鬥等事，純是謠言。陳炯明亦極有覺悟，已宣誓服從孫公。湖南趙總司令恒惕及林省長支宇均完全加入盟約。唐、伍均聽指揮。滇、貴相聯，爲〔惟〕軍府之馬首是瞻。四川事亦大有希望。廣西陸榮廷則不成問題，粵軍一到，彼內部必倒戈逐之矣。如此則西南聯爲一氣，然後進窺長江，福建、浙江必首先回應，陳光遠（江西）吳佩孚又必聯翩加入，則北方不足平也。萬歲！萬歲！」孫中山重組軍政府後，即與唐紹儀、伍廷芳、唐繼堯等聯名發表通告，宣佈將以原「護法諸省爲基礎，厲行地方自治，普及平民教育，利便交通，發展實業，統籌民食，刷新吏治，整理財政，廢督裁兵」⑬。同時宣佈廢除桂系在廣州假託軍政府政務會議名義所發的各種僞令。十二月四日，續開政務會議，研究刷新吏治，實行建設問題。函中所言「軍府極力整頓內政」，指此。當時軍政府已與貴陽代總司令盧燾、湖南總司令趙恒惕等取得了聯繫。因此，何天炯對形勢的估計極爲樂觀，認爲進軍廣西，驅逐陸榮廷，然後揮師北伐等都已不成問題，情不自禁地連呼「萬歲」！同函中，何天炯又告訴宮崎，軍政府已決定向英、法、美各國派出代表一人。他自己大約在明年正月，出使日本。何天炯表示：「孫公視此問題極爲重大，故弟亦不能不勉爲其難，甚望先生等助吾一臂。頭山、犬養兩翁均請先爲致意請安。」

孫中山急欲得到日本政府的承認和幫助，因此，多次催促何天炯啓程，但何卻認爲出行之期不宜過急。一九二一年一月五日函云：「弟東來之期，現仍未有一定。中山公雖時時催弟速行，唯弟個人之愚見，實未敢驟然贊同。蓋歷觀今昔前後之外交，而不能出之冒昧者也。以弟愚見，至少程度須俟總統選舉告成之後，然後有外交之可言。」此函發出後，孫中山又接到和田的電報，催促孫中山迅速派出駐日代表。一月廿五日，何天炯致函宮崎云：「孫公接到和田二十二日來電云，須速派代表等語，但同人僉以此次民黨再興，對內對外均須謹愼將事，刻下貴國政府，實有危害民黨之存心，故主張不能亂派代表，以啓人輕侮之心。孫公當囑弟回覆此電，弟即覆以『接和田電，甚感，但派遣代表，須與各國一併發表，請轉達。』想先生早日接到此電矣。」和田，可能指和田三郎。他是日本社會黨黨員，辛亥革命前參加同盟會，與孫中山早有關係。從信中看，孫中山再一次接受了何天炯的意見，暫不宣佈派遣駐日代表。同函又云：「年來貴我兩國民之感情，惡劣極矣。弟與先生雖有中日聯盟之主張，不知何日可能實現？念之不勝憤慨。然刻下則時機已到，倘貴政府仍恃強爲生，則人類幸福，必無可希望也。」從孫中山開始革命之日起，就一直期望得到日本政府的幫助，然而得到的總是失望。他們逐漸對日本政府的政策有了認識。何天炯此函就是這一覺悟的表現。

軍政府成立後，形勢逐漸穩定。二月六日，孫中山授意何天炯發電邀請宮崎訪粵。三月十二日，宮崎到達廣州，萱野長知同行。十三日，何天炯陪宮崎拜謁史堅如墓，參加孫中山主持的歡迎宴會。十四日，何天炯送宮崎到香港。第二天，宮崎又送何天炯回廣州。二人依依難捨。八日，宮崎到達上海。三月二十日，何天炯致宮崎及萱野長知函云：「先生此回來去之匆忙，中日人士諸多誤解，甚有不勝驚訝者，真不堪一笑也。東亞之風雲真迫切矣。此回吾黨能否活動，全靠兩先生之力，敬候好音。」看來，孫中山邀請宮崎訪粵，並不是爲了敍舊，而是有所委託，希望他代爲向日本資本家借款，以解決財政困難。

四月七日，國會非常會議選舉孫中山爲非常大總統。四月九日，何天炯致函宮崎云：「此間各界人心，完全一致。唐繼堯氏當時雖甚贊成，然時爲政學會人極力煽惑，故時持兩可之說。今則爲其部下諸將領力勸其附從孫氏，始有回復勢力與名譽之望。故唐氏至今日，對於孫氏，極其信仰，毫無問題發生也。」對孫中山，唐繼堯一直首鼠兩端。一九二一年二月，唐繼堯被第一軍軍長顧品珍驅逐，蟄居香港。孫中山派人邀請來粵，給以禮遇。這時唐繼堯正處於困境，自然力圖利用孫中山。何函稱：「其部下諸將領力勸其附從孫氏，始有回復勢力與名譽之望」，這是事實。但是以爲他對中山已經「極其信仰，毫無問題」，則是被其假象騙住了。函中，何天炯還提到了唐紹儀：「唐氏以要求內閣總理一席爲條件，此事非獨孫氏不承認，我輩亦不之許，我已敬鬼神而遠之矣。」五月六日，孫中山任命唐爲財政總長，唐不就職。過去，人們通常認爲，唐紹儀不贊成孫中山的政治主張，所以不願就職。本函透露的情況爲研究者提供了內幕。

除了孫、唐矛盾之外，還有孫中山和陳炯明之間的矛盾。四月十八日，何天炯致宮崎函云：「粵中自選出大總統後，人心甚爲踴躍。惟困於經濟，未定何日就職（大約五月初頭可就職），因此反生出許多謠言，謂孫、陳不和云云，其實皆爲北京偵探利用此等難局而施其手段耳。然則財政問題，誠粵中今日生死問題也。」四月七日，孫中山被選爲非常大總統，但是，卻未能立即就職，其原因，固在於經濟，也在於陳炯明的反對。最初，陳炯明反對選舉孫中山爲大總統，後來又主張暫不就職。何天炯以爲孫、陳不和是「北京偵探」製造的「謠言」，這是不瞭解內情的結果。但他認爲「財政問題」爲粵中「生死問題」，則是道出了部分實情的。

宮崎返日後，即積極向日本資本家活動，爲此，何天炯於七月八日致函宮崎表示感謝，函中云：「先生所示各函，鄙俱轉達孫公，深以先生熱誠宏願，比之歲寒松柏，其人格尤蒼健無匹云云，此誠吾黨臨風感激無已者也。」當時，正值日輪小川丸運輸接濟桂系軍閥槍械一事被發現，廣州各界掀起抗議和抵制日貨運動。此事給予孫中山的外交政策以很大影響，何天炯在信中告訴宮崎：「唯此間自小川丸事件發〔生〕以來，對於貴國外交，甚抱悲觀。即如孫公對於東亞大局有偉大之計劃者，亦云日本外交，不求其助，只希望不爲我害，即大成功也。」在很長時期內，孫中山一直對日本政府存有不切實際的幻想，至此，算是覺悟了。

爲了徹底消滅桂系軍閥，孫中山於六月十八日下達討伐陸榮廷令。李烈鈞回應號召，於桂西北成立滇黔贛討陸聯軍總司令部，準備進軍桂林、柳州等地。七月十九日，何天炯致函宮崎云：「此間諸情，尙稱順手。唯李烈鈞氏所部，因軍餉缺乏，行動遲緩，不能即日前來援桂，友人多爲之扼腕者。然李氏在今日之時局，實有重大之關係。蓋將來湖南、武漢之先鋒隊，不能不賴於此君。且李氏歷年飽嘗憂患，故對於孫公，頗能改其平日冷淡之態度，而極其誠服，而孫公亦傾誠相結，此真可爲吾黨前途欣幸者。」反袁鬥爭時期，李烈鈞與黃興的觀點接近，因而也沒有參加中華革命黨。自此，即與孫中山疏遠。但是，共同的革命目標終於使二人再度結合。何天炯爲之慶幸，並盛讚孫中山的「傾誠相結」，說明何天炯對孫中山的態度也有了根本的變化。

宮崎一直希望何天炯儘早訪日，和資本家直接洽談，但何則由於經濟困難，遲遲不能成行。七月十九日，何天炯致函宮崎云：「目下小弟之境遇，有種種之障礙（以經濟為絕大之原因，慚愧慚愧），實未能即日東行，雖中山公亦無如此問題何耳。」信中，何天炯表示，希望宮崎偕日本企業家到廣東遊歷調查，親自來看看「此間之真象」。何天炯透露，日本台灣總督府參事官池田正在與廣東財政廳接洽，願出「民間資本」三千萬元作爲開發海南島事業之用。同函，何天炯提出海南島開發、廣州大沙頭商場以及士敏士廠改良等三項事業供宮崎考慮。

同日，何天炯接宮崎七月十日函，即持函見孫中山。孫中山讀後，很高興，對何天炯的東行任務作了明確的交代：「汝東行之事，余無日不希望早日實現之者，唯此番正式政府成立，汝須以代表政府之名義往，方爲鄭重。因此，汝之任務，固不在實業，尤不在借款。汝之任務，在宣傳新政府光明正大之宗旨於日本朝野上下，告以今後貴政府不可對於東方有侵略及包辦之野心。非獨不可有此野心之進行，即如從前二十一條不當要挾，亦須一律取消。如此，則彼我兩國，方有經濟提攜及種種親善之可言。若一部分之小小實業問題，固無須政府特派代表以爲之。且日本若不改變侵略政策，則小小實業亦不易成功，雖或能進行於初，其後亦必有困難之日。且以目下之情形而論，若政府貿然與日本生特別之關係（即經濟及借款），則政府必受人民之攻擊，或宣告死刑焉。蓋以段祺瑞之強，其倒斃即在向敵人乞款以殺同胞，此皆可爲殷鑒之事。」孫中山指示何天炯，東行的任務「不在實業，尤不在借款」，要他轉告日本政府，從此不可「對於東方有侵略及包辦之野心」，只有在這種條件下，中日才有「經濟提攜及種種親善之可能」。這段話標誌著孫中山外交政策和外交思想的重大轉折和進步。孫中山又對何天炯說：你此次東行，至少須有一萬元才能出發，刻下總統府財政頗爲困難，你外間有無友人或商人可以借貸?若有，可由政府出名，或擔保。何在信中對宮崎稱：「鄙人聞孫公之言，乃有三種感觸：一、甚佩孫公之言；二、甚憐孫公之遇；三、甚惜今之人借公爲私，公款不用於公事。想先生亦有此感慨耳。」

不僅何天炯的訪日經費無法解決，連他打一封電報給宮崎的錢都沒有。上函兩天後，何天炯再致宮崎一函，仍然敦促他陪同日本資本家南來。當時，粵軍正在勝利地進行討伐陸榮廷的戰爭。函中說：「弟意廣西問題，總可早日解決，因此資本家之熱度必又增高一番。故弟意先生處如有確實可靠之資本家，則總以促其早日南來爲是。然非與先生同來，則弟等亦頗難相信。」對何天炯的囑託，宮崎曾努力進行，並且找到了一個願意投資的資本家。八月五日，何天炯致宮崎函云：「昨日接奉手示，當經轉呈孫先生閱悉，深感先生熱心毅力。此刻極盼先生攜該有力者欣然來粵。」

討桂戰爭進展迅速。八月十三日，滇、粵、贛各軍攻克桂林。廿一日，何天炯致宮崎函云：「廣西問題完全解決，兩湖之風雲又急，孫公之焦心，蓋可知也。」當年七月，湖北紳商發動「驅王運動」，反對軍閥王占元的統治。廿一日，湖南總司令趙恒惕以「援鄂」爲名，調集軍隊向湖北進軍。廿五日，直系軍閥在保定開會，決定「出死力」支援王占元。八月九日，徐世昌任命吳佩孚爲兩湖巡閱使，湘鄂之戰發展爲湘直之戰。十七日，兩軍在咸寧、汀泗橋等地發生激戰，湘軍失利。函中所稱「兩湖之風雲又急」，指此。「孫公之焦心，蓋可知也。」何天炯已經與孫中山憂樂與共了。但「援鄂」戰爭很快結束，何天炯的興奮中心再次轉到外交及北伐等問題上。九月十五日致函宮崎云：「粵政府雖日見發達強固，而對於日本外交則甚爲冷淡。受欺詐迫害之結果，無論若何之外交能者，恐亦不能疏通此鴻溝也。」九月廿一日函云：「出兵長江問題，本年內必見諸事實。今日雖盛倡中山出馬之說，但事機成熟之時，則陳炯明氏必自告奮勇，而使中山坐守兩粵。此雖弟今日推切之辭，然十必中八、九也。（反面言之，若事機而未成熟，則不許中山出馬，此又陳氏自信之計劃也。）」

關於日本資本家來粵問題，何天炯表示：「蓋今日之大問題，在中日間之惡感未除，粵政府為維持人心計，決不敢公然向日本生若何之關係。反之，日本資本家則必向安全有擔保處，然後投資，此為不能溝通一氣之大原因也。」何天炯要求，宮崎前談之資本家，能早日來粵。

九月廿八日函云：「近來米國方面，對於粵政府多有優禮之表示，倘兵力能及武漢，則先承認新政府者，必此君也。弟東行之期雖未定，然局面日開展，則出發之期亦不遠矣。」孫中山當選為非常大總統後，駐粵美領事曾於六月廿八日拜會孫中山，隨後又到外交部拜會伍廷芳、伍朝樞。這些舉動，給了何天炯以錯覺，認為是美國政府對於「粵政府」的「優禮」，並且天真地設想到北伐佔領武漢後美國首先承認的問題。何天炯的這種樂觀情況一直維持到一九二二年上半年。當年五月廿九日函云：「粵中政局，甚為平安，決不致如外間新聞電報等之妄為猜度者。今江西軍事，又日有進步。陳炯明氏亦覺悟自身前途，若長與孫公分離，則為取敗之道。且廣西匪亂頗亟，足使一般人心浮動，故陳氏已翻然允諾，擔任剿匪事宜。孫公亦披誠相結。大約二、三日內，陳氏當由惠州回省任事矣。如此，則前方討賊軍，更可安心直進。此為吾黨一大事件之解決，請寬錦念可也。」四月十六日，孫中山在梧州召開擴大軍事會議，決定出師江西，各軍集中韶州，即以韶州為大本營。但陳炯明拒不參加梧州會議，並電辭本兼各職。四月廿一日，孫中山下令免除陳炯明的廣東省長、粵軍總司令、內務部長等職務，僅保留陸軍部長一職。當晚，陳炯明偕粵軍總部人員退居惠州。爲了爭取陳炯明參加北伐，孫中山於四月廿三日親返廣州，並派員勸告陳炯明回省。五月六日，孫中山親赴韶關督師。廿四日，致電陳炯明的部屬葉舉等，告以對陳，「始終動以至誠」。廿九日，任命陳「辦理兩廣軍務」。函中所稱：「孫公亦披誠相結」，指此。同函中，何天炯表示，他對時局，「再抱一積極奮鬥之願」，準備在兩廣鹽務或廣東財政方面，擔任一項職務。他要宮崎向日本資本家運動借款時，說明粵中情況，打消顧慮。

也許是何天炯不瞭解情況，也許是他爲了爭取日本資本家投資而有意隱瞞。事實是，陳炯明並沒有「覺悟」，而是在本函發出的半個月之後，就發動了叛亂。它碾碎了孫中山的北伐夢，也碾碎了何天炯「積極奮鬥」的願望。不久，何天炯「攜眷歸里，養親讀書」⑭。同年十二月六日，宮崎滔天逝世。

何天炯的隱居生活並沒有持續多久。一九二三年，孫中山第三次開府廣州。次年，何天炯出任大本營參議。一九二五年，再次被孫中山派赴日本。不久，孫中山逝世，何天炯「頓觸山頹梁壞之感」，同年病逝。

綜觀何天炯的一生，可以看出，他和孫中山的關係經歷了一個曲折的過程。最初，他是孫中山革命事業的積極支持者和參加者；中間，因觀點分歧而對孫中山持激烈批評態度；最後，拋棄嫌隙，分歧消融，再次共同奮鬥。這一過程，表現了何天炯對孫中山認識的深化，也表現了孫中山思想作風的改進和提高。如果說，中華革命黨時期，孫中山處事有時不免失之於片面和偏激，那末，到了廣州時期，歷經磨練之後，就日益恢宏大度了。革命同志之間，貴在能顧全大局，在堅持革命的長途中消融矛盾，共同提高。這一方面，何天炯與孫中山的關係是一個很好的範例。

（原載《歷史研究》一九八七年第五期。）

①本文與狹間直樹合作。一九八五年六月，楊天石訪問東京宮崎舊居時，承宮崎智雄、宮崎蕗苳夫婦等盛情接待，得以見到這批信札。與此同時，狹間直樹從已故《宮崎滔天全集》的編者小川秀美、近藤秀樹的遺物中，發現了這批信札的複印件，並蒙宮崎夫婦惠允利用。現值本文發表之際，謹致謝忱。

②日本外務省檔案，MT16141，2037-2503。

③《黨員誓約書》第廿八號，見萱野長知：《中華民國革命秘笈．附錄》。

④《中華革命黨革命方略討論會議紀錄》，《革命文獻》第四十五輯，台北版，第九、十五頁。

⑤《雪生年錄》。

⑥還在一九一三年十月十七日致宮崎民藏函中，滔天就曾以「神樣」一詞諷刺孫中山，見《宮崎滔天全集》第五卷，第三九三至三九四頁。參見狹間直樹：《孫文思想中的民主與獨裁》，《東方學報》第五八冊，第三三四頁。

⑦程潛：《護國之役前後回憶》，《文史資料選集》第四八輯，第十五頁。

⑧《明正段祺瑞亂國盜權罪通令》，《孫中山全集》第四卷，中華書局版，第二〇九頁。
⑨參見櫻井真清：《秋山真之》第二六三至二六四頁，秋山真之會，一九三三年二月刊。
⑩藤本博生：《日本帝國主義與五四運動》，同朋舍版。
⑪《孫中山全集》第五卷，第二三六頁。
⑫《批姚畏青函》，《孫中山全集》第五卷，第二六四頁。
⑬《建設方針宣言》，《孫中山全集》第五卷，第四四一頁。
⑭《何天炯事略》，中國第二歷史檔案館藏，三十四，七二六。

鄧恢宇與宮崎滔天夫婦
——宮崎滔天家藏書札研究

東京宮崎滔天故居保存著許多中國革命黨人信札，除孫中山、黃興、何天炯外，鄧恢宇的信札保存較多。關於何天炯的信札，我和日本京都大學狹間直樹教授已專文作過研究。本文進一步探討鄧恢宇信札的有關問題。

鄧恢宇，一名子贊，湖南寧鄉人。一九〇六年一月廿七日經蔡元培介紹，加入同盟會。一九一二年九月在上海與宮崎滔天、何天炯、呂志伊、熊樾山、山田純三郎、尾崎行昌、金子克己等創辦半月刊《滬上評論》，以日中兩種文字出版。其後，和宮崎滔天夫婦關係日深。

宮崎故居所藏鄧恢宇信札約始於一九一四年，止於一九二三年，是研究這一時期中國革命黨人活動以及宮崎滔天夫婦生平的重要資料。

一、要求宮崎滔天幫助孫中山

一九一四年七月，第一次世界大戰爆發，在中國社會和中國革命黨人中都引起了很大震動。八月四日，鄧恢宇在上海致函宮崎滔天云：

自與公話別，不及二周，而全歐和平之局，遂變為亘古未有之戰禍。噫！世間之事，豈可以意料耶！風潮之狂惡如此，以弟度之，彼輩國家之存亡，將來正未可諒也。貴國將勇兵強，進可以握東亞之大權，為英、俄所依重；靜則可以作壁上之觀，於國家有百利而無一害。敝國危亡，如一髮千鈞之際，政府如此惡劣，民黨如此薄弱，當外強戰禍之劇，滅亡間於一髮，言之碎心，書之腸斷，此時生無益，死亦無益。我公有何良法以救我？雖然，當此時機，亦民黨最難得之好機會也。弟已有數函致中山先生處，舉張頗多，聽從與否，實未可知。弟憂心如焚，莫知所適。無論如何，萬求先生賜教一二，是所至禱！

一九一四年六月，鄧恢宇受何天炯委託，自上海赴日，會見孫中山，此函爲自日返滬後所發。①

二次革命失敗後，孫中山、黃興之間的矛盾逐漸加劇。一九一四年六月廿二日，中華革命黨在東京召開成立大會，孫中山被推爲總理。三十日，黃興離日赴美，和孫中山矛盾的進一步深刻化。隨後，李根源等積極籌組歐事研究會，中國革命黨人間出現了前所未有的分裂狀態，因此，本函有一種嚴重的悲觀情緒。函稱：「弟已有數函致中山先生，舉張頗多，聽從與否，實未可知。」可見，鄧恢宇對孫中山在建立中華革命黨中的若干做法，對孫中山本人，都有許多意見。但是，鄧恢宇仍然希望宮崎滔天能幫助孫中山。因此，同函稱：「中山先生處，無論事之巨細，全賴先生維持之。」

當時，何天炯也在上海。何與鄧關係密切，觀點相同，也都對孫中山有意見。八月十七日，鄧恢宇從何天炯處讀到了宮崎滔天的來信，於同日致函宮崎滔天云：

曉柳兄原擬早日來東京，因孫先生處既認寄款，久之又成泡影。古怪變遷，令人不可思議，或當為各軍機所阻耶？一笑。

歐洲戰禍日狂，吾人仍坐觀成敗，令我憤恨欲死。公當何以教我？弟與柳兄不久東渡，當面請教也。

曉柳，指何天炯。在組建中華革命黨的過程中，孫中山迫切需要何天炯回東京相助。「既認寄款」，而「又成泡影」，當係經濟困窘之故。本函稱：「古怪變遷，令人不可思議」，這是對孫中山的意見。「或當爲各軍機所阻耶」，各軍機，指孫中山的助手，如陳其美、居正、謝持等，他們積極擁護孫中山組建中華革命黨的各種主張。和前函比較，本函對孫中山流露出更多的不滿情緒。稱孫中山的助手們爲「軍機」，不僅譏刺了陳其美等人，而且隱約地把孫中山喻爲皇帝。當時，孫中山企圖樹立「黨魁」的絕對權威，顯然，鄧恢宇對此持反對態度。

二、籌劃反袁

一九一四年九月，鄧恢宇、何天炯東渡日本，企圖通過宮崎滔天向日本商人借款，作爲從事革命活動的經費，但進展不順利。同年十一月，何天炯先行返滬，鄧恢宇則留在東京活動。何返滬後，瞭解到上海方面的革命黨人「熱度雖高至百度，惜無金錢，徒喚奈何」，②便於當月下旬再次赴日，進一步通過宮崎洽談借款事宜。一九一五年一月六日，鄧恢宇致函宮崎滔天云：

> 日來不晤，甚念甚念！在曉兄處見大示，知某商旅行未歸，該事暫難進行，弟焦急萬狀，莫可如何！
>
> 弟上海家已被工部局封門，內子凍餒（如此天寒，衣尚不綿，又無米炊）且死。十餘年為國，到今日家破國不可救，妻子流離失所，傷心慘目，古今所罕有者也。萬不得已，哀請先生一方面從白君事迅速著手，一方面將字售出，價格不拘，只求速成功耳！
>
> 以上各緊要救命之件，統祈大力成全，不勝禱叩迫切之至！

本函生動地反映了當時革命黨人的困窘情況。要革命，自然必須有必要的經費。在辛亥革命前後，這是個經常困擾革命黨人的難題。除了向華僑募捐、發行遙遙無期的債劵外，革命黨人只有向資本主義國家的政府或商人借貸。在這一過程中，宮崎滔天一家曾幫助中國革命黨人做過許多工作。二月十二日，鄧恢宇與淩鉞聯名致函宮崎滔天云：

弟等事賴民藏先生援助之力，今已成功。惟前途事業著手在此，弟等當竭力做去，務必大功告成而後止。原擬登府辭行，奈時間太淬〔促〕，不能前來，罪甚！歉甚！弟等國事危在旦夕，出路如何，全賴我公維持中國大局，然後方能救東亞之大局也。

淩鉞（一八八二—一九四五），字子黃，河南固始人。一九〇五年加入中國同盟會。武昌起義後在天津法租界與白雅雨等組織北方共和會，運動華北軍隊，自任敢死隊長，至灤州發動起義，組織都督府，任外交部長。一九一二年五月回豫，同年當選爲眾議院議員。一九一三年二次革命失敗後出走日本。民藏，指宮崎民藏，宮崎滔天的三兄。本函稱：「弟等事賴民藏先生之力，今已成功。」可見通過民藏，淩鉞、鄧恢宇得到了一筆款子，因此，準備回國從事革命。當年一月十八日，日本政府向袁世凱提出廿一條要求，故函中有「國事危在旦夕」之語。

鄧恢宇回國之後，大概由於進展不順利，有一年多沒有和宮崎滔天通信。在此期間，袁世凱加緊了帝制自爲活動，並悍然於一九一五年十二月十三日稱帝。一九一六年三月六日鄧恢宇致函宮崎滔天云：

> 敝邦不幸，政變迭乘，屢承先生主持人道，急力扶持，隨加保護，弟及同人無不感恩戴德。此次袁賊世凱違法營私，強姦民意，欲以吾同胞千辛萬苦製造之中華民國，據為個人之私產，凡我同人，無不痛心切齒，欲得而甘心焉！幸貴國政府顧念邦交，洞悉袁之奸詐，警告頻來，此雖貴國政府實行維持東亞和平，未始非先生提倡鼓吹之力也。將來大事告成，敝邦政治從此改良，獲益誠非淺鮮，而先生之大同主義，當亦裨美於全球。當此歐洲戰事正在激烈之中，英、法、俄諸國自顧不遑，萬難計及東亞。此次敝邦之政爭及將來之成敗，不得不依賴貴國之維持，而貴國政府之主張及貴國人民之趨向，全賴先生之鼓吹，此敝邦同志無不馨香禱祝者也。

在袁世凱籌備稱帝的過程中，日本政府認爲「中國必以改制致大亂」，曾幾次要求袁世凱政府「延緩變更國體」計劃。一九一五年十月廿八日，代理公使小幡酉吉偕英國公使朱爾典、俄國公使庫朋齊斯到外交部，口述日本政府訓令：「今觀各地之情勢，外觀雖似各地對於帝制之實現反對不甚激烈，實則反對之感情廣爲醞釀，不安之形勢彌漫於各地。」「中國如果一旦發生擾亂，中國之不幸莫過於此者，自不待言。即與中國有深切關係之各國及與中國有特殊關係之日本，所蒙直接間接之影響真有不可計者。」[3]鄧函所稱「幸貴國政府顧念邦交，洞悉袁之奸詐，警告頻來」，指的即是這一類舉動。但是，當時日本政府此類舉動純從本身利益出發，並非有愛於中國。鄧恢宇不瞭解這一點，要求日本政府支持中國革命黨人討袁，其結果必然失望。

同函又云：

> 刻下滇黔民軍所向無敵，湘鄂一帶回應亦在目前。袁氏之詭計雖多，恐不久亦將勢窮力竭矣！弟近亦力圖進行，以盡天職。倘有能力不及之處，仍望先生急力扶助，驅除此賊。敝邦幸甚！同志幸甚！

一九一五年十二月廿五日，唐繼堯、蔡鍔等通電各省，宣告雲南獨立，組織護國軍，分兵三路討袁。鄧恢宇等也準備回應，因此，要求宮崎滔天「急力扶助」。

辛亥革命後，民主觀念深入人心，袁世凱復辟帝制一旦成爲事實，立即遭到廣泛的反對。一九一六年五月十五日，鄧恢宇致宮崎滔天函云：

> 宇連日無片刻得暇，不能來先生處晤談，恨甚！恨甚！幸辦事進步，一日千里，可慰！雅念曉柳兄在粵，有回音與先生否？宇意欲先生電催回滬，可同一道作事。因曉柳兄之道德，高出常人也。鈕永建急欲與先生見面。先生可否於明日（十六日）午前十時由敝處同往也。

本函僅署十五日，無年月，封面爲：本埠虹口西華德路勝田館宮崎寅藏先生殿，下署法界嵩山路三十六號ヨリ。按：宮崎滔天於一九一六年五月初到滬，投宿勝田館，當時何天炯在廣州，函中有「雅念曉柳兄在粵」等語，故知此函作於此時。

一九一五年六月初，歐事研究會的骨幹鈕永建自美抵日，與孫中山商討「團結各派，擁護共和，一致討袁」等問題。十月，鈕永建偕李根源、程潛、熊克武等抵滬。一九一六年四月，陳其美主持上海討袁軍事，鈕永建爲助，分裂多時的兩派表現出團結協作的興旺景象，因此，鄧恢宇信中也流露出前所未有的樂觀情緒。信中，鄧恢宇要求宮崎滔天電催何天炯返滬「一道作事」，並稱，鈕永建急欲見宮崎滔天。當時鈕永建等在上海籌備發動討袁軍事，已很有成效，所缺的就是經費。他急於會見宮崎滔天，目的就是要求宮崎協助解決這一問題。

何天炯得知宮崎滔天抵滬後，迅速趕回上海，和宮崎商量向日本財閥久原房之助借款問題。五月廿五日，宮崎旋即匆匆返日斡旋。六月六日，袁世凱斃命。

三、獨力反對皖系軍閥

反袁鬥爭雖然勝利了，但是，革命黨人的處境仍然艱難。一九一六年十二月八日，鄧恢宇致宮崎滔天函云：

昨晚因向君海潛被捕事，十時頃奉訪先生，因先生已睡，弟即在呂君處將一切情形告知松本君轉達先生矣。現同人意欲求先生設法救全向君之生命，或請先生迅速告知中山先生亦妙。（據法捕房云：今日午前九、十時頃，裁判後即行引渡。又法領事方面云：只要民黨領袖如孫中山先生、唐少川先生能照會，或寫信，或打電話至法領事處交涉一次，則向君可以不引渡矣。）

觀上情形，特緘懇先生向中山先生竭力設法一救，是為至禱！倘蒙許可，呂君即叫自動車（汽車）送先生至中山先生處一行。

本函僅署十二月八日午前七時，封面爲：祈送呈宮崎先生殿，下署子贊托。向海潛，字松波，湖北大冶人。清末入湖北新軍第三十二標當兵，曾組織群英會，參加武昌起義。一九一二年二月，爲反對孫武和黎元洪，又曾組織暴動。一九一三年以後投入反袁鬥爭，並以湖北爲中心，發展洪門組織。松本，指松本藏次，宮崎滔天的弟子。當時正在上海、杭州等地協助何天炯、鈕永建等進行革命活動。唐少川，指唐紹儀。按：宮崎滔天於一九一六年九月三十日再到上海，十月六日偕松本藏次去杭州，同月十一日回上海，十一月廿六日回到神戶。據此，本函鄧恢宇所署十二月八日或係十一月八日之誤。

一九一七年七月，鄧恢宇再至日本，在宮崎家住了十多天，受到殷勤款待。同月二十日，鄧即將返國，在長崎待船，致函宮崎滔天云：

弟在尊府厚擾十餘日，心實不安。承先生及夫人優待過甚，誠生死不忘之恩也。不知當何以報達〔答〕？然來日方長，有求於先生者正方興未艾。雖然，非僅僕一人及僕之全國是賴，東亞之保障，捨先生其誰與歸！不勝馨香禱祝之至！

本函稱：「優待過甚，誠生死不忘之恩」，可見鄧恢宇和宮崎家關係的深厚。鄧恢宇七月廿五日回到上海，於廿六日再致宮崎滔天一函，中云：

曉柳兄來月定來東京，弟亦當同來。孫公道德太高，有時近於蒙閉（指為小人所害），全賴先生多為佐正，不僅弟等一二人之幸福，實全國人民之生命有所託付也。

反袁鬥爭勝利後，孫中山的威望有所提高，和歐事研究會系統的人關係也有所改善，但是，兩派的隔閡還存在。本函稱：「孫公道德太高，有時近於蒙閉（指為小人所害）。」正反映出這種情況。

同年九月三日，鄧恢宇致函宮崎滔天云：

頃聞西陸蟬聲，倍極南冠客思；又得北方噩耗，惟希東支匡扶。前與令戚前田先生磋商大借款問題，同在唐少川君接洽數次，並面托前田先生轉達左右，想已與前途切實計議，聞現將有成局，仍希助力為幸！

日者西南局勢仍屬糊塗，中山攜其新黨入粵，恰似初婚之贅婿，打住月餘，不識所為何事。為胡某爭一省長而不可得，餘概可知。弟現與舊同志陳漢欽及由滇來之劉少亭等收穫舊部，運動青徐（徐州之首領張文生，即張勳之有力者，因張勳亦恨段，故能與之接洽）、淮海（海州之首領白寶山亦甚有力）一帶，與毛士珍（毛之同事高士奎亦〈與〉弟有關係）切實聯合，攻取大江南北，得寸進尺，一面聯合滇督唐蓂庚、武鳴陸幹卿，一致搗北。對於中山，則暫持殊途同歸之態度，而中山新植之私黨，則不能讓其專橫而干涉。但所缺乏者經濟問題，不能不切實研究者也。據近調查，上海及江南北之廢鐵舊銅，以數十萬噸計。自前明以來未曾使用紙幣，古銅制錢之儲蓄，不知凡幾。弟等計劃佔領一處，即將一處所蓄變賣，以作軍費。非如此不足以籌款，即不能進行一切也。前與令戚前田先生等所經營即其事也。因免段職，各逆督搗亂中止。

現弟與同志等在此間於青徐淮海均令所部佈置完善，急待進發。但發動經費無著，焦灼萬狀。以我公東亞偉人，與弟輩公私交誼均甚誠篤，故敢直陳。茲拜懇者，貴國貲本家必有趁機投貲於此項商務者，懇即迅速介紹前來，早日訂約，或電匯款，書面結約，或派專員與弟直接立約。是否有當，均聽鴻裁，酌奪施行，不勝待命之至！

此函爲書留（日語，掛號信）。前田，指前田下學與前田九二四，即函中所稱宮崎「令戚」。胡某，當指胡漢民；唐蓂庚，指唐繼堯，時任雲南都督；陸幹卿，指陸榮廷，時任廣西都督；張文生，張勳部將，徐州鎮守使；白寶山，張勳部將，海州鎮守使；其他未詳。

按：袁世凱斃命後，黎元洪繼任總統，段祺瑞出任國務總理。一九一七年春，段祺瑞主張參加第一次世界大戰，對德宣戰，黎元洪及國會反對。四月，段祺瑞召集附己的地方督軍到北京，組成督軍團，對黎及國會施加壓力。五月廿三日，黎下令免去段的國務總理職務，段則在天津通電，煽動督軍團倒黎。於是，安徽、山東、福建、河南、浙江、直隸各省督軍紛紛「獨立」，張勳並乘機帶兵入京，擁溥儀復辟，函中所稱「因免段職，各逆督搗亂」，指此。七月，段祺瑞借討伐張勳之機，重任國務總理，但他拒絕恢復國會和《臨時約法》，逼走黎元洪，迎直系軍閥首領馮國璋爲總統，並於八月十四日對德宣戰。函中所稱「北方噩耗」，當即指上述各事。從函中可知，鄧恢宇曾計劃組織反對段祺瑞的武裝起義，聯絡張勳部屬及唐繼堯、陸榮廷「一致搗北」，爲此，並曾與唐紹儀共同向宮崎滔天的親戚前田下學等接洽「大借款」。

孫中山堅決反對皖系軍閥政府。當年七月十七日，孫中山乘艦抵達廣州，企圖依靠西南軍閥的力量進行「護法」活動，反對繼袁世凱而起的皖系軍閥政府，隨行者有章太炎、朱執信、廖仲愷、陳炯明等。但是，西南軍閥並不真心擁孫，本函稱：「中山攜其新黨入粵，恰似初婚之贅婿，打住月餘，不識所爲何事！」極爲生動地寫出了孫中山的窘困處境。當時，孫中山屬意胡漢民出任廣東省省長，但桂系軍閥和北京政府強烈反對。八月一日，廣東省議會選舉胡漢民爲省長，桂系卻出動軍隊威脅議會，搶走省長大印。本函所稱「爲胡某爭一省長而不可得」，指此。本函又稱：「對於中山，則暫持殊途同歸之態度，而中山新植之私黨，則不能讓其專橫而干涉。」顯然，對孫中山及其一派的隔閡還遠未消除。

四、逐漸轉入實業活動

當時孫中山一派是國內唯一有影響的革命力量，鄧恢宇企圖脫離孫中山。獨力反對皖系軍閥，自然不會有什麼成就。一九一八年以後，鄧恢宇的精力逐漸轉入實業活動，他和宮崎家族的關係也轉爲實業方面的聯繫爲主。當年五月八日，鄧恢宇致函宮崎滔天云：

> 前日接龜井兄緘及先生致王統一兄緘。弟比將該函面交王兄，王兄欣喜異常，並云：此事係先生紹介而來，可大膽放心做下去，一切皆無甚問題，明日即緘覆先生，奉商進行方法，尚祈先生從速助其成功，即可立吾人實業之基礎也。

龜井，指龜井一，宮崎滔天經營實業方面的助手；王統一，原中華革命黨黨員。函中，鄧恢宇詳細介紹了江西進賢一李姓礦主所屬「炭山」及其新舊「窿口」的情況，要求宮崎派技術人員到山勘驗。鄧並稱：浙江方面尚有五千餘畝的「炭坑」，樣品、山圖、礦照皆在上海，手續完全。「一連三礦，均有開採之資格，萬懇先生紹介有力量之資本家辦理爲妙。」

同函又稱：

> 再有由上海直航湖南之中華汽船公司，係湖南特有之航權，餘皆不能由海直航，係曾國藩、左宗棠之嗣孫所創辦者。自民國元年開始，公司內之番頭及各分公司之番頭皆成巨富，惟公司之主人則盡失敗。年來又遭張敬堯扣留一船，至一年之久不能營業，故損害尤甚。現欲借款六十萬元，合辦亦可。

函中，鄧恢宇並詳細介紹了中華汽船公司的航權、設備、航行碼頭等情況，要求宮崎滔天「介紹一資本家借款」。又稱：「新聞事進行如何?上海之章太炎、柏烈武諸人皆可得其同情。如可設法，亦是一大好機會也。」看來，鄧恢宇在四處找尋與日方「合資」的門路。

在借貸無門，募捐無方的情況下，部分革命黨人想到了從事實業，企圖以此取得從事革命所必須的經費。孫中山命戴季陶、蔣介石在上海開交易所爲此，鄧恢宇等企圖與日商合作開採煤炭，合辦輪船公司，也是爲此。

同年五月十八日，鄧恢宇與孫毓筠聯名致宮崎滔天一函，討論開採駱駝山、窯頭嶺礦區有關費用問題，中云：

駱駝山主王君至少必須得日金兩萬，劉錫九君至少亦要得日金三、四萬元，再加上中證人酬金，敝處所得，不過日金四萬餘元，合之華金，只得兩萬餘元。刻下皖省內地民黨因官軍騷擾，不能在家安居，相率來滬，已有四百餘人。到上海後，租房吃飯等費，皆須筠一人擔負。且去年以古玩、磁器抵押之款，均早已過期，無論如何困難，必須歸還，其數已達華幣兩萬元以上。如僅得日鈔四萬元，萬萬不能敷用。

同函又稱「現在李烈鈞所率之軍隊已抵大庾嶺，江西軍萬難抵抗。若得南昌，則皖事得有力之外援，即可整備大舉。」本函爲掛號信，封面爲：日本東京市外高田村三六二六宮崎虎藏殿；下署上海法界白爾部路新民里二十三號，孫公ヨリ。孫毓筠，字少侯，安徽壽縣人。一九〇六年在東京加入同盟會。一九一二年任安徽都督。一九一五年與楊度共同發起籌安會，袁世凱失敗後被通緝。一九一七年至一九一八年間在安徽組織民軍，反對皖系軍閥，因而重建和革命黨人之間的關係，並與鄧恢宇合作。ヨリ，日語。孫公ヨリ，意爲孫公寄。

一九一八年，段祺瑞派兵從江西進攻廣東，李烈鈞奉命率兵抵禦。五月三日，李烈鈞自韶關出發。本函稱：「李烈鈞所率之軍隊已抵大庾嶺，江西軍隊萬難抵抗」，當即指上述史事。

本函又稱：「此外各礦，如李伯英之礦，牛茨山之礦，均正在積極進行，諒尊夫人已有詳細報告，不再贅陳。」可見，宮崎夫人也參與了在中國開辦實業的活動。

五月廿四日，鄧恢宇、孫毓筠再致宮崎滔天一函，首述日人澤村在皖南勘察各礦的情況，聲稱澤村即回神戶，要求宮崎到神戶與澤村相商，並訪問鈴木本店礦務部長，要求迅速派員到上海簽訂合同。次述安徽民黨逃難上海，迫切需要救濟，其內容大體與五月十八日函同。末云：

> 刻下李協和已率師三萬人，分五路急攻江西，陳光遠之兵勢不能敵，迭電北京乞援，而段祺瑞已無兵可派，預計至遲一月以內，必攻克南昌、九江。安徽與江西毗連，南軍一過贛州，安徽各路民軍即將起事回應。南軍需款急切，已到萬分，萬懇我兄親至神户，切商金子及礦務部長，迅速前來訂定合同，簽字交款，以濟急需。我兄熱心扶助中國，擁護共和，全國之人莫不感激，不特弟同志諸人而已。

陳光遠（一八七三—一九三九），字秀峰，河北武清人。北洋武備學堂出身，歷任袁世凱所部管帶、統帶等軍職。一九一七年九月任江西督軍。李烈鈞自韶關出發後，迅速攻佔南雄，準備乘勝進攻贛南。此函反映出鄧恢宇、孫毓筠對形勢的樂觀估計，他們準備在李烈鈞奪取江西後，即在安徽起事。

同月下旬，鄧恢宇、孫毓筠再致宮崎滔天函云：

頃讀執事致尊夫人書，知日本政府有俟南方聯合政府組織成立後即承認為交戰團體之意，此皆兄與日本同志竭力運動所致，凡中國國會議員及一切同志莫不感激異常。昨閱粵省來電，知改組政府一案已經國會完全通過，中山先生已向國會辭職，並擬通電西南各省，宣佈辭職意旨。想不日聯合政府便可組織成立，此可樂觀者也。

近日湖南方面，北軍為南軍所敗，已全數退至長沙。南軍方用包剿計劃進逼長沙。據外電所傳，北軍勢窮力竭，斷不能守。李烈鈞君近已率滇軍九千人進攻江西。將來長、岳收復，武漢動搖，李軍深入吉、贛，屆時安徽仍當乘時大舉，以回應南軍，機會將至，尤須從速準備款項，以應急需。務懇吾兄竭力設法預籌大款，免至臨時為難，想兄亦早代計劃矣！

前書所陳目前同志困難情形，及弟等個人生活窘況，想邀大鑒。惟盼礦山合同早日訂定，得借此款暫行維持大眾生活，不致衣食斷絕，流落無依，則感戴大德，尤無涯涘。

本函未署年月。函中云：「前書所陳目前同志困難情形，及弟等個人生活窘況」，知此函作於上二函後，當爲五月下旬之作。

孫中山到達廣州後，於一九一七年八月召開國會非常會議。九月十日，孫中山就任海陸軍大元帥，成立護法軍政府。但是，軍政府受到西南軍閥的嫉視和抵制。一九一八年初，在岑春煊策劃下，政學系國會議員楊永泰等爲削弱和排斥孫中山，倡議改組軍政府，將大元帥制改爲「政務總裁若干人」的「合議制」。同年五月四日，國會非常會議通過《修正軍政府組織法案》，孫中山憤而發表《辭大元帥職通電》。十八日，國會非常會議三讀通過軍政府組織法，孫中山隨即派居正爲私人代表，辦理軍政府交卸事宜。本函云：「昨閱粵省來電，知改組政府一案已經國會完全通過，中山先生已向國會辭職。」指此。

軍政府的改組方案通過後，國會非常會議於五月二十日選舉孫中山、唐紹儀、伍廷芳、唐繼堯、林葆懌、陸榮廷、岑春煊爲政務總裁，形成所謂「聯合政府」。這一「聯合政府」實際上爲西南軍閥所把持。廿一日，孫中山離開廣州赴汕頭，轉赴廈門。第一次護法運動失敗。

在上海的鄧恢宇、孫毓筠似乎沒有感到形勢正在逆轉。六月七日，致宮崎滔天長函云：

> 迭讀執事致尊夫人書，知貴國政府聞南北妥協之説，借款、購械兩事均暫停云云。竊以為貴國政府誤信報章鼓吹之詞，於敝國南北內容皆未深考也。

函中，鄧、孫詳陳南北兩方情況後表示：

> 綜以上所言觀之，可見妥協之期尚遠，三個月內決不能見諸事實，可以斷言。況北方直皖兩系暗潮方急，相持日久恐將發生極大變故。復辟之事目下正在醞釀中。將來北京方面若有變故發生，去年六月間之故事，難免不再演一場惡劇。弟暗中偵察，知之甚悉，故

敢陳之左右。

頭山、寺尾兩先生為弟十余〈年〉來所欽仰，未便冒昧通函，祈以此函示先生，並以南北兩方面不能妥協之真相代陳諸貴國當道諸公，俾曉然於敝國真相，勿為報章所載不合事實之消息及政客之言論所惑，致與敝國南方有意見隔閡之處。我兄與頭山、寺尾兩先生素持聯絡南方，扶持民黨主義，熱心、毅力，有加無已，諒必能以實情陳之當道，使兩國親善之誼益加鞏固也。

七總裁中，岑春煊、陸榮廷都主張與北京政府議和。六月五日，軍政府推舉岑春煊爲主席總裁，南北妥協之說甚囂塵上，日本報紙報導尤多。本函中，鄧、孫二人力闢「妥協」之說無據，要求宮崎滔天聯絡頭山滿、寺尾亨等人遊說日本政府，援助民黨。

上函發出後，孫毓筠即患病。因此，鄧恢宇的合作對象改爲鈕永建。六月九日，鄧、鈕聯名致函宮崎滔天云：

接讀東函，敬知道體早慶復元，欣慰無似！夫先生固久抱救國救民之願望，對於中日兩國前途，尤為遠而且宏。此次雖抱采薪，而旋占勿藥，安知非吉人天相，留之使貫徹其初衷耶！為先生賀，更為東亞前途賀也。

敝邦不幸，俶擾頻年。頃者天予時機，北酋解體，義軍入贛，已逼南昌，飲馬長江，當不遠矣！永建現奉孫大總統指令，下游回應，收復江蘇。一俟佈置粗完，即行著手。惟經濟缺乏，還仗先生大力維持。昨龜井君來函，謂可於最短時間希望活動，友邦仗義，古道可風，東望扶桑，距躍三百。至購械與競馬場事，並請同時進行，早收效果，無任盼禱！先生何時來滬，祈預賜示知，以便歡迓。

本年一月宮崎滔天在上海時，經醫生診斷，有腎臟病。同年三月，宮崎滔天歸國，經確診後，醫生命戒酒，休養。本函稱：「敬知道體早慶復元」，知時已康復。

一九一七年九月，段祺瑞下令進攻南方護法政府。由於直、皖兩系軍閥之間的矛盾，北洋政府總統馮國璋指使部屬從前方通電，請求停戰議和。段祺瑞無奈，於十一月十六日辭國務總理及陸軍總長職。次年三月廿三日，馮又被迫請段復任國務總理。四月，段親到武漢等地，催促北洋軍進攻，但直系大將吳佩孚於攻佔衡陽後，即按兵不動，並與湘軍譚延闓所派代表商洽停戰。段屢次飭令進攻，吳均置之不理。本函所稱「天予時機，北酋解體」云云，指此。同函又稱：「義軍入贛，已逼南昌」，當指李烈鈞率軍進攻江西事。從本函可知，護法運動期間，孫中山曾指示鈕永建在長江下游回應，企圖收復江蘇。

本函中，鈕永建、鄧恢宇對時局仍然作出了極爲樂觀的估計。實際上，孫中山這時正在廈門，準備赴日，已不能有所作爲，鈕、鄧函中云云，或者是爲了便於向日方謀款。

「護法」失敗，鄧恢宇繼續從事實業活動。十二月十六日，鄧恢宇致函宮崎滔天夫人云：

夫人起程之日，未能登船送行，罪甚！近又未致書問候，抱歉！屠村山主李君來函云：新畫礦區，非常歡悅。無論三、四千畝至一萬畝，皆可隨吾人之所欲。現正待吾人之技師測繪。至於縣衙及實業廳，均容易辦好。僕已將李函交龜井君手矣！如東京匯款能到，僕即登山到李家交涉進行，望夫人安心。

同函並稱：屠礦以外，浙江、安慶之間有一千八百畝煙炭礦，極好著手；近又有友人介紹江西一重石礦，礦山極大，約華里一百里，主人願意賣脫；可以進行的還有浙江鋁礦、湘潭鐵礦、水口山銀、鉛礦、煙炭礦等，總計十餘處。鄧恢宇並告訴宮崎夫人，山西大同賣炭之主人馮君昨已到滬，帶來煤樣兩百斤，鈴木洋行或有草簽合同的可能。鄧表示：

總之，僕受夫人之重托，當竭死力進行實業，以達吾人三年來未成功之目的。倘能順手進行，即可以提倡日華真正親善之事業，保全東亞之和平，則不負夫人一片經營實業之苦心，聊可以報滔天先生二十餘年苦心孤詣，為吾國救亡之美意。

自一九一四年起，宮崎滔天即因何天炯等人的介紹，涉足中國的實業活動。④宮崎滔天的夫人於一九一六年十一月六日到上海，於一九一八年十二月初回日本。共在上海生活了兩年多。過去，人們不清楚宮崎夫人爲什麼單人在上海住這麼久，現在，人們明白了，宮崎夫人是在上海經商，爲中國革命黨人開闢一項經費來源。

宮崎夫人雖然回到日本，但是，在中國的實業活動並沒有停止。一九一九年一月六日，鄧恢宇致函宮崎夫人稱：屠村礦主李伯英已在滬等待二周，但日本「銀主」尚未到滬，希望速催「銀主」，並帶技師同來，以便速往屠村進行。鄧並云：

> 米事，詳龜井手紙中。宇因陰曆年末，困難日急一日。如不得人救助，非倒不可。宇現想一方法，向各處湊款；能湊成功，亦可以救其不倒。宇擬向唐紹儀、趙伸等處湊成百元，萬懇夫人設法湊二百元，迅速匯寄上海，救我危急，則感恩無既矣！如勝木サン之公債，即日可以成功，則不成問題矣！倘一處均不成功，聽其倒去，殊可惜也。夫人處不能湊二百元，或一百，或五十，均能救命也。敬叩福安！並候返音。

趙伸，字直齋，雲南嵩明人。同盟會會員。サン，日語，意爲先生。勝木サン，當係在上海經營公債、股票的日本商人。看來，鄧恢宇的實業活動進行得不順利。本函稱：「宇因陰曆年末，困難日急一日。如不得人救助，非倒不可。」可見其窘迫狀況。

同樣，宮崎夫人的實業活動也似乎沒有多大成就，因此，改爲充當日本米業資本家的仲介人，從中國向日本販運大米。以下數函，談的都是與販米有關的事項。

二月四日，鄧恢宇命龜井一回日，面交宮崎滔天一函，函云：

弟屢得貴夫人函，囑購米方法，東奔西走，結果甚少。前日忽見先生致精衛先生書，始知先生對於米事進行頗急。弟即將此事商諸朱卓文兄（因朱君自有米廠在南京），朱君諸事均可負完全責任，送至青島。此乃購米獨一無二之方法。因緘電不能明悉，特請龜井回日當面詳陳一切。萬懇先生火速催資本家帶款來上海，以便開始購辦也。千萬不可遲緩，恐捷足者先得也。

朱卓文，原亦爲革命黨人，此時投資米業。

二月七日，再致宮崎滔天一函，告以接到朱卓文由南京來緘，米事可成功五、六萬擔。函稱：

萬乞先生迅速促資本家來上海，弟即偕往，與卓文兄開始進行，以便成功後再可進行購辦也。且弟誓必將此事辦好，以不辜負先生之美意，從此即可以謀實業之基礎，並可達將來偉大之目的也。如資本家一定購米時，請先生在十一日前電匯日幣一千元或五百元，救弟萬分之急，過遲則弟處難保不倒。萬懇先生維持為叩！

五月四日，又致宮崎夫人函云：

> 自得夫人二十日起程之手紙後，即與朱卓文相商辦法。朱云：只求滔天先生與夫人速來上海，販賣米事，實容易得大利益也。自此以後，弟已三次請龜井兄致緘夫人處，說明僕處窮困至不能維持，勢在必倒。奈困乏太久，倒亦困難。何以故？只因負債至五百元餘之多，將家中一概家具悉行賣盡，不過兩百餘元而已。何能償此五百餘元之債？即倒，亦須想個辦法，始能倒得下去。不然，進退維谷，倒亦不好，不倒亦不好。倘到此時，除自殺以外，無政策也。

函中，鄧恢宇再次表示，自己將始終堅持主旨，在實業上猛力進行，務必取得良好結果，站住腳跟，由小至大，以便達到將來的「重大目的」。鄧稱：

> 僕最恨吾黨一班同志，始終辜負滔天先生及夫人救助中國之一片熱心。實吾同志之薄情，不顧舊恩人，且不顧將來東亞之大局，僕亦無法，只好盡個人之能力，誓謀一最好之實業，維持目前，發達將來，大功告成，則僕庶幾可以為吾黨、為吾國，酬報滔天先生及夫人於萬一也。
>
> 恨事不如願，自與前田先生開始買鐵，至去年之謀礦止，三年之功，毫無效果。僕實

慚愧欲死，以至今日不可收拾也。

同函中，鄧恢宇又向宮崎夫婦提供了江西鎢礦、煙煤礦等兩條線索，並稱：

近由荒木兄紹介一銀主，辦石炭礦及タングステン，正進行中。成功，當送夫人一分；如不成功，則僕之生命，殊危險已極。家中倒後，僕倘不被債權者逼死，必來東京，商量繼續再辦實業。人不死，志不死。運之如何，聽乎天也。

タングステン，日語，意爲鎢。鄧恢宇表示：倘宮崎夫人能即來上海，自己即不去東京。他要求宮崎夫人先行電匯兩百元，以救危險。當年九月十六日，宮崎滔天到滬，同月廿七日歸國，或與鄧函所述內容有關。

中華革命黨在反袁鬥爭勝利後逐漸渙散。一九一九年十月，孫中山將中華革命黨改組爲中國國民黨，但是，渙散依然，同時發生嚴重腐敗現象。一九二一年三月十一日，鄧恢宇致函宮崎夫人，除懷念她在滬時對於自己家庭的照顧外，特別感慨於昔日革命志士的墮落，函云：

惜運命不佳，實業上，總難發展；加之政治不良，辦理者，除爭權奪利外無他能。是以人民受其痛苦，國勢日趨危弱。所有昔日愛國之士，今日只知愛金錢，與當日同盟會時

> 代，大相反對。恢宇除恨彼輩之誤國誤民，又無法糾正，惟有一時將個人飯碗問題謀穩，實業方面，立有基礎，再從政治下手也。惟實業方面，端賴夫人相助之處正多也。

函中，鄧恢宇告訴宮崎夫人：近數月來，正與龜井一共同販賣麝香、翡翠，並擬再販賣日本石炭。鄧稱：「因此項生意，獲利最大。支那上海近年來，作石炭商，獲利至數百萬金者，有百數十處之多。」鄧表示，與龜井一相商，待宮崎滔天返上海時，再商議進行。同時，鄧恢宇並稱：與杜羲所辦之雜誌因資本不足，尚未出版。

這時，宮崎滔天之子龍介（重作）也參與了中日間的商務活動，因此，鄧恢宇函中稱：「令郎重作兄之麻布見本，不日定寄來。」見本，日語，意爲貨樣。

同年三月六日，宮崎滔天爲了考察廣東政府的情況，自日本至上海，次日赴廣州，會見孫中山、何天炯、張繼、胡漢民、廖仲愷等人。十八日，再至上海，受到鄧恢宇的熱情款待。返日後致函鄧恢宇相謝。四月十六日，鄧恢宇復函宮崎滔天云：「奉讀大示，敬悉先生三十載爲吾國奔走，一身以外，犧牲淨盡。弟公誼私情，理應誠心誠意，殷勤招待，爲國爲友，皆永遠不能忘情也。」同函並云：

> 江西進賢炭坑炭見本昨日由郵寄到上海，炭質甚佳。擬送三菱化驗部化驗，始知其成分。據南昌之化驗云：較之樂平炭，高百倍。現出之炭，皆五尺深之炭。聞愈深，炭質愈

佳。昨日李君自備旅費，起程往江西進賢取礦山圖樣及實業廳印批（即許可證）、各種證據物，並察看現開之礦窿情形，以作上海方面銀東作用之準備，以便速即進行。萬祈先生催龜井兄迅速回上海，以免延誤時機也。

函中並談到王統一販賣石炭，有十萬元確實款在上海正金銀行，足以作信用押彙，要求宮崎滔天介紹一實在礦主，成全此事。又稱：「令公子重作兄麻布、茶油兩商進行否？弟當負完全責任相助也。」

在宮崎滔天故居中，還有一封鄧恢宇和徐瑞霖的聯名信，討論的是開採九江銅礦有關事項，函云：

弟等所介紹九江銅礦，現羅君催促甚急，至今不見久原之技司〔師〕到漢，不知何故？究竟何日進行，弟等甚茫然也。惟羅君因湖北政府收買之故，眾股東頗為贊成，羅君無法以對，三次致電催其往勘。迄今久原技司〔師〕尚在湖南，不能進行。因此之故，困難已極。萬懇先生從速處置，是為至禱！弟等所望，全在先生一人主持，想先生不至放棄此任也。其他廢鐵事甚有成就，請詢諸令嗣龍介君，必鼓掌稱快也。

本函由宮崎龍介帶交宮崎滔天，僅署一月十七日，似爲一九二三年作。

自一九二一年十月起，宮崎滔天的腎臟病與心臟病、肝病並發，醫生束手。一九二二年十二月六日逝世。鄧恢宇與宮崎滔天家族的關係自此結束。

追隨孫中山進行中國革命的日本浪人情況複雜，目的各異。其中，宮崎滔天夫婦是真誠地懷著對中國和中國人民的友好感情的。他們真心實意地幫助中國革命，是孫中山和中國革命黨人的真正朋友和支持者。鄧恢宇的上述信札提供了一份有力的佐證。

【附記】

本文所引宮崎滔天家藏書札原係小野川秀美教授編輯《宮崎滔天全集》時的複印件，當時未收入《全集》所附年譜，承狹間直樹教授惠贈，並蒙宮崎智雄、宮崎路冬夫婦惠允利用，謹致謝意。

（原載《郭廷以先生九秩慶典紀念集》，中研院近史所，台北，一九九五年版。）

①何天炯一九一四年七月致宮崎滔天函云：「鄧君東來，欲謁高野君（指孫中山——筆者），須兄指示一切。」未刊，下同。

②何天炯致宮崎滔天函，一九一四年十一月十二日。

③王芸生《六十年來中國與日本》第七卷，六至七頁。

④何天炯致宮崎滔天函，又，致山田純三郎函，一九一四年五月五日。

袁世凱偽造的孫中山「賣國協約」

袁世凱想當皇帝前後，曾經散佈過幾種宣傳品，大肆攻擊和誣衊以孫中山爲代表的革命黨人。以筆者所知，有《孫文小史》、《黃興小史》、《亂黨之真相》等幾種。最近見到一種《中華革命黨總理孫文與日本民黨首領犬養毅所結協約概略》，頗有點意思。

原件爲毛邊紙油印本，計二十條。妙文難得，抄錄部分條文如下：

一、中日兩國，既屬同洲、同文、同種，彼此自當互相提攜，維持東亞和平。

二、中華革命黨成功時，應與日本民黨創制五權憲法，組織中日聯邦。

三、中日聯邦成立時，應尊日本國王爲聯邦皇帝。

四、中日聯邦成立時，中華應改民主爲君主，尊孫文氏爲中華國王。

五、中日聯邦成立時，中日兩國民黨之勞績卓著者，應由聯邦皇帝敍爵賞勳。

六、中日兩國與他國開戰時，中華海陸軍須受日本政府之管轄，平時則否。

七、中華政府與他國有交涉時，須受日本外務省之指導。

八、中日聯邦成立時，兩國平時內政，彼此不得干涉。

以上八條，規定了兩國的政體和相互關係的根本原則。接著四條，規定「日本民黨」援助「中華民黨」的義務，如：「凡中華民黨在日本者，日本民黨應請其政府格外優待」；「凡中華民黨在中國有危險時，日本民黨應請其政府飭駐中領事妥爲保護」；「中華民黨當起事前後，日本民黨應請其政府接濟軍火及軍費」，「中華民黨當危急時，日本民黨應請其政府助以兵力」等等。其次六條爲「中華民黨」應允給予日本的利權：

十三、中華民黨成功時，應以滿蒙一切特權讓與日本。

十四、中華民黨成功時，應割福建與日本。

十五、中華各行政機關，應聘日人若干名爲顧問。

十六、中華路礦諸政，應許日人以投資之優先權。

十七、中華海陸軍，應聘日人若干名爲教員。

十八、中華各學校，應聘日人若干名爲教員，並加日語科……

最後兩條，規定中華民黨不能成功時，日本民黨應請其政府位置中華民黨的重要人物，並說明協約發生效力的時間及修改的有關問題，不錄。

筆者不想爲孫中山作全面辯護。孫中山在沒有認識到必須「以俄爲師」之前，爲尋找支援力量，曾對日本政府存在過幻想，但是，這份《協約》卻是地地道道的假貨。

作僞者很費了一番心思。他知道孫中山和犬養毅關係密切，也讀過孫中山組織中華革命黨時的《誓約》，因此懂得使用「創制五權憲法」一類的詞語。但是，作僞的痕跡仍然很明顯，例證之一就是「組織中日聯邦」。在中國近代史上，康有爲確實有過類似想法，但孫中山則從未有過。例證之二是「中華應改民主爲君主，尊孫文氏爲中華國王」的條文。孫中山是個堅定的民主主義者，他怎麼會想自己當「國王」呢！例證之三是所謂「應尊日本國王爲聯邦皇帝」，日本只有「天皇」，沒有「國王」，作僞者竟連這一點常識都忽略了。

袁世凱爲什麼要製造這樣一個僞件呢？其目的大概是：自己想當皇帝，便說孫中山想當國王，自己與日本簽訂「二十一條」，便說孫中山與日本簽訂二十條，這樣就彼此彼此了吧！

（原載《團結報》，一九八八年一月九日。）

【附記】

此件原藏中國第二歷史檔案館，卷宗標題為《北洋政府印發關於孫中山與日本犬養毅所結協約之概略》，檔案號一〇一一（二），九一八。後筆者查得，此件曾刊一九一五年四月廿四日上海《申報》，正在日本政府向袁世凱提出廿一條要求，袁世凱準備接受期間。

李大釗致佚名氏密札試解

——近世名人未刊函電過眼錄

李大釗一生寫過很多信，但留下的很少。國民黨中央原上海環龍路檔案中藏有李氏未刊函札一通，彌足珍貴。函云：

手示悉。以瑣務未暇即覆，伏乞鑒宥。所欲介紹於趙君之友，乃山西人梁伯強君，其住址在天津英租界電燈房北路東第一號喬公館，已將趙君姓字函告此君矣（此函用日本書留，當無他慮），乞即設法通知趙君為禱！局勢一變，將來恐不能徹底澄清。民黨以後宜善自妥協，勿再授人以柄也，惟明達圖之。匆匆不多及。此問近佳！

付丙！

弟張潤之

李大釗

此函不署年月，無收信人，環龍路檔案題作《張潤之、李大釗致某君書》，可知當年整理檔案時收信人已無考。函中有「付丙」二字，要求收信人閱後燒掉，可知此函爲密札，更加值得重視。

函中提及的趙君，不詳何人。梁伯強，指梁善濟，山西崞縣（今原平）人。山西大學堂教習。一九〇三年癸卯科中試，次年入翰林院任檢討。後赴日本，入法政大學速成科學習。歸國後，投入立憲運動，曾任山西諮議局議長。一九一三年被選爲眾議院議員。一九一四年任教育部次長。一九一五年十月辭職。據「此函用日本書留」一語，可知張潤之、李大釗時在日本，在寫作本函之前，還寫過一封給梁善濟的掛號信（書留）。李大釗於一九一四年一月赴日留學，一九一六年五月歸國，本函必寫作於此一時區內。

時間大體清楚之後，接著需要研究的就是張潤之其人。他與李大釗聯署，肯定關係密切，志同道合。經查，張潤之，字澤民，直隸武強人。與李大釗同齡，同爲天津北洋政法專門學校同學，一九一三年畢業後同時去日本留學。一九一四年春，曾與李大釗共同翻譯日人今井嘉幸（政法專門學校時的老師）的博士論文《中國國際法》，在日出版。

張潤之與李大釗同富愛國思想。在日時，「談祖國政俗之衰，則相與唏噓感慨」。一九一五年九月，袁世凱唆使楊度等成立籌安會，謀劃復辟帝制，李、張都積極投入反袁鬥爭。同年冬，李大釗組織中華學會，從事秘密反袁活動。一九一六年一月，中華學會與湖南留學生組織的乙卯學會合併爲神州學會，張潤之都是積極的支持者和參加者。

袁世凱的復辟受到以孫中山爲首的革命黨人和以梁啓超爲首的進步黨人的共同反對。一九一五年十二月廿五日，蔡鍔在雲南通電討袁，成立都督府、護國軍，各方紛紛回應。本函有「局勢一變」之語，則知此函當作於蔡鍔通電之後不久。當時，袁世凱雖然遭到各方反對，但仍保有相當的控制力量，北京、天津等地仍在袁的嚴密統治之下，所以本函中表現出一種小心翼翼的謹慎心態，除要求「付丙」外，還特別說明，寫給天津梁伯強的信係用「日本書留」，「當無他慮」，正是秘密工作的特徵。

由於袁世凱的倒行逆施和各派反袁力量的聯合，袁的倒台爲期已不遠。但是，張潤之、李大釗共同認爲，袁的勢力仍然不可能徹底消滅，擁護共和的力量必須克服矛盾，進一步加強團結。以孫中山爲首的革命黨人在一九一三年反袁的「二次革命」後分裂爲兩派。一派爲中華革命黨，一派爲歐事研究會；一派主急進，一派主緩進。此際，兩派正醞釀重新合作中。張、李二人看到了這一趨勢，函稱：「局勢一變，將來恐不能徹底澄清。民黨以後宜善自妥協，勿再授人以柄也。」這是對於當時政治形勢的清醒認識，也是對於「民黨」的語重心長的勸誡。

對抗與調和、鬥爭與妥協是矛盾的對立統一體。在人類社會生活中，不可能沒有對抗與鬥爭，也不可能沒有調和與妥協。在近代思想史上，李大釗比較早地看到了「調和」在自然與社會發展中的作用。他曾先後寫作《調和之美》、《調和之法則》等文，論證「宇宙間一切美尚之性品，美滿之境遇，罔不由異樣殊態相調和、相配稱之間蕩漾而出」。例如，美味，由苦、辛、酸、甜、鹹調和而成；美色，由青、黃、赤、白、黑調和而成；美音，由宮、商、角、徵、羽調和而成。本函中，李大釗主張「民黨以後宜善自妥協」，可以看作他的「調和」思想在政治上的運用。對於民初革命黨人中爭論不休、派系紛立的狀況無疑是一副有效的藥劑。

至此，本函的寫作時間、地點、內容已經大體明晰，還必須接著研究，此函的接受者是誰。

按，此函存於國民黨環龍路檔案中，它的接受者必然是孫中山系統的革命黨人。函中，張潤之、李大釗不僅對「民黨」的團結問題提出了具體建議，而且特別表示：「惟明達圖之」，顯然，受信人是革命黨人中有地位、有影響的高級人員。又據函中所述爲「趙君」介紹居住在天津的山西人梁伯強這一情況判斷，則受信人必然是一位關心北方革命運動的人士。查，環龍路檔案中共存有李大釗信三通，另兩通的受信者是張繼，則此函的接受者也可能仍是張繼，爲出自同一來源的文物。

張繼，字溥泉，直隸滄州人，與李大釗、張潤之是大同鄉。他是同盟會的早期會員，辛亥革命後任河北支部長。一九一三年七月，參加「二次革命」，失敗後逃亡日本，繼赴歐美，發動華僑討袁。一九一五年十一月回日本，致力於各派反袁力量的團結。李大釗一九一六年初有詩云：「義聲起雲南，鼓鼙動河北。絕域逢知交，慷慨道胸臆。」這位可以「道胸臆」的「知交」，很可能就是張繼。白堅武一九一六年五月一日日記云：「候壽昌久不至，念極！聞與張溥泉同來，或亦不日可到。」壽昌，指李大釗。當時的上海是各派反袁活動的中心，白堅武是李大釗的密友，此際正在上海反袁人士間活動。上海反袁人士中既有李大釗與張繼同自日本回滬之說，則可證二人相熟，且有反袁活動方面的聯繫。此前，張潤之已先期抵滬，在進步黨領袖湯化龍、孫洪伊與革命黨人、雲南駐滬代表耿毅等人之間活動。五月一日，張繼隨孫中山到滬。不久，李大釗繼至。李到滬不久，即致函在日本的同志霍例白云：

此間自溥泉公來，各派意見消融無間，裨益大局匪淺顯也。昨濟公接川陳二庵電云，川決於箇日（廿一）宣佈獨立，湘亦不遠，而南京會議雖無結果，馮之態度仍有希望，其部下尤為鮮明。

濟公，指湯化龍；陳二庵，指四川巡按使陳宧；南京會議，指江蘇督軍馮國璋於五月十八日在南京召開的十五省代表會議，旨在討論袁撤銷帝制後的安排問題。此函顯示出，李大釗不僅充分瞭解張繼到滬後的活動，而且高度肯定張繼斡旋各派的功績，所云「各派意見消融無間」，正是上引密札中張潤之、李大釗的主張「民黨以後宜善自妥協」的落實。因此，我們有理由相信：密札的受信人是張繼，它反映出李大釗在反袁關鍵時期的主張，同時也可窺見李大釗在那個時期秘密活動的一個側面。

試解如上，不敢自以爲是，謹以質之海內外研究李大釗的專家們。

（原載《光明日報》，二〇〇三年五月十四日。）

宋嘉樹與孫中山、宋慶齡的婚姻

——讀宋嘉樹覆孫中山英文函

孫中山和宋慶齡的婚姻可以說是二十世紀中爲數不多的偉大而瑰麗的婚姻之一。熟悉這段關係的學者都知道，當時，這段婚姻不僅受到孫中山的同志和戰友的反對，而且受到宋慶齡父母的反對，一些據此演繹出來的小說、電影以至傳記更將此描述得有聲有色。然而，有根據的可靠的史料實在太少。今年八月，我在日本訪問期間，收到高知市民圖書館寄贈的新近出版的久保田文次教授所編《萱野長知・孫文關係史料集》。①久保田文次教授任職於日本女子大學，是日本著名學術團體辛亥革命研究會的發起人之一，多年來一直孜孜兀兀地收集孫中山的研究資料。這兩年我每次訪日，都要聽他談起這本《史料集》的編纂情況，並承他出示過部分珍貴史料和照片。這次收到書後，我料想一定有好東西，立即停下手中的工作來閱讀。首先引起我注意的是宋慶齡的父親宋嘉樹寫給孫中山的四封英文函件，其中一九一五年八月三日覆孫中山函尤爲重要。由於孫中山的來函已經被宋嘉樹燒掉，因此，這封覆函就爲我們推測來函，研究孫、宋婚姻關係以及宋嘉樹的爲人提供了第一手的最有權威的資料。

宋嘉樹的覆函發自神戶山手大街中街三段二十四號中國俱樂部，寄東京靈南阪頭山滿收轉。當時，孫中山在東京，宋慶齡在上海。原函後爲萱野長知所藏，今天所能見到是宮崎世龍的抄件。

一個特殊的詞語引起宋嘉樹的誤解

宋函是對孫中山七月二十日東京來信的答覆。當時宋嘉樹在神戶，宋慶齡在上海。函中，宋嘉樹首先說明爲什麼遲至八月三日才回信的原因。函稱：「七月二十日大函剛剛收到。如果不是我離開神戶兩天，我將能早一點拜讀尊函。我在舞子的前一站垂水停留了兩天。」接著，宋嘉樹敍述了他從孫中山那裏聽到宋慶齡打算結婚後的驚訝：

> 我極為意外地從您那裏聽說，羅莎蒙黛應允並且期待結婚，此點，您從未對我說過。此前，她告訴您，一旦她去上海，將結婚並和她的丈夫一起回到東京，從事可靠的工作。關於她未來的打算，她從未對我說過一個字。一些時候以前，您寫信並且詢問我，羅莎是否將和我一起去美國，我立即復函奉告，據我所知，她將留在家裏陪伴母親。現在，您告訴我一件十分新奇而難以置信的事情。我傾向於認為，這是一個天大的玩笑。它聽起來如此奇特，如此可笑，這是超出於我的想像之外的小孩兒的玩笑話。

羅莎蒙黛是宋慶齡的英文名字。宋函的這一段話再清楚不過地說明，此前，宋慶齡從未向父親談過她的婚姻問題，因此，宋嘉樹讀了孫中山的來信後，頗有莫名驚詫，純係天方夜譚之感。七月十一日，孫中山曾致宋嘉樹一函，十五日，宋嘉樹回函稱：「我將於十二月一日或在此前後赴美。我不認爲，羅莎蒙黛也將赴美，她必須陪伴母親並幫助料理家務。」宋嘉樹八月三日函所稱孫中山的詢問信以及他的「立即覆函」，指的就是他們二人七月十一日和十五日的來往信件，因爲兩者之間只相差四天。

宋函接著寫道：

我的親愛的博士，不要相信一個年輕女孩兒的小說語言，她喜歡給自己開玩笑。我能向您保證，我們是如此高度地尊敬您，永遠不會做任何事情去傷害您和您的事業。「大叛逆者」是我們大家永遠的敵人，羅莎像您一樣極為憎恨這種人，所以，不會有和這種壞人結婚的可能的危險。加上我們是一個基督教家庭，我們的女兒不會為任何人作妾，哪怕他是地球上最偉大的國王、皇帝或者是總統。我們可能貧於「物質」，但是我們既無貪心，更無野心，不大可能去做違背基督教教義的任何事情。您似乎擔心她打算當皇后，這是不會的。我要再次表示，在這個世界上，沒有任何事情能夠引誘我們去做任何事情，用任何方式，去傷害您，或者您如此熱愛，幾乎全心全意地為之獻身的事業。我將不會看到此類事情發生。您可以相信我，我將履行這一方面的承諾。我像您一樣，是個一往直前的人。

不希望欺騙我的朋友。我難以置信，她會有投身於我們共同的敵人腳下這種想法。她恥於和妾談話，怎麼會想讓自己成為這樣的人。您知道，在熱海的時候，她甚至從未和張靜江的二房說過話。此外，不論是誰，我們不會允許女兒去和一個已有家室的人結婚。對於我們說來，好的名聲遠比榮譽和面子重要。

這是全函最關鍵的一段。從中可以看出，宋慶齡表示要嫁的是一個很有地位的「大叛逆者」，而且，已經有了妻子。因此，宋嘉樹除了繼續表示不能相信之外，進一步表示，自己的家庭是一個基督教家庭，不可能允許自己的女兒去爲人作妾。函中，宋嘉樹還極爲動情地談到，自己既無貪心，又無野心，不慕榮華，不媚權貴，即使對方是「地球上最偉大的國王、皇帝或者總統」，也不會同意將女兒嫁給他。

這裏的「大叛逆者」是指孫中山嗎？很像。孫中山是推翻清朝的革命者，當過民國第一任臨時大總統，當時是中華革命黨的至高無上的領袖，又是宋慶齡的愛戀對象，而且，孫中山確實早就有了一位妻子——盧夫人。這一段話，不是可以作爲宋嘉樹反對孫、宋婚姻的鐵證嗎？

然而且慢。宋嘉樹的信裏寫得清清楚楚，這位「大叛逆者」是「我們大家永遠的敵人」，宋慶齡和孫中山同仇敵愾，都「極爲憎恨這種人」。因此，宋嘉樹怎麼也不能相信，自己的女兒會心甘情願地「投身於我們的共同的敵人腳下」，會去和這種「壞人」結婚。顯然，這個「大叛逆者」不是孫中山，而是孫中山的對立面，是孫中山、宋嘉樹、宋慶齡都「極爲憎恨」

的「敵人」。正因爲如此，宋嘉樹才在函中向孫中山作了那麼多保證：永遠不會，也沒有任何事物能引誘「我們」去做任何事情，用任何方式去傷害孫中山及其事業。因爲，在宋嘉樹看來，宋慶齡如果去和這種「大叛逆者」結婚，自然是對孫中山及其事業的最大傷害。

宋函中還有一段講到「大叛逆者」：

> 我的親愛的博士，請您記住，不管情況如何糟糕，我們都是您的真正的朋友。我可以斷言，在中國人中間，沒有人比您更高尚、更親切、更有愛國心。明智而又有良心的人如何會反對您？我們寧可看到慶齡死去並且埋葬，而不願意看到她為我們的大叛逆者作妾，即使是（做這種人的）妻子（也不能允許）。您可以放心，我們將上天下地，竭盡全力，防止任何此類事情發生。

這一段話的主旨仍然在向孫中山闡明：自己與孫的友誼是真摯的、純潔的，孫是中國人中間最高尙、優秀的人物，自己寧願看到女兒死去，也不願看到她嫁給「大叛逆者」，要孫放心。可見，宋嘉樹所理解的「大叛逆者」不是孫中山。

那末，這是怎麼回事呢？

孫中山和宋嘉樹之間的往來信件均用英文。「大叛逆者」的原文是Archtraitor。宋函在此詞上加了引號，表明此詞來自孫中山原函。這是一個稀見詞，由arch和traitor複合而成，含義比較複雜。它既有「大叛逆者」之義，又可以理解爲「大叛徒」、「大叛國者」、「大賣國賊」。看來，孫中山在給自己的老朋友，未來的岳父寫信時，不好意思直說宋慶齡愛的、要嫁的是自己，而是說明，宋慶齡想嫁給一個已有妻子的「Archtraitor」，用以探測宋嘉樹的態度。從孫中山的觀點看，稱自己爲舊社會、舊制度的叛逆者，甚至是叛徒並無不當，然而，宋嘉樹沒有揣摩出這一層意思來，他從貶義上來理解這一詞語，所以，他才在信中表示，孫中山所轉述的宋慶齡的想法，「如此奇特，如此可笑」，是「小孩兒的玩笑話」；才在信中對「Archtraitor」給予了最嚴厲的批判，也才在信中一再向孫中山保證，不會做任何傷害孫中山及其事業的事情。

信中，宋嘉樹還有一句話值得注意：「您似乎擔心她打算當皇后，這是不會的。」可能，孫中山在信中隱約地暗示過，宋慶齡與「Archtraitor」結婚後，會成爲「皇后」式的人物，所以宋嘉樹明確作了否定。按照宋嘉樹的理解，「Archtraitor」是袁世凱或袁世凱一類的人物。

另有兩位愛慕宋慶齡的年輕人

宋嘉樹覆孫中山函提到了另外兩個愛慕宋慶齡的人，函稱：

> 您說，您詢問過我，羅莎何時結婚，我沒有回答您，如果沈默意味同意，那您就將祝賀我和C。說實話，我現在不知道關於羅莎結婚的任何事情。永（yung）和丹純（Dan

Chung）過去經常訪問她，但是，據我所知，她沒有表示過願和他們結婚。我沒有聽說過您在上次來信中所說的情況。我從未收到過您的那封信。它從未出現過。可能遺失在途中了。我如何能知道它的內容？如果我不知道，如何能在沈默之外，有其他表現？所以，沈默不意味「同意」。您還是暫且保留您的祝賀吧！

可見，孫中山知道，另有一位年輕人愛慕宋慶齡，因此，在七月二十日之前，孫中山曾致函宋嘉樹，詢問宋慶齡的婚期，但是，這封信宋嘉樹沒有收到，孫中山因此於七月二十日函中作進一步的探詢：「如果沈默意味同意」，就對宋嘉樹和C表示祝賀。這種情況，說明了七月二十日孫中山寫信給宋嘉樹，目的是摸底，想摸清宋關於女兒婚姻的真實意圖，因此不便於十分清晰地說明自己和宋慶齡的戀愛關係。宋嘉樹在覆孫中山函中說：「您的要求已被執行——您和「永」的信均已付火。」這位「永」，由於資料不足，目前還不知道他的有關情況。從宋嘉樹要孫中山「暫時」保留「祝賀」看來，他可能是宋嘉樹比較中意的人。

宋嘉樹慧眼識英雄

宋嘉樹覆孫中山函不僅有助於我們研究孫中山和宋慶齡的婚姻關係，而且為我們研究孫中山的人格魅力以及宋嘉樹的為人、品格、眼光等提供了重要資料。宋函稱：

雖然有些人不會感謝您的志在創造偉大中國的努力，但是，我們屬於那些感謝您的工作的人們中的一部分。您生活在一個超前的世紀，因此很少人能理解您，感激您如此熱愛、幾乎全心全意地進行的事業。中國不值得有您這樣一個兒子，但是，未來將給您公平的評價，授予您榮譽，就像他們授予從前的改造者孔子一樣。孔子曾受到不道德的掌權者的驅逐，所以，您也曾被驅逐，離開這塊您愛得如此之深的土地。

當時，「二次革命」失敗，孫中山流亡國外，處境極爲不利。但是，宋嘉樹卻將他視同中國古代的聖人孔子，相信未來會給孫中山以公平崇高的評價。這一點，今天已爲歷史所證實，但是，在當時，不能不說是罕有的遠見卓識，顯示出其善於識人的慧眼。信中，宋嘉樹還向孫中山敍述了幾天前他和一位名叫李括安（音譯）的人之間的辯論。當時，李指責「革命者沒有爲國家或人民帶來任何利益，沒有一個革命者是好的、真誠的、無私的，或者愛國的。」但宋嘉樹卻堅定地告訴他：「有。」李括安要宋舉出一個來，宋即答以：「孫博士。」下面是宋嘉樹對當時場景和事後狀況的敍述：

他的臉變紅，沈默了幾分鐘，然後他問，那他為什麼不留在中國或者回國？我說：「他是一個非常高尚的紳士，難於和小偷與兇手為伍。」他和孔子一樣都面對不聽教導的權勢者，當年孔子怎麼做，他就怎樣做。事實上，除了有人試圖詆毀您以外，沒有別的事情能使我熱血奔流並令我憤怒。我對李講了這樣一大通話，相信他將永遠不願在他的辦公室再見到我。此後，我們在俱樂部裏碰面，但彼此都不講話。他是我的一個朋友，但現在是我的敵人，因為我頌揚並且保衛您。我不管他或她是誰，只要他或她在我的面前詆毀您，我一定會為您討回公平。作為朋友，不論發生何種事情，我都感到有責任保護您的清白並且支持您的事業。我告訴李：「如果不是由於孫博士的傑出的工作，今天你的頭上還會掛著可恥的尾巴，這就是你現在得到的好處。」他試圖使我相信，辮子無論怎樣都會剪掉的。我說：「是的。關於這件事，有大量的話可說。然而，事實是，過去沒有一個人膽敢帶頭剪掉自己的辮子。吹牛容易實行難，兩者不是一回事。」我駁倒了他，使他面現愧色，無言以對。

本段顯示出，宋嘉樹不僅充分理解並支持孫中山，而且不能容忍任何對孫中山的貶抑，時刻準備捍衛孫中山的清白。這不僅由於孫中山所從事的事業的正義性所致，而且也是孫中山的人格魅力感召的結果。

宋嘉樹決定改變去美國的計劃，趕回上海

宋嘉樹八月三日函發出後，孫中山立即給宋嘉樹寫了回信。孫信今不存，但從情理估計，

到了這種時刻，他不可能不坦率地向宋嘉樹說明：他和宋慶齡之間的戀愛關係；七月二十日函所稱「Archtraitor」就是他自己，以及他如何處理和盧夫人之間的既定關係等一系列問題。八月十三日，宋嘉樹覆函稱：

大札拜收。剛剛收到羅莎蒙黛的信。她說，她因為在上海的一個家庭裏教書，不可能和她的母親一起去姐姐那裏。她們母女兩人都要求我到山西宋夫人處，我因為各種各樣的理由不能答應，其中原因之一是，前些日子，我的健康變壞了。但是，即使我好了，也不去。我艱於行走。事實上，我變得如此衰弱，根本不可能恢復。星期天，我將乘法蘭西郵船號赴上海，那裏，我曾休養過。按照中國的風習，宋夫人必須到山西去，我將盡力選擇某一個人和她一起去。我將可能再回日本。倘若我回來，我將去看您。再見！祝您健康，事業成功。

末署：「您的真誠的宋查理」。

在上一封信中，宋嘉樹曾告訴孫中山：藹齡即將分娩，自己早已寫信給慶齡，要她在下個月陪伴母親去山西，但慶齡害怕那裏的蚊子，不喜歡去北方，宋嘉樹認爲她必須去。而在這封信中，宋嘉樹表示，慶齡在一個家庭教書，將選擇另一個人去山西。

值得注意的是，這封信不再批判「Archtraitor」，也絕口不談宋慶齡的婚姻問題，這只能說明，他既未同意，也未持強烈反對態度。信中，宋嘉樹表示，他要在星期天回上海去休息，而原來，他是準備十二月份去美國的。這一行程的改變說明，他要和夫人倪桂珍商量並聽取宋慶齡本人的意見。信末附言稱：「在您再次見到我之前，請不要給我寫信。」這說明，宋嘉樹在主意未定之前，不願意繼續聽取孫中山的有關陳述。

堅決反對孫宋婚姻的是宋慶齡的母親

有關材料說明，堅決反對孫宋婚姻的是宋慶齡的母親倪桂珍。《史料集》中收有孫中山的戰友、同鄉朱卓文致孫中山的幾封信。其一爲一九一五年二月二日函。中云：

> 廿九日抵滬，卅一日始與宋小姐相晤。據云他極願效力黨事，且急盼黨事之成。至籌辦地方一所以為他辦事之用，他云此事他甚贊，惟須待數日，思一善法以避他母之疑眼云。刻下弟已將付〔附〕近一房陳設妥當，任他可〔何〕時均可到彼處辦事矣。

其二爲同年二月四日函，中云：

> 刻下弟在隔鄰佈置一房，以為宋小姐辦事處。現他訂於每星期一三五三天教弟女以英

文。此後有函件與他，照前日之住址便可直接收到矣。至先生之書已在通運搬回，惟零星四散，前之書箱已由彼等拍賣，一無所存，殊為可惜。現弟再購數書箱重行編好，置於宋小姐辦事之房。此房頗為清淨，諒當合他之意。

上二函說明，宋慶齡的母親倪桂珍並不像宋嘉樹一樣支持孫中山的革命事業，也不贊成宋慶齡參與「黨事」，但宋慶齡熱心革命，「急盼黨事之成」。為了從家中走出來做事情，不得不找尋辦法，「避他母之疑眼」。最後，找到的辦法是「教弟女以英文」。弟女，即朱卓文的女兒慕菲雅（Muphia），後來曾幫助宋慶齡逃脫家中的「軟禁」。

倪桂珍不僅反對宋慶齡參與「黨事」，而且在聽說女兒要和孫中山結婚以後，立即堅決否定，對宋慶齡說：「你瘋了，你簡直瘋了！他已經有兩倍於你的年齡，同時又是一個結過婚的人。我決不同意這件婚事。」

宋嘉樹呢？他比較冷靜，要宋慶齡「等待一下，讓我們再考慮考慮」。在給孫中山的信中，宋慶齡寫道：「我現在只是爲著父親，才留在這裏，你是認識他的。同時你也知道他既然叫我等待，那是我不得不等的，但是等可是苦事，是非常的苦事，如果講到我母親的見解，那末等待完全是白費功夫。」②又在給宋美齡的信中寫道：「母親所以不許我去，是因爲反對孫先生，而父親所以不許我去，是因爲他要我詳細的考慮而要我得到相當的把握！我已經等了很久，可是母親的意志仍舊不會改變。而父親的心，在我表示有了把握後，早已同意的了。」③

可見，宋慶齡的父母對於孫宋婚姻的態度並不完全相同。

宋慶齡的「出逃」引起宋嘉樹夫婦的憤慨

孫中山與原配夫人盧慕貞的婚姻屬於舊式包辦婚姻。盧夫人忠厚、賢慧，但沒有文化。她對孫中山的革命事業缺乏理解，不願意隨孫過顛沛流離的生活，總是勸孫按照中國的舊風俗再娶一個妻子。二次革命失敗後，孫中山流亡日本，但盧夫人卻返回澳門，實際上二人已經分居。

孫中山要和宋慶齡結合，必須妥善地解決和盧夫人的關係問題。一九一五年九月一日，盧夫人抵達東京，和孫中山談妥離婚事項。廿三日，盧夫人返回澳門。十月廿四日，宋慶齡自滬抵日。第二天，和孫中山舉行了簡樸的結婚儀式。二人相約三條：一．盡速辦理符合中國法律的正式婚姻手續。二．將來永遠保持夫婦關係，共同努力增進相互間之幸福。三．萬一發生違反本誓約之行為，即使受到法律上社會上的任何制裁，亦不得有任何異議；而且為了保持各自的名聲，即使任何一方之親屬採取任何措施，亦不得有任何怨言。

宋慶齡此次東行，並未徵得家庭同意，而是「從窗戶裏爬了出來，在女傭的幫助下逃了出來。」④此事引起宋嘉樹夫婦的強烈憤慨。二人匆匆追到日本，想阻止這場婚姻，但是，為時已晚。宋嘉樹狠狠地批評了孫中山，表示要和孫絕交，和宋慶齡脫離父女關係。據親見當時情景的日本人士回憶：宋嘉樹站在大門口，氣勢洶洶地叫喊：「我要見搶走我女兒的總理。」當孫中山走到大門的台階上，詢問「找我有什麼事」時，宋嘉樹卻突然跪在地上說：「我的不懂規矩的女兒，就拜託給你了，請千萬多關照！」⑤然後在門前的三合土地面上磕了幾個頭，走了。

回國後，宋嘉樹為宋慶齡補送了嫁妝：一套古樸的家具和一襲繡有一百個兒童的被面。此後，這位可敬的老人一如既往地繼續支持孫中山及其事業，直到一九一八年五月去世。

二〇〇一年九月十七日於日本京都大學人文科學研究所

【附記】

本文寫作，得到石川禎浩教授的許多幫助，謹此致謝

（原載《百年潮》二〇〇一年第十二期。）

①高知市民圖書館二〇〇一年三月發行。
②傅啓學：《國父孫中山先生傳》，中央文物供應社一九八三年版。
③同上。
④斯諾《復始之旅》，新華出版社一九八四年版，第一〇四頁。
⑤車田讓治：《國父孫中山與梅屋莊吉》，東京一九七九年版，第二九三頁。

孫中山與田中義一
——讀日本山口縣文書館檔案

日本山口縣文書館中，存有孫中山致田中義一函一通，反映了二人曲折關係中的一段。函稱：

前寄尺書，略述中國情勢，計達左右，適者袁氏自斃，黎公依法繼任，今且恢約法，召集國會，凡茲四者，皆如護國軍所要求以應，自不能不一律休兵息戰，以昭信義於天下。然而政局渾沌依然如故，興革事業與夫東亞問題，仍待其人而後能解，此文所以對於將來有不敢苟圖安逸者也。先生前此援助之力，雖造次顛沛，不能忘懷，但時局變遷，收效無幾，事勢所至，無可如何。茲遣戴君東渡，趨謁台階，奉商已往及將來諸要件，暢聆教益，祈進而語之。不盡之忱，統由戴君面達。

末署「孫文，七月三日。」函中提到「袁氏自斃，黎公依法繼任」，知此函作於一九一六年。當時孫中山在上海。田中義一，當時任參謀本部次長，後曾任陸相、首相。函中所言戴君，指戴天仇（季陶）。

最初，日本政府企圖以承認帝制爲餌，從袁世凱手中榨取更多的權益。後來，日本政府看出，袁世凱的倒行逆施必將激起中國人民的強烈反對，便勸袁「善顧大局」，延緩稱帝。一九一五年十二月，護國運動興起，日本政府估計袁世凱政權必將垮台，改取倒袁政策。一九一六年二月，田中致函陸相岡市之助，建議在採取「讓袁完全退出」手段的同時，扶持反袁力量。爲此，參謀本部將旅順要塞司令青木宣純調往上海，以加強和南方革命黨人的接觸。正是在這一情況下，孫中山在日本和田中義一發生了聯繫。

據日本外務省檔案記載：孫中山於一九一六年三月廿九日、四月二日，兩次訪問參謀本部情報部長福田雅太郎。四月七日、八日兩次訪問田中義一。廿六日，孫中山離日歸國前一天，又兩訪福團雅太郎。所有這些訪問，都有戴天仇參加。這些訪問的主要目的在於爭取從日方獲得武器支援。孫中山當時在上海、青島、廣州、陝西等地組織了中華革命軍，正在積極籌劃發動反袁起義，迫切需要大量武器。五月廿四日，孫中山在上海致函田中義一，對在東京受到的「關切」表示感謝，同時說明國內反袁鬥爭情況，表示將親赴山東，領導起義。信中說：「事之成敗全繫於軍火供應之有無，故已委託現在上海之青木將軍設法提供兩師團所需之武器，青木將軍已體察文意，對此計劃表示贊成，據聞業已電告貴國政府云云。」孫中山稱，已同時另委在東京的黃興和日本當局協商，希望田中能「審度時勢利弊，予以充分援助」。①此函當即本函所稱「略述中國情勢」的前函。本函云：「先生前此援助之力，雖造次顛沛，不能忘懷。」顯然，田中適當地滿足了孫中山的要求。袁世凱死後，一時出現了「共和再造」的氣象，而實際上，政權掌握在皖系軍閥段祺瑞手中。孫中山敏銳地看到「政局渾沌依然如故」，表示對於將來「不敢苟圖安逸」，這是他思想中的清醒一面，但是，以爲田中會繼續給予援助，則是一種幻想。田中在反袁鬥爭中支持孫中山，不過是一種策略，這時，已經轉而支持段祺瑞了。

一九一七年五月，田中到中國，在徐州會見辮子軍大帥張勳之後，曾到上海見過孫中山一面。田中歸國之後，報紙盛傳田中來華是爲了支持張勳復辟。六月，孫中山派戴天仇攜函再次赴日，訪問田中等人。在田中的書房中，戴天仇發現了張勳新近送給田中的對聯，田中顯得有些尷尬，力辯自己和復辟運動無關，到徐州，就是爲了叫張勳千萬不要復辟的，田中的辯解給了戴天仇以「此地無銀三百兩」的感覺。當晚，戴天仇即將有關情況寫信報告孫中山。當戴天仇完成任務回到上海之際，張勳復辟已經成爲事實。經過了這一次又一次的教訓，孫中山終於對田中，也對當時日本政府的政策有了認識。

一九二〇年六月，孫中山與唐紹儀、伍廷芳、唐繼堯聯名發表宣言，呼籲恢復南北和談。段祺瑞因在和直系軍閥的對立中已處於劣勢，爲了擺脫困境，通電贊成孫中山等人的建議。同月，張作霖以「調停時局」的名義自東北入京。風傳張作霖此行的目的是爲了阻撓段祺瑞與南方和談，並且醞釀新的復辟陰謀。爲此，孫中山於同月廿九日第四次致書田中。函中，孫中山指出，日本政府「以武力的資本的侵略爲骨幹」，在中國，「恒以扶植守舊的敵對的勢力，壓抑革新運動爲事」。孫中山具體分析了日本政府從扶袁到倒袁的歷史過程以及其間的種種表現，明確指出，日本政府在帝制問題發生之後，「知袁氏絕不能再維持民國信用，欲與中國排袁勢力相結納，以圖伸張日本在中國之勢力，而又不欲民主主義者獲得中國政權，因利用一守舊頑固且甚於袁氏之官僚如岑春煊者，使主南方政局，而在北方，則又假宗社黨人金錢武器，貽後日無窮之禍」。孫中山不無深意地提醒田中：「此中經過，先生爲主要當事者之一，當能記憶也。」關於張勳復辟，孫中山則委婉地表示：「有人疑閣下與張勳之復辟有關。文雖未敢信其說，然亦不能斷其真僞。蓋中國復辟運動，與日本陸軍之政策，嘗有不可離之關係也。」孫中山進一步提出，張作霖多年來一直得到日本當局的支持，他此次入京雖未必出於日本政府指使，但肯定經過日本政府同意。孫中山要求田中，「一變昔日方針，制止張氏之陰謀，以緩和民國人民對日之積憤」。②雖還有某種幻想，但在對田中的認識上，較之過去顯然已經有了本質變化。

後來，戴天仇總結孫中山和田中的關係時曾說：「中山所希望於田中中將的，第一是希望他拋棄日本的傳統政策，第二是希望他改正一切認識錯誤。其他的日本人，沒有比田中的地位關係中國更大的。然而這希望是絕沒有效果。一切動植物都變做化石，而化石決不能再變成動植物。」③田中終於用自行動證明了，他只是一塊「化石」。

在對日本當局愈益失望之後，孫中山的目光就更多地投向列寧領導下的社會主義的蘇俄了。

①《孫中山全集》，第三卷，第二九六頁。

②《孫中山全集》第五卷，第二七七頁。

③季陶：《日本論》。

孫中山的一次北京未遂之行

——讀台灣黨史會藏段祺瑞函

台北中國國民黨黨史會藏有段祺瑞致孫中山函一通，文云：

逸仙先生執事：前覆寸箋，計邀鑒察。秋風拂拂，又作新涼，引領南雲，日唯興衛佳勝為頌。瑞忝尸高位，已歷數月，本鮮宏毅之志，安能重遠之圖，亦惟掬此赤誠，與周行君子坦懷相見，冀或鑒其無私，欣相契合耳！惟紛變之後，重謀統一，若何以舒積困，挽凋瘵之民生？若何以振頹綱，扶踉蹌之國步？其事至賾，隱患猶多，朝夕兢兢，罔知所措。我公救世之亟，愛國之殷，昭襮寰區，萬流仰鏡，智珠所映，必有宜時妙劑。是以屢盼大旆北來，冀聆偉謀，以俾經畫。大總統亦亟思與公一道渴衷，緬想肫抱，應不能置之恝然也。茲由王君鐵珊趨迓台從，請即諏期命駕，已飭館人潔除以待矣！不盡之言，統由王君面陳專布，敬頌台綏，無任延企之至。

末署「段祺瑞拜啓，九月四日。」

本函未署年，據函中所言史事判斷，知為一九一六年之作。

民國建立了，但袁世凱仍想一圓皇帝之夢，結果遭到各方反對。袁世凱又驚又氣，於一九一六年六月六日死去。第二天，黎元洪就任大總統。同月廿九日，特任段祺瑞為國務院總理，於是，「民國重光」，中華民國總算維持住了一面「共和」的招牌。函中所言「紛變之後」，即指袁世凱稱帝而又倒台之後。

袁世凱斃命後，孫中山即發表談話，認為「袁死而中國真可大治」，「倘各執政者皆能表示其誠意之所在，則予願與國民共助之」。①同時，孫中山又宣佈「罷兵」，解散各路反袁軍隊。六月十七日，黎元洪電請孫中山派代表北上，討論善後各事。八月中旬，黎元洪又函聘孫中山為高等顧問。九月初，孫中山覆函黎元洪，表示「高等顧問」頭銜非所敢當，已派胡漢民、廖仲愷為代表進京面謁。當時，孫中山正在考慮發展民族工商業的問題，因此，他在函中向黎元洪提出裁撤釐金、防止出口進口重複徵稅、減輕土貨出口稅率，幣制統一等四條意見，希望黎元洪采擇。②在致函黎元洪的同時，孫中山又致函段祺瑞，祝賀他的國務總理一職被參議院和眾議院全體通過，希望段能成為「救時良相」。函稱：「大變甫定，元氣未復，民望皆屬於救時良相，文以無似，猶得於海上逖聽好音，何幸如之！」③

孫中山是民國的締造者，又是反袁領袖，黎元洪、段祺瑞自然希望羅致於周圍。九月初，黎元洪、段祺瑞決定派王鐵珊到上海歡迎孫中山入京。上引段函即是為此而作。「若何以舒積困，挽凋瘵之民生？若何以振頹綱，扶踉蹌之國步？」這確是當時黎、段政府面臨的問題。

「我公救世之亟，愛國之殷，昭褟寰區，萬流仰鏡」云云，反映出當時孫中山在全國人民中的崇高威望。

王鐵珊到上海之際，胡漢民、廖仲愷已經出發。九月十三日，孫中山分別覆函黎元洪、段祺瑞，告以已派胡、廖二人入京，他們是自己二十年舊交，無論何事，均可代表己意，希望能充分傾聽他們的意見，則有如親見。孫中山並稱：半年以來，自己「宿疴未除，百事殆廢，今始稍爲料理，未能遽畢」，因此，暫時不能入京。孫中山表示，兩個月之後，摒擋就緒，「當可北遊燕冀」。④

孫中山之所以不肯即時入京，原因較多，一是他對段祺瑞內閣的人選不滿意。段內閣雖然安排了幾位「民黨」人士，但均非孫中山所欲；二是北京的國民黨黨務有待整理；三是北方帝制餘孽尚多，孫中山想觀察一下段政府的發展動向。

袁世凱斃命之後，國會重開。在北京的部分原國民黨議員主張恢復國民黨，部分進步黨、共和黨分子也準備與國民黨合併，合組大黨，掌握國會的三分之二多數。孫中山派胡漢民、廖仲愷入京，除會見黎元洪、段祺瑞，闡述政見外，另一重要目的就是整理北京黨務，擴張國民黨的「黨勢」。此外，胡、廖二人入京，還有一個目的，即要求段政府代爲償還華僑債務。辛亥革命至反袁期間，海外各地華僑踴躍捐資，支持革命軍，其中一部分需要償還。現在，民國再造，政府自然有義務清理這一筆債務。

北京段政府的所作所爲逐漸使孫中山失望。十月底，胡漢民回到上海，向孫中山報告，國會中的國民黨議員準備推舉孫中山爲副總統。孫中山大不謂然，告誡胡漢民說：「你同仲愷在北京要當心一點。我將要造反了。北京當局現勾結帝國主義者有解散國會的意思。對於國家有搗亂的行爲，我便要討伐他們。你們要小心！」①

自然，孫中山原定訪問北京的計劃也就取消了。

一九一七年五月，段祺瑞因對德宣戰問題，曾通過王寵惠邀請孫中山赴京，爲孫中山拒絕。

①《在上海對某記者的談話》，《孫中山全集》第三卷，中華書局一九八四年版，第三〇三至三〇四頁。

②《孫中山全集》第三卷，第三六〇至三六一頁。

③同上，第三六〇頁。

④《孫中山全集》第三卷，第三六六至三六七頁。

⑤陳錫祺主編《孫中山年譜長編》，中華書局一九九一年版，第一〇一〇頁。

徐致靖大罵梁啓超

——讀台灣所藏徐致靖未刊函札

戊戌變法期間，徐致靖曾推薦康有爲、譚嗣同、梁啓超等人。政變時，徐致靖因「濫保匪人」獲罪，定永遠監禁。義和團運動期間，「出獄待罪」。他的作品很少流傳，但台灣中研院近史所卻保存著他晚年的四通致康有爲函件，彌足珍貴。其一云：

> 絕交不已，又將加入，貴高足之主持斯義，究不知是何肺腸？報載各處公電及吾師致政府長函，痛斥若人之荒謬，逐條指駁，以矛刺盾，言之綦詳，無庸贅及。獨怪若人者，自戊戌政變久而論定，當今志士，尊吾先生師弟之間為先知先覺，望隆泰斗，人無間言。方謂時政雖荒，袁逆雖肆，外患內憂雖亟，而支柱乾坤，力挽危局，將必雖師若弟，兩人金石不渝，歲寒可盟，私以竊幸。今已垂暮，猶冀須臾無死，拭目以觀公等二人造福我國民，而不圖人心難料，頓易生平，昧卻惺惺使糊塗，竟欲以黨見、私見，假外交以傾覆吾國，昏謬險毒，一至於此也。
>
> 吾先生緣是怒氣沖激，幾成肝厥。然而徒怒無益，吾意惟有宣佈若人禍國罪，與眾共

棄，使天下人咸曉然於若人罪惡，人得而誅，甚於義和之罪魁，洪憲之鬻國，人人痛恨，勢成獨夫。即妄欲挾外以自重，亦何能為！

夫人孰無情，以數十年淵源授受，同心同德之誼，就令小有齟齬，何可遽加屏絕，貽誚凶終？然而事有重輕，大禍之搆，惟在斯人。勸之不聽，責之不復，是其叛棄師門，雖非怙惡，悍然禍國，以圖一己之私，司馬之心，路人皆知。此而可忍，孰不可忍！在先生取友不端，羿亦有罪，即鄙人戊戌被禍，雖以濫保為吾師罪，而問心無愧，處之坦然。今則目睹若人之肆毒，若起先皇帝於九原，治臣以濫保匪人之罪，其何能自解耶！早知如此，彼若人者，不如戊戌被戮，反得保有令名，免至今日肆虐，所謂「假使當年身便死，一身真偽有誰知」也。憤氣填膺，言不能擇，惟望速加斷割，明示鳴鼓之攻，宣佈兩觀之律，為背師禍國者戒。若再遲回姑息，意存不忍，致斥李斯者追究荀卿，恐吾師亦難逃斯責也。

末署清明時節。據此並據函中所述史事，知此函爲一九一七年四月五日之作。

第一次世界大戰，列強分爲同盟國（德、奧、意）與協約國（英、法、俄、日、美）兩大軍事集團。日本借大戰之機，出兵我國山東，強佔原爲德國侵佔的膠州灣及膠濟鐵路沿線地區。同時，慫恿北京政府參加協約國，對德宣戰。英國政府也鼓動中國政府一致行動。一九一七年二月，德國悍然實行潛艇新政策，封鎖公海，襲擊商船。同月九日，北京政府就此向德國政府提出抗議，日本外務大臣即於同日召見中國駐日公使章宗祥，建議中國政府即行宣佈對德絕交。當時，中國政府覺得日本有求於中國，便抓住這一機會，要求日本給予財政援助，並請日本政府及有關各國政府同意中國提高關稅稅率，減緩交付庚子賠款。日本爲了拉攏中國參加協約國，於廿七日通過外務大臣表示：中國希望之事，自有商量餘地。有了日本這句話，國務總理段祺瑞等便決心加入協約國。三月三日，國務會議通過對德絕交案。段祺瑞沒有想到的是，總統黎元洪卻以事關重大，須要愼重爲詞，拒絕簽字。段一怒之下，宣佈辭職，離京赴津。

黎元洪的總統府和段祺瑞的國務院之間本來就存在著矛盾，參戰之爭使矛盾進一步加劇起來。黎元洪本想借此改組內閣，踢開段祺瑞，但是，他赤手空拳，無所憑藉，自然鬥不過武力在握的段祺瑞。七日，段祺瑞返京，宣稱對德外交方針，已獲總統贊同。十四日，北京政府宣佈與德國斷絕國交。八月十四日，對德宣戰。

對德外交問題不僅加劇了府院之爭，而且在社會各階層間引起了廣泛爭議。一時間，名流們紛紛表態，尖銳地形成兩派。主張參戰的有蔡元培、陳獨秀、李大釗等，反對參戰的有孫中山、章太炎、馬君武等。雙方都各有其理由。

徐致靖反對對德宣戰。三月八日，他致函康有爲稱：中國參戰絕無勝利的可能，即使勉強打勝了，也不會有什麼好結果。函稱：「無端加入，既與結約，必且受其要挾而不能拒，必且竭膏血以相供給。即能制德而勝，國已不支；若德終勝，則禍尙可問乎！」因此，他一方面譴責段祺瑞等人「兒戲國事，妄欲為孤注之一擲」，把主張參戰的諸人比之為「義和團罪魁」，另一方面則盛讚黎元洪，支持他改組內閣。信中，徐致靖要康有為出面聯合同志，彙集輿論，制止政府參戰，以免打輸了，「身為亡國之民」。①

康有為也反對對德宣戰。他主張保持中立，乘歐戰之際，勵精圖治，理財練兵，振興農工商各業，爭取國家自強。三月十三日，他致電黎元洪和段祺瑞二人，歷述不應參戰的種種理由，聲稱德國強大，「全球畏德如虎」，與德作戰，必敗無疑。電稱：「僕為五千年之中國計，為四萬萬之同胞計，故流涕瀝血，竭誠奉聞，望垂察行；否則懸吾目於國門，以視德艦之入也。」②

但是，梁啓超卻主張參戰。三月上旬，他連續致函段祺瑞，建議先下手為強，首先捕獲德國和奧國在中國海域的商船，以免它們以爆破的方式封鎖黃埔，同時則宣佈對德絕交。函稱：「絕交既為終不能免之事，早絕一日，則德人及國內搗亂分子即少一份活動餘地，此不可不當機立斷者也。」③為此，他六次會見黎元洪，勸黎支持段祺瑞。十日，他又對英文《京津時報》記者發表談話，聲稱：「現國會至少有五分之四贊成中德絕交，而後繼之以宣戰，北京有九大政團，幾全體一致主張加入。勢已如此，總統雖欲不許，亦不可得。」④廿六日，他致函北京政府國務院政務評議會，主張從速對德奧宣戰。

梁啓超的主張受到徐致靖的強烈反對，也激起他的強烈憤怒。上引致康有為函指責梁啓超「以黨見、私見，假外交以傾覆吾國，昏謬險毒，一至於此」，罪名是相當大的。不僅如此，徐致靖還要康有爲斷絕和梁啓超的師生關係，宣佈其罪狀，鳴鼓而攻，「使天下人咸曉然於若人罪惡，人得而誅」。他甚至表示，戊戌維新時不該保薦梁啓超，認爲政變時西太后將梁殺了倒好，「免至今日肆虐」云云，確乎已經到了「怒不擇言」的狀況。

梁啓超的主張自然也受到康有爲的強烈反對。本函稱「吾先生緣是怒氣沖激，幾成肝厥。」可見康有爲盛怒之下幾乎發昏的情形。這一時期，康有爲還有一篇手寫的揭貼式的文字，破口大罵「梁賊啓超」，當是接受了徐致靖此函的建議。

梁啓超之所以主張參戰，據他自己說，其理由有二：從積極方面看，必須乘此時有所表現，以求置身於國際團體之林；從消極維持現狀看，必須與周圍關係密切的國家「同其利害」，才能受到「均勢」的庇護。云云。⑤梁啓超的理由是否正確，可以討論。不過，他是看準了德國必敗才敢於下此一著的。後來的歷史發展是：德國終於被打敗，中國成爲「戰勝國」，顧維鈞等人有了在巴黎和會上要求收回山東權利的資格。

政治鬥爭中，雙方因政見不同，難免意氣用事，攻擊過頭。史家們必須超脫於雙方之上，根據歷史條件獨立判斷。如果取其中一方之說以論定另一方，那就離事實很遠了。

（原載《團結報》一九八八年七月十一日。）

①《僅叟來函》（徐致靖致康有為），台灣中研院近史所藏。

②《時報》，一九一七年八月十四日。

③《梁啓超年譜長編》，上海人民出版社版，第八一四頁。
④同上，第八一五頁。
⑤同上，第八〇七頁。

北京政府致巴黎和會中國代表團電

——讀顧維鈞檔案

在哥倫比亞大學珍本和手稿圖書館中，顧維鈞檔案的收藏量僅次於杜魯門檔，據說，總數達九萬餘件。我怕一陷進去就出不來，因此，在離開紐約前幾天才開始調閱該檔。

我首先調閱的是一九一九年巴黎和會期間中國代表團所收各方電報。這是因爲，以往的「五四運動」研究大多著重於知識分子和群眾方面，對北京政府和中國代表團則研究很少，是亟需填補的一項空白。調出之後，發現其中大部分是北京政府致代表團的電報。徐世昌主持編輯的《秘笈錄存》收錄了大量代表團的來電，但是，沒有北京政府的去電，此項檔案正好彌補了這一不足。遺憾的是，我只調閱了五月份一個月，就因行程安排關係，匆匆離開紐約了。

茲擇其較重要者予以考釋。

一、五月四日國務院致代表團電

前據來電，於外界接洽後參酌意見，擬訂提出辦法四端，尚屬周妥，即望照此切實提議，並望多方設法，毅力堅持。此次山東問題，國人極為注意。近山東各界及在京國會議員等奔走呼籲，群情激切。政府對此項問題，本主由德直接交還，最後讓步，亦只能以五國暫收，限期交還中國為止。迭閱來電，尊處多方接洽，用意亦同。即希悉力進行，務祈達此目的，是為至要！再吾國應行提出要求各條，已否正式提出，曾否分別接洽，現應如何辦理，並祈密示。

第一次世界大戰結束，中國爲戰勝國，理應收回原爲德國強佔，而在大戰期間又被日本奪取的膠州（青島）及山東省各項權利。一九一九年一月，戰勝國在巴黎召開和平會議，中國北京政府派出了以外交總長陸徵祥爲首的代表團出席會議，團員有駐美公使顧維鈞、駐英公使施肇基、南方軍政府代表王正廷等。但是，在列強的操縱下，中國的正當要求都受到會議拒絕。四月十六日，美國代表提出，德國在中國所有已得租借地、路礦及優先等各項權利，應還中國，先由和會暫管，因日本代表反對，次日，美國代表將由和會暫管改爲由五強國處置，日本代表仍然反對。廿四日，中國代表團於四月廿四日向美、英、法三國總理分送說帖，提出辦法四條：（一）膠州由德國交還中國起見，先交五國暫收。（二）日本承認於對德和約簽字之日起，一年以內，實行上條之交還。（三）中國重視日本因膠州軍事所有費用等，願以款項若干作爲報酬。（四）膠州灣全部開作商埠，有必需之處，亦可劃一區域作爲專區，任訂約國人民居住、通商①。本電所稱「辦法四端」，指此。從電中可以看出，北京政府本來主張德國直接將膠州交還中國，但在列強的壓力下，改取「五國暫收，限期交還」的辦法。

當時，中國人民的愛國主義覺悟和組織程度都已大爲提高。四月二十日，山東各界十萬人在濟南舉行集會，通電表示「誓死抗爭，義不反顧」②。五月二日，眾議院召開會議，要求在和約中明確寫明，將青島「直接交還中國」③。本電稱：「近日山東各界及在京國會議員等奔走呼籲，群情激切。」指的就是這種情況。

二、五月四日陳籙致陸徵祥電

顧密。親譯。本日因青島事各校學生在天安門聚集四千餘人，欲往請求英、法、美各使主持公道，為東交民巷警察所阻，不果。旋往曹潤田住宅放火，房屋被燒。章仲和公使新自東京回，亦被擊，頭部受傷甚重。晚間秩序已定。特聞。

陳籙，當時北京政府外交次長。四月三十日，英、美、法三國會議決定，在對德和約中規定，將德國在山東的一切權益均讓與日本，中國在山東問題上的交涉完全失敗。消息傳到中國，北京十餘所學校的愛國學生在天安門舉行集會，隨後到東交民巷向美、英、法三國使館請願，受阻後即到東城，火燒趙家樓曹汝霖住宅，痛打駐日公使章宗祥，是爲五四運動。本電爲向代表團通報情況而發，態度尚較客觀。

三、五月五日國務院致陸徵祥電

第三八號電悉。日本要求於和約草案內專刊一條，將膠州問題由德交日自由處置，著著進逼，實堪痛憤。此事在我國只有堅持，斷難承認。如果總約案內加入此條，我國當然不能簽字。希照此辦理。

再昨日北京大學等校學生聚眾千餘，以還我青島為詞，高揭旗幟，有抵制日貨，滅盡倭奴等字樣。先赴英、美各使館請謁被拒，遂至曹總長宅，逾垣而入，放火焚屋，擣物傷人，駐日章使適在曹寓，被毆重傷。警隊勸阻無效，當場逮捕現行犯數名，始克解散。恐傳聞失實，用以附達，亦可見我國民激切也。

四月廿一日，日本代表會見美國總統威爾遜，要求將膠州問題在草約內單列一條。以便將山東問題從有關中國的條款中分離出來。廿二日，又在四國會議上提出這一要求，「爭持甚堅」④。同日，陸徵祥致電北京政府，告以將一面竭力再與英、美、法各專家接洽，一面托美堅持，必不得已，則全力設法，使草約內不至將膠州問題專列一條，而含混列入「德國在本境以外所有一切權利應交由五國公同暫管」一條內⑤。本電爲對於陸徵祥廿二日電的答覆。可以看出，五四運動給了北京政府以積極影響。儘管北京政府在曹汝霖住宅被焚後逮捕了三十二名學生，但不得不承認「可見我國民激切」，同時表示，如日本要求列入總約，則「當然不能簽字」。

四、五月六日陳箓致陸徵祥電

總長親譯。四日電計達。本日閣議，僉以此次青島問題，交涉失敗，至起內訌。近日都中及各省情形，恐難免尚有暴動。如於必不能維持時，全體閣員一致辭職等語。屆時鈞座是否列名，請速電覆。

運動爆發後的第二天，曹汝霖辭職。在運動的強大聲勢下，錢能訓內閣也不能不考慮辭職問題了。

五、五月六日國務院致陸徵祥電

此次各校學生聚眾滋事，實因青島問題多所誤會。其遠因在廿一條提案，近因在濟順、高徐鐵路換文。查廿一條要挾事件，潤田在部時悉力應付，始克將第五項取消。其時我公方長外部，當能憶及。及至濟順、高徐借款合同內並無承認日本繼續德國權利之文，況第二【二】條且聲明路線可以變更，確屬臨時假定，斷難許其繼承德國權利，與廿一條尤無關係。外間不明真相，以致併為一談，群斥潤田為賣國。群疑眾謗，皆由誤會而起。茲特將詳情電達，希酌量宣佈，以祛隔閡，是為至要。

第一次世界大戰期間，日本除於一九一四年十一月乘機攻佔青島外，又於次年一月十八日，向袁世凱政府提交廿一條，企圖變中國爲其獨佔的殖民地。自當年二月二日起，至四月廿六日止，中日間就廿一條共舉行了廿五次談判。中國方面代表爲陸徵祥、曹汝霖等，實際爲曹汝霖包辦；日本方面爲日置益、小幡酉吉等。廿一條共分五號。第一至第四號分別涉及日本在山東、南滿、內蒙、漢冶萍公司的權益和優先地位等問題。第五號則涉及在中國中央政府聘請日本人爲政治、軍事、財政等項顧問問題。日本政府曾將第一至第四號通知英、美、法俄四國，但卻有意隱瞞了第五號。

全文披露後，日本受到列強猛烈抨擊。五月七日，日本發出最後通牒，宣稱除第五號各項允許以後再行協商外，限四十八小時完全應允。九日，陸徵祥、曹汝霖覆文日本使館，宣稱除第五號各項容日後協商外，「即行允諾」。本電所稱「潤田在部，悉力應付，始克將第五項取消」，指此。濟順、高徐借款合同：一九一四年，中國與德國間曾簽訂借款條約，以爲修築自山東濟南至直隸順德及自山東高密至江蘇徐州之間的鐵路。一九一八年九月，爲解決徐世昌政府的財政困難，在曹汝霖支持下，又由駐日公使章宗祥出面，與日本興業銀行副總裁小野英二郎簽訂合同，借款額兩千萬元，名義上仍作爲修築上述二路費用。該合同第一條曾規定云：「調查濟順、高徐二鐵路線路，若於鐵路經營上認爲不利益時，得由政府與銀行協定變更其路線。」⑥

曹汝霖在辭職時，曾在呈文中爲自己簽訂廿一條及濟順、高徐各路借款事作過辯解。本電中，錢能訓內閣又要求陸徵祥等「酌量宣佈，以祛隔閡」，從而消弭愛國群眾的不滿。

六、五月九日陳簶致陸徵祥電

六日電計達，八日總理呈請辭職，全體閣員連帶辭呈由院臨時擬繕，於九日呈遞。時機急迫，候示不及，已代公署名，想鈞座必為同意。繼任總理擬約段芝老，尚未得本人同意。曹、傅二總長因學生事，先期辭職。章使傷重，醫言尚無危險。七日各界擬集中中央公園開國恥會。政府慮民間乘機暴動，預為阻止，都中日來安謐。

在馮國璋任大總統時期，錢能訓曾於一九一八年二月以內務總長兼代國務總理。一九一八年九月，徐世昌被安福國會選爲大總統，錢能訓再次代理國務總理。同年十二月十二日，獲得正式任命。至此，在五四運動強大聲勢的震懾下，向徐世昌呈請辭職。其他閣員亦同時辭職，但均被徐世昌慰留。段芝老，指段祺瑞（段字芝泉），時任參戰督辦。曹，指曹汝霖；傅，指傅增湘，時任教育部總長。中央公園國恥會，指國民外交協會準備在該處召開的國民大會。「慮民間乘機暴動，預爲阻止」，錢能訓內閣的神經真是緊張到極點了。

七、五月十二日國務院、外交部致代表團電

膠州問題，迭電均悉。條文雖未准（？）尊處詳電，而七日倫敦路透電大致業已披露。本日全體閣員與兩院開談話會討論，僉以如條文內不能添加交還中國一層，不能簽字。蓋國會深慮民國四年中日條約所訂交還條件，按國際慣例，勢必為新約所取消。但本日為徵求意見，並非正式議決。除俟尊處將草約關於中國全文迅速電部，再行由院正式送交兩院公決外，特電接洽。又，近日京滬水陸電線有阻，尊處來電，請暫發滬電局轉。

對德和約草約的起草工作主要控制在英、美、法三國代表手中。五月一日，英國外交大臣貝爾福召見施肇基與顧維鈞，通告三國會議關於山東問題的決定。由於這一決定完全無視中國的正當要求，屈從日本帝國主義，當日，中國代表團即向三國會議提出強烈抗議，要求修正。五月六日，對德和約草約公佈，陸徵祥隨即在協約國大會上發言，聲稱對於上述條款，「實有不能不保留之義務」⑦。五月十二日，北京政府邀請參、眾兩院議員在中南海懷仁堂舉行談話會，討論對德和約簽字問題。會上群情激憤，普遍認爲如不在和約中添加將膠州歸還中國的條

文，不能簽字。但是，北京政府當時舉棋未定，因此在本電中特別聲稱，本日談話會僅爲徵求意見，「並非正式議決」。

八、五月十四日陳箓致陸徵祥電

和會膠州條件披露，全國慘怛情形，筆難盡述。現各界一致，僉謂山東係我國腹地，直【青】島不能直接交還，即日本之勢力常踞不去，為害滋大。庚子賠款，天文儀器，均屬細端，得不償失，簽字亡，不簽字亦亡，何必多此一舉！且謂大戰之後，各國既無覺悟，中國國民亟宜急起直追。歐美對於我國贊助之言，既屬口惠，則中國以後亟應從速反省，與日本提攜，實行中日聯盟，作人種之戰爭，或為救亡之道。尊電所稱不簽字之害各端，與政府所慮正復相同。十二日兩院談話會，尊電尚未到京，政府已將簽字不簽字之害，兩相比較，摘要說明。無奈群情憤不可遏，政府遽爾主張簽字，勢必激成騷動。是為國家前途計，和約不可不簽字；而為國家一時安寧計，和約又絕對不能簽字。本日公府召集會議，段督辦、兩院議員、全體閣員出席，決定（原注：錯碼）簽字，提出辦法，另由部電奉達。

一九〇一年，包括德國在內的帝國主義列強強迫清政府訂立《辛丑和約》，規定中國須賠款四億五千萬兩，年息四釐，分三十九年還清，即所謂庚子賠款。在英、美、法三國代表起草的對德和約草案中，曾規定中國政府停付對德國的賠款，同時規定，德國政府須在十二個月內，將一九〇〇年至一九〇一年期間從中國「攜去」的天文儀器，概行歸還中國。本電所稱：「庚子賠款，天文儀器，均屬細端，得不償失」，指此。

北京政府國務院五月五日致陸徵祥電曾稱：「我國當然不能簽字。」陸徵祥接電後，即將此意在和會上「稍稍表示」⑧。五月八日，陸徵祥致電國務院，要求給予進一步指示：「惟所謂不簽字者，是否全約不簽，抑僅不簽膠州問題一條？此次和約國際聯盟會一事，予我前途不無關係。倘膠州條文外，不妨似以就近另派人員專任簽字全權。」⑨同電並附《條議》，陳述簽字與否的利弊，內稱：「為表示不平之計，當然不能簽字，惟權衡利害之重輕，似尚有討論之餘地。」⑩《條議》列舉了不簽字的種種不利，要求北京政府考慮。此電當即本電所稱說明「不簽字之害」的「尊電」。陸徵祥等在猶豫，北京政府也在猶豫。本電反映北京政府所處的兩難境地和矛盾心理。一方面，全國輿論普遍反對簽字，違背公意將造成政局不穩；另一方面，不簽字又怕得罪列強，不能參加國際聯盟，並失去因參戰而獲得的部分有利條件，如停付對德庚子賠款、增加關稅等。

九、五月二十日陳籙致陸徵祥電

昨英、法兩使均稱簽字加保留事，恐辦不到。現國內明白事理之人均主張簽字，但一般政客、學生不肯研究青島經過歷史及不簽字後之利害關係，力唱不簽字為愛國。孚公使齊電痛切直陳，極表同意。本日親自抄陳段督辦，徵其意見，如不能保留，自應簽字為是。我公素以國家為前提，乞與使熟商，毅然決定，他日公論自在也。

爲了既不過分得罪列強，又不放棄山東主權，並對愛國群眾有所交代，中國代表團考慮了一種「保留簽字」的方案，即在簽字的同時聲明對山東問題「另行保留」。北京政府傾向於接受這一方案，於五月十九日徵求在京英、法兩國公使的意見，但英、法公使都認爲「辦不到」⑪。這時，北京政府又接到駐義大利公使王廣（孚）主張簽字的電報，於是由陳親自抄陳段祺瑞，「徵求意見」，決定「如不能保留，自以簽字爲是」。看來，英、法兩使和段祺瑞都起了相當大的作用。

十、五月廿一日國務院、外交部致陸徵祥電

十四日電暨王公使齊電均悉。此次歐會和約關於青島問題之決定，國人極為憤慨，簽字與否，利害互見，自宜審慎考量。前電擬大體簽字，於青島問題特別聲明保留，惟保留一層能否辦到，即使辦到保留地步，將來對於青島辦法如何，均應預為計及。正在審酌

間，適本日接到駐日代辦電稱內田外相昨有半公式之聲明，略謂帝國對於山東問題當然恪守公法，將山東半島及完全主權付還中國，因參戰所得之有利條件，如賠款之停付，關稅之增加，莫不極力協助等語。日本政府既有此項正式之聲明，我國為顧全國家實利及國際交誼起見，第一步應主保留，倘保留難以照辦，應即全約簽字，以固國本。希即查照辦理。

五四運動發生了強大的影響。陸徵祥是廿一條的簽字人，此次將再在一項喪權辱國的條約上簽字，內心不能沒有矛盾。十四日，陸徵祥致電徐世昌及錢能訓稱：「祥一九一五年簽字在前，若再甘心簽字，稍有肺腸，當不至此。惟未奉明令免職以前，關於國際大局當然應有責任。國人目前之清議可畏，將來之公論尤可畏。」他要求北京政府明確回答：「究竟應否簽約？倘簽約時保留一層亦難如願，則是否決計不簽？」⑫適在此時，北京政府接到駐日代辦莊珂的電報，報告日本外相內田康哉的聲明，表示日本對華方針，「以公正互助爲義」⑬，北京政府遂決意簽字。

十一、五月廿七日國務院、外交部致陸徵祥電

日本內田外相對於交還青島一節曾有半公式之宣言，昨由部電，請鈞處查詢日本代

表，如渠認為有效，即可宣佈外界，藉資證明。此節能否照辦，祈察酌。我專使在會，對於日本方面，似亦以稍表聯絡，勿過冷淡為宜。此間英、美公使均主簽字之說。美使謂，如保留辦不到，只可簽字，將來國際聯合會內尚可協助，否則協助較難云云。

儘管北京政府主意已定，但陸徵祥等仍在猶豫。五月二十日，陸徵祥、顧維鈞訪問美國國務卿蘭辛，告以「必不得已，只有簽約，而將山東條款保留」，蘭辛認爲：「因不能保留而不簽字，則咎不在中國」，至於如何保留，蘭辛要顧維鈞和某公法家接洽⑭。同日，陸、顧二人又訪問威爾遜，威爾遜不肯明確表態⑮。當日，陸徵祥將有關情況電告國內，本電爲北京政府的進一步指示。可以看出，在人民群衆和列強的天平之間，北京政府是傾向於列強的。「對於日本方面，似亦以稍表聯絡，勿過冷淡爲宜」，徐世昌、錢能訓們不敢得罪日本侵略者的心理，暴露得再清楚不過了。

①《法京陸專使電》，《秘笈錄存》，中國社會科學出版社，一九八四年版，第一三四頁。
②《上陸、顧、王三專使電》，《晨報》，一九一九年四月廿七日。
③《昨日之衆議院》，《公言報》，一九一九年五月三日。
④、⑤《法京陸專使電》，《秘笈錄存》，第一三一至一三三頁。
③王芸生《六十年來中國與日本》，第七卷，三聯書店一九八一年版，一六四頁。

⑦《法京陸專使電》，《秘笈錄存》，第一五二頁。
⑧、⑨《法京陸專使電》，《秘笈錄存》，第二〇五頁。
⑩同上，第二〇六頁。
⑪顧維鈞曾談到法國政府一直在對北京施加壓力，訓令其駐北京公使勸說中國政府電飭代表團簽字，參見《顧維鈞回憶錄》（一），北京中華書局一九八三年版，第二一〇頁。
⑫《法京陸專使電》，《秘笈錄存》，第二〇五頁。
⑬《六十年來中國與日本》第七卷，三三七頁。
⑭同上，第三三九頁。
⑮同上，第三四一頁。

段祺瑞對日《秘密意見書》

——讀日本山口縣文書館檔案

在日本山口縣文書館所藏檔案中，有一通段祺瑞致田中義一的函札，是研究皖系軍閥和日本帝國主義關係的重要資料。函稱：

> 慨自庚申政綱失統，人懷異志，軍權旁落，兵日加多，國困民窮，而曹、吳不悟，是以有甲子戡亂之師。當時國人望予出扶危局，懇切推勉，至再至三，義不獲已，始就臨時執政。自維國家多事之秋，民心厭亂之日，首宜安內以禦外。節用以理財。是以從政之初，即召集善後會議，用以解決一切善後事宜，同時即由該會議產出《國民會議條例》。現正從事籌備，冀以容納多數政見，而收和平統一之效。其於臨時期內建設者，有臨時參政院、軍事整理委員會、財政整理委員會，而於裁兵、理財諸大端，皆國內老成優秀之士，無日不殫精竭慮，期底於成，此亦予年來所抱安定內政之政策也。
>
> 貴國與我國唇齒相依，利害密切，允宜時時互相借助，以保極樂和平。然亦宜亟謀兩國經濟上之發展，速使商民得以及時恢復於災憊之餘，此為兩國並立共存之機所不容緩

者，想閣下慮之熟矣。茲乘吉田總領事榮歸之便，藉布區區，以慰遠念，尚希時惠德音，以匡不逮。

末署段祺瑞拜手，五月二十八日。信中說：「從政之初，即召集善後會議，用以解決一切善後事宜……現正從事籌備，冀以容納多數政見，而收和平統一之效。」據此，知此函作於一九二五年。

庚申，指一九二〇年。當年五月，吳佩孚由湖南前線率兵北撤，同時聯合奉系軍閥張作霖，向皖系挑戰。七月，直皖戰爭爆發，皖軍大敗，段祺瑞通電下台。「政綱失統」，指此。甲子，指一九二四年。當年直奉戰爭中，馮玉祥的國民軍回師北京，推翻直系軍閥的統治。十一月，馮玉祥、張作霖達成妥協，段祺瑞被推爲臨時執政。一九二五年二月，段祺瑞不顧全國人民的反對，悍然召開以軍閥、官僚爲主要成分的「善後會議」。三月至四月，先後通過《軍事整理委員會條例》、《財政整理委員會條例草案》、《國民代表會議條例》等議案。四月廿一日，善後會議結束。本函即作於此後。

段祺瑞和日本帝國主義的勾結由來已久。從一九一六年起，他就曾派曹汝霖、章宗祥、陸宗輿等人，向日本大量借款，其中僅西原龜三經辦的款額就達一億四千五百萬日元。一九二四年上台後，又再謀取得日本帝國主義的支持，致田中義一函正是爲了這一目的寫作的。信末附有《秘密意見書》，它是段祺瑞勾結日本帝國主義的重要物證。《意見書》共分三部分，其中重要的是第一、第三兩部分。第一部分爲《執政府對外之政綱》，共四條：

一、保持國家人格，尊重國信；

二、維持國際平等國交；

三、聯合日本，以確立東亞永久之安寧，預防世界未來之戰亂；

四、泯除國民對日之誤解及偏見。

當時，全國人民普遍要求廢除帝國主義在華的各種不平等條約，收回國家主權。段祺瑞上台後，即表示「外崇國信」，尊重帝國主義在華的各種權益。本函再次表示「尊重國信」，奴顏婢膝之態宛然可見。由於日本帝國主義長期推行侵華政策，中國人民昂揚著強烈的反日情緒，這種情緒是正當的、愛國的，然而段祺瑞卻稱之爲「國民對日之誤解及偏見」，表示要加以「泯除」，這實際是在向田中保證，他的政府要大力鎮壓人民的反日愛國運動。

《意見書》第三部分爲《執政府對日本之希望》，共五條：

一、對於上項內外政策之實施，希望貴國朝野之諒解，並予以實際上之充分援助，以期達到東亞永久安寧之目的。

二、兩國提攜，應自泯除國民誤解入手，希望貴國對於以前之中日懸案，放棄目前小利，出以公正寬大之犧牲的態度，挽回中國國民之同情，而謀兩國國家永久遠大之共同利益。

三、對於西原借款，依上列尊重國信之精神，於中央政府鞏固時，謀正當之整理，希望貴國當局及輿論方面，暫持傍觀態度，免招各方之誤解。

四、希望臨時墊款五千萬元，以充收束軍事及建設新政府之用，並繼續周旋善後大借款四萬萬元，以充整理內外各債及全國統一善後之用。

五、希望投資共營煤鐵等礦業。

段祺瑞上台後，政權並不鞏固。這五條，反映了他急於取得日本帝國主義政治和經濟支持的迫切心情，也反映了他對自身地位不穩的憂慮。日本帝國主義的侵華政策往往是赤裸裸的、不加掩飾的，表現出極大的貪婪性。段祺瑞要求日本政府「放棄目前小利，出以公正寬大之犧牲的態度」，正是要求田中義一對這種加以粉飾，使之帶有欺騙性，從而「挽回中國國民之同情」，維護中日兩國反動統治者的「永久遠大之共同利益」。由於西原借款旨在獨佔中國主權，支持段祺瑞擴大內戰，早已聲名狼藉，但段祺瑞仍然表示，「於中央政府鞏固時，謀正當之整理」，不僅如此，段祺瑞並力謀通過田中，獲得四億五千萬元的新借款，其數量之大，令人驚愕。不過，大概正因爲數量大，皖系又已成了風前之燭，日本帝國主義不敢貿然投入這樣大的賭注。此函去，不見下文，大概不了了之了。

（原載《團結報》，一九八八年五月廿四日。）

潘佩珠與中國

——讀越南《潘佩珠自判》

【說明】

《潘佩珠自判》係潘本人於一九二五年被法國殖民者綁架後所作。過去，中國學者所見大都為摘編本，極為簡略。今年七月，我到日本訪問，見到日本芙蓉書房出版的日文本《潘佩珠傳》，附有《潘佩珠自判》全文，其中詳細地介紹了他在中國和日本的經歷，從中可見辛亥革命前後中越兩國愛國者、革命者之間的密切關係。茲據《自判》，參以其他資料，寫成本文，作為對辛亥革命九十周年的紀念。

潘佩珠是越南著名革命家，愛國主義者，民族解放運動領袖。原名文珊，號巢南，別名是漢。一八六七年生於越南義安省南壇縣。家世讀書，父親是塾師。佩珠四五歲時，雖尚未識字，但通過母親口授，已能背誦中國古典詩歌總集《詩經》中的部分篇章。六歲時，被父親帶到塾館，教授《三字經》、《論語》等書。後來曾考中解元。

潘佩珠年輕時，法國殖民者正積極侵略越南。一八八四年，順京失守，紳士、義民紛紛起兵勤王。潘佩珠奔走於年輕讀書人之間，結合六十餘人，組成「學生軍」，企圖起兵抗法，正在募捐製造軍械之際，法兵攻到，義軍被迫解散。此後，佩珠一面授徒賣文，一面精心研習《孫子兵法》及諸葛亮等人的軍事著作，結交綠林豪傑與勤王黨人，爲長期抗法作準備。

一九〇四年，潘佩珠組織維新會，以「驅逐法賊，恢復越南，建設君主立憲國」爲宗旨。當年，日本在中國東北境內大敗俄軍。潘佩珠認爲日本是「黃種新進之國」，想到日本求援。但法國殖民者嚴禁越南人出國，有敢於冒險者則殺其父母，掘其祖宗墳墓。一九〇五年，潘佩珠在老母去世，又將妻子安排妥當後，便化妝成旅越華商的僕人，潛入中國，輾轉到達香港。他首先訪問中國保皇黨機關報《商報》主筆徐勤，徐勤不見。潘便轉而訪問革命黨人的機關報《中國日報》，會見主筆馮自由，通過筆談，與馮交換意見。馮自由同情潘佩珠等人的抗法鬥爭，聲稱十年之後，中國「排滿」成功，屆時當援助越南，現在則尚非其時。馮自由建議潘佩珠往見粵督岑春煊，或可得一臂之助。潘覺得馮所言有理，便寫了一封信託人送給岑的幕客周某，請周轉呈。周某初時稱，得到岑的消息後即派人到香港接潘。但是，此後竟杳無音訊。佩珠白白地在香港等了好多天。此事使潘佩珠認識到「專制朝廷之無人」，滿清和越南王朝，「一丘之貉耳」！

潘佩珠與梁啓超

潘佩珠在越南國內時，讀過梁啓超的《戊戌政變記》、《中國魂》及《新民叢報》等書刊，非常敬慕梁啓超的爲人。他在自香港至上海船中，從一個中國留美學生那裏得到了梁啓超在日本橫濱的地址，打算一到日本，首先訪問梁啓超。四月下旬，佩珠抵達日本橫濱，帶著名片及自我介紹信登門求見，中云：「吾必一見此人而後死，吾必一見此人而後死無憾。」梁啓超讀後，非常感動，親自出門迎接潘佩珠，梁的門弟子聽說來了越南人，蜂擁而至。梁啓超覺得說話不便，約定次日再談。第二天，二人在臨近太平洋的一家小酒樓見面，筆談三四小時。潘佩珠向梁啓超詳細敍述了越南亡國後的悲慘狀況：皇帝被送到非洲軟禁，法國人選了個十歲的親王做小皇帝。如果不是一家人，四個人聚於一室，就有被捕的危險。屋樑有稅，窗有稅，門有稅，增加一窗一門，稅率就隨之增加。這一天，海闊天高，風和日麗，但潘佩珠心情悲苦，淚流不斷。梁啓超在筆談中寫道：「一、貴國不患無獨立之日，而但患其無獨立之民；二、謀光復之計劃有三要件。一爲貴國之實力，二爲兩廣之援助，三爲日本之聲援。但貴國苟內無實力，則二三兩條均非貴國之福。」寫到這裏，梁啓超特別提醒潘佩珠：所謂國內實力，指的是「民氣、民智與人才」。兩廣的援助指軍隊與餉械，日本的聲援指外交。當潘佩珠談到想請日本出兵援助時，梁啓超斷然反對，寫道：「此策恐非善。日兵入境決無能驅之使出之理，是欲存國而反促其亡也。」

過了些日子，梁啓超又將潘佩珠請到家裏，作了更詳細的筆談。梁向潘保證：「我國與貴國地理歷史之關係，二千餘年密切，甚於兄弟，豈有兄坐視其弟之死，而不救之乎？」他向潘提出兩條建議。其一，多以劇烈悲痛之文字，描寫淪亡慘狀及法國人的毒辣計謀，喚起世界輿論注意；其二，鼓動國內青年出國遊學，爲興民氣、開民智之基礎。梁啓超要潘佩珠等人「臥薪嘗膽，蓄憤待時」。他說：「一旦我國大強，則必對外宣戰，發第一之炮聲，實爲對法。蓋貴國毗連我境，而越桂、滇越鐵路，實爲我腹心之憂。我國志士仁人，無一時忘此者，君切待之！」

潘佩珠覺得梁啓超所言，極爲有理，有豁然開悟之感。於是，迅速寫作《越南亡國史》一書，交給梁啓超，梁爲之修改潤色，十天後，書迅速出版。潘佩珠帶著還散發著墨香的《越南亡國史》秘密回國，動員優秀青年出外遊學。此後越南歷史上有名的「東遊運動」，即發端於此。此外，潘佩珠還帶回了梁啓超給越南愛國者的親筆書信。梁建議從組織農會、商會、學會入手，這些意見，也得到越南愛國者的採納。

潘佩珠在國內停留了一個多月，即啓程返日。途經廣州時，曾往訪中法戰爭時的名將劉永福。劉時已七十多歲，但精神健旺，談起西洋人時，便拍案大呼：「打！打！打！」

潘佩珠與孫中山

潘佩珠曾因梁啓超的介紹，認識日本政治家進步黨領袖犬養毅。某日，犬養寫信邀請潘佩珠來住所，要介紹他認識中國革命黨大領袖孫逸仙。當時，孫中山正爲組織中國同盟會事逗留橫濱。犬養對潘佩珠說：「貴國獨立當在中國革命黨成功之後，彼黨與君同病相憐，君宜見此人，預爲後來地步。」次日晚八點，潘佩珠持犬養名片及介紹函到橫濱致和堂見孫，二人筆談。當時，佩珠尙未擺脫君主思想，孫中山則痛斥君主立憲之虛僞。最後，孫要求越南黨人加入中國革命黨，聲稱：「中國革命成功之時，即舉其全力援助亞洲諸保護國，同時獨立，而首先著手於越南。」潘佩珠同意孫中山對民主共和政體的評價，但要求中國革命黨先援助越南，待越南獨立時，「則請以北越借與中國革命黨爲根據地，進取兩廣，以窺中原」。兩人辯論到夜十二點，約定次日再談。過了幾天，二人在致和堂再次相見，彼此重申前意，未有結論。

儘管在援中、援越的先後次序中未能達成一致意見，但是，兩國革命黨人卻自此結下友誼。此後，潘佩珠和越南革命黨人曾經得到孫中山和中國革命黨人的真誠援助。在《自判》中，潘佩珠稱：「其後吾黨窮急時，得借手於彼等爲多，則此兩夕會談爲之媒介也。」一九二五年孫中山在北京逝世時，潘佩珠作輓聯云：「志在三民，道在三民，憶橫濱致和堂兩度握談，卓有真神貽後死；憂以天下，樂以天下，被帝國主義者多年壓迫，痛分餘淚哭先生。」

寄希望於中華革命

中國同盟會成立後，影響迅速發展，僅在東京一地，就出現了幾十種中國革命黨人的刊物。其中有一種《雲南》，辦得相當成功。潘佩珠爲了聯絡中國革命黨人，共同奮鬥，便向《雲南》雜誌主編趙伸自薦，擔任雜誌的義務編輯員。

一九〇七年二月，《雲南》雜誌第四號刊出《越南人之海外血書》，呼籲越南人民「鳴我自由鐘，樹我獨立幟，向役奪我家財之強虜索還我家財」。

同年七月，《雲南》雜誌第六期刊出《哀越吊滇》，文稱：「悲莫悲於吾族之越南，而忽忽焉俱吾死焉；悲莫悲於吾鄰之雲南，而岌岌焉後吾亡也。」

這兩篇文章的作者都是潘佩珠。

在《雲南》雜誌上還登有一首中國留學生贈給潘佩珠的詩，中云：「瘦骨嶙嶙鬢已皤，棲遲海外手無柯。傷心最是巢南子，亡國孤臣喚奈何！」從中可見潘佩珠憂慮國事，奔走呼號的情景。

和中國革命黨人來往多了，潘佩珠本人的「民主之思想日益濃厚」，決定改弦易轍，轉向革命。同時，潘佩珠這時也感到，依靠日本是不切實際的幻想，因而寄希望於中國革命。此前，孫中山曾向潘佩珠介紹日本友人宮崎滔天，宮崎勸潘說：「貴國自力必不能推倒法人，求援友邦，未爲不是。然日本何能厚援於君。日本政治家，大抵富於野心，而貧於義俠。君宜勸青年輩，多學英語及俄、德語，多與世界人結交。揭揚法人罪惡，使世界人聞之，重人道，薄強權，世界不乏此等人，始能爲君等援耳！」潘佩珠覺得宮崎的話很有道理，將活動重點從日本政客轉向日本「平民黨人」和各國在日革命者。一九〇七年至一九〇八年之間，東京有一個亞洲各國革命者的組織，名爲東亞同盟會（或名亞洲和親會），其宗旨爲「反抗帝國主義，期使亞洲已失主權之民族，各得獨立」。章程規定，「凡亞洲人，除主張侵略主義者，無論民族主義、共和主義、社會主義、無政府主義，皆得入會」；「若一國有革命事，餘國同會者應互相協助」。日本方面參加者有幸德秋水、堺利彥、宮崎滔天、大杉榮等；中國方面參加者有章太炎、張繼、陳獨秀、蘇曼殊、景梅九等；朝鮮方面參加者有趙素昂等。此外還有印度、菲律賓在日本的革命者。潘佩珠等十餘名越南志士參加了這一組織。

同一時期，潘佩珠還與雲南趙伸、廣西曾彥組成滇桂粤越聯盟會。

潘佩珠參加東亞同盟會後，只活動了幾個月，該會就被日本政府解散。滇桂粤越聯盟會也因清政府和法國政府出面干涉，被日本政府勒令取消。一九〇九年四月，潘佩珠被日本政府驅逐出境。

遁跡香港及廣州

潘佩珠被日本政府驅逐後，遷居香港。當時，越南抗法武裝鬥爭活躍。潘佩珠得到國內支援的經費，派人從日本購得長槍數百支，在中國革命黨人李偉的幫助下，運回香港秘藏。爲了將這批軍械運回越南，潘佩珠曾於當年六月到新加坡，訪問積極支持孫中山革命活動的華商陳楚楠，向他請教秘密運輸軍械的方法；又曾到泰國，會見皇室的一位親王，請求幫助。一九一〇年二月，中國革命黨人在廣州新軍中謀劃起義，潘佩珠和在港越南同志商量，決定將這批軍械贈給中國革命黨人。據潘佩珠回憶，該批軍械計長槍四百八十支，全部交給了孫中山的哥哥。

一九一〇年春夏，潘佩珠隱姓化名，潛居廣州，經常到香港、澳門碼頭，出賣自著各種愛國或革命書籍。賣書告白稱：「濡毫血淚借為革命之先聲，失路英雄權作吹簫之後援。」有些同情革命的中國學生或商人，常以高價購書，因此，收入頗豐。潘佩珠每有所得，常和二三越南同志買醉酒家，有《酒中雜詠》詩云：

倚樓南望日徘徊，心緒如雲鬱不開。
疏雨深宵人暗泣，斜陽初月鷹孤回。
可無大火燒愁去，偏有長風送恨來。
顧影自憐還自笑，同胞如此我何哀！

本詩寫滯留他鄉時對祖國的懷念，充分反映出潘佩珠的一腔憂國憂民之情，有情有景，對仗工穩，是越南漢詩中的上品。

在廣州期間，潘佩珠認識了一位名叫周伯齡的中國婦女，在西關開著一家女館，以教授女學生為業。這位女教師得知潘佩珠是越南革命黨人後，大為贊佩，便將女館作為越南革命黨人的居留之地，潘佩珠等人親切地稱她爲周師太。有時，越南革命黨人經濟恐慌，周師太便典衣賣簪，供應潘佩珠等。這位普通的中國女子，不僅爲人豪俠仗義，而且膽量很大。潘佩珠等將炸彈武器藏在女館裏，周師太毫不畏懼。某夜，越南革命黨人借用周師太的菜刀，殺了跟蹤的暗探。次晨，周師太笑著問道：「你們昨晚宰了一頭豬吧！」多年後，當年在周家女館住過的越南革命黨人中，有三人背叛，帶著重金到周家探視，周師太得知重金的來源後怒罵說：「我當年容養你們，把汝等看成人，現在成了狗，還有臉來看我！」罵得三人面慚心愧，狼狽而去。

武昌起義爆發，潘佩珠在廣州成立越南光復會

一九一一年十月，武昌起義爆發，三個月不到，就在南京建立臨時政府，宣告民國誕生。當時，潘佩珠正在暹羅種地，「寓黨於農」。喜訊傳來，潘佩珠怦然心動。他認爲，中華政府必將繼日本之後，成爲亞洲強國，如能中日聯合，全力對歐，則越南，印度、菲律賓等均將獲得獨立。因此，準備到中國，再赴日本，進行合縱運動。他利用工作餘暇，起草了數萬言的小冊子《聯亞芻言》，極言中日同心之利與不同心之害。寫成後，便寄給舊時相識的中國革命黨人，祝賀成功，微示回華之意。不久，收到章太炎、陳其美、謝英伯諸人回信，表示歡迎。潘佩珠即到曼谷，訪問《華暹新報》主筆蕭佛成。蕭是中國同盟會在暹羅的主要負責人，見到

《聯亞芻言》後，馬上印刷了一千本。

一九一二年一月，潘佩珠帶著新作回到廣州，仍住周師太家。當時，孫中山是新任臨時大總統，廣東都督胡漢民、上海都督陳其美都是潘佩珠的老朋友。於是，散處中國各地和留在本土的越南革命黨人，紛紛聚集羊城，至有百人之多。大家都想借中國革命勝利機會，恢復越南江山。有人並從國內帶來消息說：「中華革命成功之風潮，影響於我國甚大。人心激奮，比前驟增。在外苟有先聲，不患在內無再活之氣勢。」二月上旬，潘佩珠借用劉永福在沙河的舊宅，召集在粵全體越南革命者會議，討論越南國體，選派委員回國運動及聯絡中華革命黨人，設立機關等問題。會上，潘佩珠提出，擬在越南建立民主政體，得到多數與會者贊成，議決取消維新會，成立越南光復會。會章第一條即規定：「驅逐法賊，恢復越南，建立共和民國，為本會唯一無二之宗旨。」下設總務、評議、執行三部。潘佩珠被選為總理；沙河劉家祠、黃沙周氏館等被確定為黨人聚會地點。

越南光復會成立，但是，缺乏活動經費。在這一緊要時刻，中國革命黨人再次伸出了援助之手。心社負責人劉師復捐助兩百元，民軍統領關仁甫捐贈一百元，謝英伯、鄧警亞等捐一百元。有了這一筆款子，三位在成立大會上選出來的回國運動委員立即啓程回國，大部分經費則用來印刷光復會章程及宣言。

在越南光復會幹部中，有一位楊鎮海，中國台灣人。原是台灣高等醫學學校學生，富於革命思想，因反抗日本殖民統治被捕，關在監牢裏，設計殺死獄卒，逃到上海，日本政府以殺人罪向中國方面提出控告，改名逃到廣東，讀到越南光復會宣言及潘佩珠所著各書，即加入光復會，被選爲庶務委員。

到南京、上海求援

二月下旬，潘佩珠抵達南京。當時，孫中山已決定讓位給袁世凱，國事叢雜，應接不暇。潘佩珠和孫中山只見了一次面，談了幾分鐘。晤談機會較多的是黃興。黃興表示：援越實爲我輩不可辭之義務，但此時尚屬太早。現在所能爲君計者，惟有選派學生進入我國學堂或軍營，儲備人才，等待機會。十年後，倘有所需，皆能辦之。潘佩珠聞言，頗爲失望，但不得不勉強同意。黃興即刻爲潘寫信給胡漢民，托胡照顧越南在粵學生。潘佩珠帶著黃興的書信，轉赴上海，會見陳其美。陳爲人豪俠慷慨，潘所熟知，便毫無隱瞞地將越南革命黨人的困窘狀況和盤托出，要求援助。陳其美立即贈以四千銀元。潘向陳透露，將回國「行大劇烈之運動」，陳其美不以爲然，聲稱「宜從教育入手，無教育之國民暴動不能爲功」。潘則表示：「我國教育權，完全在他人掌握。所立學堂，全爲奴隸教育。又禁私立學堂，禁學生出洋，凡百教育之具，我輩無一毫自由。我人求一生於萬死之中，惟有暴動。」潘佩珠並用義大利志士瑪志尼的「教育與暴動並行」一語打動陳其美，陳聽了這一番話，表示贊同，贈給潘佩珠軍用炸彈三十顆。潘佩珠得到這一禮物，才粗感安慰。

組織振華興亞會

潘佩珠帶著對陳其美的感恩之情回到廣州，忙著光復會的各項工作，如制訂國旗、軍旗等。他一心一意在越南發動武裝革命，但仍然苦於經費短缺。這時，中國同盟會會員、原民君統領蘇少樓勸潘仿照中國革命黨人辦法，在兩粵及越南發行軍用票。潘覺得可行，委託蘇少樓等印製。正文爲「越南光復會軍用票」，背面用漢文及越南文說明：「這票係越南光復軍臨時政府發行。依票面數位兌換現銀。俟民國政府成立時，以實銀收回，給息一倍。禁冒假濫發，違者重罰。」

除發行軍用票外，蘇少樓、鄧警亞等還向潘佩珠建議，成立振華興亞會，用以聯絡華人，壯大聲勢。潘隨即起草章程及宣言。宣言書很長，大意是：中華地大、物博、人眾，甲於亞洲。又爲東方文化最古之國，當爲全亞洲之兄長；欲舉全亞洲兄長之責，當以扶植亞洲諸弱小國家爲獨一無二之天職。繼則詳敍中華國恥，全在外交不振，而外交不振之故，由於國威不揚，除對外排歐，更無他策。又言：苟援越，則勝算必在中華。華人一入，越兵倒戈。結論是：中華國威振則東亞因之而強，而其第一著手之方針，莫如援越人之獨立。

振華興亞會的章程和宣言面世後，得到許多中國人贊成。潘佩珠即在廣州租借洋式二層樓房一幢，作爲振華興亞會會所和越南光復會會堂。裝飾佈置，煥然一新。廣州報界不少人是潘佩珠的朋友，積極爲之鼓吹。十日間，不少廣東人表示願意入會。一九一二年八月，振華興亞會召開成立大會，出席各界名流二百餘人。會議選舉鄧警亞爲會長，潘佩珠爲副會長，商定第一步援越，第二步援助印度及緬甸，第三步援助朝鮮。鄧警亞倡議認購光復會軍用票，當場售出一千元。

同年九月，越南光復會改組，吸收華人參加。公舉潘佩珠爲總理，蘇少樓爲副總理。在會中擔任職務的華人還有黎麗（財政部總長）鄧冬生（軍部副總長）楊鎭海（庶務部長）等。

當時，潘、鄧、蘇等人計議，由潘分派同志歸國，成立光復軍，在越南發動；由粵省同志組成援越軍，從邊境突入，共同推翻法國殖民統治。爲此，鄧警亞專訪劉永福，動員他參加援越軍。劉雖有其志，但此時精力已衰，慨然長歎道：「吾老矣！無能爲力了！」他答應，在義師發動時，派愛將吳風典率欽州子弟及遺存部隊參加。鄧又去動員原新軍起義參加者，時任廣東新軍第五混成協協統的黎萼，得到同意，決定以黎爲援越軍總司令。次年，黎萼調任潮梅軍務督辦，獨當一面，鄧警亞認爲時機成熟，計議半年後發動。不久，黎的軍職被陳炯明解除，鄧的計劃遂成泡影。

四年廣州之囚

光復會改組後，三位回國運動委員從越南來到廣州，對潘佩珠說：「國內軍事之運動，非先有驚天動地之一聲，殊難有效。」潘佩珠覺得有理，便派遣會員攜帶炸彈回國，企圖在越南再現張良刺秦始皇、安重根刺伊藤博文的壯烈事件，藉以激動人心。不料有關人員回國後，均未達到預定目的，法國殖民者反而找到了藉口，向北京政府控告越南光復會是「殺人犯之機關」，潘佩珠是「殺人犯之領袖」，要求引渡。當時，袁世凱當權，有籠絡越南人士之意，托詞缺乏證據了事。一九一三年，國民黨人的「二次革命」失敗，龍濟光任廣東督軍，法國殖民統治者借機與龍交涉，要求引渡潘佩珠等人。同年，法國神父魏暢茂向龍濟光告密，致使潘佩珠被捕。

潘佩珠被捕後，一度絕食七天，瀕臨死境，突然從報上得知歐戰爆發，德法交戰的消息，覺得是越南獨立運動的好機會，喜而復食。但其後，潘佩珠又不斷得到同志被捕、被害的噩耗，非常悲憤，作了許多哀悼詩，如「頭恨不先朋輩斷，心難並與國家亡」，「江山剩我支殘局，魂夢隨君涉重洋」等，反映出一個愛國者的深沈苦悶。一九一七年，龍濟光被護國軍打敗，潘佩珠才得到釋放。

通過蔡元培結交俄國人

潘佩珠出獄後，住到周師太館中。從周師太處得知，法國人仍在嚴密注意他，有一個被收買的越南人，幾乎每天都來偵察。潘佩珠感到處境不利。第二天便離粵赴滬，不想上海因有法國租界，到處是成群的「嗅狗」。潘佩珠便轉移到杭州。

在杭州，潘佩珠從報紙上得知，法國北部九城均已爲德軍攻陷，便準備回國，發動反法鬥爭。他經南京、宜昌，輾轉入川，會見滇軍總司令黃復生。黃在宣統年間，曾和汪精衛一起在北京謀炸攝政王載灃。民國初年，潘佩珠在南京臨時大總統府與黃有過一次晤談。此次見面，分外歡快。黃復生想挽留潘佩珠，但潘歸心似箭，於艱難跋涉後到達雲南。其時歐戰已停，法國成爲戰勝國，昆明是法國人的勢力範圍所在，潘佩珠雖持有黃復生給唐繼堯的介紹信，但唐竟然不敢見潘一面。在此情況下，潘佩珠不得不折返重慶，黃復生委潘爲川軍總司令部諮議官。潘佩珠到職七日，便辭別黃復生，仍回杭州。其間，一度浮海赴日，但仍然無所作爲。

一九二〇年十二月，潘佩珠聽說有不少「紅俄」共產黨人聚集北京，而「赤化之大本營」，即在北京大學，便動了研究共產主義的念頭。當時，日本人佈施辰治著有《俄羅斯真相調查》一書，對勞農政府的主義、制度，敍述甚詳。潘便將該書譯爲漢文，帶著它自日本前往北京，想以此自薦於俄中兩國的「社會黨」之前。

到北京後，潘佩珠首先去北京大學會見校長蔡元培，蔡非常高興，爲他介紹了兩個人，一個是俄國勞農遊華團團長，一位是俄國駐華公使加拉罕的漢文參贊。潘佩珠向後者打聽赴俄遊學的辦法，這位漢文參贊極爲親切、和藹，回答說：「勞農政府對於赴俄遊學之世界同胞，大爲歡迎。如越南諸君，能遊學尤爲便利。」他詳細介紹了赴俄的路徑、辦法，表示赴俄入學、歸國等各項費用，均由勞農政府負擔，但入學之前，必先承認：「一、願信仰勞農之主義；

二、學成歸國，必任宣傳勞農政府主義之責。三、須實行社會革命之事業。」該參贊還稱潘是他第一個見到的越南人，要潘用英文寫份材料，詳述法人在越南的真相。但是，潘佩珠不懂英文，無法答應。

一九二一至一九二二年之間，潘佩珠先在北京，為《東亞新聞》寫作，後到杭州，任《兵事雜誌》編輯員。當時，在北京士官學校就讀的越南人很多，但因國籍關係，難以在中國軍界任職。段祺瑞時任國務總理兼陸軍部總長，便授意浙江督軍朱瑞在杭州創辦《兵事雜誌》，藉以安排部分越南人。潘佩珠應該社總理林亮生之聘，為雜誌撰寫時評、社論、小說。對這一工作，潘佩珠不很滿意，但通過這份雜誌，潘佩珠得以「發揮其世界革命之精神」，並且盡情揮灑，寫作「痛罵帝國殖民之文」，他也感到，這是「壯士窮途中的趣事」。

改建越南國民黨

一九二四年七月五日，越南志士范鴻泰在廣州法租界謀炸途經中國的法國印度支那總督馬蘭，炸死法國領事等四人，重傷二人，被法警追捕時投珠江自沈。事後，法國當局要求廣東大元帥府驅逐在粵越南人，賠償損害並道歉，均為孫中山及省長胡漢民所拒。孫中山說：「余未聞有越南人，脫使有之，亦皆好人，無一兇手。」

范鴻泰事件發生時，潘佩珠仍在杭州編輯《兵事雜誌》。事件發生後，他南下廣州，為烈士墓樹碑。同年年底，廖仲愷等申請撥款三千元，將烈士改葬於黃花崗，建亭刻石，碑心大書：越南志士范鴻泰先生之墓，為鄒魯手跡。

越南光復會自潘佩珠入獄後，會員零散，幾近消失。范鴻泰事件發生，越南革命者的精神為之一振。潘佩珠到廣州後，參觀黃埔軍官學校，會見校長蔣介石和副校長李濟深，要求接納越南學生入學，二人都表示贊成。

當時的廣州，正是國民黨召開「一大」，國共合作之際，一片「世界革命」氣氛。潘佩珠和越南同志商量，決定取消光復會，改建越南國民黨，黨章，黨綱均由潘佩珠起草。潘佩珠自稱：「其組織規模大抵取中國國民黨之章程，而斟酌損益之。」

在上海被法國人綁架

越南國民黨黨綱及章程宣佈後不久，胡志明從莫斯科來到廣州，多次和潘佩珠商量，要求修改章程。一九二四年十月，潘佩珠回到杭州，擬於第二年六月赴粵，討論改組越南國民黨問題，同時參加范鴻泰犧牲一周年紀念。

六月廿八日，潘佩珠自杭州到達上海北站，剛出站口，就發現一輛漂亮的汽車，環車站著四個洋人，其中一人上前對潘說：「這個車很好，請先生上車。」潘佩珠婉言表示不要，一洋人自車後躍出，用力抱持潘佩珠進車，疾馳進入法租界，駛向海濱，一艘法國兵艦早已守候在那裏。

在被囚於法國兵艦的日子裏，潘佩珠作有《古風》一首贈給杭州的林亮生，詩云：

「奔馳二十年，結果僅一死。哀哉亡國人，性命等螻蟻。嗟余遭陽九，國亡正雛稚。生與奴隸群，俯仰自慚愧。所恨羽毛薄，一擊容易試。殲敵計未就，尚蓄椎秦志。呼號十餘年，同胞競奮起。以此蘇國魂，大觸強權忌。網羅彌山河，荊棘遍天地。一枝何處借，大邦幸密邇。側身覆載間，局蹐胡乃爾。今朝遊滬濱，适才北站至。飈馳一汽車，環以凶徒四。捉人擁之前，驅向法領署。投身鐵網中，雞豚無其值。使余有國者，何至辱如是！余死何足惜，所慮在唇齒。堂堂大中華，一羽不能庇。兔死狐寧悲，瓶罄罍之恥。

詩中，潘佩珠敍述了自己被綁架的原因和經過，抒發國亡身危的悲哀，同時也對雖逃亡中國，卻仍然得不到保護表示歎息。

潘佩珠被送回越南，軟禁於順化，直至一九四〇年十月廿九日逝世，始終未能獲得自由。

（原載《百年潮》二〇〇一年第十期。）

中韓愛國志士的早期聯繫

中韓兩國有長期友好的歷史淵源。甲午戰爭以來，日本帝國主義者成爲中韓兩國的共同敵人。一九一〇年日本悍然併吞韓國，大批韓國愛國人士流亡中國，開展抗日復國鬥爭，成爲波瀾壯闊的「韓國獨立運動」的重要組成部分。在很長的歷史時期內，韓國來華流亡人士關心、支持中國人民的愛國鬥爭，中國革命黨人則在可能的範圍內給予韓國志士以積極的幫助。有關事跡，將成爲中韓關係史上的佳話，世代永傳。

一、辛亥革命前後

近代以來，中韓兩國國勢不振，兩國的愛國志士很早就有交往。一八九八年，孫中山在日本結識朝鮮開化派人士朴泳孝等人。一九〇〇年、一九〇二年，孫中山在神戶兩次與樸泳孝交談。①當時，朝鮮、中國、日本、印度、暹羅、菲律賓等國志士在東京成立東亞青年協會，孫中山支持這一組織，常和樸泳孝等人一起研討遠東各種問題，尤其關心朝鮮命運。孫、朴等人之間「建立起一種親密的友誼。從那時起，這位具有淵博學問及遼闊胸襟的中國人，便成爲這些朝鮮移民的謹慎、忠誠及正直的顧問」。②一九〇六年四月，《民報》第三期選載《韓日保護條約締結之顛末》一文，揭露日本在韓國設置統監府，強迫朝鮮接受「保護」的真相。一九〇七年，日本人幸德秋水組織亞洲和親會，以「反對帝國主義而自保其邦族」，「當以互相扶助，使各得獨立自由」爲主旨，中國革命黨人章炳麟、張繼、蘇曼殊、韓國趙素昂及印度、菲律賓等國愛國者參加。③一九〇九年，韓國志士安重根在哈爾濱刺殺日本前首相伊藤博文，《民吁報》及同盟會系統的報刊都曾報導，予以同情和支持。

一九一〇年，日本強迫韓國簽訂《韓日協約》，公然併吞韓國，這對中國革命黨人猶如當頭棒喝。孫中山發出「外而高麗既滅，滿洲亦分，中國命運懸於一線」的驚呼。④同盟會會員石瑛致函吳稚暉，建議「當乘此時各處報紙登載高麗滅亡事跡，竭力鼓動學界人心」。⑤當時不少革命報刊都本著這一精神發表文章，藉以推進革命。

中韓兩國山水相連，又有悠久的歷史和文化聯繫。韓國滅亡後，不少韓國志士流亡中國東北，企圖以之作爲反日復國的基地。在廣州的金丸齋自願爲中國革命黨人保存文件，傳遞消息。⑥一九一一年武昌起義爆發，韓國志士感到極大振奮，紛紛到南京、上海等地，或考察，或實際支持並參加中國革命，兩國志士之間的聯繫因而更加密切。同年十二月，韓國忠清北道志士申圭植到上海，繼至南京，先後會見同盟會員徐血兒、陳其美、宋教仁、戴季陶、黃興、孫中山、柳亞子等人。在此期間，申圭植改名申檉，加入中國同盟會，成爲中國革命黨人中的一員。⑦

申圭植與其他韓國志士於一九一二年初到南京，向南京臨時政府捐款，表示支持。在致陸軍總長黃興書中，申圭植等闡述朝鮮的「民族精神」，要求得到中國革命黨人援助。申並向黃興獻詩，勉勵黃徹底推翻清朝統治，內除民賊，外殲強寇。黃興在覆函中表示：「永遠協助韓國人，使之迅速成功，共享自由幸福。」⑧申圭植還經宋教仁引見，會見孫中山。其《祝孫總統》詩云：「共和新日月，重辟舊乾坤。四海群生樂，中山萬世尊。」可能即是會見之後的作品。一九一二年四月，申圭植在上海再次會見孫中山。孫的談吐、風度都給申留下深刻印象，以致申激動地喊出：「中華民國萬歲！」「亞洲第一位總統萬歲！」⑨同年九月，孫中山發表演說，第一次在公開場合譴責日本對韓國的侵略：「日本之於高麗，牛馬視之。日本雖強，高麗人乃日即於苦痛，無絲毫利益之可言。」⑩一九一三年初，孫中山訪問日本，與日本政界元老桂太郎會談，當面批評日本「乘戰勝之勢，舉朝鮮而有之」的不義行為，力勸日本貫徹「大亞細亞主義精神」，「以真正平等友善為原則」。⑪

陳其美在上海光復後出任上海都督，積極支持韓國在華志士。他向申圭植表示：「敝國雖云革命成功，前清積弊成痼，內政外交，國幾不國，如非從根本上滌革其污濁，則所謂成功者，便同鏡花水月而已。」他要求「友邦同志，始終協助努力進行」。陳特別向申表達對韓國獨立的關注，自稱：「生平以扶傾救弱為職志，故常以愛敝國之心愛貴國，以憂中國之心憂韓國，不僅貴國也，每念安南、印度，若痛在己，似屬侈談，實出良心。至於貴國事，尤為切肌。」他曾在韓國在滬志士會上發表演說，勉勵韓國志士努力奮鬥。他說：「誰謂秦無人，三韓光復，實今日滿堂諸同志負之。」他表示將「隨諸君子之後，幫助其萬一」。在中國革命黨人中，陳其美與申圭植「過從最久」，幫助最多，被申認爲是「最知我最熱心於吾儕前途者」。⑫一九一六年五月十八日，陳其美被刺，申圭植第一個到寓所悼念，撫屍痛哭。

中國革命黨人中另一個與申圭植關係密切的是戴季陶。二人結識的時間約在一九一二年三月。當月廿八日，戴季陶在上海創辦《民權報》，得到申圭植傾力資助，申並有《贈天仇》一詩發表於該報，中有「握手悠悠無限感，千波萬壑是前途」之句，使戴深爲感動。不久，申圭植即出任《民權報》經理。

爲了團結韓國來華志士共同進行抗日復國鬥爭，申圭植於一九一二年七月四日與朴殷植、金奎植等在上海成立同濟社。其後，申圭植又倡議「中韓共進，改造新亞」，成立新亞同濟社，國民黨人陳其美、宋教仁、胡漢民、戴季陶、廖仲愷、吳鐵城、呂志伊、張靜江、陳果夫等參加。一九一三年三月二十日，宋教仁在上海被刺，申圭植絕食三日，以表沈痛。

次年八月廿四日，申圭植在上海經朱少屏等介紹，加入革命文學團體南社。⑬其後，申多次參加南社活動。一九一五年一月，日本向袁世凱政府提出二十一條。二月十八日，申圭植致函柳亞子、朱少屏、呂志伊等人，以《韓日協約》爲前車，提請中國革命黨人警惕。函稱：「嗚呼！我所親愛之中華民國仁人志士，忍蹈我後轍！盍起圖之！」⑭南社在發表申圭植的詩文時，特別在按語中說：「傷心人語，滋可念也，亟錄之以警國人之夢夢也。」十月十七日，南社在上海愚園舉行第十三次雅集，柳亞子因足疾未參加，申圭植於會後將所作《書感》詩寄示柳亞子，中云：「遙指蓬萊今日會，幾多新橘謝恩臣。」⑮這是對當時向袁世凱獻媚的少數中國知識分子的諷刺。

二、護法運動時期

孫中山從事革命的目的之一是爭取中國獨立，但是，他也期望「全亞洲民族復興」，因此，將韓國獨立列入中國革命黨人的奮鬥目標。一九一四年，蔣介石去東北策動討袁軍事，孫中山即對蔣稱：「日本人如果不將東北和台灣交還我們，並保護朝鮮的獨立，我們國民革命運動是不能停止的。」⑯一九一七年，孫中山南下廣州，中國近代史進入護法運動時期，國民黨人繼續給予韓國志士以各種可能的支持。

一九一八年一月，第一次世界大戰雖仍在進行，但德、奧、意組成的同盟陣營已呈頹勢，美國總統威爾遜提出十四條宣言，倡議在戰後設立國際聯盟，維護各國的獨立和領土完整。同年十月，國際間醞釀召開和平會議，申圭植致函中華民國軍政府總裁孫中山，函稱：「我韓，東亞之巴爾幹也；先生，東大陸之華盛頓也，於此千載一時之機會，對我韓定抱特殊之同感，必有相當之援助。」⑰同時，申圭植又以同濟社總代表的身分致函軍政府各總裁，要求軍政府承認韓國獨立，囑咐中國出席和會代表，「將東亞大局之關係與我人現在之情狀，懇切陳訴，公諸裁判。」⑱當時，徐謙作為孫中山的全權代表參加軍政府政務會議。因此，廣州非常國會和軍政府政務會都迅速決議，承認韓國獨立。⑲

次年一月十八日，和平會議在巴黎召開，中國代表團除北京政府代表陸徵祥、顧維鈞等人外，也包括在廣州的中華民國軍政府的代表、非常國會參議院副議長王正廷。會前，孫中山指示王正廷：「宜提出取消中國與列強所訂之不平等條約，收回被侵略之各地，承認高麗之獨立，庶符民族自決之旨；苟不能，是則和會無價值；中國之參加，尤無意義矣！」⑳會議進行期間，廣東國民議會康基鎬等三百三十一人致電北京政府，論述韓國問題與遠東及世界和平的關係，讚揚孫中山對朝鮮問題的關切，要求北京政府承認韓國獨立，在和會上反映朝鮮人民的呼聲。㉑

同年三月一日，朝鮮人民舉行反日示威遊行，慘遭鎮壓，朝鮮各地爆發廣泛的群眾抗議，史稱「三一」運動。中國國民黨在上海的機關報《民國日報》自三月九日起大量發表有關報導，該報主筆葉楚傖撰寫時評，肯定韓國人民的行爲符合「民族自決」原則，「由世界潮流激蕩而成者」。㉒四月十日，韓國志士在上海組織臨時議政院，定國號爲大韓民國，通過《臨時憲章》，規定實行「民主共和制」。十一日，韓國臨時政府在上海成立。同月，新韓青年黨代表金奎植向巴黎和會遞交請願書，要求脫離日本束縛，將高麗改造爲獨立國家。金在赴會前，曾與孫中山、章太炎、唐紹儀、徐謙等人晤商，得到支持。孫中山在上海對日本記者大江發表談話，指責日本對亞洲的侵略，要求日本將在東北和山東的權利交還中國，同時允許朝鮮獨立。他說：「朝鮮問題，極其困難之問題。以余意見，在日本須容韓人之要求，而承認其獨立爲宜也。」[23]同年，國民黨的機關刊物《建設》譯載金奎植的請願書，稱譽金的請願之舉「不特聳動世界耳目，兼與東方受侮辱民族以最大的刺激教訓」。文章譴責日本資本家對韓國人民剝削，認爲韓國獨立不僅具有民族自決意義，而且「固有打破亞東資本階級統治之意味，同時爲世界社會革命之一部」。[24]

繼韓國「三一運動」之後，中國爆發「五四運動」。五月七日，上海各界召開國民大會，舉行反日遊行，在滬韓僑積極參加。據日方情報，中國國民黨曾與韓國志士召開抗日聯席會議。次日，張繼、何天炯、戴季陶聯合舉行在滬日本記者招待會，發表《告日本國民書》，指責日本「毀約背信，併吞朝鮮」，聲言「中國人見日本此種可驚可嚇之手段，無不具唇亡齒寒之感，蓋知日本之吞朝鮮，實爲侵略中國本部之見端也。」[25]此後，孫中山、李烈鈞、孫洪伊等經常與韓國志士密商韓國復國問題。九月八日，韓國志士金炎、金浩平在上海與中國國民黨人秘密會議，討論反日事宜。

一九二〇年三月，呂志伊向全國各界聯合會提出援助韓人案，得到通過。在《告國人書》中，呂志伊等高度評價韓國人民爭取國家獨立的鬥爭，「夐絕古今，轟動萬國」，認爲「吾民對朝鮮獨立均有援助之必要，且有積極援助之義務」，呼籲國人「一致主張」，「或著論鼓吹，或奔走呼號」。[26]同年八月，前美國駐華公使芮恩施率領美國議員團訪問中國，申圭植等以高麗獨立民主主義者聯盟和高麗在華學生協會名義致函議員團，要求美國支持韓國獨立，同時致函孫中山，希望孫在講演或談話時給予支持。函稱：「吾韓形勢，前已略陳，並領指示矣。頃者美議員來華觀光，關於遠東大局匪鮮。吾人竭誠歡迎，良有以也。唯吾人向曾以獨立問題請求美議院之贊助時，贊成提出者甚多。現該議員團既東來考察，知先生於迎接之際，對於中國及吾韓諸種問題，必有極精確之言論，使該議員團返美時，轉以宣傳美之國民，俾得實力扶助也。」㉗同年十月八日，孫中山向上海通訊社記者發表談話，提出應將中韓兩國志士的鬥爭聯繫起來，「將目光放遠一步，專行注意於滿洲、高麗兩方面。」第一步，「扶持韓人獨立」，第二步，「要求取消二十一條賣國條約」。

十月十日，申圭植在上海創辦《震壇》週報，提出工作方針爲「聲訴歐美諸邦，主張中韓提攜」。㉘孫中山、胡漢民、柏文蔚、徐謙、張靜江、蔣介石、于右任等國民黨要人紛紛題詞，以示支持。孫中山的題詞是「天下爲公」，徐謙的題詞是「私有破，強權滅」。蔣介石的題詞是「同舟共濟」。㉙中國國民黨人、南社社員景定成、呂志伊、柳亞子等也紛紛以詩文致賀。柳亞子贈詩云：「子切焚巢痛，吾懷寒齒憂。何當時日喪？與汝賦同仇。碧血清流史，黃金國士頭。相期無限意，珍重看吳鈎。」㉚表達了中韓革命者之間的友誼和敵愾同仇的思想感情。同年十二月，韓國志士朴殷植所著《韓國獨立運動之血史》在上海出版，景定成、汪精衛爲該書作序。景序盛讚韓國人民「徒手革命，視死如歸」的英勇鬥爭，鼓勵韓人進一步以「鐵血」鑄造新的歷史。

孫中山對韓國獨立運動的支持贏得韓國志士的尊敬。一九二〇年九月，旅居上海的韓國志士在《共產國際》發表文章，稱頌孫中山是「中國革命運動，尤其是反日運動的象徵」。㉛

次年四月七日，孫中山被廣州非常國會選舉爲非常大總統。申圭植及新亞同濟社、《震壇》周報迅即致電祝賀：「東亞前途，實深利賴。」㉜二十日，韓國臨時政府派人攜李承晚致孫中山密函到廣州，要求南方政府支持韓國獨立運動。㉝同年九月，韓國臨時政府國務會議議決，特派國務總理、代理外務總長申圭植爲專使，攜帶國書，與中華民國護法政府洽商承認韓國獨立事宜。申圭植等經過香港時，先後會見張繼與唐繼堯。唐表示願在雲南爲韓國培養軍官人才。其後，韓國臨時政府陸續向雲南派出五十餘名青年，到雲南接受軍事教育。到達廣州後，申圭植及其隨行秘書閔石麟會見胡漢民、徐謙、呂志伊、伍朝樞、謝持、廖仲愷、林森等人。同月，申、閔二人拜會孫中山，向孫中山提出五項互惠條款：一、大韓民國臨時政府承認護法政府爲中華民國正統政府，並尊重其元首及國權。二、請大中華民國政府承認大韓民國臨時政府。三、請准予收容韓國學生於中華民國軍校。四、請借款五百萬。五、請准予租界地帶，以資養成韓國獨立軍。孫中山答稱：中韓兩國，「本係兄弟之邦，素有悠遠的歷史關係。輔車相倚，唇齒相依，不可須臾分離，正如西方之英美。對於韓國復國運動，中國應有援助義務」，但「目前北伐尚未成功，國家尚未統一，僅以廣東一省力量，實難援助韓國復國運動。」孫中山表示：第二條承認韓國臨時政府一節，原則上毫無問題，但護法政府尚未得到承認；第三條亦毫無問題，可以通令各軍校儘量收容韓國子弟。第四、第五條，「目前尚無能爲力，至少在北伐佔領武漢後，始可以辦到。」孫中山應允，在北伐計劃完成後，當以全力援助韓國復國運動。㉞申圭植提出，希望在韓國臨時政府和護法政府間建立外交聯絡，孫中山表示歡迎。十月十日，廣州舉行國慶紀念儀式，申圭植代表韓國臨時政府向孫中山呈遞國書。㉟申圭植返滬後，韓國臨時政府即派濮純（精一）為駐粵代表，常駐護法政府。濮曾加入中華革命黨，後來更直接到國民黨中央黨部工作。

自一九二一年三月起，長沙、漢口、安慶等地陸續出現中韓互助社一類組織。一九二一年五月，上海中韓互助總社成立，其評議員何世楨、黃警頑、孫鏡亞、喻育之等都是國民黨人。至一九二二年，該社已有社員一百五十六名，其中，韓國人一百零四名，中國人五十二名，同年九月召開第二次會議，黃興的遺孀徐宗漢出任臨時主席。會後成立的理事會，以吳山（中）、金奎植（韓）分任理事長、副理事長。吳山曾任廣東大元帥府秘書，司法部次長。

申圭植訪粵促進了中韓志士之間的聯繫。一九二一年九月廿七日，中韓協會在廣州成立。該會以廣東政府外交部總務司長、非常國會議員朱念祖為委員長，謝英伯為副委員長，高振霄、丁象謙、汪精衛及申圭植（化名金檀庭）等為委員。廿七日，召開成立會。該會宣言號召中韓兩國志士「相與提攜，共相扶助，持正誼於人類，躋世界於大同。純本互助之精神，用求互助之進步。」㊱當時，太平洋會議召開在即，申圭植致函中國各法團及報館，要求中國方面根據國際條約在會上提出韓國獨立問題。㊲十一月廿一日，中韓協會致電美國政府和參加太平洋會議的各國代表，聲稱韓國問題為遠東重要問題之一，要求特許韓國臨時政府代表出席會議，恢復韓國的獨立、自主資格。㊳十二月一日，《光明月報》在廣州出版。該刊宣稱以推動「中韓兩國聯絡感情，促進民治」為職責，「講究撲滅強權之方法」，「使中韓平和，使東亞平和，使世界平和。」林森、陳公博、汪精衛、葉夏聲等國民黨人都是該刊的執筆者。

申圭植訪粵也增強了孫中山對韓國志士不屈不撓鬥爭精神的瞭解。一九二一年十二月，孫中山在桂林演說稱：「日本之待高麗，異常苛酷。高麗人本富有革命精神，不甘受制，處心積累，爲獨立之運動者已久。日本雖防之綦嚴，然若高麗人始終堅持，則必有能達目的之一日也。」㊴限於條件，孫中山在當時不可能對韓國志士提供多大物質援助，但孫的態度和立場對韓國志士顯然是巨大的精神鼓舞。一九二二年六月，陳炯明在廣州發動反對孫中山的兵變，申圭植聞訊，歎惜道：「中山先生苦心經營之事業，全成泡影。此不僅中國之大不幸，亦韓國之大不幸也！」㊵自此，申圭植憂鬱成疾，拒絕進食。同年九月廿五日逝世。

申圭植逝世後，中韓兩國志士的聯繫出現空缺，但孫中山不忘對韓國獨立運動的支持和承諾。一九二四年一月廿三日，孫中山在國民黨第一次全國代表大會發表演說，聲稱中國人民的對外責任是「反抗帝國侵略主義，將世界受帝國主義所壓迫的人民來聯絡一致，共同動作，互相扶助，將全世界受壓迫的人民都來解放」。㊶同年三月，孫中山發表民族主義演講，除了主張「學外國」，「迎頭趕上去」，使中華民族自立於世界之林外，還特別提出扶助弱小民族的任務。他說：「現在歐風東漸，安南便被法國滅了，緬甸被英國滅了，高麗被日本滅了。所以，中國如果強盛起來，還要對世界負一個大責任。」孫中山所說的「大責任」，就是「濟弱扶傾」。他說：「我們對於弱小的民族要扶持他，對於世界的列強要抵抗他。」㊷此後，孫中山的「濟弱扶傾」思想遂成爲國民黨對待韓國獨立運動人士的指導方針。同年十一月，孫中山北上，途經日本神戶，先後接見朝鮮協會東京本部會長徐基俊及朝鮮《東亞日報》記者等多人。現存孫中山為《東亞日報》的題詞「天下為公」可能即書寫於此時。㊸一九二五年三月，孫中山病危，彌留之際囑咐戴季陶，對日本方面提出的問題至少應該包括三項，其一就是使「高麗最低限度獲得自治」。㊹

孫中山逝世後，韓國臨時政府於三月廿六日集會追悼。在華志士發表文章稱：「我們高麗久受日本壓迫，想呼吸都不得，與中國被列強壓迫無異，所以彼此同病相憐。正冀孫先生率領東方痛苦民族，一齊進攻。何圖大星忽隕，望此後中山信徒，一律依照孫先生政策，努力進行。」㊺孫的逝世，韓國在華志士失去了一位積極、堅定的支持者。

韓國志士長期沒有系統的革命理論。孫中山逝世後，韓國獨立黨提出「人與人均等」、「族與族均等」、「國與國均等」的「三均主義」，顯然受有孫中山三民主義的部分影響。後來陸續出現的新韓青年黨、大韓青年同盟會、新韓民主黨的綱領中，也都或多或少地可以看到孫中山思想的影子。㊻

三、北伐時期

孫中山的援韓方針在一九二六年一月召開的國民黨第二次全國代表大會繼續得到發揚。韓國志士呂光先向會議介紹朝鮮民族被壓迫狀況，闡述對中國國民黨的希望。㊼大會宣言對包括高麗在內的亞洲弱小民族的鬥爭給予充分評價，認爲「此等奮鬥，終必使帝國主義所施與之桎梏歸於粉碎」。㊽在大會通過的《對外政策進行案》中，確定國民黨對外的三項政策之一是「聯合世界上被壓迫的弱小民族」。㊾會議決定，在廣東設孫文大學，訓練弱小民族的革命分子。

根據一九二一年的孫、申協定，鄒魯一九二三年在廣州創辦廣東大學時，即免費招收韓國青年入學，以便養成韓國復國人才。這一方針，爲後來的中山大學長期繼承。㊿一九二四年六月，黃埔軍校開學。自第一期至第五期，共招收韓籍學生三十四人。(51)一九二五年十一月，國民革命軍葉挺獨立團成立，韓國志士楊寧任第三營營長。次年七月，國民革命軍開始北伐，部分韓籍學生投軍作戰。同年底，國民政府北遷武漢。一九二七年三月，濮純以韓國革命軍新民府代表名義上書武漢國民黨中央，認爲辛亥以後，中國革命一再失敗，革命勢力始終不及長江以北，其根本原因在於疏忽東北問題。他建議武漢國民政府組織東北軍事委員會，利用新民府、參議府、正義府等東北韓僑軍事力量，徹底推翻張作霖在東北的統治。(52)當時，韓國在華志士或在國民政府、國民革命軍供職，或在中央軍事政治學校武漢分校、武昌中央大學、南湖學兵團等處求學。同月，陳公木、權晙等人組留鄂韓國青年革命會，以「完成韓國民族革命及社會革命」，「與世界革命群眾聯合，完成世界革命」爲綱領，有會員四十六人。該會成立後，即議決「與中國國民黨聯絡，直接參加打倒國際資本帝國主義運動」。同月，權晙上書武漢國民黨中央，聲稱武漢已成爲「世界革命的中樞」，要求將該會視爲國民黨中央青年部的下屬，切實加以指導，給予物質及精神上的援助。四月十二日，國民黨中央覆函國民黨湖北省執行委員會，同意按照廣東、南京先例，准許韓國學生加入中國國民黨。四月三十日，國民黨中央決定將留鄂韓國革命青年會的要求交東方局審查，並請蘇俄顧問柏郎恩參加。(53)這一情況透露出，武漢國民黨中央內設東方局，處理支援韓國、安南等被壓迫的東方各民族的相關事宜，不過，當時寧漢雙方已經尖銳對立，武漢國民黨中央和武漢國民政府都處於風雨飄搖狀態，不可能有什麼作爲了。

四、南京國民政府時期

一九二七年四月，蔣介石在上海發動「清黨」，繼而在南京成立國民政府，韓國在華志士發生分化。一部分人加入中國共產黨所領導的革命運動；一部分人則支持南京國民政府。國民黨人對前者防範，對後者繼續取支持態度。

一九二八年，日本駐廈門領事館警察擅自開槍圍捕韓國籍中國軍校學生李箕煥、李剛等四人。五日，國民黨廈門市黨部暨民眾團體聯席會議致電國民黨中央黨部及國民政府外交部，指責日警越界擅捕韓人，「亂我秩序，侵我國權」。南京國民政府外交部指示廈門交涉員劉光謙力爭，索回四人。廈門當地人民情緒激忿，成立反抗日本侵略國權委員會，提出對日「經濟絕交」、「罷海示威」，驅逐日本領事等要求。日本駐廈門領事館同意釋放李潤丙、李明齋二人，以「刑事犯」爲名將李箕煥、李剛押解去台灣。一九二九年，朝鮮光州女子學校女生朴奇玉受日本男生侮辱，激起韓國學生公憤，舉行總罷課及示威遊行，進而發展爲全國性的反日運動。次年二月十二日，國民黨江蘇省黨部整理委員會致電韓國國民黨，電稱：「本黨素主聯合世界弱小民族，共同奮鬥，而中韓兩國同爲東方被壓迫民族，大有唇齒相依互相扶助之必要。是故敝會對於貴國此種革命行動，實具無限之同情。」㉞其後，國民黨山西省黨部、江西省南昌市黨部、漢口特別市黨務整理委員會、青島特別市指導委員會、中央政治學校區黨部等紛紛通電聲援，呼籲中國各界支持韓國「獨立自主之大業」。一九二九年三月十五日，韓國獨立黨電賀國民黨第三次全國代表大會，聲稱「敝韓國革命正在進行，還望貴黨同志特加聲援」。㉟該黨的南京促成會執委會爲謀求中韓兩國民族切實合作，特向會議提出八項意見。㊱廿七日，國民黨「三大」重申孫中山的「濟弱扶傾」政策，表示「吾人對於弱小民族必須扶持」。㊲同年四月，韓國天道教派代表崔東昕到南京，蔣介石指令文官長古應芬接見。㊳但是，這一時期，國民黨忙於鎮壓中共的武裝割據和土地革命，對日採取妥協退讓政策，因此，沒有給予韓國獨立運動以更多、更明確的支持。

一九三一年七月一日，日本警察在中國吉林萬寶山地區開槍射擊中國農民。七月三日至九日，日本當局在朝鮮漢城等地煽起排華暴動，中國華僑受到襲擊。韓國臨時政府外務部長趙素昂發表聲明，希望中國國民政府與全體民眾，「一致奮勵，抵制日人，力謀韓華自主獨立」。㊴廿四日，蔣介石與蔣作賓討論此事，日記云：「余意應即對世界各國宣言及提出國際聯盟會報告，暴露日本政府有組織的殺害僑民之罪惡，並說明其已無統制朝鮮之能力，且朝鮮之被呑併，我中國未經承認。中日所訂條約，皆認朝鮮爲完全獨立國也。」⑥⓪不久，「九一八」事變爆發，國民黨開始調整政策，致力於抗日準備。當年十二月，國民黨中央召開四屆一中全會，決議「聯合世界上弱小民族，以反抗帝國主義」⑥①，援助來華韓國人士問題也就逐日漸受到重視。

「九一八」事變後，韓國臨時政府及在華韓國志士紛紛集會，發表通電、文告，聲援中國人民和中國政府。趙素昂再次以外務部長名義致函中國政府，表示三韓民族「誓當決死而起」，和中國團結一致，「快雪東亞之恥，復我中韓之疆」。⑥②廿二日，安昌浩在上海新聞界招待會上致詞，聲稱「孫中山曾言，韓國獨立，就是斷絕日本侵華之橋樑」，希望中韓民族徹底聯合，打倒日本帝國主義。當時，韓國在華志士已發展爲兩大派。一派領導人爲金九，另一派領導人爲金若山。前一派成員年齡較大，受韓國傳統文化影響較深，而金若山一派則年齡較輕，比較激進，兩派思想上有較大差異。最初，國民黨分別聯繫上述兩派，經過一段時期之後，開始致力於促進兩派之間的聯合。

一九三二年，蔣介石命國民黨中央組織部部長陳果夫及三民主義力行社（軍統前身）書記滕傑分別開展援韓工作。⑥③四月，力行社成立東方民族復興運動委員會，以干國勳爲主任，桂永清等爲委員，確定以「濟弱扶傾」精神爲宗旨，優先援助中國週邊地區的韓國、越南、印度等被壓迫民族。同月廿九日，韓人愛國團團員尹奉吉奉金九之命，在上海虹口公園炸死日本白川大將，事後，日方懸賞六十萬元購捕金九。金九在中國軍警保護下逃亡浙江嘉興，躲藏於國民黨人褚輔成家中。此後，金九得到中國方面重視。一九三三年五月，蔣介石通過陳果夫約見金九。蔣稱：「東方各民族實行符合孫中山先生三民主義之民主政治是比較好的。」金九通過筆談向蔣表示：「若資助百萬元，兩年之內可在日本、朝鮮、滿洲方面掀起暴動，切斷日本侵略大陸之後路。」次日，陳果夫向金九轉告蔣介石的意見：「若靠特務工作來殺死天皇，則會另有天皇，殺死大將，也會另有大將。爲將來的獨立戰爭著想，須先訓練一批武官。」⑭金九同意蔣的意見，雙方迅速達成協定，以河南洛陽軍官訓練學校作爲基地，第一期培養軍官一百名。其後，金九的同鄉兼世交安恭根等十餘人在國民黨中央黨部擔任對日情報工作，一直到一九三九年安恭根被害。⑮除金九等按月得到中國方面的經費補助外，韓國流亡人士的回國活動費用，也常由陳果夫轉請蔣接濟。⑯

國民黨中央與金若山一派的聯繫始於一九三二年五月。當月，金若山率領朝鮮義烈團幹部自北平到南京，向蔣介石提出《中朝合作反日倒滿秘密建議書》，蔣介石批交力行社研究辦理。⑰秋，滕傑等奉命在南京設立朝鮮革命幹部學校，培養金若山一派幹部。此後，金若山的活動即得到黃埔同學會和國民黨軍統方面的支持。至一九三五年十月，朝鮮革命幹部學校先後培訓了三期學員。同月，軍事委員政訓班在江西星子開學，對部分韓國青年進行特工訓練。⑱同時，還有部分韓國青年進入南京中央軍校學習。至全面抗戰爆發，國民黨系統的各類軍校共培養韓籍學生四百一十五人。⑲三六年八月，日本駐華大使川樾茂要求中國方面「開除軍校鮮籍學生」，但遭到南京國民政府堅決拒絕。

韓國在華志士黨派林立，經常發生內訌，分合無常，難以形成統一的抗日復國力量。一九三三年，力行社和陳果夫敦勸各方合作，成立統一的韓國民族革命黨。一九三五年七月，朝鮮革命黨、朝鮮義烈團、韓國獨立黨、新韓獨立黨、大韓獨立黨等在南京舉行代表大會，合組朝鮮民族革命黨，以金若山爲總書記，但隨後又發生分裂，金九領導的韓國獨立黨和朝鮮革命黨等組織宣佈退出重建。直到盧溝橋事變爆發，韓國在華志士中才出現再度整合的趨向，中韓兩國愛國志士的聯繫也就進入一個新階段。有關情況，請參閱拙作《蔣介石與韓國獨立運動》，這裏就不贅述了。⑳

（原載《史學月刊》二〇〇七年第三期。）

① 《兵庫縣知事致青木外務大臣》，日本外務省文書，高秘第三〇〇號，明治三三年六月十日；兵發秘第三二號，明治三五年一月廿一日。

② （菲律賓）彭西《孫逸仙傳》，轉引自黃季陸《國父援助菲律賓獨立運動與惠州起義》，（台灣）《傳記文學》第十一卷第四期。

③ 湯志鈞：《章太炎年譜長編》上冊，北京：中華書局一九七九年版，第一四三頁。

④ 《致檀香山同盟會員函》，《孫中山全集》第一卷，中華書局，第四八六頁。

⑤ 《石瑛致吳稚暉函》，吳稚暉檔案，〇九一八五，台北中國國民黨黨史館藏。

⑥鄒魯：《回顧錄》，長沙：岳麓書社二〇〇〇年版，第二七、五五四頁。
⑦閔石麟：《睨觀申圭植先生傳記》，《韓國魂》，第七二頁。
⑧《島山安昌浩資料集》。
⑨《拜謁孫中山記》，《民權報》，一九一二年四月十八日。
⑩《在北京蒙藏統一政治改良會歡迎會的演說》，《孫中山全集》第二卷，北京：中華書局，第四二〇頁。
⑪羅家倫《國父年譜》上冊，台北一九六五年增訂本，第四九六頁。
⑫《碧浪湖畔恨人談》，《韓國魂》，第五九至六〇頁。
⑬《南社入社書》，原件，北京圖書館藏。
⑭拙著《南社史長編》，北京：中國人民大學出版社一九九五年版，第三八四頁。
⑮同上，第四〇四頁。
⑯轉引自李雲漢：《蔣中正先生與台灣》，《近代中國》第一〇九期
⑰《上孫中山總裁書》，《震壇》周報，第六號。
⑱《上大中華民國軍政府諸大總裁閣下書》，《震壇》周報，第六號。
⑲《中韓關係專檔》（一三），台北中國國民黨黨史館藏。
⑳《孫逸仙先生言行小識》，《胡漢民先生遺稿》，台北，一九七八年。
㉑朴殷植：《韓國獨立運動之血史》下編，第一〇二頁。

㉒上海《民國日報》，一九一九年四月十九日。

㉓《新韓青年》第一卷一號。

㉔民意：《朝鮮代表在和會之請願》，《建設》第一卷第四號、第二卷第二號。

㉕上海《民國日報》，一九一九年五月九日。

㉖朴殷植：《韓國獨立運動之血史》，下編，第一〇五至一〇七頁。

㉗環龍路檔案，四八〇〇，台北中國國民黨黨史館藏。

㉘《震壇》周報創刊號。

㉙蔣介石日記一九二〇年九月廿四日云：「申圭植來談。」廿六日日記云：「祝高麗《震壇報》創刊，曰：『同舟共濟。』」，美國斯坦福大學胡佛研究所藏。

㉚《海上題睨觀即題其汕廬圖》，《震壇》周報第廿三號，一九二一年六月五日。

㉛《共產國際》英文版，第一卷第十三期。

㉜《震壇》周報第廿二號。

㉝《關內地區朝鮮人民反日獨立運動資料彙編》，上冊，第六五一頁。

㉞閔石麟：《中國護法政府訪問記》，《韓國魂》，第一〇三至一〇四頁。閔書記孫中山接見申圭植爲十一月三日，當時，孫中山已在廣西。據一九二一年十月四日上海《民國日報》所載無懟作於九月廿五日的《廣州特約通訊》：「（韓國臨時政府）近又派金檀庭君來粵，謁商當道，以與我國行動一致。孫總統特優禮接待，交換意見。」則孫、申見面必在此前。

㉟閔石麟《中國護法政府訪問記》記孫中山接受申圭植國書時間爲十一月十八日，當係十月十日之誤。

㊱《中韓協社宣言》，上海《民國日報》，一九二一年十月十四日。

㊲《懇求援助韓國獨立書》，香港《華字日報》，一九二一年十月廿二日。

㊳香港《華字日報》，一九二一年十一月廿二日。

㊴《孫中山全集》第六卷，北京：中華書局版第十六頁。

㊵《韓國魂》，第八三頁。

㊶《孫中山選集》，北京：人民出版社版，第六〇〇頁。

㊷《民族主義》，《孫中山選集》，第六九一頁。

㊸韓國獨立運動紀念館藏。

㊹羅剛：《中華民國國父實錄》，第六冊，第四九八七頁。

㊺伍達光輯《孫中山評論集》，上海三民出版部一九二五年版，第九七頁。

㊻《中韓關係專檔》（十一）；《抄上海朝鮮各社團最近情況》，《各地韓僑動態卷》（十三）。台北中國國民黨黨史館藏。

㊼《中國國民黨第二次全國代表大會會議錄》，第十七號。

㊽《中國國民黨歷次代表大會及中央全會資料》（上），第一〇五至一〇六頁。

㊾同上，第一四九頁。

㊿鄒魯：《回顧錄》，岳麓書社二〇〇〇年版，第五五四至五五五頁。

51 石源華：《韓國反日獨立運動史論》，中國社會科學出版社一九九八年版，第二八五頁。

52 濮純：《關於東北革命之管見概略》，台北中國國民黨黨史館藏。

53 《中國國民黨中央執行委員會致政治委員會函》，台北中國國民黨黨史館藏檔案，七一八／九四

54 《申報》，一九三〇年二月十二日。

55 南京《新聞報》，一九二九年三月十七日。

56 《中國國民黨歷次代表大會及中央全會資料》（上），第七三三頁。

57 《對於外交報告之決議案》，《中國國民黨歷次代表大會及中央全會資料》（上），第六五三頁。

58 《韓國天道教代表崔東旿備忘錄》，《中韓關係專檔》（十八），台北中國國民黨黨史館藏。

59 《近代中韓關係史資料彙編》第十一冊，第四〇四至四〇六頁。

60 《蔣介石日記》，未刊稿，一九三二年七月廿四日，美國胡佛研究所檔案館藏。

61 《中國國民黨歷次代表大會及中央全會資料》（下），第一三七頁。

62 《素昂集》，《近代中韓關係史資料彙編》第十一冊，第三九〇頁。

63 滕傑：《滕傑先生訪問記錄》，第一一八頁；《參見蔣公總統大事長編初稿》卷二，第二〇九至二三〇頁。

64 金九：《白凡逸志》，民主與建設出版社，一九九四年版，第二三二至二三三頁。

65 《韓國黨派之調查與分析》，《中韓關係專檔》（十）。

66 蕭錚：《韓國光復運動之鱗爪》，（台北）《中央日報》，一九五三年八月廿五日。

67 金若山：《朝鮮民族革命黨之創立與其發展經過》，《韓國民族革命黨卷》，《中韓關係專檔》（十四）。

68 滕傑：《三民主義力行社援助韓國獨立運動之經過》，《滕傑先生訪問記錄》，（台北）近代中國出版社一九九三年版，第二一二至二一六頁

69 范廷傑：《蔣委員長培養韓國革命幹部》，（台灣）《傳記文學》第二八卷，第四期。

70 見本書第七卷。

揭開民國史的真相：卷二

孫中山與民初政局

作者：楊天石
發行人：陳曉林
出版所：風雲時代出版股份有限公司
地址：10576台北市民生東路五段178號7樓之3
電話：(02) 2756-0949
傳真：(02) 2765-3799
執行主編：朱墨菲
美術設計：風雲時代編輯小組
行銷企劃：林安莉
業務總監：張瑋鳳

初版三刷：2020年1月
版權授權：楊天石
ISBN：978-986-146-590-6

風雲書網：http://www.eastbooks.com.tw
官方部落格：http://eastbooks.pixnet.net/blog
Facebook：http://www.facebook.com/h7560949
E-mail：h7560949@ms15.hinet.net
劃撥帳號：12043291
戶名：風雲時代出版股份有限公司

風雲發行所：33373桃園市龜山區公西村2鄰復興街304巷96號
電話：(03) 318-1378
傳真：(03) 318-1378
法律顧問：永然法律事務所 李永然律師
　　　　　北辰著作權事務所 蕭雄淋律師

行政院新聞局局版台業字第3595號 營利事業統一編號22759935

定價：380元

國家圖書館出版品預行編目資料

揭開民國史的真相 ／ 楊天石 著 . -- 初版. -- 臺北市：
風雲時代, 2009.08
冊；公分

ISBN 978-986-146-590-6（卷二：平裝）. --

627.6　　98013675